अग्निहोत्र

(महाभारत आधारित पौराणिक रहस्य गाथा : खंड 4)

इस कहानी के सभी पात्र और घटनाएँ काल्पनिक हैं। इसका किसी भी व्यक्ति या घटना से कोई संबंध नहीं है। यदि किसी व्यक्ति या घटना से समानता होती है, तो वह मात्र एक संयोग होगा। कहानी में वर्णित सभी ऐतिहासिक एवं पौराणिक घटनाओं का समावेश कहानी को रोचकता प्रदान करने के लिए किया गया है।

महाभारत आधारित पौराणिक रहस्य गाथा

खंड 4

अग्निहोत्र

एक विलुप्त पुरातन सत्य जिसने इतिहास को बौना कर दिया

सौरभ कुदेशिया

ISBN: 978-93-92820-08-3

प्रकाशक :
हिन्द युग्म
सी-31, सेक्टर-20, नोएडा (उ.प्र.)-201301
फ़ोन- +91-120-4374046

मुद्रक : मनीपाल टेक्नोलॉजीज लिमिटेड
सभी डिजाइन संकल्पना : सौरभ कुदेशिया
कला-निर्देशन : विजेन्द्र विज

पहला संस्करण : अगस्त 2022
दूसरा संस्करण : जनवरी 2025
मूल्य : ₹399

Agnihotra:
Mahabharat Aadhaarit Pauranik Rahasya Gaatha Khand 4
(A novel by Saurabh Kudesia)

Published By
Hind Yugm
C-31, Sector-20, Noida (UP)-201301
Phone : +91-120-4374046
Email : sampadak@hindyugm.com
Website : www.hindyugm.com

First Edition: Aug 2022
Second Edition: Jan 2025
Price : ₹399

कृष्णात् परं किमपि तत्त्वमहं न जाने

[भगवान श्रीकृष्ण के सिवा दूसरा कोई भी परम तत्त्व है-
यह मैं नहीं जानता।]

स्वर्गीय नचिकेत कुदेशिया की स्मृति में,
श्री चित्रगुप्त महाराज जी और स्व. श्री शारदा शरण सक्सेना जी के
आशीर्वाद से,
परम-पिता श्रद्धेय वासुदेव श्रीकृष्ण जी के चरणों में समर्पित।

आभार

खंड 4: अग्निहोत्र आपके हाथों में हैं। उपन्यास 2020 में पूर्ण हो गया था, किंतु इसे आप तक पहुँचाने में अप्रत्याशित विलंब हो गया। इस दौरान श्रृंखला को निरंतर आपका प्यार प्राप्त हुआ। कई पाठकों से श्रृंखला से जुड़े विषयों पर रोचक चर्चा हुई।

खंड 3: आहुति में मैंने इस श्रृंखला के भागों के बारे में सवाल पूछा था। मुझे कई रोचक उत्तर मिले। सागर चौचेता (गुजरात) के अनुसार उन्हें फर्क नहीं पड़ता कि श्रृंखला के कितने भाग हैं। 'आह्वान' से जुड़ने के बाद वो इस कथा के किसी भाग को नहीं छोड़ेंगे। कुछ पाठकों ने मेरे सवाल पर सवालिया निशान लगाते हुए पूछा कि कहीं इस सवाल में वसीयत के शब्दों की तरह कोई हेराफेरी तो नहीं है। कुछ को शक है कि मैं खुद नहीं जानता कि इसके कितने भाग हैं। कई पाठकों ने सही अनुमान लगाए, किंतु उनका विश्लेषण गलत था।

विवेक सक्सेना (पुणे), अनमोल दुबे (झाँसी), स्मिता सक्सेना (पुणे), आर्यन सुवाड़ा (जामनगर) ने पिछले खंडों में उपलब्ध जानकारी के आधार पर विश्लेषण सहित मुझे बताया कि श्रृंखला के कितने भाग हैं। आपको मेरी तरफ से इस श्रृंखला के शेष खंड शीघ्र प्राप्त होंगे। बधाई!

यह कथा श्रृंखला एक पुरातन यात्रा है जिसमें हम सभी पथिक हैं। गंतव्य के प्रति सजग रहना जितना आवश्यक है उतना ही यात्रा का आनंद उठाना भी। यदि कथा रोचक और आनंदमय है तो क्या फर्क पड़ता है कि यह कितनी बड़ी और कितने भागों में है। इसके उलट यदि कथा नीरस है तो भी क्या फर्क पड़ता है कि यह कितनी बड़ी और कितने भागों में है।

कई पाठकों ने मुझसे पूछा कि फलाँ पात्र का क्या होगा, मैंने फलाँ पात्र इतना अच्छा या बुरा क्यों बनाया, या फलाँ पात्र के बारे में आगे क्यों नहीं

बताया। दरअसल हम सभी में किसी घटना को अच्छा या बुरा साबित करने की स्वाभाविक प्रवृत्ति होती है। कई बार घटनाओं और उनमें उलझे व्यक्तियों के प्रति हम अपना निर्णय सुनाने के लिए इतने आतुर रहते हैं कि हम घटना से जुड़े महत्त्वपूर्ण संदेश समझने में चूक जाते हैं। परिणामस्वरूप हम अच्छे को बुरा और बुरे को अच्छा समझने की भूल कर बैठते हैं। हम भूल जाते हैं कि घटनाएँ अच्छी या बुरी नहीं होती हैं, हमारा दृष्टिकोण उन्हें अच्छा या बुरा बनाता है।

मेरे लिए कोई पात्र अच्छा या बुरा नहीं है। किसी घटना के प्रति वो क्या दृष्टिकोण रखता है और किस परिस्थिति में वो क्या करता है यह निर्णय उसका है। एक लेखक के तौर पर मैंने निष्पक्ष रहते हुए सभी पात्रों का पक्ष उनकी इच्छानुसार रखा है- उनके निर्णयों में अच्छे या बुरे की खोजबीन किए बिना। मेरी कथा पात्रों के लिए नहीं लिखी गई है, कथा के लिए पात्र बनाए गए हैं। इस कारण से मैं किसी पात्र के लिए कथा को अनावश्यक खींचने का पक्षधर नहीं हूँ। आप उन पात्रों के विषय में क्या सोचते हैं इसका निर्णय आप स्वयं लें।

'खंड 4: अग्निहोत्र' का आनंद उठाएँ और इसके बारे में अपने विचार मुझे भेजते रहें।

सौरभ कुदेशिया
हैदराबाद, जनवरी 2021
Email: authorsaurabhkudesia@gmail.com
Facebook: https://bit.ly/30pQgDk
Instagram: https://www.instagram.com/authorsaurabhkudesia/
Twitter: @saurabhkudesia
Amazon Author Page: https://amzn.to/2Zoa2Sa
Goodreads Author Page: https://bit.ly/2Z8ySq6
Website: https://www.saurabhkudesia.com

रहस्य की परतें

अथ स्तंभनपर्वः

गतांक से आगे...

अप्रपादुक

"यदि उन्होंने सुरक्षा-चक्र पुनर्स्थापित कर दिए तो हमारी अधिकार-मुद्रिकाएँ निष्क्रिय हो जाएँगी।" नीलकमल चिंता से बोला, "केंद्र में हमारा प्रवेश निषिद्ध हो जाएगा।"

"उन्होंने ऐसा पहले क्यों नहीं किया?" प्रधान ने पूछा।

"शायद वे ये कदम उठा चुके हैं!" यज्ञ निदेशक ने चिंता भरी गहरी साँस ली, "संभवत: सुरक्षा-चक्र और रक्षक निष्क्रिय होने के कारण अधिकतर केंद्रों से हमारा संपर्क टूट गया है।"

"कई प्रश्नों के उत्तर सब कुछ समाप्त होने के पश्चात प्राप्त होते हैं।" प्रधान गंभीरता से बोले, "मुमुक्षुओं का रक्त चखने के बाद उनका लक्ष्य केंद्र हैं।"

"अर्थात संभावना है कि सभी केंद्र असुरक्षित हैं।" नीलकमल की चिंता बढ़ गई, "केंद्र पालकों को सावधान करने में हमें समय लगेगा। मुझे उस केंद्र की जाँच का आदेश दीजिए, अन्यथा कुछ नहीं बचेगा।"

"केंद्र के सक्रिय सुरक्षा-चक्रों में सुरक्षित बैठे चिरंजीवियों का सामना एक नीलकमल वाहिनी कैसे करेगी?" प्रधान खीजे, "उन्हें मारना असंभव है।"

"लक्ष्य कैसे भेदना है वो हमारी चिंता है। आप हमें सन्नद्ध होने की अनुमति दीजिए। हमें सुरक्षा-चक्र पुनर्स्थापित कर केंद्र अपने नियंत्रण में लेना होगा।" नीलकमल ने सुझाया।

"वे अवध्य हैं। एक चिरंजीवी मरेगा तो उसके स्थान पर कई उत्पन्न होंगे। कितनों से लोहा लोगे तुम, और कब तक?" प्रधान ने चिंता जताई।

"आवश्यक हुआ तो पूरे संसार से!" नीलकमल ने गुस्से से प्रधान को घूरा, "यह सामर्थ्य नहीं, अधिकार क्षेत्र का विषय है। वे हमारे क्षेत्र में हैं। अपने जीवन के लिए उन्हें चिंतित होना चाहिए, हमें नहीं। किंतु उनकी समाप्ति का उपाय

नीलकमल के पास नहीं है।"

"उपाय नहीं है तो बनाओ!" यज्ञ निदेशक का क्रोध उफना, "एक उपाय के अभाव में यह वृहद यज्ञ भंग नहीं हो सकता है।"

"श्रीमान! मैंने यह नहीं कहा कि उपाय नहीं है। मैंने कहा कि वो उपाय 'नीलकमल' के पास नहीं है।" नीलकमल दृढ़ता से बोला, "भविष्य को उनके भय से सदैव के लिए मुक्त करने के लिए हमें 'उन्हें' सक्रिय करना होगा!"

यज्ञ निदेशक और प्रधान दोनों कुछ क्षणों के लिए स्तब्ध रह गए।

"ऐसे तो सनातन नियम भंग हो जाएगा!" प्रधान ने चेताया।

"नीलकमल अपना दायित्व पूर्ण करने में सक्षम है, किंतु अतिरिक्त सावधानी के लिए उन्हें सक्रिय करना आवश्यक है। अन्यथा हमारे पास रक्षा करने के लिए कुछ नहीं बचेगा!" नीलकमल उत्तर के साथ तैयार था, "भूलिए मत कि शवों पर मानवीय नियम लागू नहीं होते हैं।"

यज्ञ निदेशक की चुभती दृष्टि नीलकमल के चेहरे पर फिसलने लगी और उनका दिमाग यज्ञ के भूत, वर्तमान, भविष्य से जुड़े अनगिनत पक्षों की उधेड़बुन में जुट गया। प्रत्येक पक्ष से अनगिनत निर्णय और परिणाम जुड़े थे। उन परिणामों से जुड़े मूल्य और इन सबसे ऊपर स्वयं से जुड़े इस दिव्य यज्ञ का दायित्व। उनके एक त्रुटिपूर्ण निर्णय से चित्रगुप्तों द्वारा युगों-युगों से जुटाई सनातन धर्म की धरोहर स्वाहा हो सकती थी।

"दिव्य यज्ञ की रक्षा हेतु इस सृष्टि की प्रत्येक शपथ एवं प्रत्येक नियम भंग करना धर्मानुकूल है।" गहन चिंतन में डूबे वह बोले, "जाग्रत करो 'उन्हें'!"

"प्रभु! महायुग के अंत से पूर्व 'उन्हें' जाग्रत करना प्रलय का आह्वान होगा। समय चक्र अव्यवस्थित हो जाएगा।" प्रधान ने चेताया, "जो उपाय आज तक प्रयोग नहीं हुआ उसका प्रयोग नहीं करना संसार के लिए उत्तम होगा।"

"उस उपाय का प्रयोग नहीं होना ही इन विषम परिस्थितियों का कारण बना है।" नीलकमल गहरे स्वर में बोला, "बँधे हाथों से युद्ध नहीं लड़े जाते हैं। सनातन नियम भंग करने वाले चिरंजीवियों को रोकने के लिए हम भी प्रत्येक उपाय करने के लिए स्वतंत्र हैं। इस प्रलय को रोकने के लिए 'उन्हें' जाग्रत करना होगा।"

"अतिशीघ्र 'उनसे' सहायता लो!" यज्ञ निदेशक ने नीलकमल को आदेश

दिया, "केंद्र की सुरक्षा के लिए आवश्यक कदम उठाओ। चित्रगुप्तों का यज्ञ बाधित कर चिरंजीवियों ने अपनी मुक्ति का अवसर खो दिया है। अब वे मात्र दंड के पात्र हैं।"

"निश्चिंत रहें, प्रभु!" नीलकमल ने यज्ञ निदेशक को प्रणाम किया, "इस बार उन पर और उनके कपटी स्वामी पर कोई दया नहीं होगी।"

प्रतिबिंब

येषामर्थे काङक्षितं नो राज्यं भोगाः सुखानि च। त इमेऽवस्थिता युद्धे
प्राणांस्त्यक्त्वा धनानि च॥

हमें जिनके लिए राज्य, भोग और सुखादि अभीष्ट हैं, वे ही ये सब धन
और जीवन की आशा को त्याग कर युद्ध में खड़े हैं।

[श्रीमद्भगवद्गीता, 1.33]

अव्यक्त

जयंत ने आँखें झपकाते हुए खोली। सन्नाटे और घने अँधेरे में वह लचीली काँटेदार झाड़ियों में उलझा नीचे धँस रहा था। एक्सीडेंट में लगी चोटों से बदन दर्द से बिलबिला रहा था। सिर दर्द से फट रहा था। मुँह फाड़कर पूरी ताकत से हवा खींचने पर भी फेफड़ों को नाम मात्र हवा मिल रही थी।

"विराट! डॉ. वर्मा!" फूली साँसों और सूखे गले से वह चीखा, "डॉ. मजूमदार! श्रीमंत जी!"

कोई जवाब नहीं आया। अँधेरे में कोई नहीं दिखा। साँप की तरह बदन पर रेंगती मजबूत झाड़ियों से जूझते रहने के बाद जयंत ने आखिरकार हार मान ली।

"डॉ. मजूमदार! श्रीमंत जी! भाभी!" वह चीखते हुए झाड़ियों में धँसने लगा।

जाने कब तक बेसुध पड़ा रहने के बाद बदन पर ठंडी हवा के थपेड़े महसूस कर उसे होश आया। झाड़ियों की पकड़ कमजोर पड़ रही थी। उसने जोर-मशक्कत कर अपने मुँह और नाक पर चढ़ी झाड़ियाँ हटाईं। फेफड़ों को हवा मिली तो शरीर में जान लौटी।

उस ठंडी, अजीब और फेफड़े सुलगाती हवा में जल्दी उसका मन मिचलाने लगा। हवा के बहाव से लग रहा था कि झाड़ियों से निकलने का रास्ता आसपास है। घबराया जयंत मृत्युशिर को कोसते हुए झाड़ियों से निकलने के लिए हाथ-पैर मारने लगा। जैसे-तैसे उसने अपने बदन से कुछ झाड़ियाँ हटाई कि ठंडी हवा के तेज झोंकें के साथ आई रोशनी से उसकी आँखें चौंधिया गई।

उसने धीरे-धीरे आँखें खोली और सामने का नजारा देख उसका कलेजा मुँह को आ लगा।

झाड़ियों में उलझा वो आसमान में उलटा लटका था। नीचे दूर-दूर तक

कपास की भाँति बिखरे मोटे-मोटे काले-सफेद बादलों की घनी चादर ओढ़े बर्फीली पहाड़ियों का अंतहीन डरावना साम्राज्य फैला था।

हड्डियाँ जमाने वाली तीखी सर्द हवा में भी जयंत पसीने से नहा गया। एक मुसीबत से निकला नहीं था कि दूसरी गले आन पड़ी। बदन में डरावनी झुरझुरी छोड़ते हुए जान हलक को आ लगी। अंधा-मोड़ आसमान में नहीं, जमीन पर था। वहाँ दूर-दूर तक कोई पहाड़ी नहीं थी। फिर वह आसमान में तैरती इन झाड़ियों में कैसे फँसकर उलटा लटक गया? क्या हुआ उसकी बेहोशी के दौरान? क्या यह उसकी आँखों का धोखा था?

मृत्युशिर के बातों में आकर वो जाने किस जानलेवा आफत को अपने गले लगा बैठा। नीचे पहाड़ों और बादलों का रोंगटे खड़े करने वाला भयावह साम्राज्य पसरा था, ऊपर वो अजीब काँटेदार झाड़ियाँ उसका साथ छोड़ते हुए हवा में गुम हो रही थी। मौत उसके ऊपर तांडव करते हुए मुँह फाड़े उसके नीचे गिरने का इंतजार कर रही थी। ऐसी कल्पनातीत मुसीबत से कोई बचे तो कैसे और बचकर जाए तो कहाँ?

आँखें फाड़े, धौंकनी की तरह चलती अपनी साँसों और ठंड से अकड़ते बदन को सँभालते और खुद को होश में रखने की कोशिश करते जयंत को यकीन हो गया था कि उसकी उलटी गिनती चालू हो गई है। कुछ ही देर में वो झाड़ियों से छूटकर नीचे बादलों में गिरने वाला था। जिन झाड़ियों में उसका दम घुट रहा था, अब वही उसके प्राणों की इकलौती रक्षक थीं।

उसकी जद्दोजहद जल्दी खत्म हुई। झाड़ियाँ उसे छोड़कर हवा में गायब हुईं और जयंत अपनी आँखें भींच चीखते हुए तेजी से बादलों में धँसने लगा। कान के पर्दे फाड़ते बर्फीली हवा के तीखे प्रहार से उसका बदन सुन्न होने लगा। जाने कब उसके होश खोए और वो जाने कब तक हवा में तैरता रहा।

अचानक एक तेज झटके से वो होश में लौटा। बदन में जान लौटी तो दर्द से बिलबिला उठा। जाने कितनी ऊँचाई से वो कहाँ गिरा था। मुँह प्यास से सूख रहा था। छाती ठंड से जकड़ रही थी। आँखें दहकते अंगारे बने जल रहीं थी। गफलत में डूबा दिमाग अनेक आयामों में सफर कर रहा था।

पसीने में लथपथ, ठंड से काँपता जयंत अजीब नीले कोहरे से घिरे रेतीली दलदल में औंधा धँसा था। चारों तरफ विचित्र डरावनी शांति थी। कहीं दूर तक

साफ दिख रहा था, तो कहीं एक हाथ दूर तक देखना भी मुश्किल था। अजीब मौसम था। न ठंड महसूस हो रही थी, न गर्मी। पता नहीं वो जिंदा भी था या नहीं।

नीले कोहरे के बीच कुछ अस्पष्ट विकृत काली छवियाँ हवा में तैरते हुए जाने-पहचाने चेहरों में बदल रही थी- डॉ. वर्मा, डॉ. मजूमदार, श्रीमंत जी, विराट, और प्रियंका! सभी अजीब हालत में थे। पिघली मोम आसमान से बूँद-बूँद टपकते हुए उबड़-खाबड़ तरीके से जुड़ते हुए जैसे उनका रूप ले रही थी। सब कुछ बेहद डरावना और अजीबोगरीब था।

जाने क्या भ्रम था, क्या सच! जयंत के साथ वहाँ कौन था, कौन नहीं। क्या वे उसी हालत में थे जैसे दिख रहे थे? क्या उन्होंने भी वही भुगता जो उसने भुगता था?

जकड़ती छाती और अटकती साँसों से जूझते हुए उसने मदद के लिए आसपास देखा तो नजर अपने फटे कपड़ों से झाँकती चोटों पर सिमट गई। हिम्मत जुटाकर उठा तो अंतड़ियों का तेज खिंचाव छाती में दर्द की लहर छोड़ते हुए उलटी का रूप ले मुँह से निकला। हाँफते हुए दोबारा उठने की कोशिश में पैर काँपे और वह घुटनों के बल नीचे गिरा।

डॉ. मजूमदार और विराट भागते हुए उसके पास आए और उसे सहारा देकर उठाया। उन दोनों की साँस फूल रही थी और हाथ-पैर काँप रहे थे। उनके सहारे जयंत बमुश्किल खड़ा हुआ। उलटी से उसकी छाती की जकड़न कम हो गई थी। नीले कोहरे में अब वह पहले से बेहतर देख पा रहा था।

श्रीमंत जी और प्रियंका उससे दूर खड़े हाँफ रहे थे। उनके पीछे मृत्युशिर और उसके साथी कंधों पर बड़े-बड़े बैग टाँगें खड़े थे। अपने बैग से मोटे-मोटे कंबल निकालकर उन्होंने सभी का बदन ढँका। फिर बैग से छोटे-छोटे सिलेंडर और प्लास्टिक मास्क निकालकर सभी को दिए।

"ऑक्सीजन सिलेंडर! इनके बिना इस ऊँचाई पर तुम्हें साँस लेना मुश्किल होगा। तुम्हारे फेफड़े भी फट सकते हैं।" मृत्युशिर ने चेताया।

"हाई एल्तित्युद पल्मोनरी एडिमा!" डॉ. मजूमदार अटकती साँसों से बोले।

"इंडिया क्या?" हाँफते हुए विराट ने पूछा।

"इंडिया नहीं, हाई एल्तित्युद पल्मोनरी एडिमा, अथवा हेप! यानि अत्यधिक

ऊँचाई पर फेफड़ों में द्रव्य भरने के कारण उत्पन्न जीवन को संकट![1]" डॉ. मजूमदार ने बताया, "हम समुद्री सतह से 4500 से लेकर 8000 फीट या उससे अधिक ऊँचाई पर हो सकते हैं। यहाँ के वातावरण में ढलने में हमें समय लगेगा।"

"तो हेप में हमारे पास क्या होप है?" विराट उनके बेवजह ज्ञान बखेरने से चिढ़ा।

"होप के लिए जिंदा रहना जरूरी है।" खीजते हुए डॉ. मजूमदार ने अपने मुँह पर ऑक्सीजन मास्क चढ़ाया। उन्हें देख घबराए विराट ने भी तुरंत अपने चेहरे पर मास्क चढ़ाया।

कंबल की गर्मी और ऑक्सीजन मिलते ही सभी की जान लौटी। मृत्युशिर उन्हें अपने पीछे आने का संकेत कर अपने साथियों के साथ एक तरफ बढ़ चला।

नीले पारदर्शी कोहरे से ढँकी उस अजीब डरावनी जगह में सभी डरे-सहमे एक-दूसरे के सहारे सावधानी से उनके पीछे चल पड़े। विशालकाय, अंतहीन दीवारों की तरह फैला नीला कोहरा किसी बड़े जीवित जीव के लचीले अंदरूनी प्रत्यंगों की तरह लयबद्ध कंपन करते हुए सकुचा और फैल रहा था। वह स्वत: छँटकर रास्ता बनाता और पुन: अपने पुराने स्वरूप में लौट जाता। पैरों के स्पर्श के साथ रेतीली जमीन नर्म मखमली कालीन की भाँति कुछेक अंगुल धँसती और फिर भार मुक्त होते ही अपने पुराने स्वरूप में लौटती।

जयंत ने देखा कि डॉ. वर्मा की साँस फूल रही थी, पर उनका ऑक्सीजन मास्क उनके गले में झूल रहा था। उसने मास्क उनके मुँह पर चढ़ाना चाहा तो डॉ. वर्मा ने उसे रोक दिया।

"मुझे इनकी किसी भी चीज पर भरोसा नहीं है।" वह हाँफते हुए फुसफुसाए।

जयंत ने जोर-जबरदस्ती नहीं की। डॉ. वर्मा का डर ठीक था। रोहन से जुड़ी पहेलियों को सुलझाने की जिद में सभी इस विचित्र, अनजान और डरावनी जगह आ गए थे, लेकिन मृत्युशिर और उसके साथियों की असली मंशा अभी साफ

---

1. Roach, James M.; Schoene, Robert B. (2002). "High-Altitude Pulmonary Edema". In Pandolf, Kent B.; Burr, Robert E. (eds.). Medical Aspects of Harsh Environments. 2. Washington, DC: Borden Institute. pp. 789–814. OCLC 64437370.

नहीं हुई थी।

जयंत ने अपनी कलाई घड़ी देखी। इस अफरातफरी में वो छोटी-मोटी खरोंचों के साथ सुरक्षित, लेकिन बंद थी।

मुँह लटकाए उसने डॉ. वर्मा को इशारा कर उनका ध्यान घड़ी की तरफ खींचा।

डॉ. वर्मा की घड़ी भी बंद थी। उन्होंने जेब से मोबाइल निकाला, पर वो भी बंद था। उन्होंने उसे चालू करने की कोशिश की, पर कोई फायदा नहीं हुआ। उन्हें देख बाकी लोग भी अपनी-अपनी घड़ियाँ जाँचने लगे।

उनके मुरझाते चेहरे देख जयंत की हताशा बढ़ने लगी। शायद उनके कपड़ों में लगे जीपीएस ट्रैकर भी बंद हो गए थे। उनकी सारी तैयारी और होशियारी धरी रह गई थी। डॉ. वर्मा के आदमी अब लाख कोशिश करने पर भी उन्हें नहीं ढूँढ सकते थे।

जयंत ने अपनी जींस टटोली। उसकी पिस्तौल नहीं थी। शायद यहाँ आने के दौरान वो गिर गई थी। इससे पहले वो इस दोहरे झटके से सँभलता कि जींस के फटे हिस्से से झाँकते अपने पैर को देख उसकी आँखें आश्चर्य से फैलती चली गईं।

उसके पैर में अब कोई चोट नहीं थी।

जागृति

पूर्वी प्रशांत महासागर की सतह से लगभग नौ हजार फुट नीचे, सूर्य किरणों से अछूते रहे उस विशाल अंतर्जलीय ज्वालामुखी का निर्माण पूर्वकाल में महाद्वीपीय परतों के परस्पर टकराने से हुआ था। ज्वालामुखी से निरंतर निकलता धात्विक गुणों से युक्त गर्म लावा उसके चारों ओर जमकर ठोस होते हुए उसकी परिधि का विस्तार करता गया। महासागर में मैंगनीज और अन्य धातुओं से भरे उस क्षेत्र को खोजने वाले वैज्ञानिक मानते हैं कि इनमें रहनेवाले जीवाणु धरती पर जीवन की शुरुआत करने वाले विलक्षण तरीके को जानने में महत्त्वपूर्ण कड़ी हैं, किंतु इस अनुसंधान में लगने वाले प्रचुर समय और संसाधन की कमी उन्हें इस दिशा में आगे बढ़ने से रोक रही थी।

उन्हें नहीं पता था कि युगों पूर्व कोई इस क्षेत्र का चप्पा-चप्पा छान चुका था।

ज्वालामुखी को घेरे गर्म लावा के जटिल प्राकृतिक व्यूह में नीलकमल तेज जल बहाव की विपरीत दिशा में तैरते हुए अपने निर्धारित 'विशेष स्थान' की तरफ बढ़ रहा था। बदन पर चढ़ी चमकीली, लचीली और झीनी काली परत के साथ वो एक बड़ी मछली लग रहा था।

इतनी गहराई और अँधेरे में पानी के अनियमित बहाव से जूझते हुए आड़ी-टेढ़ी, नुकीली चट्टानों के बीच मार्ग ढूँढना दुष्कर था। एक चूक नीलकमल को मार्ग से भटका देती या चट्टानों से टकराकर उसे लहूलुहान कर देती। उसके लहू की प्रत्येक बूँद कोसों दूर से सूँघने की क्षमता रखने वाली मांसाहारी मछलियों के लिए खुला निमंत्रण होती।

जानलेवा चट्टानी क्षेत्र को पार करते ही नीलकमल अपना बदन ढीला छोड़ पानी के तगड़े बहाव के सहारे सघन अँधेरे में बहने लगा। आगे जल ने छोटी धारा में परिवर्तित हो सँकरे चट्टानी क्षेत्र में प्रवेश किया। धारा के साथ बहता

नीलकमल चट्टानों से बचते-बचाते एक लंबा रास्ता तय करने के बाद जलप्रपात से होते हुए एक छोटे सरोवर में गिरा और तैरते हुए तत्परता से किनारे पहुँचा।

समुद्र के भीतर सदियों से मनुष्यों के कदमों से अनछुआ रहा एक नया संसार बिखरा था। कोसों दूर तक समुद्री वनस्पतियों और काई से ढँकी मूँगें और स्फटिक की बड़ी-बड़ी शिलाएँ फैली थीं। उनसे छितराती दूधिया रोशनी में जलप्रपात किसी मथनी की तरह सरोवर का जल मथते हुए उसे गाढ़े, झागदार दूध जैसा बनाए था। जलप्रपात के प्राकृतिक संगीत की तान के बीच दुर्लभ प्रजातियों की अनगिनत रंग-बिरंगी मछलियाँ सरोवर में अठखेलियाँ कर रही थीं।

चिकनी शिलाओं और वनस्पतियों से भरे घुमावदार फिसलन भरे मार्ग को पार कर नीलकमल विशालकाय शिला को काटकर बने कई हाथ ऊँचे-चौड़े पुराने दरवाजे के सामने रुका। काई और जंगली बेलों से लदे उस सदियों पुराने दरवाजे की नक्काशी, वैभव और चमक विचित्र रूप से आज भी कायम थी। उसकी चौखट पर बेल-बूटे, फूल, हाथी, घोड़ा, ऊँट, बाघ, सिंह, मछली, पक्षियों के साथ नृत्य भंगिमाओं में देवी-देवताओं और मानवों का सजीव चित्रण था। दरवाजे के दाएँ हिस्से में त्रिशूलधारी भगवान शिव और बाएँ हिस्से में सुदर्शन चक्रधारी भगवान विष्णु की विभिन्न क्रियाओं में जीवंत आकृतियाँ उकेरी थीं। दोनों हिस्सों को जोड़ते हुए दरवाजे के बीच में लगे बड़े पत्थर पर एक चिह्न उकेरा हुआ था-

नीलकमल ने अपने हाथ से मुद्रिका उतारकर उस चिह्न के बीच में बने खाँचे में फँसाई और हाथ जोड़कर, आँखें मूँदकर कुछ मंत्र बुदबुदाए। तेज थरथराहट के साथ चिह्न घूमा और पत्थर का बड़ा दरवाजा चट्टानों की रगड़ की कर्ण-फोड़ू कर्कश आवाज के साथ पीछे खिसकने लगा। देखते ही देखते दरवाजे के सामने दो तरफ से चट्टानों से घिरा एक चौड़ा रास्ता बन गया।

नीलकमल उस रास्ते से प्रवेश कर दूसरी तरफ पहुँचा।

सदियों पुराने उस चट्टानी विशालकाय महल की हर दिशा में उत्कृष्ट शिल्पकारी से तराशे अनगिनत स्तंभों से घिरे वृहदाकार द्वार थे। उनके चौखट के ऊपरी हिस्से में चाँदी से बने विशिष्ट चिह्न चमक रहे थे। किसी द्वार पर दो त्रिशूल एक-दूसरे के सहारे टिके थे, किसी पर संकेंद्रित वृत्त, तो किसी पर शंख बना था। द्वारों के निकट स्थापित उत्कृष्ट नक्काशी से संपन्न स्फटिक के बड़े-बड़े पत्थरों से फूटता प्रकाश उस शांत वातावरण को दिव्य यौगिक आभा से जीवंत कर रहा था।

नीलकमल एक द्वार के पास रुका। उसके चौखट पर स्फटिक के टुकड़े जड़े थे और उनके बीच एक-दूसरे पर चढ़े गंडासों का चिह्न था। उस द्वार से प्रवेश कर नीलकमल गलियारे में चलता रहा। मीलों लंबे और कई हाथ चौड़े उस गलियारे के दोनों तरफ शस्त्रधारी रक्षकों की बड़ी-बड़ी लोह-प्रतिमाओं से रक्षित पत्थर के बड़े-बड़े द्वार थे।

लंबे-चौड़े गलियारे को पार कर नीलकमल बड़े सभागार जैसे खुले स्थान में पहुँचा। सभागार के दूसरे छोर पर एक बड़ा, गोलाकार चबूतरा था जो बलिष्ठ कद-काठी और भुजाओं वाले शस्त्रधारी रक्षकों की कई फुट लंबी-चौड़ी मूर्तियों से घिरी थी। उन रक्षकों का निचला हिस्सा मनुष्य जैसा और चेहरा छोटी-छोटी आँखों, लंबी मजबूत चोंच और विशाल डैने वाले पक्षियों जैसा था। चबूतरे के बीच में अनगिनत बहुमूल्य हीरे-पन्ने-माणिक और अन्य दिव्य रत्नों से सजा बड़ा सिंहासन रखा था। सिंहासन के कुछ हाथ ऊपर उत्कृष्ट कारीगरी से तराशी स्फटिक की जगमगाती बड़ी शिला बिना किसी सहारे के हवा में तैर रही थी।

"पुरातन रक्षकों को मेरा प्रणाम!" नीलकमल हाथ जोड़कर सिंहासन के समक्ष नतमस्तक हुआ।

सिंहासन के ऊपर तैरती स्फटिक की बड़ी शिला से प्रकाश फूटा और अजीब आवाज के साथ तीव्र होने लगा। देखते ही देखते वो प्रकाश अनगिनत रंगों की मोटी-मोटी धारा में बँटकर हवा में बिजली की भाँति तैरते हुए शस्त्रधारी रक्षकों की मूर्तियों पर गिरकर उन्हें ढँकने लगा।

पलक झपकते ही वे मूर्तियाँ लाल-नीली ऊर्जा तरंगों में परिवर्तित होकर हवा में तैरने लगी। उनसे फूटती ऊर्जा तरंगें जुड़ने लगी और सिंहासन को घेरते हुए उसे ऊर्जा तरंगों में परिवर्तित करने लगी।

"इस मन्वंतर में हमसे सहायता की गुहार लगाने वाले तुम प्रथम मानव हो।" ऊर्जा तरंगों से जीवंत हुई रक्षक मूर्ति गहरी आवाज में बोली, "क्या हमारी समय गणना में त्रुटि हुई?"

"त्रुटि आपकी गणना में नहीं, हमारे प्रयासों में हुई, प्रभु!" नीलकमल बोला, "उस त्रुटि से उत्पन्न दोषों के निवारण के लिए निश्चित इस यज्ञ में आपकी सहायता चाहिए।"

"क्या मुमुक्षु इतने अक्षम हो गए जो उन्हें हमारी सहायता की आवश्यकता है?" ऊर्जा तरंगों में परिवर्तित रक्षकों में तेज कंपन हुआ।

"हमारी क्षमता और निष्ठा आप हैं, प्रभु! मुमुक्षुओं के पुरातन वचन को पूर्ण करने और चित्रगुप्तों के विश्वास को सार्थक करने के लिए नीलकमल समर्पित हैं।" नीलकमल चिंता से बोला, "मैं यज्ञ निदेशक के निर्देशानुसार आपसे सहायता के लिए निवेदन करता हूँ।"

"तुम्हारा निवेदन काल सीमा का उल्लंघन है।" ऊर्जा तरंगों ने उफनते हुए नीलकमल को घेर लिया, "हमारी मदद प्राप्त करने के लिए काल परिवर्तन की प्रतीक्षा करो।"

"सनातन धर्म और वचन की रक्षा काल सीमाओं से परे है।" नीलकमल ने स्मरण कराया।

"मेरे पूर्वज अनगिनत युगों से देव कार्यों में सहयोगी रहे हैं। कलयुग में हम महाविष्णु को दिए अपने वचनों से बँधे हैं। कलयुग में हम मानवों के युद्ध में निष्पक्ष हैं। जो अपना युद्ध स्वयं लड़ने में अक्षम है उसका सर्वनाश निश्चित है।" ऊर्जा तरंगें नीलकमल को छोड़ हवा में अठखेलियाँ करते हुए सिंहासन पर केंद्रित हुई।

"यह युद्ध चित्रगुप्तों का है। मानव इसमें सनातन व्यवस्था को निरंतरता प्रदान करने का माध्यम हैं।" नीलकमल सिर झुकाए बोला, "प्रभु! चित्रगुप्तों के प्रतिनिधि प्रथम को दिए वासुदेव के वचन से आप विमुख नहीं हो सकते हैं। मैं आपके पूर्वजों द्वारा दिए वचनों के अनुसार आपकी सहायता माँगता हूँ।"

"हम युद्ध में उतरे तो कई महाशक्तियाँ युद्ध में उतरेंगी। यह संसार उनके टकराव से उत्पन्न प्रचंड अग्नि को सहन करने में अक्षम है। कलयुग अनंत काल के लिए पृथ्वी पर स्थापित हो जाएगा।" सभी शस्त्रधारी मूर्तियाँ सम्मिलित स्वर

में बोली।

"प्रभु! मात्र वचनपूर्ति से दिव्य लक्ष्यों की प्राप्ति नहीं होती है।" नीलकमल आदर से बोला, "हे आराध्य! महाविष्णु का वचन झुठला कर संसार का क्या अस्तित्व होगा?"

"असंभव!" शस्त्रधारी मूर्तियों से ऊर्जा तरंगें शक्तिशाली और तीव्र होकर सिंहासन पर केंद्रित हुई और चारों तरफ ऊर्जा का बवंडर तीव्र हो उठा। तीव्र होती लाल-नीली ऊर्जा तरंगें सिंहासन को घेरते हुए ऊपर उठते हुए आपस में जुड़ने लगी। बड़े-बड़े डैने, बदन से फूटती ज्वाला और तेजोमय आँखों वाले पक्षी का चेहरा और मनुष्य का धड़ लिए एक डरावना सम्मिलित रूप उन ऊर्जा तरंगों के बीच प्रकट होकर हवा में तैरते हुए चीखा, "हम महात्मा शेषनाग और गरुड़ के वंशज, महाविष्णु का वचन झूठा नहीं पड़ने देंगे। चाहे इसके लिए हमें समस्त सृष्टि का नाश करना पड़े।"

"उन्हें परास्त करने में हमारी सहायता करें, प्रभु!" नीलकमल ने अनुरोध किया, "महाप्रभु का वचन, सनातन नियम और आपके वचन की रक्षा का यही उपाय है।"

"हमारी सहायता नीलकमल के प्रयासों में शिथिलता का कारण नहीं बने। हम तुम्हारे एकमात्र नहीं, अंतिम विकल्प होंगे।"

"प्रभु! आपके आशीर्वाद से ये युद्ध हम लड़ेंगे और इसके परिणामों का बोझ भी हम उठाएँगे।" नीलकमल आदर से बोला, "हमें आपके मार्गदर्शन की आवश्यकता है।"

चारों तरफ डरावनी शांति से ऊर्जा तरंगों की कर्कश चटख गूँजने लगी।

"हमारे शस्त्रागार के दिव्यास्त्र आपातकाल में प्रयोग के लिए परिषद द्वारा अनुमोदित हैं। तुम अपनी सुविधा से उनका उपयोग करो।" पक्षी-मनुष्य का सम्मिलित ऊर्जामय प्रकाट्य सिंहासन पर विराजमान होते हुए बोला, "हम तुम्हारी और क्या सहायता करें?"

"आप केंद्रों में प्रवेश कर उनके सुरक्षा-चक्र पुनर्स्थापित करने में हमारी सहायता करें!" नीलकमल बोला।

"ये आदेश मात्र परिषद और महाविष्णु द्वारा मनोनीत प्रतिनिधि हमें दे सकते हैं।" ऊर्जामय जीव बोला।

"उसके लिए प्रथम को प्रकट होना होगा!" नीलकमल चिंता से बोला, "यज्ञ की सुरक्षा के लिए यह घातक होगा।"

"तो तुम हमारा उत्तर जानते हो।" ऊर्जामय जीव बोला।

नीलकमल ने कुछ पल सोच-विचार किया। इन विषम परिस्थितियों में वो यहाँ से खाली हाथ लौटने के लिए नहीं आया था।

"हम सुरक्षा-चक्र पुनर्स्थापित करेंगे। आप सुनिश्चित करें कि प्रथम, परिषद, अथवा उनके प्रतिनिधियों के अतिरिक्त केंद्र में न कोई प्रवेश करे और न वहाँ से निकले!" नीलकमल बोला।

"इसके परिणाम भयानक होंगे।" ऊर्जामय जीव ने चेताया, "सुरक्षा-चक्र पुनर्स्थापित होने पर केंद्र में उपस्थित सभी जीव सदैव के लिए उसकी माया के बंधक बन जाएँगे।"

"हम ब्रह्मण की मायावी व्यवस्था से परिचित हैं।" नीलकमल ने उतर दिया।

"उचित है।" अपने बड़े-बड़े डैने फैलाते हुए ऊर्जामय प्रकाट्य से बना वह जीव सिंहासन से उछला, "हम तुम्हारी सहायता करेंगे। भविष्य तुम्हारे बलिदान का उचित मूल्यांकन करें।"

वो विचित्र ऊर्जामय जीव ऊपर उठा और एक तेज विस्फोट के साथ शक्तिशाली ऊर्जा तरंगों को चारों तरफ बिखरते हुए हवा में छितरा गया। सभागार समेत शस्त्रधारी मूर्तियों का आलिंगन कर उन्हें पूर्ववत नीरस शांति के सानिध्य में छोड़कर ऊर्जा तरंगें गायब हो गई।

नीलकमल सिंहासन के समक्ष हाथ जोड़ नतमस्तक हुआ। शस्त्रागार का लंबा गलियारा पार कर वह स्तंभों के बीच अनगिनत द्वारों को पार कर उस द्वार के सामने रुका जिसके चौखट पर आक्रामक मुख-मुद्रा में पंख फैलाए गरुड़ का चाँदी से बना चिह्न था।

"मैं, तुम्हारा नायक, चित्रगुप्तों द्वारा मनोनीत यज्ञ निदेशक द्वारा प्रदत्त अधिकार से, तुम्हें जाग्रत होने और युद्ध के लिए सन्नद्ध होने का आदेश देता हूँ।" नीलकमल तेज स्वर में बोला।

चट्टानें थरथराई और उन पर चढ़ी धूल और बेल-बूटे सरकते हुए गिरने लगी। तेज कर्कश शोर के साथ वो द्वार खुला। उससे तेज सफेद प्रकाश के साथ

अनगिनत काले धब्बे उभरते हुए चारों तरफ फैलने लगे। महल के स्तंभों और दीवारों की आड़ से असंख्य परछाइयाँ हवा में तैरते हुए नीलकमल की तरफ बढ़ने लगी। स्फटिक शिलाओं और द्वार से आता प्रकाश उन परछाइयों ने ढँक लिया। अनगिनत साँसों के डरावने लयबद्ध गुंजन के साथ यकायक अंधकार कई गुना सघन और डरावना हो गया।

अँधेरे के बीच सफेद धातु के अजीब लंबे-चौड़े कवच से ढँकी अनगिनत बलिष्ठ देह दमकने लगी। धातु के अनगिनत छोटे-छोटे धारदार काँटों से घिरे कवच पहने वे चलते-फिरते शस्त्रागार लग रहे थे। सात-आठ फुट, लंबी-चौड़ी देह का स्वामी नीलकमल उनके सामने बौना लग रहा था।

"आप से भेंट कर प्रसन्नता हुई!" नीलकमल बोला, "महावीर गरुड़ नायक!"

"समय पूर्व हमारी जाग्रति अशुभ होती है।" हाथ जोड़कर नीलकमल का अभिवादन करते हुए गरुड़ नायक बोला, "किसी साधारण संकट के समाधान के लिए हमारा आह्वान परिषद के नियमों का उल्लंघन है।"

"साधारण संकट के लिए नीलकमल आपकी निद्रा भंग नहीं करते!" नीलकमल बोला।

"आपको स्मरण रहे। हम यज्ञ की रक्षा के लिए शपथ बद्ध हैं। चिरंजीवियों और उनके स्वामी की भूल सुधारने के लिए नहीं।" गरुड़ नायक ने स्पष्ट किया, "हमारा सर्वस्व आपके आदेशों के अधीन हैं।"

"हमारे साथियों को संदेश पहुँचाए!" नीलकमल गंभीर स्वर में बोला, "कालचक्र थामने का समय आ चुका है।"

आदेश प्राप्त कर गरुड़ नायक अपने साथियों के साथ हवा में उछला और वे सभी नीलकमल को घेर सफेद कोहरे की भाँति मंडराने लगे। हवा का तेज बवंडर उठने लगा और सब कुछ खोने लगा।

बवंडर में घिरा नीलकमल भागते हुए मुख्य द्वार से निकला और चट्टानों-वनस्पतियों को पार कर सरोवर में प्रवेश कर जलप्रपात के सामने पहुँचा।

"उन्हें युद्ध कला का सबक सिखाने का समय आ चुका है।" सरोवर के जल में कमर तक डूबा नीलकमल अपनी उंगली से अधिकार-मुद्रिका निकालकर हवा में लहराते हुए चीखा।

सरोवर का जल उबलने लगा। उसके तल से अनगिनत बुलबुले आकार में बढ़ते हुए ऊपर उठने लगे। नीलकमल को निगलकर वे बुलबुले उसे लिए समुद्रीय सतह पर पहुँचते-पहुँचते परिधि में कई नॉटिकल मील फैल चुके थे।

महासागर की सतह पर उफनती कई मीटर ऊँची लहरें संकेत थी कि महासागर के गर्भ में छुपा पुराना विशाल अंतर्जलीय ज्वालामुखी सदियों बाद आज पुनः सक्रिय हुआ था।

कुहासा

विचित्र नीले कोहरे में ढँकी वो जगह बड़ी गुफा जैसी थी- छत, फर्श और दीवारों के एक अदृश्य एहसास के साथ हर तरफ से खुली और हवा में तैरती लगती हुई।

सभी सामान्य हो चले थे। कंबल की जरूरत नहीं पड़ रही थी और ऑक्सीजन मास्क के बिना भी साँस लेना आसान था। उस विचित्र, शुद्ध और ऊर्जावान वातावरण में प्रत्येक साँस के साथ बदन में नई ऊर्जा स्पंदित हो रही थी। इससे पहले किसी ने खुद को इतना स्वस्थ और तरोताजा महसूस नहीं किया था।

मौत सरीखे अनुभव से गुजरने के बाद सभी अपनी बची साँसों की चिंता में घुल रहे थे। उस विचित्र और अनजान जगह में पसरी मनहूस शांति की बंधक बनी उनकी डरी-सहमी निगाहें एक-दूसरे में हिम्मत और उम्मीद ढूँढ रही थीं।

अपनी चोटें ढूँढने की कोशिश करते हुए जयंत हार चुका था। यहाँ आते हुए लगी चोटों के साथ श्रीमंत जी के घर में सुरंग और बंकर में लगी उसकी चोटें ऐसे छूमंतर हुई थी जैसे वो कभी नहीं थी। सब कुछ डरावने सपने जैसा था।

ध्यान भटकाने के लिए उसने नजर घुमाई तो आँखें चट्टानों के बीच बनी एक गुफा के मुहाने पर जा टिकी। लगा जैसे वो वहाँ खड़ा हुआ खुद को यहाँ बैठा देख रहा हो। अजीब एहसास था। शायद उसका दिमाग ठिकाने पर नहीं था।

डॉ. वर्मा का मूड बंद पड़े जीपीएस ट्रैकर और घड़ी की वजह से उखड़ा था। समय और जगह का पता चले बिना उनकी टीम यहाँ नहीं पहुँच सकती थी। अब जो करना है, अपने दम पर करो। वो भी क्रूर, भयानक और रहस्यमय शख्स मृत्युशिर और उसके साथियों के बीच रहते हुए...

...जो उनके निकट खड़े अपनी डरावनी भूरी आँखों से उन्हें घूर रहे थे।

"हम कहाँ हैं ?" श्रीमंत जी ने डरते-डरते पूछा, "ये सब क्या है ?"

"तुम लोग बहुत कुछ देख चुके हो, और तुम्हें अभी बहुत कुछ देखना है।" मृत्युशिर भारी आवाज में बोला, "वो सच जिससे अनजान होने के कारण तुमने नीलकमल पर भरोसा करने की गलती की।"

"किसका सच? कैसा सच? नीलकमल हमारा दुश्मन नहीं है।" जयंत बिफरा, "तुम अपनी काली करतूतें बताओ। रोहन, डॉ. महापात्रा, करण, राठौड़, डॉ. वर्मा के अनगिनत एजेंट और उनके जैसे अनगिनत लोग तुमने मारे हैं। नीलकमल नहीं होता तो हमारा हाल भी उन लोगों जैसा होता।"

"तुम्हारा विश्वास तुम पर मेरे भरोसे का आधार है।" मृत्युशिर सपाट स्वर में बोला, "इस विश्वास के अनेक रूप हैं, पर अफसोस तुम उनमें से किसी को नहीं पहचानते हो।"

"हमें तुम्हारा विश्वास नहीं, रोहन का सच चाहिए।" डॉ. मजूमदार ने आँखें तरेरी, "हमारे साथ क्या हो रहा है? अब तक तुमने हमारे साथ जो किया वो क्यों और किस लिए?"

"क्या तुमने सोचा कि जिस जगह के बारे में तुम सोच भी नहीं सकते हो तुम वहाँ क्यों हो?" मृत्युशिर ने पूछा।

"तुम ही बताओ कि जिन्हें तुम मारना चाहते हो उन्हें तुम्हें वहाँ क्यों लाना पड़ा जिनके बारे में वे सोच भी नहीं सकते हैं!" डॉ. मजूमदार ने पलट जवाब दिया।

"तुम यहाँ अपनी मूर्खता के कारण आए हो। तुम मूर्खों को इतनी समझ नहीं कि कब, कहाँ, और किससे क्या बोलना है।" मृत्युशिर की आँखों में क्रोध उफना, "तुम अब तक नहीं समझ पाए कि यह तुम्हारी कहानी नहीं है। ये न तुम्हारे आने से शुरू हुई है और न तुम्हारे मारे जाने से खत्म होगी। इस कहानी में तुम्हारी औकात उन शब्दों से भी गई-बीती है जो पन्ना पलटते ही भूला दिए जाते हैं।"

"कैसी कहानी? कौन है इसका लेखक?" विराट ने पूछा।

"उससे अधिक तुम्हें यह जानना चाहिए कि इस कहानी में उसने तुम्हारे लिए आगे क्या लिखा है।" मृत्युशिर बोला।

"तुम्हारे लिए भी यही बेहतर होगा। शायद इस कहानी के अगले पन्ने में नीलकमल के हाथों तुम्हारी मौत लिखी हो।" जयंत ने ताना मारा।

"एक भेंट में उन पर इतना भरोसा!" मृत्युशिर ने उसे गुस्से से घूरा।

"उसने मेरी जान बचाई है। वह भरोसेमंद है।" जयंत बोला।

"वह नहीं 'वे'! 'वो' अकेला नहीं है।" मृत्युशिर के साथी ने टोका, "तुम लोग आज उनके नहीं, हमारे कारण जीवित हो। अधूरे सच से दूसरों का झूठ परखोगे तो सदैव धोखा मिलेगा।"

"हमें सच की परख नहीं होती तो यहाँ नहीं होते!" विराट तेज स्वर में बोला।

"तुम यहाँ आए नहीं, लाए गए हो। यहाँ पहुँचने की तुम्हारी औकात नहीं है।" मृत्युशिर व्यंग्यपूर्ण लहजे में बोला, "वैसे क्या है तुम्हारे अधूरे और खोखले सच का आधार- रोहन की वसीयत जिसकी खाक छानते हुए तुम लोग मारे-मारे घूम रहे हो, या वे पांडुलिपियाँ जो हमने नीलकमल को धोखा देने के लिए रोहन को दी थीं?"

"तुम झूठ बोल रहे हो। उन हजारों साल पुरानी पांडुलिपियों में से एक पांडुलिपि हमें दुबई से मिली थी।" डॉ. वर्मा आश्चर्य से बोले।

"...उस बक्से से जिसे नीलकमल से बचाने की कोशिश में तुम्हारा एजेंट मारा गया था।" मृत्युशिर ने जोड़ा, "हमारी बुनी कहानी हमें सुनाकर अपनी मूर्खता का ढिंढोरा मत पीटो! काठमांडू और दुबई में तुम्हारे एजेंटों को मुद्रिका और चिरपुंजपर्व तक हमने पहुँचाया था। जिन पांडुलिपियों का अधूरा ज्ञान तुम्हारे सिर चढ़कर बोल रहा है वे हमने रोहन को सौंपी थी। तुम उन्हें पढ़कर उन नीलकमल पर भरोसा करने लगे जो रोहन, निश्चल, डॉ. स्वामी, डॉ. महापात्रा, राजेंद्र प्रसाद, करण, राठौड़ जैसे अनगिनत लोगों के हत्यारे हैं। वे नीलकमल का सच पहचानने में चूके और उनके हाथों मारे गए। तुम उनकी गलती मत दोहराओ!"

डॉ. वर्मा ने मृत्युशिर को गुस्से से घूरा। मृत्युशिर खुद को नेशनल लैब के वर्षों पुराने रहस्यों का सूत्रधार बनाने की कोशिश कर रहा था।

"बहुत हुआ तुम्हारा ड्रामा!" जयंत ने तेज आवाज में मृत्युशिर को डपटा, "रोहन, निश्चल और डॉ. महापात्रा की मौत के साथ डॉ. मजूमदार की लैब और डीआरडीओ के बंकर की तबाही के लिए तुम जिम्मेदार हो।"

"तुम्हें भ्रम है कि तुम सब जानते हो।" मृत्युशिर की आँखें जयंत को घूरते हुए फैली, "आँखें मूँदकर सच को झूठ मानने वाले मेरे प्यारे मित्रों! तुम्हारी

कहानी आरंभ करने वाले शब्द वसीयत के रूप में तुम्हारे सामने हालिया साकार हुए, पर उनका जन्म सदियों पूर्व हुआ था। वसीयत पढ़कर भी तुम उसके सच से कोसों दूर हो। मैं तुम्हें उसके सच तक पहुँचा सकता हूँ। आखिर तुम्हारे 'कथित रक्षक' नीलकमल और उनके उद्देश्यों को हमसे बेहतर कौन जानता है?"

"अब तुम हमारे दोस्त हो गए!" श्रीमंत जी ने चिढ़ते हुए गुस्से से आँखें तरेरी।

"हम सदैव से तुम्हारे मित्र हैं, किंतु तुम हर उस सच से चिढ़ते हो जो तुम्हारी सच्चाई से अलग है। इसी दोष की कीमत रोहन ने अपने प्राणों से चुकाई।" मृत्युशिर ने श्रीमंत जी को घूरा, "पर उसे क्या दोष दूँ। जैसा वृक्ष होगा वैसा फल होगा।"

"हम यहाँ मुहावरे सुनने के लिए नहीं आए हैं।" जयंत बोला, "तुम अपने काले कारनामे ढँकने की लाख कोशिश करो, पर इससे न वसीयत और पांडुलिपियों की सच्चाई बदलेगी, और न तुम्हारे सिर से अनगिनत मौतों का दोष हटेगा।"

"सच्चाई जानने के लिए धैर्य और बुद्धि की आवश्यकता होती है।" मृत्युशिर बोला, "तुमने दिमाग और आँखें बंद कर एक झूठ पर भरोसा किया और उस भरोसे की कीमत अपने साथियों के जीवन से चुकाई। पर जिन जानकारियों के आधार पर तुम मुझे दोषी मानते हो, जानते हो वो तुम तक कैसे और क्यों पहुँची हैं?"

"जैसे भी पहुँची हों, पर वो जानकारियाँ हमें तुम पर भरोसा करने की वजह नहीं देती हैं।" श्रीमंत जी बोले।

उनकी बात सुन मृत्युशिर अजीब तरीके से हँसा।

"हम रोहन के पैदा होने से पहले तुम्हारा वंश खत्म कर यह कहानी खत्म कर सकते थे। रोहन को मुमुक्षुओं की शपथ लेने से पहले मार सकते थे, पर तब मानवता युगों तक मुमुक्षुओं के षड्यंत्र की कीमत चुकाती।" मृत्युशिर बोला।

"कैसी कीमत? कैसी शपथ?" विराट झुँझलाया।

"बुद्धिमान ज्ञान प्राप्त कर संसार का उद्धार करते हैं, किंतु मूर्ख उसी से अपना विनाश। हजारों वर्ष पुरानी उन पांडुलिपियों का अनुवाद करने में तुमने हाथ-पैर क्यों मारे जब तुम उन्हें समझना ही नहीं चाहते हो?" मृत्युशिर ने तंज

मारा।

"फिर वही बेसिरपैर की बात!" श्रीमंत जी बिफरे, "अब पांडुलिपि की काल्पनिक कहानी से रोहन और निश्चल का क्या संबंध है?"

"नीलकमल ने बंकर में जयंत को बचाने का एक नाटक कर तुम्हारा भरोसा जीत लिया, लेकिन जो तुम्हारी कई पीढ़ियों के रक्षक हैं उन पर भरोसा करने के लिए तुम्हें वजह चाहिए।" मृत्युशिर गुस्से से बोला, "पता नहीं हम दोनों में से कौन अधिक मूर्ख है- झूठ पर विश्वास और सच पर अविश्वास करने वाले तुम लोग, अथवा तुम मूर्खों की रक्षा करने को अपना धर्म मानकर अपने साथी खोने वाले हम लोग?"

"सच और झूठ का फैसला करने वाले तुम कौन होते हो?" विराट गुस्से से बोला।

"सही कहा! सच के इकलौते ठेकेदार तो तुम लोग हो।" मृत्युशिर ने तंज मारा, "मुझे ऐसे लोगों के साथ अपना समय बर्बाद करने में कोई दिलचस्पी नहीं जो सच स्वीकारना नहीं चाहते हैं।" कहकर वह पलटकर जाने लगा, "मेरे साथी तुम्हें वापस छोड़ आएँगे। आगे तुम और नीलकमल जानो।"

सभी के हाथों से तोते उड़ गए। जाने मृत्युशिर किस सच की बात कर रहा था और उसका श्रीमंत परिवार और रोहन से क्या लेना-देना था। अगर वाकई नीलकमल उनके लिए खतरा हुआ तो मृत्युशिर के जाने के बाद उससे उनकी रक्षा कौन करेगा?

"रुको!" जयंत चीखा, "क्या पूरा मामला समझकर हम तुम पर भरोसा कर सकते हैं?"

मृत्युशिर पलटा और जयंत की आँखों में झाँकते हुए चेतावनी भरी सर्द भारी आवाज में बोला, "तुम निर्णय लेने की स्थिति में कभी नहीं थे... आज भी नहीं हो।"

मृत्युशिर की गहरी भूरी आँखें देख जयंत भीतर तक दहल दिया। डॉ. महापात्रा के घर पर हुई उससे पहली भेंट और नीलकमल की चेतावनी याद कर उसकी डर से घिग्घी बँध गई।

"क्या तुमने सोचा कि जिन पांडुलिपियों के बारे में संसार के गिने-चुने लोग जानते हैं वे रोहन के पास कैसे पहुँची? कभी सोचा कि जिस युद्ध में तुम्हारी

औकात कदमों में रौंदती धूल के समान है उसमें तुम अभी तक जिंदा कैसे हो?" गुस्से से भरे मृत्युशिर ने पूछा, "रोहन की बेवकूफी से तुम उस झूठ में फँसे जो हमने सनातन सत्य की रक्षा के लिए उसे उधार दिया था।"

"हम ये सब सोच-सोचकर पागल हो चुके हैं!" जयंत चीखा, "हमें और मत उलझाओ! हमें उत्तर चाहिए, सवाल नहीं!"

"तुमने एक झूठ को अपनी नियति बनाया और उस नियति ने तुम्हारे कर्म निर्धारित किए।" मृत्युशिर यकायक तेज स्वर में बोला, "हम जानते हैं कि डॉ. वर्मा की टीम ने पब्लिक सीवर लाइन से लेकर श्रीमंत जी के गार्डन तक सुरंग कब और कैसे खोदी। हमारे पास उस सुरंग से जुड़ी हर वो जानकारी है जो शायद उस टीम के पास भी नहीं होगी। तुम्हारी उस 'सुरक्षित सुरंग' को रक्तबीज ने सूखे पत्ते की तरह फाड़ दिया था।"

"रक्तबीज?" जयंत के लिए यह नाम नया था।

"हमारा साथी जिसे तुम मेरा पालतू कहते हो।" मृत्युशिर बोला, "तुम मूर्खों ने कैसे सोच लिया कि जो रक्तबीज निहत्था पूरी सेना का खात्मा करने में सक्षम है उसे डॉ. वर्मा के चंद आदमी रोक पाए होंगे? अपने दिमागी घोड़े लाख दौड़ाने पर भी तुम समझ नहीं पाए कि डॉ. महापात्रा के यहाँ और उस सुरंग में हमने तुम्हें जीवित क्यों छोड़ा। मेरे साथी ने डॉ. महापात्रा को क्यों मारा और उसे डॉ. वर्मा के आदमी क्यों नहीं पकड़ पाए?"

मृत्युशिर की बातों ने सभी की सिट्टी-पिट्टी गुम कर दी थी।

"डॉ. वर्मा! मेरा सच और झूठ समझने का दावा करने वाला आपका घमंडी दिमाग इतने वर्षों बाद भी उस अधिकार-मुद्रिका, जिसे आप 'सूर्यकवच' कहते हैं, का उपयोग क्यों नहीं समझ पाया?" मृत्युशिर तेज स्वर में बोला।

जयंत और डॉ. वर्मा को स्तब्ध छोड़कर मृत्युशिर डॉ. मजूमदार की तरफ पलटा।

"...या फिर 26 फरवरी को अंधे-मोड़ के पास मिली रोहन की वो हमशक्ल लाश जिसने..." कहते हुए मृत्युशिर ने गहरी साँस ली, "...डॉ. मजूमदार, आपके शब्दों में कहें तो आपके 22 साल के कैरियर को धता बता दिया था।"

"ऐसा मैंने जयंत से कहा था!" डॉ. मजूमदार आश्चर्य से आँखें फाड़े मृत्युशिर को ताकते रह गए, "तुम्हें ये सब...!"

"अथवा डॉ. वर्मा से आप को उपहार में मिली वे लाशें जो डीएनए, रूप-रंग, शक्ल-सूरत में एक समान हैं।" मृत्युशिर की पुतलियाँ चढ़ने लगीं, "और क्या जानना है तुम्हें? द्वारका की खुदाई में मिला यंत्र चुराने वाले कॉन्ट्रैक्टर और डॉ. स्वामी की मौत पर पर्दा डालने के लिए डॉ. वर्मा द्वारा उड़ाई उनके हार्ट-अटैक की झूठी खबर जैसी अनगिनत बातें जिन्हें तुम समझते हो तुमने दबा दिया, या फिर सदियों पुराने वे सत्य जिनकी तुम्हें न भनक है, न समझने की अक्ल। जिनकी रक्षा के लिए हम सदियों से बलिदान देते आए और जिनसे हुई क्षति के लिए तुम हमें दोषी मानते हो?"

"कौन हो तुम? इतना सब कैसे जानते हो?" जयंत ने घबराते हुए पूछा।

मृत्युशिर जयंत की तरफ पलटा। उसकी पुतलियाँ गायब थीं। आँखों में स्याह रंग फैल गया था।

जयंत डर से चीखते हुए संतुलन खोकर नीचे गिरा।

"होश सँभालने के बाद बच्चा सबसे पहले अपने माँ-बाप को मूर्ख बनाता है। ऐसा कर वो खुद को बड़ा बुद्धिमान मानता है, किंतु वो नहीं जानता कि उसकी सारी समझदारी और चतुराई उसके माँ-बाप के लिए सिर्फ एक खेल होती है।" मृत्युशिर कड़क आवाज में चीखा, "अपनी मूर्खताओं के बाद भी तुम जीवित हो, क्योंकि हम अपनी आहुति देकर तुम्हारी रक्षा करते आए।"

जमीन थरथराई और चारों तरफ पसरा नीला कोहरा छितराकर धीरे-धीरे यथावत हुआ। मृत्युशिर के गुस्से से सभी के हाथ-पैर ठंडे पड़ गए। रोकते-रोकते भी प्रियंका की रुलाई फूट पड़ी, लेकिन डर के मारे बेचारी आँसू पोंछने की हिम्मत नहीं कर पाई।

जयंत के दिमाग में उथल-पुथल मच गई। डॉ. महापात्रा की हत्या के बाद से वह जिस मृत्युशिर को इस केस में दोषी मान रहा था, वो आज उन्हें दोषी और खुद को भुक्तभोगी साबित करने पर तुला था। उसकी अजीब बातें विश्वास करने लायक नहीं थीं, पर उसकी बंद मुठ्ठी में शायद रोहन से जुड़े कई उत्तर थे। उन उत्तरों को पाने का यह सुनहरा अवसर जयंत को डरा रहा था, पर जिन उत्तरों के लिए सभी जान हथेली पर रखकर भटक रहे थे उन्हें छोड़ना बेवकूफी थी।

जयंत को उत्तर चाहिए थे। चाहें वो उसे श्रीमंत परिवार के सबसे बड़े डर मृत्युशिर से मिलें।

"क्या है रोहन का सच?" जयंत ने काँपते स्वर में पूछा, "और तुम्हारा सच?"

"अपना सच मैं स्वयं हूँ, इंस्पेक्टर जयंत!" मृत्युशिर बेहद गहरी और रहस्यमय आवाज में बोला, "जिन नीलकमल को तुम अपना रक्षक मानते हो..." उसने सिर झुकाया और हताशा से बोला, "...मैं उनमें से एक हूँ! हम सब उनमें से एक हैं।"

"झूठ!" जयंत बौखलाया, "तुम नीलकमल नहीं हो सकते हो!"

"कोई आश्चर्य नहीं कि इस यज्ञ में तुमने इतनी भारी कीमत चुकाई!" मृत्युशिर गुस्से से बोला, "तुम्हें सच चाहिए?" उसने अपनी बाँह पर चढ़ा कपड़ा खींचकर उतारा, "लो स्वीकारो सच!"

सभी डर से चीखे। मृत्युशिर की बाँह जले मांस का लोथड़ा थी जो खून और मवाद भरे फफोलों से भरी थी। साँचे में ढली कोई भारी धातु बाँह के पिघले मांस को गहराई तक भेदते हुए प्रतीक-चिह्न की तरह स्थापित थी-

"नीलकमल का चिह्न!" जयंत की पुतलियाँ फटकर मृत्युशिर की बाँह पर बने उस चिह्न से जा चिपकी। सुन्न दिमाग से मृत्युशिर के बारे में जुटाई सारी जानकारियाँ भाप बनकर उड़ गईं।

"नहीं! हमारी निष्ठा का पुरस्कार- अपमान में घुला वो श्राप जिससे मुक्ति पाने के लिए हम युगों से तड़प रहे हैं।" मृत्युशिर रुँधे गले से चीखा।

पसीने से सराबोर जयंत के चेहरे पर हवाईयाँ उड़ने लगीं। सब कुछ बेमेल और बिना सिर-पैर के था। जिस मृत्युशिर से सभी जान बचाए भाग रहे थे वो खुद एक भुक्तभोगी था। संभावनाओं के प्रचंड तूफान में नीलकमल और मृत्युशिर से जुड़े जयंत के अनुमानों का महल बिखर गया। हर धड़कन के साथ सन्नाटा गहराने लगा।

"नीलकमल के जिन वचनों की पूर्ति के लिए हम शपथ बद्ध थे वही हमारे

जीवन का सबसे बड़ा श्राप बन गए। अधूरे वचनों की पीड़ा से हमारी आत्मा छलनी है।" शब्दों में छलकती पीड़ा से कहीं अधिक पीड़ा मृत्युशिर की नम आँखों से झाँक रही थी, "अपने धर्म की रक्षा करते हुए हम इस संसार के लिए अधर्मी और अवांछनीय हो गए।"

अनिच्छा से सही जयंत मृत्युशिर की उदासी और दुख का हिस्सा बनता जा रहा था। यह वो मृत्युशिर नहीं था जिसने बंकर में जयंत को मौत के मुहाने पर खड़ा कर दिया था। यह तो अपना दर्द जयंत और श्रीमंत परिवार से साझा किए कोई दूसरा इंसान लग रहा था। नीलकमल के पुरातन चिह्न से मृत्युशिर का जुड़ाव उस पर विश्वास करने का गहरा आश्वासन था।

मृत्युशिर की रहस्यमय शख्सियत के बारे में जानने के लिए जयंत की तड़प बढ़ने लगी। शायद उसे जानकर वो सच समझना आसान हो जिसे मृत्युशिर नीलकमल का छल बता रहा था। शायद तब उन प्रश्नों के उत्तर मिले जिनका पीछा करते हुए श्रीमंत परिवार दर-दर की ठोकरें खा रहा था। शायद तब रोहन की वसीयत की पहेली सुलझे जिसका मृत्युशिर यकायक एक अहम हिस्सा बनकर उभरा था।

उलझनों से घिरे जयंत ने मदद के लिए डॉ. वर्मा और डॉ. मजूमदार को देखा, लेकिन उनके चेहरों पर वही प्रश्न हावी थे जिनसे वो परेशान था।

तेजी से पलटते घटनाक्रम को नियंत्रित करने में उलझे जयंत का दिमाग एक ठहराव लेकर पुनः दौड़ा। मृत्युशिर की बाँह पर बना सूर्यकवच का चिह्न उसके सच का एक विश्वसनीय आधार था। रोहन ने डॉ. वर्मा से कहा था कि सूर्यकवच का मालिक अपनी अमानत लेने आएगा और सूर्यकवच उसे पहचान लेगा। बंकर में नीलकमल और मृत्युशिर के आने से पूर्व सूर्यकवच ने संकेत दिए थे। यानि नीलकमल और मृत्युशिर में से कोई एक सूर्यकवच का स्वामी है। मृत्युशिर के पास सूर्यकवच का चिह्न होना साबित करता है कि वो भी नीलकमल है और शायद सूर्यकवच का मालिक भी। इस अजीब केस से जुड़ी अनेक कहानियों के सूत्रधार लग रहे मृत्युशिर से रोहन की वसीयत, सूर्यकवच और उससे जुड़ी रहस्यमय घटनाओं का सच सामने आना बेहद जरूरी था।

मृत्युशिर को दुश्मन मानने की अपनी भूल सुधारने का जयंत के पास यही मौका था।

उसने कपड़ा सरकाकर मृत्युशिर की नंगी बाँह ढँकी और सहमते हुए पूछा, "अगर हम मानें कि हम जो जानते हैं सब झूठ है, तो?"

"तुम उस सत्य के लिए तैयार होगे जिसे जाने बिना तुम्हारा प्रथम द्वारा बुने इस चक्रव्यूह से निकलना असंभव है।" मृत्युशिर बोला।

"अगर तुम नीलकमल हो तो बंकर में तुम्हारे साथी को मारने वाला कौन था?" इस बार उसके सवाल में जिज्ञासा और मृत्युशिर के प्रति सहानुभूति थी।

"वे भी हमारी तरह नीलकमल हैं। तुम लोगों पर उनका हमला होने की सूचना मिलने पर हमारे साथी उन्हें रोकने गए थे।" मृत्युशिर ने बताया, "बंकर में तुम्हें बचाने के दौरान नीलकमल हम पर भारी पड़े और उन्होंने हमारे साथियों को सुषुप्त अवस्था में पहुँचा दिया।"

"सुषुप्त अवस्था?" चेहरे पर प्रश्न-चिह्न लादे प्रियंका ने पूछा।

"समझ लो कि हमारे वे साथी घोर निद्रा में हैं और कुछ समय पश्चात साक्षी के आशीर्वाद से पुनः जागेंगे।" मृत्युशिर ने स्पष्ट किया।

जयंत को याद आया कि बंकर में मिले मृत्युशिर के बारे में नीलकमल ने उससे कहा था कि उसे मारना आसान नहीं है और वो कुछ देर के लिए गहरी नींद में सो गया है। शायद उसका तात्पर्य मृत्युशिर द्वारा बताई सुषुप्त अवस्था से था।

"बंकर में नीलकमल ने तुम्हें जीवित छोड़ा, तुम्हारा पीछा करते हुए वे करण तक पहुँचे और उसके साथ उन्होंने डॉ. वर्मा के आदमी मार डाले। राठौड़ ने गलत समय पर गलत स्थान होने की कीमत चुकाई। यदि बंकर में हमें तुमसे बात करने का मौका मिलता तो तुम यहाँ पहले आ जाते और वे लोग भी बच जाते।" मृत्युशिर बोला, "करण के बाद उनका निशाना तुम और डॉ. वर्मा थे, पर हम बीच में कूद पड़े। हमने तुम्हें वहाँ से जाने को कहा क्योंकि अगर नीलकमल लौटते तो हम उनका सामना करते हुए तुम्हारी रक्षा नहीं कर सकते थे।"

"नीलकमल होते हुए भी तुम नीलकमल का सामना नहीं कर सकते हो!" जयंत ने अविश्वास से सिर झटका, "बंकर में नीलकमल अगर हमें मारने आया था तो उसने मुझे जीवित क्यों छोड़ा?"

"धूर्त शिकारी हाथ लगा शिकार सिर्फ बड़ा शिकार फाँसने के लिए छोड़ता है।" मृत्युशिर बोला, "बंकर से भागने की जल्दबाजी में तुमने नहीं देखा कि नीलकमल ने वहाँ से जाने का नाटक किया था। असल में वो छिपकर तुम पर

नजर जमाए था। उसने बंकर में तुम्हारे दिमाग में हमारा डर बैठाकर बड़ी चतुराई से करण को ढूँढने का अपना अधूरा काम तुम्हारे कंधों पर डाल दिया।"

"हमने करण को जहाँ रखा था वहाँ नीलकमल नहीं, सिर्फ तुम और तुम्हारे साथी पहुँचे थे।" जयंत का पारा चढ़ गया।

"थोड़ी देर वहाँ रुकते तो तुम्हारा यह भ्रम भी टूट जाता।" मृत्युशिर बोला, "नीलकमल तुम्हारा पीछा करते हुए करण तक पहुँचे और अब हम तक पहुँचने की ताक में हैं। साक्षी के आदेश से तुम्हारी सुरक्षा के लिए हम तुम्हें यहाँ ले आए।"

"अब ये साक्षी किस बला का नाम है?" विराट झुँझलाया।

"हमें पुनर्जीवित करने वाले हमारे भगवान!" मृत्युशिर बोला।

"मतलब तुम जैसे राक्षसों का भी बाप है।" विराट के रोंगटे खड़े हो गए।

"दुनिया में हर किसी का बाप होता है, लेकिन इस समय तुम्हारे जैसा अनाथ कोई नहीं है।" मृत्युशिर के उत्तर में वेदना थी, "आधा-अधूरा सच बड़े झूठ से भी खतरनाक होता है। रोहन के आधे-अधूरे सच में उलझकर तुम अपने कई साथियों की जान गँवा चुके हो। अब अपनी जान बचाओ।"

"अब कौन सा सच हमारे लिए जानना बाकी है?" श्रीमंत जी आह छोड़कर बोले, "मौत से बड़ा कोई सच नहीं होता है। हम वो सच हर पल जी रहे हैं।"

"तुम सच नहीं, एक झूठ जी रहे हो। हमारी उधार दी गई साँसों से। हम नीलकमल के विरुद्ध तुम्हारी वह अदृश्य ढाल हैं जिसने तुम्हें जीवित रखा है..." मृत्युशिर का गला रुंध आया, "...उस सत्य की रक्षा के लिए जिसे हम नीलकमल रहकर नहीं बचा पाए।"

जयंत ने श्रीमंत जी का कंधा सहलाकर उन्हें शांत किया। ऐसे गंभीर मोड़ पर मृत्युशिर पर दोषारोपण करने से अधिक उसकी मदद लेकर मामले की तह तक पहुँचना जरूरी था।

"तुमने हमसे इस बारे में पहले बात क्यों नहीं की?" जयंत ने शांत स्वर में पूछा।

"तुम लोग इस सच के लिए तैयार नहीं थे। रोहन भी यह सच नकारता रहा और छली मुमुक्षुओं पर विश्वास कर खुद के साथ अपना सब कुछ गँवा बैठा।" मृत्युशिर बुझे स्वर में बोला।

"क्या अब हम उस सच को समझने लायक हो गए हैं?" श्रीमंत जी ने पूछा।

"उसका निर्णय तुम्हें करना होगा।" मृत्युशिर हताशा से बोला, "अब हमने मुमुक्षुओं को नहीं रोका तो बचाने को कुछ नहीं बचेगा। हमारी हार रोहन, निश्चल, डॉ. स्वामी, डॉ. महापात्रा, राजेंद्र प्रसाद के साथ हमारे उन अनगिनत साथियों के त्याग और समर्पण का अपमान होगी जो इस अघोषित युद्ध को युगों से जीवित रखते आए हैं।"

सभी की नजरें आपस में मिलीं और एक मूक सहमति के साथ अलग हुई।

"हम यहाँ से खाली हाथ लौटने के लिए नहीं आए हैं। हमें हमारे सच का सच बताओ।" जयंत बोला, "इस बार कुछ भी अधूरा मत छोड़ना।"

"अवश्य!" मृत्युशिर की आँखें प्रसन्नता से फैली, "सदियों पुराने इस अधूरे काम को पूरा करने के लिए ही हम तुम्हें यहाँ लाए हैं।"

स्वागत

वृक्ष की मोटी डाल निःशब्द झुकी और अपने ऊपर से नीलकमल नायक का बोझ उतारकर कुछ देर झूलते हुए पुनः अपने स्थान पर स्थिर हुई। वृक्ष की आड़ से कुछ दीर्घकाय साए निकले और नायक के समक्ष ससम्मान झुके।

"तुमने उन्हें देखा ?" नायक ने पूछा।

"उनके साथ कुछ अतिथि हैं। वे उन्हें ढाल बना सकते हैं।" एक साया बोला, "हमारी अधिकार-मुद्रिका प्रत्येक चक्र भेदने में सक्षम नहीं है। जाने वे कितने चक्र भेद चुके हैं। हमें सावधान रहना होगा। भीतरी सुरक्षा-चक्रों में वे बेहद सुदृढ़ स्थिति में हो सकते हैं।"

"हम प्रवेश द्वार खुला रखने का यथासंभव प्रयास करेंगे, किंतु हमारे पास लौटने का विकल्प नहीं है।" नायक बोला।

"अर्थात, चिरंजीवियों को अपने काल से बचने का अवसर प्राप्त नहीं होगा।" उनका साथी गंभीरता से बोला।

"अपना वचन भंग कर उन्होंने अपना काल स्वयं निमंत्रित किया है।" दूसरा बोला, "उनके विनाश के लिए अब हम उत्तरदायी नहीं होंगे।"

"हमारा सामना अपनी शक्तियों से है।" नायक दृढ़ता से बोला, "लक्ष्य-प्राप्ति के लिए हम प्रत्येक बाधा हटाने के लिए स्वतंत्र हैं। केंद्र का संपूर्ण अधिग्रहण ही हमारी सर्वश्रेष्ठ सुरक्षा है। इस विषय में किसी के मन में अन्यत्र विचार नहीं हो।"

"उम्मीद है हमारे पुराने मित्रों ने हमारे स्वागत की पूरी तैयारी की होगी।" नीलकमल का साथी बोला।

"हम उनकी तैयारी व्यर्थ नहीं जाने देंगे।" नायक भाव-शून्य और सख्त चेहरे से बोला, "प्रथम की भेंट उन्हें अवश्य प्राप्त होगी।"

शुभारंभ

"केंद्र में तैनात होने से पूर्व हमने नहीं सोचा था कि मात्र कुछ सदियों पश्चात हम उसकी रक्षा के लिए आपस में लड़ेंगे।" सधे कदमों से टहलते हुए मृत्युशिर भारी और मार्मिक आवाज में बोला, "ब्रह्मण स्थापना के पश्चात से हम साक्षी के नेतृत्व में पूज्य चित्रगुप्तों के पुरातन यज्ञ की रक्षा के लिए लड़ रहे हैं जो सनातन धर्म और मानवता की अंतिम आस है। हम उन के लिए लड़ रहे हैं जो इस यज्ञ से अनभिज्ञ होते हुए भी इसमें अपना सब कुछ गँवा बैठेंगे और उनके लिए जो इस सत्य से परिचित होते हुए भी इससे आँखें मूँदें हैं।"

"ब्रह्मण! केंद्र!" जयंत चौंका, "तुम उन केंद्रों की बात कर रहे हो जो महाभारत युद्ध के समय स्थापित हुए थे?"

"पांडुलिपियों से तुम इतना तो जान चुके हो कि आचार्य रुद्रदेव ने 'प्रथम' के रूप में महर्षि व्यास, महात्मा विदुर, गंगापुत्र भीष्म और श्रीकृष्ण के सहयोग से सनातन ज्ञान की रक्षा और कलयुग पश्चात उसे पुनर्स्थापित करने के उद्देश्य से आरंभ यज्ञ का दायित्व सँभाला था।" मृत्युशिर बोला।

"तो?" विराट बोला।

"सभी कुछ प्रथम की योजनानुसार हुआ। केंद्र स्थापना के पश्चात सुरक्षा-चक्र सक्रिय हुए। महायुद्ध से पूर्व प्रथम ने बड़ी चतुराई से नीलकमल, यादवों और गरुड़राज के सहयोग से नाग शक्ति कुचलकर[2] कलयुग की चुनौतियों का सामना करने के लिए चुनिंदा योग्य लोगों को केंद्रों में बसाया।" कहकर मृत्युशिर ने गहरी साँस ली, मानो अपने भीतर दबी किसी टीस से जूझ रहा हो, "पांडवों की विजय पश्चात जब संसार महायुद्ध के दुष्परिणामों से जूझ रहा था, हम 'मुमुक्षु'

---

2. खंड 2: स्तुति, चिरपुंजपर्व

स्वर्ग-तुल्य ब्रह्मण संरक्षित केंद्रों के दिव्य संसार में सुरक्षित थे।"

"हम?!" विराट चौंका, "मतलब तुम और तुम्हारे साथी... मतलब नीलकमल?"

मृत्युशिर ने सिर हिलाकर हामी भरी।

"तुम और तुम्हारे साथी महाभारत के युद्ध के समय आचार्य रुद्रदेव के साथ केंद्र में थे!" विराट ऐसे उछला मानो बिजली का नंगा तार छू लिया हो, "तुम... तुम उन्हें जानते हो?"

"मेरे कुछ साथी मेरे साथ थे, बाकी अन्य केंद्रों में थे। लंबे समय तक हम नहीं जानते थे कि ब्रह्मण के 'प्रथम' आचार्य रुद्रदेव हैं और हमारे केंद्र के अतिरिक्त और केंद्र भी हैं।" मृत्युशिर बोला, "हम केंद्रों की संपूर्ण व्यवस्था से अनभिज्ञ थे।"

"क्या तुम महाभारत के युद्ध से पहले स्थापित हुए उन ब्रह्मण केंद्रों की बात कर रहे हो जिनका वर्णन पांडुलिपियों में है? महाभारत के युद्ध के समय तुम और तुम्हारे साथी उन केंद्रों में थे?" विराट के माथे पर पसीना छलक आया।

"क्या तुम किसी और ब्रह्मण केंद्रों के बारे में जानते हो?" मृत्युशिर ने विराट को घूरा, "हम वही नीलकमल हैं जिन्हें महायुद्ध से पूर्व सेनापति शिवांश ने इस केंद्र की सुरक्षा में तैनात किया था। पांडुलिपियों में वर्णित नीलकमल और वो नीलकमल जो तुम्हें बंकर में मिला वो केंद्र में सेनापति शिवांश के साथ तैनात हुए हमारे साथी हैं जो हमारी तरह आज भी जीवित हैं।" कहकर उसने गहरी साँस लेकर उदास दृष्टि से चारों तरफ देखा, "सनातन धर्म के बीज की सुरक्षा हेतु निर्मित इस केंद्र से हमारी अनेक स्मृतियाँ जुड़ी हैं। तुमने अपने पूरे जीवन में जितनी साँसें ली होंगी उससे कहीं गुना अधिक साथी हमने इस सनातन यज्ञ की रक्षा और इस केंद्र को अपने अधिकार में लेने के लिए मुमुक्षुओं से संघर्ष करते हुए खोए हैं।"

"हम भगवान श्रीकृष्ण, महर्षि व्यास, भीष्म, विदुर और आचार्य रुद्रदेव द्वारा महाभारत काल में स्थापित गुप्त ज्ञान केंद्र ब्रह्मण में बैठे हैं!" डॉ. मजूमदार का दिमाग फटने को हुआ, "तुम... तुम ये सब..." वह हड़बड़ाए, "मेरा मतलब आप ये... हे भगवान! आप अब तक जीवित कैसे हैं?"

"अपने से बड़ों की बात ध्यान से सुनना चाहिए!" मृत्युशिर हँसा, "विशेषकर

जब वे उम्र में तुमसे कई सदी बड़े हों!"

"उम्र में कई सदी बड़े!" श्रीमंत जी चौंके।

"अथवा उम्र में तुमसे कई सदियों छोटे!" मृत्युशिर बोला, "आयु और जीवन के हमारे परिमाण तुम्हारे परिमाणों से भिन्न हैं। हमारी मानसिक उम्र कई सहस्त्र वर्ष है, किंतु शारीरिक उम्र मात्र कुछ वर्ष।"

"मौनपर्व में लिखा था कि ब्रह्मण के निवासी कई युगों तक जीवित रह सकते हैं!" जयंत जैसे मृत्युशिर की बातों से सम्मोहित हुआ बोला, "क्या वाकई ऐसा हुआ है?"

"सनातन सत्य इंसानी तर्कों का बंधक नहीं है।" मृत्युशिर बोला, "वो पांडुलिपियाँ कहानी नहीं, द्वापर युग में आरंभ चित्रगुप्तों के पुरातन यज्ञ का दिव्य एवं अनमोल सत्य है। महाभारत के वे अध्याय जो संसार से सदैव अप्रत्यक्ष रहे, उनका अस्तित्व उस सच के सामने एक तिनके के समान है जो मैं तुम्हें बताने जा रहा हूँ।"

सभी की जुबान तालू से चिपक गई। मृत्युशिर नामक डरावना किरदार जिसकी उम्र ज्ञात इतिहास के बराबर या उससे अधिक थी वो उन्हें उन किरदारों के बारे में बता रहा था जिन्हें संसार या तो पूजता रहा है या मिथ्या मानकर ठुकराता रहा है। अनगिनत सवालों से घिरा रहने वाला हजारों वर्ष पुराना काल यकायक अपनी गवाही देने के लिए जीवित हुआ था। जिस काल के प्रत्येक पात्र और उनके प्रत्येक कृत्य उचित और अनुचित परिभाषाओं की कसौटी पर सदियों से कसे जाते रहे, उस काल का व्यक्ति मृत्युशिर उनकी आस्था और विश्वास को चुनौती देते हुए 21वीं सदी में उनके सामने जीवित खड़ा था।

"मतलब पांडुलिपियाँ कहानी या कल्पना नहीं, हमारे इतिहास का भूला-बिसरा सच है।" सूखे गले और बदन को कँपाती ठंडी झुरझुरी से जूझते हुए डॉ. मजूमदार बुदबुदाए।

"महर्षि व्यास के कहने पर गणेशजी द्वारा लिखी कथा को व्यास-शिष्य वैशम्पायन ने परीक्षित नंदन महाराज जनमेजय के सर्पयज्ञ के दौरान उन्हें सुनाया, जिसे सुनकर सूतजी रोमहर्षण ने अपने पुत्र उग्रश्रवा को उसका ज्ञान दिया। उग्रश्रवा ने वही कथा नैमिषारण्य में ऋषियों को सुनाई जो बाद में 'महाभारत'

नाम से संसार में प्रसिद्ध हुई।[3]" मृत्युशिर बोला, "कलयुग मात्र एक लाख श्लोकों को महाभारत मानता है। महर्षि, श्री गणेश और प्रथम के अतिरिक्त कोई नहीं जानता कि महर्षि द्वारा गणेशजी से लिखवाए शेष 59 लाख श्लोक जो अन्य लोकों में प्रचलित हुए[4] उनमें कौन सा सनातन सत्य छुपा था।"

"संसार में ऐसे लोगों की भरमार है जो इस सत्य को जानने से अधिक इसका लाभ उठाने के लिए करोड़ों-अरबों की रकम खर्चने के लिए तैयार हैं।" जयंत बोला।

"उनकी यही लालची प्रवृत्ति हमारे लक्ष्य प्राप्ति का साधन बनी!" मृत्युशिर ने जोड़ा।

डॉ. मजूमदार के दिमाग में रोहन का बैंक अकाउंट घूम गया जिसमें से उसने 60 लाख रुपए निकालकर एक लाख रुपए अपनी वसीयत में प्रियंका के नाम छोड़े थे। सभी को शक था कि वो संख्या महाभारत के लुप्त श्लोकों और बचे हुए श्लोकों की संख्या से मिलती है। मृत्युशिर ने वो शक सच साबित कर हजारों वर्ष पुराने इतिहास की अनमोल धरोहर उन पांडुलिपियों पर करोड़ों-अरबों रुपयों की बोली लगने की वजह साफ कर दी थी।

"उन पांडुलिपियों के लिए तो करोड़ों-अरबों की रकम भी दो कौड़ी की है।" डॉ. मजूमदार सिहर उठे, "क्या अपनी वसीयत के जरिए रोहन ने सनातन धर्म की वही विरासत हमें सौंपी है?"

"वो विरासत हमने उसे सौंपी थी। हम उस विरासत के रक्षक हैं।" मृत्युशिर गंभीरता से बोला, "तुम्हारे लिए जो इतिहास, पुराण, कल्पना, अथवा मिथ्या है वो हमारे लिए रक्तरंजित, अंतहीन स्मृतियाँ हैं।"

विराट अपनी घबराहट कम करने के लिए टहलने लगा। मृत्युशिर की रहस्यमय बातें और वो जगह जिसे वो महाभारत काल में स्थापित केंद्र बता रहा था उनके बारे में सोच-सोचकर उसके भीतर अजीब डरावनी झुरझुरी उठ रही

---

3. महाभारत, आदिपर्व, अध्याय 1

4. भगवान वेदव्यास द्वारा बनाई 60 लाख श्लोकों की संहिता के 30 लाख श्लोक देवलोक में (देवर्षि नारद द्वारा), 15 लाख श्लोक पितृलोक में (असित देवल द्वारा) और 14 लाख यक्षलोक में (शुक्रदेव जी द्वारा) समाहित हुए। शेष 1 लाख श्लोक मनुष्यलोक में महर्षि व्यास शिष्य वैशम्पायन के द्वारा महाभारत के नाम से प्रतिष्ठित हुए। [महाभारत, स्वर्गारोहण, अध्याय 5, श्लोक 54-56; आदिपर्व, अध्याय 1, श्लोक 105-109]

थी। सच जाने बिना रहा नहीं जा रहा था, और सच पूरा जानने की उसकी हिम्मत नहीं हो रही थी।

"आपकी यह हालत कैसे हुई?" जयंत ने पूछा, "जो केंद्र आपकी सुरक्षा में थे और जिन में आप सुरक्षित थे उन पर अधिकार करने के लिए आपको संघर्ष क्यों करना पड़ा?"

"प्रथम हमारे आदर्श थे। सभी केंद्र-पालक उनके आदेशानुसार अपने-अपने केंद्रों की रक्षा और उसकी व्यवस्था का समुचित प्रबंध करते थे।" मृत्युशिर बोला, "किंतु शक्तियों और आदर्शों को सुमार्ग पर रखने के लिए उन पर अंकुश होना आवश्यक है। अनियंत्रित शक्ति विनाश का कारण बनती है।"

"केंद्रों की स्थापना के पश्चात प्रथम ने पूरी निष्ठा से उनकी रक्षा की। महायुद्ध पश्चात उन्होंने हस्तिनापुर और आर्यावर्त के पुनरुत्थान हेतु केंद्र के संसाधनों के मुँह खोल दिए। महर्षि व्यास, कृष्ण और पांडवों के कई शांति यज्ञों में उन्होंने सहायता की। उनके आदेशानुसार सभी केंद्र-पालकों ने धर्मानुसार यथासंभव महाराज युधिष्ठिर का सहयोग किया।" मृत्युशिर बोला, "किंतु प्रथम का यही समर्पण उनकी महत्त्वाकांक्षा का बीज बना।"

"कैसी महत्त्वाकांक्षा?" विराट ने पूछा।

"उन्हें ब्रह्मण केंद्रों के संचालन में सक्षम बनाने के लिए महर्षि व्यास ने कठिन तप से अर्जित अपना संपूर्ण ज्ञान उन्हें सौंपा था। एक अनाथ और साधारण आचार्य गरीबी के अँधेरे से उठकर यकायक संसार की अनगिनत दिव्य शक्तियों का स्वामी 'प्रथम' बन गया।" मृत्युशिर बोला, "बिना परिश्रम से प्राप्त ज्ञान जीव के पतन का कारण बनता है। ज्ञान-साधना का अनुभव प्रथम के लिए बेहद तीव्र रहा। यज्ञ की रक्षा का उनका वचन कमजोर पड़ने लगा। अपनी शक्तियाँ नियंत्रित करने के स्थान पर वे उनसे नियंत्रित होने लगे। केंद्रों की सबसे बड़ी रक्षा चुनौती केंद्रों के भीतर पनपती रही और किसी को उसकी भनक नहीं हुई। केंद्रों में सुरक्षित दिव्य शक्तियों का एकक्षत्र स्वामी बनने की प्रथम की प्रबल महत्त्वाकांक्षा इस सनातन यज्ञ पर श्राप बन गई।"

"केंद्रों में ऐसा क्या था जिसे पाने के लिए आचार्य लालायित थे?" डॉ. मजूमदार ने पूछा।

"प्रत्येक केंद्र में धर्म, विज्ञान, अध्यात्म और मूल सनातन व्यवस्थाओं से

जुड़े अनगिनत दिव्य ज्ञान-कोष स्थापित किए गए थे। प्रत्येक मन्वंतर के आरंभ में चित्रगुप्त वे ज्ञान-कोष उस मन्वंतर के मनु को प्रदान करते हैं जिससे वे मानव जाति के कल्याण और उत्थान के लिए नियम और व्यवस्था स्थापित करते हैं। चित्रगुप्तों की सनातन अवतार व्यवस्था के आधार-स्तंभ वे ज्ञान-कोष कलयुग के अंत और सतयुग के आरंभ के लिए आवश्यक हैं। उनमें निहित ज्ञान कलयुग जैसी विपदाओं में सनातन धर्म व्यवस्था का रक्षक और सतयुग में धर्म की पुनर्स्थापना का मूल है। अवतारों को धर्म-व्यवस्था स्थापित करने के लिए और अपना जन्म सार्थक करने के लिए आवश्यक शक्ति और ज्ञान प्रदान करने वाले वे कोष मात्र सुपात्र के प्राप्त होने पर प्रकट होते हैं।" मृत्युशिर बोला, "प्रथम ज्ञान-कोषों को अपने अधिकार में लेकर इस सनातन अवतार व्यवस्था को नियंत्रित करना चाहते थे, किंतु उनकी इच्छापूर्ति में परिषद एक बड़ी बाधा थी।"

"मौनपर्व के अनुसार परिषद आचार्य के अधीन थी। श्रीकृष्ण, महात्मा विदुर और महर्षि व्यास को आदेश देकर वह अपनी हर इच्छा पूरी कर सकते थे।" विराट बोला, "केंद्रों पर आचार्य का अधिकार था। वह केंद्र में रखे ज्ञान-कोष सुलभता से प्राप्त कर सकते थे।"

"प्रथम की इच्छा परिषद के नियमों के विपरीत थी। परिषद के सदस्य केंद्रों पर उनका अधिकार वापस लेकर उन्हें दंडित कर सकते थे।" मृत्युशिर बोला।

"ऐसे में आचार्य ने क्या किया ?" प्रियंका ने पूछा।

"परिषद के सक्रिय रहते प्रथम बँधे थे। उन्होंने धैर्य से काम लिया। वह परिषद द्वारा निर्धारित नियमों के अनुरूप अपना दायित्व-निर्वाह करते हुए उपयुक्त क्षण की प्रतीक्षा करते रहे।" मृत्युशिर बोला, "युद्ध पश्चात महात्मा भीष्म ने देह त्यागी। युधिष्ठिर के हस्तिनापुर का राज ग्रहण करने के कुछ वर्षों पश्चात महाराज धृतराष्ट्र, माता कुंती, माता गांधारी और महात्मा विदुर वानप्रस्थ हुए। इस दौरान विदुर योगबल से अपनी देह त्याग कर महाराज युधिष्ठिर में प्रवेश कर गए।[5] उनके प्रस्थान के दो वर्ष पश्चात वनप्रवास के दौरान दावानल में महाराज धृतराष्ट्र, माता कुंती और माता गांधारी परलोक सिधार गए।[6]"

"महायुद्ध के 36 वर्ष पश्चात भगवान श्रीकृष्ण यादव वंश का नाश कर

5. महाभारत, आश्रमवासिकपर्व, अध्याय 26
6. महाभारत, आश्रमवासिकपर्व, अध्याय 37

बलराम जी के साथ देहत्याग कर परम धाम सिधारे।[7]" मृत्युशिर बोला, "उनके प्रस्थान से विरक्त हुए पांडवों ने युयुत्सु को राज्य की देख-रेख का भार सौंपा और अर्जुन के पौत्र और अभिमन्यु-उत्तरा पुत्र परीक्षित का राज्याभिषेक कर हिमालय प्रस्थान किया।[8] ब्रह्मण व्यवस्था और उसमें सुरक्षित रखे ज्ञान-कोषों के अब मात्र दो ज्ञाता बचे थे- महर्षि व्यास और प्रथम।"

"आर्यावर्त को महायुद्ध की विभीषिका से उबारने में प्रथम ने महाराज परीक्षित की हरसंभव सहायता की, किंतु महाराज परीक्षित श्रीकृष्ण और पांडवों के प्रस्थान से उत्पन्न शून्य नहीं भर पाए।" मृत्युशिर बोला, "परिषद के तीन अहम सदस्यों के प्रस्थान पश्चात महायुद्ध की कोख से जन्में ज्ञान-विहीन कलयुगी संसार में प्रथम अपने दिव्य ज्ञान की बदौलत अविजित थे। महाराज परीक्षित को सहायता देने की आड़ में प्रथम आर्यावर्त के बदलते राजनीतिक समीकरण भुनाने लगे।"

"वो कैसे?" प्रियंका ने पूछा।

"उन्होंने अपनी विश्वस्त नीलकमल वाहिनी से नागों के सैन्य शिविरों पर हमला करवाया और नागराज को अकाट्य साक्ष्य देकर उसे विश्वास दिलाया कि महाराज परीक्षित नागों को समाप्त करने की मंशा रखते हैं।" मृत्युशिर ने बताया।

"ऐसा करके आचार्य को क्या हासिल हुआ?" जयंत ने पूछा।

"उन्होंने नीलकमल के माध्यम से नागराज को महाराज परीक्षित को मिले ऋषि ऋंगी के श्राप[9] का स्मरण कराकर उसे महाराज के वध के लिए उकसाया। नीलकमल ने तक्षक को बताया कि उसके विष की काट मात्र ब्रह्मर्षि काश्यप के पास है और वो महर्षि व्यास के कहने पर महाराज परीक्षित की रक्षा में तैनात होंगे।[10]" मृत्युशिर बोला, "नीलकमल तक्षक को समझाने में सफल रहे कि

---

7. महाभारत युद्ध के 36 वर्ष पश्चात श्रीकृष्ण का देहावसान हुआ था। [महाभारत, मौसलपर्व, अध्याय 1-4]

8. साथ ही बचे हुए यादवों ने श्रीकृष्ण पौत्र वज्र को अपना राजा बनाया। परीक्षित ने हस्तिनापुर और व्रज ने इंद्रप्रस्थ पर राज किया। [महाभारत, महाप्रस्थानिकपर्व, अध्याय 1, श्लोक 6-9]

9. शमीक मुनि ने अपने शिष्य गौरमुख को भेजकर महाराज परीक्षित को अपने पुत्र ऋषि ऋंगी द्वारा दिए श्राप के विषय में बतलाकर उन्हें सावधान रहने को कहा। [महाभारत, आदिपर्व, अध्याय 50, श्लोक 13-14]

10. ऋषि ऋंगी के श्राप के पूर्ण होने के सातवें दिन ब्रह्मर्षि काश्यप ने अचानक महाराज परीक्षित के समीप जाने का विचार किया। [महाभारत, आदिपर्व, अध्याय 50, श्लोक 15-17]

महाराज परीक्षित की मृत्यु के लिए ब्रह्मर्षि काश्यप के प्रयासों का निष्फल होना आवश्यक है। परिणामस्वरूप तक्षक ने ब्रह्मर्षि को महाराज परीक्षित की रक्षा में तैनात होने से पूर्व रोक दिया।"

"यानि महाराज परीक्षित तक्षक के हाथों नहीं, नीलकमल और आचार्य के हाथों मारे गए!" विराट बोला।

"इतिहास का सत्य उसमें लिखे शब्दों से भिन्न होता है।" मृत्युशिर बोला, "प्रथम की योजना कामयाब रही। महाराज परीक्षित उनके रास्ते से हट गए और तक्षक का नाम महाराज के हत्यारे के रूप में इतिहास में हमेशा के लिए दर्ज हो गया।[11]"

"ऋषि ऋंगी के श्राप से महाराज परीक्षित की तक्षक से मौत होना निर्धारित थी। नागराज की सहायता कर आचार्य महाराज परीक्षित की मौत के दोषी कैसे हुए?" डॉ. मजूमदार ने पूछा।

"तुमने तो कर्म और उसके परिणामों का आधार ही समाप्त कर दिया। यदि सब कर्म काल प्रेरित हैं तो कोई जीव किसी पाप का दोषी नहीं है। द्वापर युग में हुए महाविनाश के लिए न दुर्योधन दोषी हुआ, न भीष्म और न श्रीकृष्ण।" मृत्युशिर बोला, "किंतु काल जीव को कर्म के परिणामों के अनुसार नहीं, ध्येय के अनुसार दंडित करता है। एक अबोध बालक, अथवा विक्षिप्त द्वारा हुई हत्या का दंड योजनानुसार की गई हत्या के दंड से भिन्न होता है।"

"फिर प्रथम महाराज परीक्षित की हत्या के दोषी कैसे हुए?" प्रियंका ने पूछा।

"प्रथम महाराज की हत्या की प्रेरणा पोषित करने के दोषी थे। उन्होंने महाराज की हत्या की स्थिति उत्पन्न करने वाले कारणों का निर्माण कर सुनिश्चित किया कि ब्रह्मर्षि काश्यप नागराज के विष से महाराज की रक्षा नहीं कर सकें। उनका आचरण परिषद के मूल सिद्धांतों के विपरीत और धर्म विरुद्ध था।" मृत्युशिर बोला, "अपनी योजना सफल होने के पश्चात प्रथम ने उस हथियार को नष्ट किया जिसे उन्होंने महाराज परीक्षित के विरुद्ध प्रयोग किया था- नागराज

---

11. महर्षि व्यास के अनुरोध पर ब्रह्मर्षि काश्यप महाराज परीक्षित को बचाने गए थे, किन्तु नागराज ने उन्हें भारी पुरस्कार देकर बीच रास्ते से लौटा दिया और इसके पश्चात उसने महाराज परीक्षित की हत्या कर दी। [महाभारत, आदिपर्व, अध्याय 50, श्लोक 24-29]

तक्षक!"

"पर नागराज तो उनका सहयोगी था!" विराट बोला।

"महत्त्वाकांक्षी व्यक्ति के लिए प्रत्येक व्यक्ति मात्र लक्ष्य प्राप्ति का साधन होता है। तक्षक कायर था। उसकी शक्तियों को प्रथम महाभारत युद्ध से पहले खोखला कर चुके थे।" मृत्युशिर बोला, "भविष्य में नागराज को अपने हितों के लिए प्रयोग करने की मंशा से उन्होंने नीलकमल से उसकी रक्षा कराई थी।"

"आपका मतलब चिरपुंजपर्व में वर्णित महाभारत युद्ध से पूर्व मृत्युंजय पर्वत पर हुआ संग्राम?" विराट ने पूछा।

"हाँ! पांडुलिपियाँ महाभारत का वो सच है जो संसार से सदैव गुप्त रहा।" मृत्युशिर बोला।

जयंत के भीतर डरावनी झुरझुरी तैर गई। मन हुआ मृत्युशिर को टोके कि उसे बार-बार इस बातचीत की पृष्ठभूमि याद दिलाने की जरूरत नहीं है। वैसे ही सभी मुश्किल से पचा पा रहे थे कि हजारों वर्ष पुराना इतिहास जीवित हो उन्हें अपनी कहानी सुना रहा है।

"पराजित नागराज से आचार्य को क्या डर था?" प्रियंका ने पूछा।

"यदि वह नीलकमल द्वारा अपनी रक्षा की बात स्वीकारता तो प्रथम की महत्त्वाकांक्षा प्रकट हो जाती। तब महर्षि प्रथम को दंडित कर उनसे केंद्रों का नियंत्रण छीन सकते थे।" मृत्युशिर बोला, "तक्षक को सीमित करने के लिए प्रथम ने महाराज जनमेजय के मंत्रियों को उकसाया कि वे महाराज जनमेजय को उनके पिता महाराज परीक्षित की मौत की वजह बताएँ। परिणामस्वरूप महाराज जनमेजय ने नागों से अपने पिता की मौत का बदला लेने के लिए सर्पयज्ञ आरंभ किया।[12]"

"नाग अपने अंत के लिए शापित थे। सर्पयज्ञ में उनके संहार के लिए आचार्य कैसे दोषी हुए?" प्रियंका ने पूछा।

"प्रथम के चतुर दाँव से उन्हें नागों के विनाश का दोष भी नहीं लगा और संसार की दो बड़ी शक्तियाँ कौरव और नाग इस यज्ञ के फलस्वरूप वर्षों तक आपस में लड़कर अपनी शक्ति नष्ट करती रहीं।" मृत्युशिर बोला, "इस यज्ञ में

12. महाभारत, आदिपर्व, अध्याय 50-52

शक्तिशाली महाराज जनमेजय ने नागराज और उसके सहयोगी देवराज इंद्र को पराजित किया।[13] उस कठिन क्षण में विसर्पी आस्तीक ने नागवंश का समूल नाश होने से बचाया।"

"कौन विसर्पी आस्तीक?" विराट बोला।

"नागराज वासुकि की बहन जरत्कारू और महर्षि जरत्कारू के संयोग से उत्पन्न विसर्पी आस्तीक!" मृत्युशिर ने बताया, "उसके आग्रह पर महाराज जनमेजय ने सर्पयज्ञ समाप्त किया था।[14]"

"चिरपुंजपर्व में आचार्य ने कहा था कि नागों ने जिन विसर्पियों पर अत्याचार किया, वही भविष्य में नागकुल के रक्षक बनेंगे!" डॉ. मजूमदार आश्चर्य से बोले, "क्या चिरपुंजपर्व में आचार्य विसर्पी आस्तीक के बारे में भविष्यवाणी कर रहे थे?"

"तुमने ठीक कहा। भविष्य में झाँकने की शक्ति प्रथम को महर्षि से प्राप्त हुई थी। केंद्र में ब्रह्मण के प्रभाव से उनकी शक्तियाँ प्रबल हो रही थी। ब्रह्मण स्थापना के पश्चात महर्षि के सहयोग से उन्होंने गुप्त रूप से पंच-तत्त्वों के संतुलन और उनके संयोग से प्रकट होने वाले रूपों की गणना करने की साधना आरंभ की। ब्रह्मण की रक्षा के प्रयोजन से महर्षि ने उन्हें कई दिव्य-विधियों और कवचों का ज्ञान दिया। महर्षि व्यास और प्रथम की शक्तियाँ जैसे एक-रूप हो गई थीं!" मृत्युशिर ने बताया।

"महर्षि व्यास ने प्रथम को क्यों नहीं रोका?" श्रीमंत जी ने पूछा।

"हम नहीं जानते कि महर्षि प्रथम की मंशा भाँपने में चूके, अथवा प्रथम ने किसी उपाय से अपनी योजना के बारे में उन्हें भ्रमित किया। कदाचित किसी कारण से महर्षि प्रथम का मन पढ़कर शांत रहे। शायद वो प्रथम को समझाने में असफल रहे।" मृत्युशिर बोला।

"शायद महर्षि इसलिए शांत रहे क्योंकि प्रथम का विकल्प ढूँढने के लिए बहुत देर हो चुकी थी।" डॉ. मजूमदार ने अनुमान लगाया।

"शायद! ब्रह्मण के भीतर शक्ति संधान करते हुए प्रथम महर्षि के समकक्ष हो चुके थे और कई क्षेत्रों में उनसे बेहतर। उन्हें पदच्युत करना महर्षि के लिए

---

13. महाभारत, आदिपर्व, अध्याय 56

14. महाभारत, आदिपर्व, अध्याय 38, श्लोक 13; अध्याय 56-58

पहले जितना सुलभ नहीं था।" मृत्युशिर बोला।

"यानि जिस कलयुग से सनातन धर्म की रक्षा के लिए महर्षि ने यज्ञ आरंभ किया था उसने सर्वप्रथम प्रथम की बुद्धि पर हमला बोला।" विराट बोला, "क्या केंद्र में किसी ने आचार्य को नहीं रोका?"

"केंद्र निवासी प्रथम के अधीन थे। प्रथम के आदेश उनके लिए सर्वोपरि थे। केंद्रों की व्यवस्थाओं का पूर्ण ज्ञान मात्र प्रथम को था। कई सदियों तक ज्ञान-कोष और उनके महत्त्व के बारे में हमारा ज्ञान शून्य था।" मृत्युशिर बोला, "महर्षि के स्वर्ग प्रस्थान के बाद प्रथम कलयुग के निर्विरोध युगपुरुष बन गए। ज्ञान-कोषों पर नियंत्रण करने के लिए अब वो स्वतंत्र थे। अपना दायित्व भूल और अपनी महत्त्वाकांक्षा के अधीन हो वो ऐसे भगवान बन गए जिनके विकल्प के अभाव में प्रकृति असंतुलित होती है।"

"सभी जीवों के कर्मों से उनके भविष्य का अनुमान लगाने और जीवों के कर्मों को अपने ध्येय प्राप्ति के लिए नियंत्रित करने में सक्षम चित्रगुप्तों से आचार्य का भविष्य कैसे छुपा रहा?" प्रियंका ने पूछा, "उन्होंने आचार्य को प्रथम का दायित्व क्यों सौंपा? उन्होंने यज्ञ पर संकट के रूप में उभरी आचार्य की महत्त्वाकांक्षा का उपाय क्यों नहीं सोचा?"

"कदाचित चित्रगुप्तों के उसी उपाय को लागू करने के लिए हमारा जन्म हुआ है!" मृत्युशिर मुस्कुराया, "कदाचित हमारी यह भेंट प्रथम के वचन विमुख होते ही नियत हो गई थी।"

विषाक्त

मृत्युशिर के माध्यम से इतिहास के गुप्त हिस्से कुरेदते हुए सभी जानने को उत्सुक थे कि इतिहास किस मोड़ पर आकर उनके वर्तमान से जुड़ रहा है।

"क्या श्रीकृष्ण, महात्मा विदुर, श्रद्धेय भीष्म, और महर्षि व्यास के प्रस्थान के पश्चात परिषद भंग हुई?" जयंत ने पूछा।

"परिषद के सदस्यों ने अपने प्रतिनिधि नियुक्त नहीं किए थे, इसलिए उनके निर्वाण के पश्चात प्रथम ही परिषद थे। सभी केंद्र पालक उनके निर्देशानुसार केंद्र संचालित करते रहे। केंद्र के वातावरण में घुल-मिलकर केंद्र निवासी बाहरी दुनिया से कट चुके थे। उनके लिए केंद्र ही दुनिया थी। प्रथम का विरोध करने का उनके पास कोई कारण नहीं था।" मृत्युशिर बोला।

"वो केंद्र से बाहर तो जाते रहते होंगे।" विराट बोला।

"केंद्र के भीतर भौतिक तत्त्वों की गति बाहरी दुनिया के भौतिक तत्त्वों की गति से भिन्न है। इस कारण केंद्रवासियों की आयु बढ़ने की गति बाहरी जीवों के अनुपात में अत्यंत मंद है। भीतरी और बाहरी दुनिया के तत्त्वों की गति में अंतर बनाए रखने के लिए केंद्र द्वार दिव्य विधि से बंद किए गए हैं। तत्त्वों की गति में अंतर के कारण बिना विधि के केंद्र सीमा का उल्लंघन जीव को मूल-तत्त्वों में विखंडित कर देगा। ठीक वैसे जैसे तेज गति गाड़ी से उतरने का प्रयास जानलेवा होता है।"

"फिर आचार्य ने केंद्र से बाहर नागराज से कैसे संपर्क साधा?" जयंत ने पूछा।

"प्रथम की आज्ञा और केंद्र-पालकों की अनुमति के बिना न केंद्र में कोई प्रवेश कर सकता है और न यहाँ से बाहर निकल सकता है। नीलकमल के अतिरिक्त किसी केंद्रवासी को केंद्र से बाहर जाने की आवश्यकता नहीं थी।"

मृत्युशिर बोला, "किंतु हम बाहरी वातावरण में अभियान संचालित करने के लिए सदैव तत्पर रहते थे। अश्विनीकुमारों की दिव्य औषधियाँ प्रथम और नीलकमल को केंद्र के भीतरी और बाहरी वातावरण की भौतिक भिन्नताओं में संतुलन स्थापित करने में मदद करती हैं। इस कारण केंद्र के बाहर प्रथम के कार्यों के लिए नीलकमल उपयुक्त पात्र थे।"

"तो हम यहाँ कैसे जीवित हैं?" प्रियंका ने पूछा।

"केंद्र के बाहरी चक्रों में बाहरी दुनिया के व्यक्तियों से भेंट करने के लिए कुछ अस्थायी स्थान हैं। उनके प्रवेश द्वारों की स्थिति परिवर्तित होती रहती है। तुम लोग अभी ऐसे ही स्थान पर हो। ब्रह्मण के प्रभाव से यहाँ काल गति बाहरी दुनिया से भिन्न है।" मृत्युशिर बोला, "केंद्र के वातावरण से तुम्हारा तालमेल बैठाने के लिए तुम्हें यहाँ प्रवेश पूर्व शुद्धिकरण प्रक्रिया के तहत अश्विनीकुमारों की वही प्राचीन औषधि दी गई है जो नीलकमल को दोनों वातावरणों में जीवित रखते हुए उनके घाव शीघ्र भरती है। शुद्धिकरण प्रक्रिया का पालन कर तुम लोग यहाँ प्रवेश करने के योग्य बने हो।"

"कैसी शुद्धिकरण प्रक्रिया? हमने तो कोई औषधि नहीं ली है!" विराट बोला।

"ये तुम्हारी इच्छा का नहीं, व्यवस्था का प्रश्न है।" मृत्युशिर बोला, "शुद्ध हुए बिना यहाँ प्रवेश करना असंभव है।"

"वे झाड़ियाँ!" जयंत बुदबुदाया, "उनके जरिए हमें औषधियाँ मिली हैं।"

"चलो! तुम में कोई तो समझदार है।" मृत्युशिर मुस्कुराया।

"नीलकमल ने आचार्य को केंद्र की नियमावली के विरुद्ध कार्य करने से क्यों नहीं रोका?" डॉ. मजूमदार बातचीत भटकने से चिढ़े, "वे आचार्य के षड्यंत्रों में सहयोगी क्यों बने?"

"सेनापति शिवांश भाँप रहे थे कि प्रथम परिषद द्वारा स्थापित नियमों का उल्लंघन कर नीलकमल को अपनी महत्त्वाकांक्षा पूर्ति के लिए उपयोग कर रहे थे। जिस धर्म से नीलकमल का अस्तित्व जुड़ा था, प्रथम उसकी जड़ें काट रहे थे।" मृत्युशिर बोला, "सेनापति ने प्रथम को यज्ञ के लक्ष्यों के प्रति समर्पित रहने अथवा नीलकमल वाहिनी को सदैव के लिए खोने का विकल्प देते हुए स्पष्ट किया कि नीलकमल अपने धर्म के पतन में सहायक नहीं होंगे।"

"क्या आचार्य मान गए?" प्रियंका ने पूछा।

"अपने शक्तिशाली सहायक नीलकमल को अपनी चुनौती बनना उन्हें सहन नहीं हुआ।" मृत्युशिर ने गहरी साँस ली, "उन्होंने सेनापति को बंधक बनाकर उन्हें जीवित खौलते तेल में डलवा दिया।"

"हे भगवान!" प्रियंका डर से सिहर उठी।

"केंद्र के भीतर ब्रह्मण के प्रभाव से सेनापति की मृत्यु नहीं हुई। वह कई वर्षों तक खौलते तेल में पड़े तड़पते रहे। प्रथम ने उन्हें केंद्र में रखा ताकि सभी केंद्र निवासी प्रथम के आदेशों की अवहेलना का परिणाम समझ सकें।" मृत्युशिर का गला भर आया, "सेनापति की दुर्गति ने हमें समझाया कि सच की संगति कितनी पीड़ादायक होती है। हमारे भीतर प्रथम के प्रति श्रद्धा समाप्त हो गई। हमें प्रथम से जोड़ने वाली नीलकमल की शपथ धूमिल पड़ने लगी।"

"उसके बाद सेनापति शिवांश का क्या हुआ?" विराट ने पूछा।

"उन्हें वर्षों कष्ट देने के पश्चात प्रथम ने उनकी अधिकार-मुद्रिका छीनकर उन्हें चेतावनी के तौर पर केंद्र से बाहर फिंकवा दिया।" मृत्युशिर की आँखों में नमी बढ़ गई।

"ये अधिकार-मुद्रिका क्या बला है?" विराट ने पूछा।

"केंद्र को प्रकट करने, उनमें अनाधिकृत प्रवेश रोकने और केंद्र में स्थापित मयदानव के अनगिनत सुरक्षा-चक्रों से धारक की रक्षा करने वाले यंत्र! प्रथम के आदेशानुसार हर अधिकार-मुद्रिका केंद्र के सीमित चक्रों तक प्रभावी रहती है।" मृत्युशिर बोला, "प्रथम को लगा कि उन्होंने सेनापति को केंद्र से निष्कासित कर अपने विरोधी शांत कर दिए, किंतु उनके दुष्कृत्यों से ब्रह्मण विकृत होने लगा। मयदानव की स्वचालित व्यवस्थाएँ उन विकारों का उपाय करती रहीं, किंतु प्रथम के विरुद्ध हमारे बढ़ते रोष से उन विकारों में अप्रत्याशित वृद्धि होने लगी।"

"मौनपर्व में बताया गया है कि ब्रह्मण मानसिक तरंगों से प्रभावित होता है!" प्रियंका बोली।

"यही हुआ! प्रथम की नकारात्मक शक्तियाँ और उनके विरुद्ध हमारे बढ़ते रोष से ब्रह्मण विकृत होता रहा। व्यवस्थाओं का असंतुलन अंततः केंद्र के पतन का कारण बना।" मृत्युशिर बोला, "सेनापति के त्याग और उन पर हुए अत्याचार ने हमारे कई साथियों की आत्मा झकझोर दी। प्रथम का विरोध करने के स्थान

पर उन्होंने केंद्र त्यागना उचित समझा।"

"उचित किया, अन्यथा उनकी गति भी सेनापति जैसी होती।" विराट बोला।

"सेनापति को निष्कासित करने के कुछ समय बाद अभियान के लिए केंद्र से बाहर गए हमारे कई साथी नहीं लौटे।" मृत्युशिर ने रुककर गहरी साँस ली, "कई वर्षों बाद हमें ज्ञात हुआ कि प्रथम के विश्वस्त नीलकमल साथियों ने उन्हें मार डाला। प्रथम ने उनकी हत्या की सूचना सभी से गुप्त रखी।"

सभी स्तब्ध रह गए।

"प्रथम के आदेश पर अपने से कई गुना शक्तिशाली नागों को धूल चटाने वाले और भरतखंड की राजनीतिक परिवेश को बदलने वाले कर्तव्यपरायण और निष्ठावान नीलकमल अपने प्रिय सेनापति को खोकर छला हुआ महसूस कर रहे थे। हममें और भाड़े के योद्धाओं में मात्र इतना अंतर था कि उनका अस्तित्व था, हमारा नहीं!" मृत्युशिर की आँखों की नमी बढ़ने लगी, "जिस प्रथम के लिए हमने अपना वर्तमान स्वाहा किया और इतिहास में लुप्त होना स्वीकारा, वो अपनी महत्त्वाकांक्षा के लिए हमें समाप्त करने के लिए तत्पर थे।"

मृत्युशिर की बातों से सभी का मन भारी हो गया।

"हमने निर्णय लिया कि हम प्रथम के छल में सहायक नहीं बनेंगे। हम वासुदेव द्वारा प्रदत्त अपनी पहचान और मूल वचनों से पृथक नहीं होंगे। अपने वचनों की रक्षा करते हुए हम अपना इतिहास स्वयं लिखेंगे।" मृत्युशिर का स्वर आक्रोश पूर्ण हुआ, "प्रथम के धर्मच्युत होने से हमें उनकी निष्ठावान नीलकमल वाहिनियों से पृथक एक ऐसी नवीन पहचान की आवश्यकता हुई जो मानवता की उम्मीद बन सके।"

"तो आपने क्या किया?" विराट ने पूछा।

"हम केंद्र से भागे, लेकिन केंद्र-रक्षकों द्वारा पकड़े गए। हमारे सदियों के त्याग और समर्पण के बदले प्रथम ने हमारी अधिकार-मुद्रिका और केंद्र से जुड़े हमारे सभी अधिकार छीनकर हमें जीवनपर्यंत स्मरण रहने वाला यह उपहार दिया।" कहकर मृत्युशिर ने अपने मुँह पर ढँका कपड़ा खींचकर हटाया।

मृत्युशिर का वीभत्स चेहरा देख सभी डर से चीख पड़े।

उसका जबड़ा दो टुकड़ों में फटा था। ऊपरी हिस्सा मुँह से जुड़ा था और निचला झूल रहा था। नाक की खाल इस कदर उधड़ी थी कि उसके पीछे से

टेढ़ी-मेढ़ी पिचकी हड्डी झाँक रही थी। माथा अनगिनत गहरी दरारों से विभक्त था। गले पर सड़े-गले मांस के छोटे-बड़े लोथड़े झूल रहे थे जिनके बीच से गले, जबड़े और छाती की जल-भुनकर काली हो चुकी हड्डियाँ झाँक रही थीं। चेहरे की जली खाल काली पिघली मोम की तरह उबड़-खाबड़ तरीके से यहाँ-वहाँ चिपकी थी। चेहरे के नाम पर सही-सलामत बची उसकी आँखें आक्रोश और अथाह पीड़ा से भरी थीं।

मृत्युशिर का विकृत और डरावना चेहरा देख सभी की हिम्मत जवाब दे गई। प्रियंका की उलटी निकल पड़ी। श्रीमंत जी घबराकर अपना सिर पकड़कर धम्म से बैठ गए।

कुछ समय लगा सभी को संयत होने में।

"केंद्र में लंबा समय व्यतीत करने के कारण हमारे शरीर के क्षय होने की गति अत्यंत मंद थी, इसलिए इतने कठोर अत्याचार सहने के बाद भी हम जीवित रहे, लेकिन हमारे घाव ताजे रहे।" अपने साथियों की स्मृति में भर आए गला खंखारते हुए मृत्युशिर बोला, "हम रो नहीं सकते हैं, क्योंकि हमारे आँसू विषैले हैं। उनसे हमारी खाल झुलसती है। सदियों से अपनी नर्क-तुल्य देह में कैदी बने हम अपनी निष्ठा और समर्पण के बदले प्रथम द्वारा प्रदत्त इस असहनीय कष्ट से हर पल लड़ रहे हैं।"

"उसके बाद आप यहाँ कैसे पहुँचे?" विराट ने अपनी नम आँखें पोंछते हुए पूछा।

"केंद्र-पालक और प्रथम के निष्ठावान नीलकमल हमें केंद्र के बाहर जानवरों का भोजन बनने के लिए छोड़ गए।" मृत्युशिर बोला, "जब हम अंतिम साँस ले रहे थे तब साक्षी और केंद्र छोड़कर गए हमारे नीलकमल साथियों ने हमारी रक्षा की।"

"वे तो मारे गए थे?" जयंत ने पूछा।

"हम भी यही समझते थे। दरअसल केंद्र के बाहर गतिविधियों की जानकारी हमें मात्र प्रथम से प्राप्त होती थी।" मृत्युशिर बोला, "नीलकमल की शपथ से बँधे होने के कारण हम अपनी गतिविधियों की जानकारी अपने साथियों से भी साझा नहीं करते थे। इसलिए प्रथम से साक्षी और केंद्र से निष्कासित अपने साथियों की मृत्यु की सूचना मिलने पर हमने उन पर भरोसा किया, लेकिन उन साथियों से

मिली जानकारियों ने हमारे आँखें खोल दी।"

"यानि आपके साथियों ने वे जानकारियाँ आपसे साझा कर नीलकमल की शपथ भंग की।" प्रियंका बोली।

"हम प्रथम नहीं, सेनापति शिवांश के आदेशों के अधीन थे। उन्हीं के आदेश पर उन्होंने वे जानकारियाँ हमसे साझा की इसलिए नीलकमल की शपथ भंग नहीं हुई।" मृत्युशिर बोला, "हमें नीलकमल के मूल सिद्धांतों पर चलने की प्रेरणा देते हुए सेनापति ने एक सच्चे नीलकमल की भाँति सदैव अपने दायित्वों का निर्वाह किया। वह प्रथम के धर्मभ्रष्ट होने और उनके द्वारा चित्रगुप्तों की शपथ भंग करने के साक्षी थे, इसलिए हमने उन्हें 'साक्षी' का नाम दिया।"

"मतलब केंद्र से निकाले जाने के बाद सेनापति शिवांश जीवित थे और वही साक्षी थे? आपने थोड़ी देर पहले इन्हीं के बारे में बताया था?" विराट ने पूछा।

"हाँ! साक्षी के नेतृत्व में हमने ब्रह्मण के मूल सिद्धांतों की पुनर्स्थापना के लिए प्रथम से संघर्ष करने की शपथ ली।" मृत्युशिर बोला, "मुमुक्षुओं के रूप में केंद्र में प्रवेश करने वाले नीलकमल और प्रथम अपनी लालसा के चलते संसार को विनाश की तरफ ढकेल रहे थे। वे भूल गए थे कि मृत्यु स्वतंत्र रूप में सभी जीवों पर मंडराती है। हम उनके सिर पर नाचने वाली अदृश्य मौत थे, इसलिए साक्षी ने हमें 'मृत्युशिर' का नाम देकर प्रथम का विरोध करने के लिए एकजुट किया।"

"केंद्र से निष्कासित होने के बाद साक्षी और मृत्युशिर अश्विनीकुमारों की औषधियों के बिना कैसे जीवित रहे?" जयंत ने पूछा।

"उन औषधियों का प्रभाव केंद्र से निष्कासित होने के पश्चात भी हम पर लंबे समय तक रहा। निष्कासित होने के पश्चात केंद्र में स्थित हमारे साथी अपने हिस्से की औषधियाँ बचाकर अवसर प्राप्त होने पर हमें देते थे।" मृत्युशिर बोला, "उन औषधियों के बारे में अधिक ज्ञान एकत्र कर धीरे-धीरे हमने उनका निर्माण आरंभ कर दिया। हमारी निर्मित औषधियाँ केंद्र के भीतर निर्मित औषधियों से कम प्रभावी थीं, पर हमें जीवित रखने लायक पर्याप्त थीं।"

"और उन औषधियों से आपको लंबी उम्र मिली?" श्रीमंत जी ने पूछा।

"लंबे समय तक ब्रह्मण के प्रभाव में रहने के कारण हमारी शारीरिक संरचना और आवश्यकताएँ बदल गई हैं। केंद्रों से बाहर रहकर भी हमारा शरीर

ब्रह्मण के प्रभाव से मुक्त नहीं हुआ है। हमारी निर्मित औषधियों से हमारी उम्र बढ़ने की गति अत्यंत धीमी हो गई, पर पूरी तरह थमी नहीं। आयु बढ़ने की हमारी गति तुम लोगों से कई गुना कम होते हुए भी केंद्रवासी नीलकमल से अधिक है। हम उनकी भाँति दीर्घायु हैं, किंतु हमारा जीवनकाल उनसे कम और शारीरिक संरचना अस्थिर है। इसलिए हम 'चिरंजीवी' कहलाते हैं।"

"नीलकमल आचार्य के रक्षक थे। वे उनके आदेशों पर जान दे सकते थे। उनसे दुश्मनी मोल लेकर आचार्य को क्या मिला?" प्रियंका ने पूछा, "केंद्रों में सुरक्षित रखा ज्ञान आचार्य के अधिकार में था। वह उसे क्यों नष्ट करना चाहते थे?"

"प्रथम सृष्टि के समस्त ज्ञान पर एकाधिकार स्थापित कर भविष्य की हर चुनौती से निश्चिंत होना चाहते थे। इसलिए उन्होंने हमें दंडित करके केंद्र से निष्कासित किया।" मृत्युशिर बोला, "वह केंद्रों में सुरक्षित उन ज्ञान-कोषों पर अधिकार कर रहे थे जिनकी रक्षा का वचन उन्होंने परिषद को दिया था।"

"पांडुलिपियों को पढ़कर हमने जाना है कि ब्रह्मण में शरीर स्वस्थ रहता है और सभी बीमारियों का इलाज स्वतः संभव है।" जयंत बोला, "फिर यहाँ आपके घाव क्यों नहीं भरे?"

"केंद्र की संरचना अत्यंत जटिल, गुप्त और अनेक सुरक्षा-चक्रों में विभाजित है। प्रत्येक चक्र में ब्रह्मण का प्रभाव और सुरक्षा व्यवस्थाएँ भिन्न हैं। बाहरी चक्रों में प्रयुक्त मयदानव के यंत्र और अश्विनीकुमारों के औषधि यंत्र छोटे-मोटे घावों और व्याधियों का उपचार करने में सक्षम हैं, किंतु गंभीर व्याधियों का स्वतः उपचार भीतरी चक्रों में संभव है।" मृत्युशिर बोला, "नीलकमल रहते हुए हमें ये घाव केंद्र के जिन भीतरी चक्रों में प्राप्त हुए थे वे अब हमारे अधिकार क्षेत्र से बाहर हैं। बाहरी चक्र हमारे घातक घावों का उपचार करने में अक्षम हैं, पर तुम्हारे छोटे-मोटे घावों का उपचार करने के लिए वे पर्याप्त शक्तिशाली हैं।"

"केंद्र नियंत्रण में लेने के बाद क्या आप इसके ज्ञान-कोष सुरक्षित कर पाए?" विराट ने पूछा।

"केंद्र व्यवस्थाओं के विषय में हमारा ज्ञान सदियों बाद भी अपूर्ण है। अब तक हम जान पाए हैं कि केंद्र एक नहीं, अनेक हैं। प्रत्येक केंद्र में अनगिनत प्रवेश द्वार हैं जिनकी स्थिति, उन्हें प्रकट करने की विधि और उनमें प्रवेश करने का

उपाय मयदानव के सुरक्षा-चक्र द्वारा स्थापित गुप्त नियमों से संचालित होता है। प्रथम द्वारा प्रदत्त अधिकार-मुद्रिका का प्रभाव केंद्र के कुछेक चक्रों तक सीमित है।" मृत्युशिर ने बताया, "हम इस केंद्र के कुछ बाहरी सुरक्षा-चक्रों को नियंत्रित करने में सफल हुए हैं। इन चक्रों में हम सुरक्षित हैं, किंतु संपूर्ण केंद्र व्यवस्था को नियंत्रित करने के लिए हमें भीतरी चक्रों को भेदने के लिए तपस्या करनी होगी।"

"जैसी आचार्य ने महर्षि के आदेश पर केंद्र में प्रवेश से पहले की थी?" प्रियंका ने पूछा।

"हाँ! पर उस विधि का ज्ञान देने के लिए महर्षि जीवित नहीं हैं। प्रथम उसे हम से साझा करने से रहे।" मृत्युशिर बोला, "हमारा अनुमान है कि वो विधि केंद्रों के भीतरी चक्रों में सुरक्षित स्थापित ज्ञान-कोषों में है, लेकिन अभी तक भेदे चक्रों से हमें पांडुलिपियाँ और कुछ महत्त्वपूर्ण जानकारियाँ ही प्राप्त हुई हैं।"

"केंद्र से निष्कासित होने के पश्चात मुमुक्षुओं और हमारे बीच दूरियाँ बढ़ती रहीं। हम उनसे छुपते रहे और केंद्र में उपस्थित अपने समर्थकों की मदद से प्रथम की गतिविधियों पर दृष्टि रखने लगे। अन्य केंद्रों से भागे नीलकमल हमसे जुड़ते रहे और केंद्रों के विषय में हमारा ज्ञान बढ़ाते रहे।" मृत्युशिर बोला, "साक्षी के नेतृत्व में हमने केंद्रों का अधिग्रहण करने की कई बार कोशिश की, लेकिन सुरक्षा-व्यवस्था के अधूरे ज्ञान के चलते हम असफल रहे। इसके बाद हमने केंद्र पर बड़ा हमला किया, किंतु सुरक्षा-चक्रों के कारण हमने प्रथम बार मृत्यु के दर्शन किए।"

"मृत्यु, मतलब सुषुप्त अवस्था?" डॉ. मजूमदार ने पूछा।

"नहीं! केंद्र के सुरक्षा-चक्रों में फँसकर हमारे साथी मृत्यु को प्राप्त हुए!" मृत्युशिर बोला, "उस भारी पराजय के पश्चात हमने मुमुक्षुओं से संधि की। प्रथम ने साक्षी से केंद्रों पर हमला नहीं करने का वचन लिया और हमें अभयदान दिया।"

"क्या बंकर में नीलकमल इसी संधि की बात कर रहा था?" जयंत ने पूछा।

मृत्युशिर ने सिर हिलाकर हामी भरी।

"उस पराजय से हम समझे कि केंद्रों में प्रयुक्त मयदानव के सुरक्षा-चक्र हमारी सोच से कई गुना अधिक शक्तिशाली हैं। उन्हें भेदे बिना केंद्र पर अधिकार करना असंभव है और केंद्रों पर अधिकार किए बिना सुरक्षा-चक्रों का उपाय और

केंद्र में सुरक्षित रखे ज्ञान-कोषों की रक्षा करना असंभव था।" मृत्युशिर बोला।

"क्या आचार्य ने चिरंजीवियों को मारने का प्रयास नहीं किया?" डॉ. मजूमदार ने पूछा।

"कई बार! कई सदियाँ केंद्र में बिताने और अश्विनीकुमारों की दिव्य औषधियों के नियमित सेवन के कारण हमें मारना कठिन है, किंतु सुषुप्त अवस्था से सामान्य होने में हमें काफी समय लगता है।" मृत्युशिर बोला, "हम नीलकमल की भाँति शक्तिशाली नहीं हैं। हमारे पास गिने-चुने अस्त्र हैं। दिव्यास्त्र बिलकुल नहीं। हमारी एकमात्र सुरक्षा इस केंद्र के सुरक्षा कवच हैं। इसलिए हम इसके चक्रों को भेदने की कोशिश करते हुए इसकी रक्षा करते हैं।"

"यदि केंद्र इतने सुरक्षित थे तो आपने इस केंद्र पर कैसे अधिकार किया?" डॉ. मजूमदार ने पूछा।

"निरंतर पराजित होते हुए भी हमने हार नहीं मानी!" मृत्युशिर मुस्कुराया, "ब्रह्मण केंद्रवासियों की इच्छा-शक्ति से प्रभावित होता है। साक्षी और चिरंजीवियों पर हुए अत्याचार और केंद्रवासियों में असंतोष से प्रभावित ब्रह्मण के कारण इस केंद्र के बाहरी सुरक्षा-चक्र असंतुलित हो गए थे। हमने केंद्रों से भागे अन्य मुमुक्षुओं की अधिकार-मुद्रिका के माध्यम से इस केंद्र में प्रवेश किया और उनकी मदद से अपने विरोधियों की अधिकार-मुद्रिका छीनकर उन्हें केंद्र से निष्कासित कर यहाँ की व्यवस्थाओं पर नियंत्रण कर लिया।"

"और आचार्य का क्या हुआ?" विराट ने पूछा।

"सुरक्षा की दृष्टि से प्रथम लंबे समय तक एक केंद्र में नहीं रुकते थे। हमारे आक्रमण से पहले वो यहाँ से जा चुके थे।" मृत्युशिर ने बताया, "उनके कुछ अंगरक्षक साक्षी के समर्थक थे। उनके सहयोग से हम प्रथम पर नजर रखने लगे। इस केंद्र पर अधिकार प्राप्त करने के पश्चात केंद्र नियंत्रण से जुड़ी कई गुप्त जानकारियाँ हमारे हाथ लगीं, जिनमें वो पांडुलिपियाँ शामिल हैं जो अब तुम्हारे पास हैं।"

"उन पांडुलिपियों पर नीलकमल का चिह्न और कुंडलिनी चक्र से जुड़े संकेत बने थे।" जयंत बोला, "हमें अनुमान था कि वो संकेत किसी क्रम को दर्शा रहे हैं।"

"तुमने ठीक सोचा। चक्रों का क्रम पांडुलिपि का महत्त्व दर्शाता है।"

मृत्युशिर बोला, "केंद्र के भीतरी चक्रों में हमें और पांडुलिपियाँ मिलने की उम्मीद है, पर हम नहीं जानते कि केंद्र में कितने चक्र और कितनी पांडुलिपियाँ हैं।"

"जैसा मैंने सोचा था- कुंडलिनी चिह्नों पर आधारित सूचना जिसकी विशिष्टता नीचे से ऊपर के क्रम में बढ़ती है। इस वर्गीकरण में मौनपर्व का क्रम शपथपर्व से ऊँचा है।" डॉ. मजूमदार चहकते हुए बोले, "उचित है। शपथपर्व में बताई सामान्य जानकारियों के मुकाबले मौनपर्व में ब्रह्मण की स्थापना से संबंधित दिव्य अभियान की गूढ़ जानकारियाँ हैं इसलिए वो अधिक विशिष्ट है। पर वो पांडुलिपियाँ हमारे पास कैसे पहुँचीं?"

"पहुँची नहीं, पहुँचाई गईं... प्रथम और मुमुक्षुओं को फाँसने के लिए बुनी साक्षी की अभूतपूर्व योजना के तहत!" मृत्युशिर मुस्कुराया, "जिसका मोहरा बने संसार में फैले प्रथम के सहायक नीलकमल।"

"संसार में फैले नीलकमल!" डॉ. मजूमदार आश्चर्य से बोले, "पर मौनपर्व में तो लिखा है कि सेनापति शिवांश के नेतृत्व में मात्र ग्यारह सहस्त्र नीलकमल आचार्य को सौंपे गए थे।"

"पांडुलिपियों में नीलकमल की आरंभिक संख्या बताई गई है। नीलकमल के विस्तार और शक्ति अनुसंधान के विषय में उनमें कोई जानकारी नहीं है। महायुद्ध से पूर्व वासुदेव ने अपने अधीन बचे सभी नीलकमल प्रथम को सौंपे थे। कुछ नीलकमल केंद्र के बाहर तैनात थे। पूरे संसार में बिखरी उनकी अनगिनत पीढ़ियाँ नीलकमल के वचन का पालन करते हुए आज भी गुप्त रूप से चित्रगुप्तों के यज्ञ की रक्षा में तत्पर हैं।" मृत्युशिर बोला।

"तो आपने उन्हें कैसे पहचाना?" प्रियंका ने पूछा।

"केंद्र के चक्रों का समाधान करते हुए हम समझे कि हमारा लक्ष्य गलत था।" मृत्युशिर गंभीरता से बोला, "प्रथम को पराजित करने के लिए केंद्रों पर नियंत्रण करना आवश्यक नहीं था।"

"मतलब?" श्रीमंत जी ने पूछा।

"केंद्रों में ऐसे तंत्र स्थापित थे जो केंद्रों के नष्ट होने पर भी ज्ञान-कोष सुरक्षित रख सकें।" मृत्युशिर बोला, "हम समझते रहे कि सभी ज्ञान-कोष केंद्र के भीतर हैं, किंतु परिषद ने प्रत्येक ज्ञान-कोष दो हिस्सों में विभाजित कर उन्हें केंद्र के भीतर और बाहर स्थापित किया था। ज्ञान-कोषों का ज्ञान उन दोनों हिस्सों

को विधि पूर्वक जोड़कर ही प्रकट हो सकता है।"

"इस जानकारी से आपको क्या मदद मिली?" जयंत ने पूछा।

"प्रथम की योजना सभी ज्ञान-कोषों को पूर्ण कर उनका ज्ञान आत्मसात कर उन्हें नष्ट करने की थी। विभिन्न अभियानों की आड़ में प्रथम मुमुक्षुओं को केंद्र से बाहर दरअसल ज्ञान-कोषों के दूसरे हिस्से ढूँढने के लिए भेज रहे थे।" मृत्युशिर ने बताया।

"आपने बताया था कि केंद्र के सभी सुरक्षा-चक्रों को भेदने का उपाय भीतरी चक्रों में सुरक्षित रखे ज्ञान-कोषों में था।" जयंत चकराया, "पर ज्ञान-कोष दो हिस्सों में विभक्त थे- एक हिस्सा केंद्र में और दूसरा केंद्र के बाहर था। यानि सुरक्षा-चक्रों का समाधान किए बिना केंद्र में रखे ज्ञान-कोषों के हिस्से प्राप्त करना और उन्हें उनके बाहरी हिस्सों से जोड़ना असंभव था।"

"...और सुरक्षा-चक्रों के समाधान की विधि केंद्र के भीतर थी। ज्ञान-कोष का एक हिस्सा दूसरे के बिना निरर्थक था। हम केंद्र में सुरक्षित रखें ज्ञान कोषों को प्राप्त कर प्रथम की योजना असफल करना चाहते थे, पर अब इस जटिल समीकरण के चलते हमें प्रथम को दो मोर्चों पर एक साथ पराजित करना था।" मृत्युशिर बोला, "फिर साक्षी की एक युक्ति ने इस दुधारी तलवार को प्रथम के विरुद्ध मोड़ दिया।"

"वो कैसे?" प्रियंका ने पूछा।

"केंद्र के जटिल सुरक्षा-व्यूहों का उपाय कर ज्ञान-कोषों के हिस्से प्राप्त करने से अधिक सुलभ हमारे लिए केंद्र के बाहर स्थापित ज्ञान-कोषों के हिस्से ढूँढकर उन्हें निष्क्रिय करना था।" मृत्युशिर बोला, "केंद्रों का अधिग्रहण किए बिना सनातन यज्ञ सुरक्षित करना अब हमारे लिए संभव था।"

"दो हिस्सों में विभक्त उन ज्ञान-कोषों में केंद्र के सभी सुरक्षा-चक्रों का समाधान था और वो समाधान उन कोषों तक पहुँचने का रास्ता था।" विराट चौंक पड़ा, "यानि ज्ञान-कोष अपने ज्ञान से सुरक्षित थे। उनकी सुरक्षा के लिए इतनी जटिल व्यवस्था की क्या जरूरत थी?"

"ज्ञान-कोषों में मूल-तत्त्वों के गूढ़ ज्ञान के साथ प्रलय के दौरान जीवन की रक्षा करने और उसके पश्चात जीवन की पुनरुत्पत्ति के लिए आवश्यक वातावरण एवं परिस्थितियों को निर्मित करने वाली व्यवस्था स्थापित करने की

विस्तृत प्रक्रियाएँ थीं। कुछ ज्ञान-कोषों में दिव्यास्त्रों समेत अनेक अत्यंत घातक शक्तियों का ज्ञान था जिसके प्रयोग से पूरे ब्रह्मांड का निर्माण अथवा ध्वंस संभव है।" मृत्युशिर बोला, "हमारे केंद्र में स्थापित ज्ञान-कोषों में जीवन और विभिन्न योनियों की उत्पत्ति और उनके संचालन संबंधित दिव्य एवं गूढ़ ज्ञान सुरक्षित है। यह ज्ञान प्रत्येक प्रलय के पश्चात जीवन व्यवस्था स्थापित करने वाला बीज है।"

"श्रीकृष्ण ने गीता में कहा है- *नाना प्रकार की योनियों से जितने शरीर धारण करने वाले प्राणी उत्पन्न होते हैं, प्रकृति तो उन सभी को गर्भ धारण करने वाली माता है और मैं बीज की स्थापना करने वाला पिता हूँ!*[15]" डॉ. मजूमदार सहसा बुदबुदाए, "क्या श्रीमद्भगवद्गीता में श्रीकृष्ण इन ज्ञान-कोषों की तरफ संकेत कर रहे थे?"

"उन्होंने सत्य से परे कुछ नहीं कहा था!" मृत्युशिर बोला, "द्वापर युग में उन्होंने प्रथम और परिषद के सहयोग से सनातन ज्ञान को ज्ञान-कोषों में संरक्षित करने का उपाय स्थापित किया था। श्रीमद्भगवद्गीता उनके वचनों को संसार में प्रचारित करने का गुप्त माध्यम थी।"

जयंत के दिमाग में रोहन के फ्लैट पर डॉ. मजूमदार की कही बात घूम गई– *साधारण बातों को अनदेखा करना सबसे आसान काम है। इसी कारण से साधारण दिखने वाली चीजें बिना शक पैदा किए असाधारण काम कर गुजरती हैं।*

"क्या ज्ञान-कोष आपको प्राप्त हुए?" प्रियंका की उत्सुकता चरम छूने लगी, "उनमें क्या जानकारियाँ हैं यह आपको कैसे पता चला?"

"नहीं! वो जानकारियाँ हमें पांडुलिपियों के साथ मिली थीं। उन्हें प्रथम अथवा महर्षि व्यास ने ज्ञान-कोषों का महत्त्व उजागर करने के उद्देश्य से लिखा था।" मृत्युशिर बोला, "हमें समझ आया कि प्रथम की चिंता हम नहीं, ज्ञान-कोषों के हिस्से थे। इसलिए उन्होंने हमें मारा नहीं, केंद्र से निष्कासित किया।"

"क्या ज्ञान-कोषों के दूसरे हिस्से आचार्य को मिल गए?" प्रियंका ने पूछा।

"ऐसा होता तो न हम जीवित होते न यह केंद्र हमारे नियंत्रण में होता।" मृत्युशिर बोला, "साक्षी मानते हैं कि ज्ञान-कोषों की असली अधिकारी परिषद है। उनके आदेश के बिना ज्ञान-कोष प्रकट करना प्रथम के लिए असंभव है।"

---

15. श्रीमद्भगवद्गीता, अध्याय 14, श्लोक 4

"इसलिए आचार्य ने परिषद भंग नहीं की, वरना केंद्र के बाहर छुपे ज्ञान-कोष के हिस्से उनके हाथों से सदैव के लिए फिसल जाते।" श्रीमंत जी बोले, "परिषद के किसी सदस्य ने अपना प्रतिनिधि मनोनीत नहीं किया था इसलिए अब आचार्य ही परिषद थे।"

"ऐसे तो परिषद का मूल उद्देश्य समाप्त हो गया!" जयंत बोला, "यदि ज्ञान-कोष प्रकट नहीं हो सकते हैं तो केंद्रों को सुरक्षित रखकर भी आचार्य उन्हें अवतार अथवा अगले व्यास को सौंपने का अपना वचन नहीं निभा सकते हैं।"

"केंद्र के बाहर रखे ज्ञान कोषों की स्थिति और उन्हें प्रकट करने का उपाय मात्र वासुदेव जानते थे। उन्होंने धर्म की रक्षार्थ प्रत्येक युग में जन्म लेने का वचन दिया है, तो अपना वचन पूरा करने के लिए वे इस यज्ञ को सुरक्षित रखने का दायित्व पूर्ण करेंगे।" मृत्युशिर बोला।

"आप यह इतने विश्वास से कैसे कह सकते हैं?" प्रियंका ने पूछा, "शायद श्रीकृष्ण प्रथम को कोष प्रकट करने का उपाय दे चुके हो।"

"युगों का अनुभव है। कुछ सत्य मैं आँखें मूँदकर कह सकता हूँ। प्रथम ने वासुदेव को यज्ञ और केंद्रों का संरक्षक नियुक्त किया था। कदाचित यज्ञ की रक्षा के लिए वासुदेव ने उन्हें कोष प्रकट करने का उपाय प्रदान नहीं किया हो।" मृत्युशिर बोला।

"आपको ज्ञान-कोषों के बारे में कुछ नया पता चला?" प्रियंका ने उत्सुकता से पूछा।

"यदि चित्रगुप्त मूल-तत्त्वों की गणना और जीव के कर्मों के आधार पर उसकी योनि, जीवन दशा और जन्म-मृत्यु की गणना और भविष्यवाणी कर सकते हैं, तो उसे किसी लक्ष्य संधान में सहायक बनाना भी उनके लिए संभव है।" मृत्युशिर बोला, "मौनपर्व में वर्णित मूल-तत्त्वों पर आधारित चित्रगुप्तों की यह व्यवस्था जिसे तुम लोग 'अवतार' कहते हो, दरअसल सृष्टि में शक्ति-संतुलन की धुरी है। यह जीवों के कर्मों से उत्पन्न जन्म-मृत्यु की एक ऐसी व्यवस्थित शृंखला है जिसकी प्रत्येक कड़ी किसी विशेष प्रयोजन के लिए साधी जा सकती है।"

"कैसी शृंखला? कौन सी कड़ियाँ?" डॉ. मजूमदार ने पूछा, "उनका ज्ञान-कोषों से क्या जुड़ाव है?"

"इस सृष्टि में ऐसा कुछ नहीं है जो पहले नहीं था, या जो भविष्य में नहीं होगा। समय पटल पर क्रिया के सभी बिंदु एकरूप हैं। हमारा दिमागी भ्रम उन घटनाओं को भूत, वर्तमान और भविष्य में पृथक करता है। हमारा भूत वो छवि है जो 'स्मृति' के रूप में वर्तमान में जाग्रत है। हमारा भविष्य वो काल्पनिक छवि है जो वर्तमान में जन्म लेती है। वर्तमान भविष्य की स्मृति है। भूत और भविष्य की उत्पत्ति वर्तमान से होती है। भूत और भविष्य दोनों वर्तमान का हिस्सा बनकर सदैव प्रकट रहते हैं। जो है वो कैसे गुजर गया, अथवा गुजरेगा?" मृत्युशिर बोला, "तुम जो समझते हो तुमने खो दिया या तुम जो समझते हो कि तुम्हारे पास है, अथवा वो जिसे तुम प्राप्त करने की इच्छा रखते हो, वो सभी कुछ यहीं है, तुम्हारे पास... और फिर भी कहीं नहीं है क्योंकि तुम्हारा दिमाग उन्हें समय पटल पर भिन्न घटनाओं के रूप में देखता है।"

मृत्युशिर की बातों से सभी साँस साधने को मजबूर हो गए।

"उत्पत्ति-प्रलय, जन्म-मृत्यु इत्यादि सृष्टि की सभी मूल व्यवस्थाएँ एक निश्चित चक्र का पालन करती हैं। ज्ञान-कोषों में चित्रगुप्तों की जटिल अवतार व्यवस्था को स्थापित एवं संचालित करने की विधियाँ हैं जो मूल-तत्त्वों के संयोजन से लेकर उनके जटिल रूपांतरण से जीवों का पदार्पण, उनका विकास और उनकी आगामी कड़ियों का स्वरूप निर्धारित करती हैं।" मृत्युशिर बोला, "मूल-तत्त्वों की संचालक ये विधियाँ जीवन-क्रम का आधार हैं। ये संसार के सभी पदार्थों और जीवों में एकरूप स्थित रहते हुए उन्हें भिन्नता प्रदान करते हुए उनका व्यवहार, संस्कार, आदतें, उनके जीवन का मार्ग और उद्देश्य निर्धारित करती हैं। इन विधियों के ज्ञाता सृष्टि के प्रत्येक जीव और उसकी गति को पहचान कर उन्हें भिन्न-भिन्न रूपों में बदलकर उनका भविष्य और कर्म संचालित कर सकते हैं। इस ज्ञान की सहायता से मूल-तत्त्वों को नियंत्रित कर अनेक दिव्य शक्तियों जैसे अमरता, रूपांतरण और दिशांतरण में सिद्धस्त हुए साधक जीव के भूत, वर्तमान और भविष्य की सूक्ष्म से सूक्ष्मतम जानकारियाँ देखने में सक्षम बन 'अंतर्यामी[16]' कहलाते हैं।"

"क्या यही ज्ञान साधकर चित्रगुप्त महाराज और उनके सहायक गुप्त रहकर

---

16. सबके मन में रहने और सबके मन की बात जानने वाला।

जीवों के प्रत्येक कर्मों के साक्षी बनकर उन्हें दंडित करते हैं?" विराट का गला सूख गया।

"कर्म निर्गुण है। मूल-तत्त्वों का असंतुलन कर्मों को उत्पन्न कर उन्हें अच्छा या बुरा बनाता है। चित्रगुप्त द्वारा स्थापित व्यवस्था जीव को उसके स्वभाव और कर्मों के अनुसार मूल-तत्त्वों के असंतुलन से उत्पन्न योनि अथवा घटनाओं से साक्षात्कार कराने का माध्यम है। यही साक्षात्कार जीव के पाप कर्मों का दंड अथवा पुण्य कर्मों का भोग है जो उसके विभिन्न योनियों में जन्मने का कारण होता है।" मृत्युशिर गंभीरता से बोला।

"इस भारी ज्ञान का ज्ञान-कोषों से क्या लेना-देना है?" विराट झल्लाया।

"केंद्र के बाहर स्थापित ज्ञान-कोष के हिस्से कोई वस्तु नहीं, वरन इस योनि शृंखला की कुछ चुनिंदा कड़ियाँ हैं जिन्हें श्रीकृष्ण ने प्रथम और चित्रगुप्तों के सहयोग से बड़ी चतुराई से केंद्र की सुरक्षा में तैनात किया था।" मृत्युशिर बोला।

"मौनपर्व में मूल-तत्त्वों का वर्णन है, लेकिन उनका योनियों से..." सोचते हुए डॉ. मजूमदार सहसा चीखे, "हे भगवान! क्या आपका मतलब डीएनए से है?"

"पूरी तरह नहीं, पर तुम्हारे अविकसित विज्ञान और इस संदर्भ में यही बेहतर शब्द है।" मृत्युशिर ने हामी भरी, "वो तत्त्व जो जीवों की पृथक पहचान का आधार है।"

डॉ. मजूमदार मृत्युशिर की बात सुनकर सन्न रह गए।

"मूल-तत्त्व, यानि डीएनए आधारित सुरक्षा पीढ़ी-दर-पीढ़ी अवतारों और केंद्र की सुरक्षा में प्रयुक्त थी!" डॉ. मजूमदार उछल पड़े, "ये बात मुझे पहले क्यों नहीं सूझी? सूझती कैसे? कौन सोच सकता हैं कि हजारों वर्ष पूर्व कोई इसके बारे में जानकर उसका ऐसा इस्तेमाल कर सकता है जो हमारे होश उड़ा दे।"

"इसलिए मैंने कहा था कि तुम्हें बहुत कुछ जानना शेष है।" मृत्युशिर मुस्कुराया।

"केंद्र मानवता की रक्षा और उसके पुनरुत्थान के लिए स्थापित किए गए थे। डीएनए किसी जाति को पुनर्जीवित करने वाले बीज हैं। श्रीकृष्ण ने गीता में कहा था कि परमात्मा एकरूप होते हुए भी सभी जीवों में पृथक-पृथक प्रतीत

होता है।[17]" डॉ. मजूमदार की आँखों पर पड़ा पर्दा जैसे हट रहा था, "केंद्रों के सुरक्षा-चक्रों का उपाय केंद्र के भीतर है, अर्थात मानवता की रक्षा का उपाय उसके भीतर है- उसका डीएनए जो उसे मानव बनाता है। श्रीकृष्ण प्रकृति में उस बीज को स्थापित करने वाले पिता थे, यानि केंद्र के ज्ञान-कोषों को केंद्र से बाहर स्थापित करने वाले।"

"आप कहाँ इनकी बातों में आ रहे हैं।" विराट खीजते हुए बोला, "अभी तक इनकी बातों में कुछ समझदारी थी, पर अब पानी सिर के ऊपर से गुजरने लगा है।"

"नहीं!" डॉ. मजूमदार बोले, "अवतार व्यवस्था को कर्मों के आधार पर संचालित करना और भिन्न-भिन्न योनियों का निर्माण करना आनुवंशिक गुणों की संपूर्ण जानकारियों के बिना असंभव है। माता-पिता से प्राप्त आनुवंशिक गुण बच्चे को विशेषताएँ प्रदान करते हैं। बच्चे को खास गुण प्रदान करने के लिए उसके माता-पिता का उचित चुनाव और उनके आनुवंशिक गुणों के संयोग से वांछित गुण प्रकट होना आवश्यक है।"

"क्या मतलब है आपका?" विराट डॉ. मजूमदार की बातों से चिढ़ने लगा।

"वासु-देवकी के संयोग से श्रीकृष्ण को वो गुण सहज प्रदान हुए जो उनके निर्धारित लक्ष्यों की प्राप्ति में सहायक थे। वासु-देवकी जैसी अनगिनत पीढ़ियों के त्याग ने इस व्यवस्था को लंबे समय के लिए सुचारु रखा ताकि श्रीकृष्ण अपने उद्देश्यों की पूर्ति के लिए उपयुक्त गुणों से संपन्न हों।" डॉ. मजूमदार काँपती, किंतु उत्साहित आवाज में बोले।

"चित्रगुप्तों का दिव्य ज्ञान जीवों के आनुवंशिक गुणों की गहरी जानकारी और उसे युगों-युगों तक अवतार व्यवस्था के लिए साधने की क्षमता का मूल है।" मृत्युशिर ने जोड़ा, "यही ज्ञान अवतारों के जन्म की भविष्यवाणी करने और उन्हें लक्ष्य प्राप्ति के लिए आवश्यक गुणों से संपन्न करता है। यही ज्ञान युगों-युगों पश्चात आशीर्वाद, श्राप और भविष्यवाणियाँ फलित करता है।"

"आनुवंशिक गुणों को नियंत्रित किए बिना ऐसा करना असंभव है कि एक माँ-बाप की सात संतानें जन्म लेते ही मारी जाएँ, किंतु भविष्यवाणी के मुताबिक

---

17. श्रीमद्भगवद्गीता, अध्याय 13, श्लोक 16

ठीक आठवीं संतान के रूप में श्रीकृष्ण जन्म लें। कई मन्वंतरों एवं अनगिनत पीढ़ियों तक आनुवंशिक गुणों को सहेजना और उन्हें निश्चित समय पर निश्चित व्यक्तियों के संजोग से अवतारों के रूप में प्रकट करना अति-उन्नत विज्ञान के बिना असंभव है।" डॉ. मजूमदार आश्चर्य से बोले।

"इसी व्यवस्था ने भगवान श्रीराम के उद्‌देश्यों की पूर्ति के लिए उनके सहायकों की उत्पत्ति की[18], कृष्णद्वैपायन को पैदा होते ही बड़ा किया और उन्हें वेदों का समस्त ज्ञान प्रदान कर महर्षि व्यास बनाया[19], गांधारी के 100 पुत्रों को जन्म दिया, विष्णु के अवतारों को कभी जानवर, कभी मनुष्य तो कभी अन्य कल्पनातीत रूपों में प्रकट किया। इस बृहत जटिल और अकल्पनीय पुरातन अवतार व्यवस्था में द्वापर युग में जन्में श्रीकृष्ण महाप्रभु विष्णु के एक अंश थे।" मृत्युशिर बोला।

"आनुवंशिक गुण जीवन के मूल-तत्त्व हैं। इनके असंतुलन से स्त्री-पुरुष के संयोग से कभी गधा पैदा हो, कभी शेर, कभी इंसान, तो कभी उनकी खिचड़ी!" डॉ. मजूमदार बोले, "इस व्यवस्था के अभाव में दुनिया में प्रजाति कहलाने लायक कुछ नहीं होगा।"

"यह विद्या कारगर, किंतु अत्यंत जटिल है। जीव के कर्मों की श्रृंखला भिन्न होने के कारण एक जैसे आनुवंशिक गुण होते हुए भी एक संतान सुख भोगती है तो दूसरी दुख। दोनों की शक्तियाँ, वैचारिक गुण और ध्येय भिन्न होते हैं।" मृत्युशिर बोला।

"केंद्र के बाहर रखे ज्ञान-कोषों के हिस्से का क्या हुआ?" इस विषय से उकताए विराट ने खीजते हुए बातचीत का रुख मोड़ा।

"हम समझ गए थे कि केंद्र के बाहर ज्ञान-कोष विशेष आनुवंशिक गुणों से युक्त व्यक्ति हैं, पर हम उन्हें पहचानने और उन्हें ढूँढने की विधि से अपरिचित थे। हमारे पास केंद्र के सुरक्षा-चक्रों का समाधान भी नहीं था। यदि ये असंभव कार्य पूर्ण हो जाते तो उन व्यक्तियों को केंद्र के भीतर रखे ज्ञान-कोषों से संयुक्त करने की विधि से हम अवगत नहीं थे। साक्षी की मान्यता थी कि वे व्यक्ति किसी ऐसी

---

18. ब्रह्माजी की प्रेरणा से देवता आदि के द्वारा विभिन्न वानर यूथपतियों की उत्पत्ति [श्रीमद्वाल्मीकीय रामायण, बालकांड, अध्याय 17]

19. महाभारत, आदिपर्व, अध्याय 104, श्लोक 16

दिव्य विधि से सुरक्षित हो सकते हैं जिसकी काट हमारे पास नहीं थी।" मृत्युशिर बोला, "हमारे पास न प्रथम की भाँति असीमित संसाधन थे और न सुरक्षा विधि में पारंगत विशेषज्ञ। जिन्हें हम पहचानते नहीं थे, उन्हें पूरे संसार में सदियों तक ढूँढना और ढूँढकर उनकी सुरक्षा तोड़कर उन्हें समाप्त करना हमारे लिए एक दुःसाध्य कार्य था।"

"तो आपको ज्ञान-कोषों के बाहरी हिस्से नहीं मिले?" प्रियंका ने पूछा।

"उन्हें खोजने के लिए हमने प्रथम की चाल उन्हीं पर चली। संधि की शर्तों के अनुसार हम केंद्र तथा मुमुक्षुओं पर आक्रमण रोक कर शांत बैठ गए, पर अपने केंद्र के सुरक्षा-चक्र साधते हुए ज्ञान-कोषों के बारे में अपना ज्ञान बढ़ाते गए।" मृत्युशिर बोला, "ज्ञान-कोषों की सुरक्षा हमारी सोच से कहीं अधिक जटिल थी। इस सुरक्षा व्यवस्था में मूल-तत्त्वों के कुछ विशेष संयोजन, जिसे तुम्हारी भाषा में डीएनए कहते हैं, वाले व्यक्ति ही केंद्र के सुरक्षा-चक्रों को भेदने और ज्ञान-कोषों को नियंत्रित करने के लिए अधिकृत हैं।"

"यह कैसी अजीब व्यवस्था है?" प्रियंका ने पूछा।

"मानव शरीर में सात ऊर्जा केंद्र हैं जो कुंडलिनी चक्र कहलाते हैं। प्रत्येक व्यक्ति के चक्रों की संरचना भिन्न होती है और उनकी क्षमता और शक्ति काल, स्थान और आदतों के अनुरूप बदलती है। यानि विशेष आनुवंशिक गुणों से युक्त लोगों की श्रृंखला या पीढ़ियों में से मात्र कुछ व्यक्तियों के चक्रों की संरचना किसी निश्चित समय-सीमा में केंद्र के सुरक्षा-चक्र खोलने के लिए उपयुक्त होगी। वे खास लोग इन ज्ञान-कोषों की 'कुंजियाँ' हैं, किंतु चाबी और ताले का संयोजन निरंतर बदलते रहने के कारण किसी खास समय पर प्रभावी होते हैं।" मृत्युशिर ने बताया।

"यानि अनगिनत लोगों की अनगिनत पीढ़ियों में बिखरी लाखों-करोड़ों विशेष चाबीयों में से कुछ चाबीयाँ ज्ञान-कोष किसी खास समय पर खोल सकती हैं।" विराट का आश्चर्य चरम पर था।

"कुंजियों को ढूँढ़ने की राह में यह व्यवस्था हमारा सबसे बड़ा रोड़ा थी। ताला खोलने के लिए चाबी और ताला खोलने की विधि के साथ हमें उस 'खास समय' की जानकारी भी चाहिए थी जब वो ताला उस चाबी से खुलता, वरना गलत समय में ताले में लगाई असली चाबी भी नकली लगती। ताला खोलने का

खास अवसर हाथ से फिसलने पर जाने कब दोबारा प्राप्त होता- कुछ दिन, कुछ वर्ष, कुछ सदियों पश्चात, अथवा कभी नहीं।"

सभी का मुँह आश्चर्य से खुला रह गया।

"यही नहीं! कुंजियों को खास समय पर द्वार खोलने के पश्चात एक तय समय सीमा के भीतर केंद्र के सभी चक्रों का समाधान कर ज्ञान-कोषों से संयुक्त होकर सुरक्षा-चक्र पुनर्स्थापित करने होंगे, अन्यथा ब्रह्मण कुंजियों को मूल-तत्त्वों में विखंडित कर देगा।" मृत्युशिर बोला।

"यानि कुंजियों की सफलता के लिए उन्हें ताला खोलने की विधि, उसे खोलने का उपयुक्त समय और ज्ञान-कोषों से संयुक्त होने की विधि ज्ञात होना जरूरी है।" श्रीमंत जी आश्चर्य से बोले, "इस व्यवस्था में चूक की कोई गुंजाइश नहीं है।"

"प्रत्येक केंद्र मयदानव और विश्वकर्मा द्वारा बिछाए अनगिनत स्वचालित यंत्रों, अदृश्य तंत्र, अति-प्राचीन मंत्रों एवं वास्तु-शिल्प से सुरक्षित दिव्य चक्रव्यूह है, जिसका स्वरूप और व्यवस्था परिवर्तनीय है।" मृत्युशिर बोला, "उनके समाधान में एक चूक और कुंजी समाप्त!"

सभी के हलक डर से सूख गए।

आगंतुक

पीठ पर ताजी दूब से भरा बोरा लादे खेत से लौटता गोवर्धन उन पर्यटकों को देख ठिठका।

ऊँची और मजबूत कद-काठी पर लंबा, काला लबादा पहने 150-200 लोग अपनी पीठ पर बड़े झोले लादे कच्चे रास्ते से गाँव के निकट पहाड़ी की तरफ जा रहे थे।

गोवर्धन ने एक फीकी मुस्कान फेंकी। उस सूनसान पहाड़ी पर चट्टानों, जंगली पेड़-पौधों और झाड़ियों के अलावा कुछ नहीं था। पहाड़ी जंगल के डर से वहाँ कोई नहीं जाता। जाने उन लोगों को वहाँ क्या काम था।

उनकी चिंता छोड़ गोवर्धन अपने गाँव की तरफ बढ़ गया।

कच्चे मार्ग से पहाड़ी पर चढ़कर वे लोग एक बड़ी चट्टान के पास जाकर रुके। अपनी पीठ से बड़े झोले उतारकर उन्होंने अपने काले लबादे उतारकर उनमें रखे। लबादे से मुक्त हुए उनके बदन पर चढ़ा काली धातु का कवच और उस पर सुनहरी धातु की धागों से उकेरा नीलकमल का चिह्न ढलते सूरज की सुनहरी रोशनी में चमक उठा।

झोलों से हथियार निकालकर सभी तत्परता से अपने कवच में बने अनगिनत खाँचों में सुरक्षित रखने लगे। कुछ देर में उनके झोले खाली हो गए। अपने कवच में हथियार सुरक्षित संजोकर वे चलते-फिरते शस्त्रागार लग रहे थे।

सभी सन्नद्ध हुए तो नायक ने अपने दो साथियों को झुंड से अलग कर बाकी साथियों से मुद्रिका एकत्र कर उन्हें थमाई।

"कवच अधिक देर सुरक्षा-चक्र नहीं साध सकते हैं।" नायक चिंता से बोला।

"हम प्रवेश द्वार सुरक्षित करेंगे।" सभी मुद्रिकाएँ थामे उसका साथी बोला,

"मुमुक्षुओं और उनके प्रतिनिधियों के अतिरिक्त कोई इससे बाहर नहीं निकलेगा।"

"द्वार बंद होने का कारण प्रकट हो तो नियमावली का पालन करना।" नायक ने उन्हें आदेश दिया, "किसी भी कीमत पर उन्हें बचने का अवसर प्राप्त नहीं हो।"

उन दोनों ने सिर हिलाकर नायक का आदेश स्वीकारा।

सभी लोग आपस में गले मिलकर अलग हुए।

तेज सनसनाहट के साथ उनके कवच पर अनगिनत छोटे-छोटे छिद्र उभरे और उनमें से पिघली धातु रिसकर उनके शरीर पर फैलने लगी। कुछ देर में वे पिघली धातु में ढँककर चमकीली काली धातु के डरावने दैत्य लगने लगे।

उनके दो साथियों ने सभी मुद्रिकाएँ जमीन पर एक बड़े घेरे के रूप में सजाई और अपने झोले से अष्टधातु का एक बड़ा चतुर्भुज यंत्र निकालकर मुद्रिकाओं के घेरे के बीच रखा।

चट्टानें थरथराते हुए पथरीली जमीन से धूल का छोटा अंधड़ उठने लगा। घेरे में रखी मुद्रिकाएँ सुलगते अंगारों की तरह दहकते हुए अजीब दुर्गंध और चिंगारियाँ छोड़ने लगी। शीघ्र चिंगारियाँ हवा में लहराते हुए जुड़ी और विद्युत तरंगें प्रकट हुई।

मुद्रिकाओं के घेरे के भीतर जमीन सूखने लगी और दरारें उत्पन्न करते हुए धसकने लगी। दरारों से फूटती कड़कड़ाती विद्युत तरंगें मुद्रिकाओं के बीच रखे चतुर्भुज यंत्र पर केंद्रित होने लगी। आसपास की हवा गर्म होकर उबलने लगी। चट्टानें तपकर पिघलने लगीं। पूरी पहाड़ी जैसे पिघले लावे में बदल रही थी।

मुद्रिकाओं के बीच रखा चतुर्भुज यंत्र सक्रिय हो डरावनी आवाज के साथ चिंगारियों की बौछार छोड़ते हुए तेजी से अपने स्थान पर घूमने लगा। शीघ्र भयंकर विद्युत लहरों के जाल में उलझा वो यंत्र पथरीली जमीन पिघलाते हुए एक गोलाकार गड्ढा बनाते हुए नीचे धँसने लगा।

मुद्रिकाओं से उठती विद्युत लहरों और चिंगारियों का संगम भयानक रूप लेकर आसमान की तरफ उछला और पूरी पहाड़ी विद्युत तरंगों के बड़े पिंजरे में कैद हो गई।

"उन्हें बताओ कि इस धरोहर का असली उत्तराधिकारी कौन है।" ऊर्जा से ओतप्रोत नायक तेज स्वर में चीखा, "अपना लक्ष्य प्राप्त करो!"

कहकर नायक उस बड़े गड्ढे में कूद गया। उसके साथी भी एक-एक कर गड्ढे में कूदने लगे।

गाँव पहुँचा गोवर्धन पहाड़ी पर छाए घने-काले बादल और कड़कती बिजली के शोर और चमक को देख सहमा। बेवक्त और बेमौसम की बरसात उसकी फसल के लिए अशुभ संकेत थी।

अचानक पहाड़ी तेज चमक में नहाई। मानो अस्त हुए सूर्यदेव पुनः दर्शन देने के लिए प्रकट हुए हो। काले बादलों और कड़कड़ाती बिजली के प्रकोप में कुछ देर सहमी रहने के बाद पहाड़ी अँधेरे में खो गई।

गोवर्धन ने राहत की साँस ली। उसकी फसल सुरक्षित थी। चेहरे पर संतोष भरी मुस्कान लादे उसने अपने घर में प्रवेश किया। पीठ पर लदा दूब का बोरा उतारते हुए उसे पहाड़ी पर जाते दिखे वे लोग याद आए।

क्या हुआ उनका ?

कुंजी

"क्या आपको उन लोग... मेरा मतलब कुंजियों को ढूँढने का कोई तरीका, या केंद्र के सुरक्षा-चक्र भेदने का कोई उपाय मिला?" जयंत ने चिंता से पूछा।

"कुंजियाँ खोजने के लिए प्रथम ने एक नवीन यज्ञ का आरंभ किया। अपने सर्वश्रेष्ठ और विश्वस्त नीलकमल इस यज्ञ के निदेशक और प्रधान नियुक्त कर उन्होंने उन्हें अपनी कई शक्तियाँ और विशेष अधिकार प्रदान किए जो कुंजियों को पहचानने, खोजने और उनके अनुसंधान के लिए आवश्यक थे।" मृत्युशिर मुस्कुराया, "हम अपने केंद्र के भीतरी चक्रों का उपचार करते हुए यज्ञ निदेशक, प्रधान और शेष मुमुक्षुओं पर दृष्टि रखने लगे।"

"यानि शिकारी पकड़ने के लिए आपने उसके शिकार पर नजर गड़ाई!" डॉ. मजूमदार बोले।

"शिकारी बिना चारे के काम नहीं करता है।" मृत्युशिर हँसा, "मुमुक्षुओं के शिकार को चारा देने के लिए हमने केंद्र से प्राप्त पांडुलिपियों में से कुछ की प्रतिलिपियाँ बनवाकर उन्हें संसार भर में बिखेर दिया। उन पांडुलिपियों के माध्यम से हमने प्रथम को विश्वास दिलाया कि उनके अतिरिक्त और भी कुंजियों के जानकार हैं।"

"इससे आपको क्या फायदा हुआ?" श्रीमंत जी ने पूछा।

"जिस गुप्त ज्ञान की रक्षा प्रथम सदियों से कर रहे थे उसे किसी के साथ साझा करना उन्हें सहन नहीं हुआ। उन्हें विश्वास हुआ कि केंद्र के बाहर कोई कुंजियों को पहचानता है और वह उन्हें प्राप्त करने की कोशिश में है।" मृत्युशिर बोला, "प्रथम को शक हुआ कि जैसे केंद्र व्यवस्था को सँभालने के लिए चित्रगुप्तों ने उन्हें प्रथम नियुक्त किया था, वैसे ही बाहरी ज्ञान-कोषों की सुरक्षा के लिए कोई दूसरा 'प्रथम' हो सकता है। मुमुक्षु पांडुलिपियों को बेचने और

खरीदने में शामिल लोगों को ढूँढकर उन्हें मारने लगे। उन लोगों में डॉ. वर्मा के कई लोग शामिल थे।"

"मूल-तत्त्वों का ज्ञान होते हुए भी आचार्य इस भ्रम में कैसे पड़े ?" प्रियंका ने पूछा।

"भ्रम में तो वो सृष्टि का एकक्षत्र स्वामी होने का स्वप्न देखने के बाद से थे। अब उनके स्वप्न को यथार्थ के कठोर धरातल पर गिरकर टूटने का समय था।" मृत्युशिर बोला, "कुंजियों को शीघ्रता से ढूँढने के लिए यज्ञ निदेशक और प्रधान ने कुंजियों को पहचानने का ज्ञान इस कार्य में जुटे मुमुक्षुओं को दिया जिसे हमारे सहयोगी हमें सौंप गए।"

"यानि कुंजियाँ पाने की होड़ में आचार्य उन्हें पहचानने का उपाय आपको सौंप गए।" विराट मुँह फाड़े बोला।

"हम कुंजियों की खोज करते हुए पांडुलिपियों की प्रतिलिपियाँ संसार भर में छोड़ते रहे और मुमुक्षु उन्हें और उनसे जुड़े लोग समाप्त करते रहे।" मृत्युशिर कुटिलता से मुस्कुराया, "सदियों की इस यात्रा में हमने वर्तमान का गर्व इतिहास में चूर-चूर होते देखा है। जिस भविष्य की रक्षा करने में अनगिनत पीढ़ियाँ स्वाहा हुई, वो भविष्य हमने पलक झपकते ध्वस्त होते देखा है।" कहकर मृत्युशिर ने ठंडी साँस छोड़ी, "ख़ैर जाने दो! हमने जो देखा, जो भुगता सब बताने लगा तो तुम्हारा अपने इतिहास से भरोसा उठ जाएगा।"

"मात्र कुंजी प्राप्त करना आपका उद्‌देश्य नहीं था, क्योंकि चिरंजीवियों के पास उन्हें केंद्र में रखे ज्ञान-कोषों से संयुक्त करने की विधि नहीं थी।" जयंत संशय से बोला।

"कुंजियाँ प्राप्त करना प्रथम को रोकने का अचूक रास्ता था!" मृत्युशिर गंभीर स्वर में बोला, "इसी बीच प्रथम कुंजियों तक पहुँच गए। वे कुंजियाँ और उनसे उत्पन्न होने वाली कुंजियों की कड़ी अत्यंत शक्तिशाली और दिव्य थी। वे दुर्लभ कुंजियाँ कई केंद्र द्वारों को लंबे समय के लिए खोले रखने में सक्षम थी।"

"मतलब वे व्यक्ति कई केंद्रों में स्थित ज्ञान-कोषों को प्राप्त कर वहाँ की सुरक्षा व्यवस्था पुनर्स्थापित कर सकते थे!" विराट की आँखें आश्चर्य से फटी रह गई, "यहाँ लंबे समय से आपका क्या मतलब है- कुछ घंटे, कुछ दिन, अथवा कुछ महीने ?"

"समय की हमारी परिभाषा तुम्हारी परिभाषा से अत्यंत भिन्न है। हमारे लिए लंबा समय कुछ पीढ़ियों का होता है।" मृत्युशिर बोला, "मास्टर चाबी की भाँति उन कुंजियों की कुछ पीढ़ियाँ अपने जीवन में कई केंद्रों के द्वार खोलने और उनके ज्ञान-कोषों से संयुक्त होने में सक्षम थी।"

"यह तो दुर्लभ अवसर था!" श्रीमंत जी आश्चर्य से बोले, "पर जिनका जन्म नहीं हुआ उन्हें आप कैसे नियंत्रित कर सकते हैं?"

"वृक्ष और उसके फलों का भविष्य एक छोटा बीज निर्धारित करता है।" मृत्युशिर बोला, "हम प्रथम पर दृष्टि जमाए अपने केंद्र के सुरक्षा-चक्रों को भेद रहे थे। इस बीच हमें वो उपाय मिला जो परिषद के आदेश से प्रथम को पदच्युत कर केंद्रों पर हमारा आधिपत्य स्थापित कर सकता था।"

"श्रीकृष्ण, विदुर, भीष्म और महर्षि व्यास के प्रस्थान के पश्चात भंग हो चुकी परिषद आचार्य को कैसे आदेश दे सकती थी?" विराट ने पूछा।

"यदि आदेश परिषद के किसी सदस्य, उनके द्वारा अनुमोदित व्यक्ति, अथवा चित्रगुप्तों द्वारा मनोनीत व्यक्ति ने दिया हो तो ऐसा हो सकता है।" मृत्युशिर मुस्कुराया, "केंद्र व्यवस्था को पुनर्स्थापित करने का अधिकार प्राप्त कर वे कुंजियाँ, परिषद की प्रतिनिधि बन चुकी थी। उनके रहते परिषद कभी भंग नहीं हो सकती है।"

"इस व्यवस्था में आचार्य उन कुंजियों के अधीन थे।" जयंत आश्चर्य से बोला।

"इसलिए परिषद के आदेश के बिना आचार्य ज्ञान-कोषों की सुरक्षा के अतिरिक्त उनके विषय में कोई निर्णय नहीं ले सकते थे। उलटा परिषद, उनके प्रतिनिधि या कुंजियाँ उन्हें कभी भी पदच्युत कर नया प्रथम मनोनीत कर सकती थी।" मृत्युशिर बोला।

"इसलिए प्रथम ऐसा होने से पूर्व उन्हें समाप्त करना, अथवा ज्ञान-कोषों और कुंजियों पर अधिकार करना चाहते थे!" डॉ. मजूमदार बुदबुदाए।

"और हमारे लिए ज्ञान-कोषों की सुरक्षा और प्रथम को पदच्युत करने के लिए कुंजियों की रक्षा आवश्यक थी।" मृत्युशिर बोला, "प्रथम को कुंजियों की कई पीढ़ियों का उपचार करना था, पर उन्हें रोकने के लिए अब हमारे पास कई उपाय थे- परिषद से साक्षी को कुंजियों के अधिकार दिलाकर प्रथम को पदच्युत

करना, कुंजियों को हमारा सहयोगी बनाना, अथवा कुंजियों की शृंखला तोड़ना। कुंजियों के कई पीढ़ियों तक प्रभावी होने के कारण हमारे पास अपने विकल्प प्रयोग में लाने के लिए पर्याप्त समय था।"

"हे भगवान!" जयंत अपना सिर पकड़ कर बैठ गया।

"प्रथम ने कुंजियों की पीढ़ी को पहचान कर उसका विश्वास हासिल किया। फिर उन्होंने उसे मुमुक्षुओं का प्राचीन ज्ञान प्रदान कर सनातन यज्ञ की शपथ दिलाई। यज्ञ निदेशक और प्रधान केंद्र में रखे ज्ञान-कोषों से उसे संयुक्त करने की शुद्धिकरण प्रक्रिया पर विधिवत कार्य करने लगे।" मृत्युशिर बोला, "उन पर नजर रखे चिरंजीवियों को कुंजियों को ज्ञान-कोषों से संयुक्त करने की सुरक्षित विधि ज्ञात हो गई।"

"मतलब मुमुक्षुओं ने अपने अंत का तरीका आपको थमा दिया!" श्रीमंत जी प्रसन्नता से बोले।

"कुंजियाँ प्राप्त कर प्रथम ने वो भूल की जिसने हमें अपने लक्ष्य के निकट पहुँचाया।" मृत्युशिर बोला, "प्रथम इस भ्रम में थे कि केंद्र के बाहर दूसरा 'प्रथम' है। उन्होंने कुंजियों की प्रतिलिपियाँ तैयार कर दूसरे प्रथम को सुरक्षा-चक्रों का उपाय करके ज्ञान-कोष प्राप्त करने, अथवा परिषद को जीवित करने की चिंता से हमेशा के लिए मुक्ति पाने की योजना बनाई।"

"ऐसा करके वो क्या हासिल करते?" प्रियंका ने पूछा।

"कुंजियों की प्रतिलिपियाँ हाथ आने पर प्रथम परिषद का अस्तित्व नगण्य कर देते। उन्हें ज्ञान-कोषों को आत्मसात करने से रोकने वाला कोई नहीं होता।" मृत्युशिर बोला, "अपनी योजना की सफलता के लिए उन्हें आवश्यकता थी कुछ विशेषज्ञों की।"

"क्या केंद्र में मुमुक्षु विशेषज्ञ यह काम नहीं कर सकते थे?" डॉ. मजूमदार ने पूछा, "उनका विज्ञान तो वर्तमान ज्ञान से विकसित था... मतलब है!"

"शुद्धिकरण प्रक्रिया के दौरान कुंजियाँ मुमुक्षु विशेषज्ञों की निगरानी में रहती थी। वे एक निश्चित समय सीमा में केंद्र के भीतरी चक्रों में प्रवेश कर सकती थी। मुमुक्षु विशेषज्ञ केंद्र स्थापना के बाद से कभी केंद्र से बाहर नहीं निकले थे, इसलिए औषधियों के सेवन पश्चात भी बाहरी संसार से संपर्क उनके लिए घातक था।" मृत्युशिर बोला, "इसके अतिरिक्त उन्नत वैदिक चिकित्सा विधियाँ,

उपकरण और व्यवस्थाएँ मुमुक्षु विशेषज्ञों और वर्तमान विशेषज्ञों के बीच बड़ी बाधा थी।"

"फिर आचार्य ने यह काम कैसे किया?" श्रीमंत जी ने पूछा।

"केंद्र के बाहर मुमुक्षु अपनी गुप्त समानांतर व्यवस्था स्थापित कर चुके थे। उस व्यवस्था के सहयोग से प्रथम ने मुंबई के हीरा व्यापारी राजेंद्र प्रसाद और डॉ. स्वामी को साधा। मुमुक्षु विशेषज्ञों ने डॉ. स्वामी को इस काम के लिए आवश्यक संसाधन और धन देने के साथ आनुवंशिक विज्ञान से जुड़ी कई दिव्य वैदिक विधियों में प्रशिक्षित किया। इसी दौरान उन्होंने डॉ. स्वामी और राजेंद्र प्रसाद को अधिकार-मुद्रिका प्रदान की।" मृत्युशिर बोला।

"यानि हमसे पहले डॉ. स्वामी और राजेंद्र प्रसाद इस केंद्र में आ चुके हैं?" प्रियंका इस खुलासे से हतप्रभ हुई।

"नहीं! वे अन्य केंद्रों में गए थे जहाँ आनुवंशिक विज्ञान से जुड़े मुमुक्षु विशेषज्ञ और व्यवस्थाएँ हैं।" मृत्युशिर ने साफ किया, "इस दौरान मुमुक्षु विशेषज्ञों ने वो उपाय ढूँढ निकाला जो कुंजियों को केंद्र में प्रवेश के लिए स्थापित समय बंधन से मुक्त करता है।"

"यानि कुंजियाँ अपनी मर्जी से कभी भी केंद्र में प्रवेश कर सकती है।" विराट आश्चर्य से बोला।

"हाँ! प्रथम के लिए ये एक बड़ी सफलता थी। वर्ष 2002 में डॉ. स्वामी ने कुंजियों की प्रतिलिपियाँ तैयार करने की रिसर्च शुरू की, जिसके लिए राजेंद्र प्रसाद उन्हें हर महीने पौने पाँच लाख रुपए भेजने लगा। ये रिसर्च तीन साल बाद, यानि 2006 में, जेनेटिक डिसऑर्डर से नवजात बच्चों में होने वाले हृदय रोगों का अनुमान लगाने वाली रिसर्च के रूप में दुनिया के सामने आई।"

"2006 में ही डॉ. स्वामी ने डॉ. महापात्रा को इस रिसर्च से जोड़ा था!" जयंत बुदबुदाया, "यानि डॉ. स्वामी की रिसर्च असल में मुमुक्षुओं के अभियान पर पर्दा डालने का उपाय थी।"

"इस काम के लिए उनके पास पैसा कहाँ से आता था?" डॉ. मजूमदार ने पूछा, "हर महीने राजेंद्र प्रसाद के भेजे पौने पाँच लाख रुपए तो इस रिसर्च के लिए काफी नहीं रहे होंगे।"

"महायुद्ध पश्चात महाराज युधिष्ठिर की मदद के लिए धन भंडारों का मुँह

खोलने वाले मुमुक्षुओं को न कभी धन की कमी थी, और न रहेगी।" मृत्युशिर हँसकर बोला, "कई बैंकों के सम्मिलित धन से अधिक धन इस केंद्र के सिर्फ एक छोटे से धन भंडार में है। प्रत्येक केंद्र में ऐसे अनगिनत भंडार हैं। इसके अतिरिक्त केंद्र से बाहर मुमुक्षुओं के अनगिनत शक्तिशाली स्रोत प्रथम के आदेश पर अपना सब कुछ होम करने के लिए हमेशा तैयार रहते हैं।"

"तो डॉ. स्वामी को राजेंद्र प्रसाद से रुपए लेने की क्या जरूरत थी?" विराट ने पूछा।

"दुनिया को बेवकूफ बनाने के लिए।" मृत्युशिर बोला, "राजेंद्र प्रसाद का भेजा पैसा तो उनके लिए ऊँट के मुँह में जीरे के समान था। उन्हें रिसर्च के लिए असल फंड मुमुक्षु देते थे।"

मृत्युशिर के खुलासे सभी का खून लगातार सुखा रहे थे।

"मुमुक्षु विशेषज्ञों के सहयोग से डॉ. स्वामी ने कुंजियों की प्रतिलिपियाँ तैयार की, किंतु उनकी आनुवंशिक गुणवत्ता चिंतनीय थी।" मृत्युशिर बोला, "डॉ. स्वामी के प्रयोगों से कुंजियों में कुछ ऐसे अवांछनीय विकार उत्पन्न हुए जिससे वे केंद्र के सुरक्षा-चक्रों उपाय करने के लिए अनुपयुक्त हो गए। प्रयोगों के परिणाम से घबराए डॉ. स्वामी को हमने हाथों-हाथ लिया।"

"उन्हें 800 करोड़ रुपए का लालच देकर?" जयंत ने अनुमान लगाया।

"पैसों और शोहरत से अधिक उन्हें उनके काले रहस्य खुलने का डर दिखाकर।" मृत्युशिर बोला, "खैर! मृतक की आत्मा को तकलीफ देने से तुम्हारी तकलीफें कम नहीं होगी।"

"हमारी तकलीफें?" श्रीमंत जी चौंके।

"श्रीमंत जी! ये सब जानने और निश्चल की असली मेडिकल रिपोर्ट देखने के बाद आपको समझने में कठिनाई नहीं होनी चाहिए कि वह कुंजियों की दूसरी पीढ़ी था।" मृत्युशिर उन्हें घूरते हुए भारी आवाज में बोला।

"निश्चल दूसरी पीढ़ी!" श्रीमंत जी के पैरों तले जमीन खिसक गई, "तो क्या रोहन... क्या प्रथम ने रोहन को मुमुक्षुओं की प्राचीन शपथ दिलाई थी?"

"बिलकुल ठीक! मेरे साथी की नजरों के सामने वर्षों पूर्व रोहन ने मुमुक्षुओं

की प्राचीन शपथ ली थी।[20] रोहन और उसका बेटा निश्चल चित्रगुप्तों की अवतार व्यवस्था की अत्यंत दुर्लभ कड़ियाँ थे।" मृत्युशिर बोला, "अपने जीवन में केंद्र में रखे ज्ञान-कोषों से संयुक्त होने के अनगिनत अवसर उपलब्ध होने के कारण वे दोनों प्रथम की पराजय और मुमुक्षुओं और चिरंजीवियों के इस सदियों पुराने युद्ध के निर्णायक थे।"

श्रीमंत जी विराट का सहारा नहीं लेते तो चकराकर गिर जाते। घबराहट में वे पसीने से नहा उठे। धड़कनें तेज हो चली। सच उनकी आँखों के सामने था, पर उन्हें भनक भी नहीं हुई कि उनकी अनगिनत पीढ़ियाँ द्वापर युग में आरंभ इस दिव्य यज्ञ की आग सुलगाए हुए हैं। जितना वो अपने वंश और जीवन के बारे में जानते थे अब सब झूठ लग रहा था।

"रोहन प्रथम की आज्ञा को अपना धर्म मानता था। हमने मुमुक्षुओं का सत्य बताकर उसका भ्रम तोड़ा और उसे प्रथम की योजना पर काम करते हुए हमारी मदद के लिए तैयार किया। इसी दौरान हमने उसे वो पांडुलिपियाँ दी जो बाद में तुम्हें मिली।" कहकर मृत्युशिर ने गहरी साँस ली, "कुंजियों की श्रृंखला टूटने से पूर्व हमने डॉ. स्वामी की मदद से कुंजियों की प्रतिलिपि तैयार करने की विधि प्राप्त की, लेकिन रोहन और प्रियंका के मूल-तत्त्वों के संयोजन से निश्चल की प्रतिलिपि बनाने में डॉ. स्वामी असफल रहे।"

"इसलिए एक हृदय विशेषज्ञ डॉ. स्वामी निश्चल में इतनी दिलचस्पी ले रहे थे। इसलिए उन्होंने निश्चल की जाँच रिपोर्ट भाभी से छिपाई।" जयंत बुदबुदाया।

"डॉ. स्वामी से अधिक हमें रोहन की चिंता थी। डॉ. स्वामी के प्रयोगों से विकृत हुए उसके ऊर्जा चक्र मात्र कुछ सुरक्षा-चक्रों के समाधान के लिए उपयुक्त थे।" मृत्युशिर बोला।

"क्या रोहन के ऊर्जा चक्र ब्रह्मण द्वारा पुनर्स्थापित हो सकते थे?" जयंत ने पूछा।

"केंद्र के सुरक्षा-चक्र पुनर्स्थापित करने के बाद ऐसा करना संभव था, किंतु रोहन के विकृत ऊर्जा चक्रों के कारण सभी सुरक्षा-चक्रों को भेदना असंभव था। रोहन के ऊर्जा चक्र सुचारु करने की जटिल प्रक्रिया से हम अनभिज्ञ थे और इसमें

---

20. खंड 1: आह्वान, अध्याय 'प्रारब्ध'; अध्याय 'मृत्युशिर'

रोहन की जान जाने का संकट था।" मृत्युशिर बोला, "रोहन के माध्यम से केंद्र के अधिकतम सुरक्षा-चक्र भेदना हमारे लिए सबसे अधिक सुरक्षित उपाय था। इसलिए साक्षी ने रोहन को केंद्र में उपस्थित चिरंजीवियों की अधिकार-मुद्रिका प्रदान कर उसे विधि-पूर्वक केंद्र में प्रवेश कराया।"

"यानि रोहन ने केंद्र में प्रवेश किया?" आश्चर्य से श्रीमंत जी का मुँह खुला रह गया।

मृत्युशिर ने सिर हिलाकर सहमति जताई।

"परिणाम उत्साहजनक रहे। रोहन की मदद से हमने इस केंद्र के 540 से अधिक मूल और सहायक चक्रों का समाधान किया। हमें अनेक दिव्य जानकारियाँ प्राप्त हुई जिनमें इस केंद्र के सुरक्षा-चक्रों का समाधान करने वाली कुछ विधियाँ थी।" मृत्युशिर बोला, "हम रोहन को इस केंद्र के प्रवेश कराते हुए इसके चक्रों का समाधान करते रहे। इसी प्रक्रिया में ऊर्जा चक्रों के अत्यधिक ह्रास से रोहन 15 फरवरी से तेज बुखार में था।"

"पर रोहन पर उस दिन घर पर था।" प्रियंका ने जोड़ा।

"समय की कीमत का एहसास तुम्हें यहाँ से लौटने के बाद होगा।" मृत्युशिर मुस्कुराया, "हम अभी भी नहीं जानते हैं कि इस केंद्र में ऐसे कितने मूल और कितने सहायक चक्र शेष हैं। रोहन द्वारा समाधान किए चक्रों से हमें ऐसी व्यवस्थाओं का ज्ञान मिला जो जीव के ऊर्जा चक्रों को सुरक्षित करने के साथ उनके ऊर्जा स्तर को संचालित कर मूल-तत्त्वों के भिन्न संयोगों की रचना करने में सक्षम थी।" मृत्युशिर बोला, "यानि जीव के मूल-तत्त्वों का ऊर्जा-स्तर नियंत्रित कर उसे विभिन्न रूपों में ढालकर उसे उसके मूल स्वरूप में पुनः लौटाया जा सकता है।"

"इस ज्ञान से आपको क्या फायदा हुआ?" प्रियंका ने पूछा।

"उन व्यवस्थाओं का निर्माण कर हम मूल-तत्त्वों के भिन्न संयोगों की रचना करने लगे। हमारे प्रयोग जानवरों पर सफल रहे। हम उनके ऊर्जा स्तर परिवर्तित कर 'रक्तबीजों' का निर्माण करने और उन्हें स्थिर करने में सफल रहे, किंतु मनुष्यों पर हमारे प्रयोग असफल रहे।" मृत्युशिर बोला।

डॉ. मजूमदार अपना सिर पकड़कर बैठ गए। मृत्युशिर द्वारा बताई व्यवस्था उनकी कल्पना से परे थी।

"हमने इस विधि से रोहन के ऊर्जा चक्र पुनर्स्थापित करने की ठानी। साथ ही डॉ. स्वामी को यह ज्ञान सौंपकर उन्हें संसार में अपना डंका बजाने का लालच दिया!" मृत्युशिर मुस्कुराया, "उन्होंने इस मौके को लपका और प्रथम के शल्य-चिकित्सकों और वैज्ञानिकों की मदद से यह काम पूर्ण किया, पर वो रोहन के विकृत ऊर्जा चक्रों का उपाय करने में असफल रहे। उनकी असफलता का परिणाम थे रोहन के विचित्र हमशक्ल!"

"जिनके डीएनए में रत्ती भर भी फर्क नहीं है। इसलिए वो हमें दूसरी दुनिया से आए लग रहे हैं।" डॉ. मजूमदार सिहर उठे, "किंतु डॉ. स्वामी प्रथम के शल्य-चिकित्सकों और वैज्ञानिकों की भी मदद ले रहे थे। फिर आपकी योजना प्रथम से कैसे छुपी रही?"

"यही हमारी चूक थी!" मृत्युशिर ने गहरी साँस ली, "डॉ. स्वामी को ऊर्जा चक्रों के संतुलन की पुरातन विधि का प्रयोग करते देख प्रथम को शक हुआ कि पांडुलिपियों और इस दिव्य विधि का स्रोत एक है। उन्हें शक हुआ कि कदाचित परिषद और दूसरा 'प्रथम' सक्रिय हो गए हैं।"

"दूसरे 'प्रथम' का भ्रम तो आपने फैलाया था!" श्रीमंत जी चिंता से बोले।

"...जिसे प्रथम सच मान बैठे थे। परिषद के जीवित रहते वह यज्ञ के मूल आदर्शों से नहीं भटक सकते थे। परिषद ब्रह्मण पर उनके अधिकार को पलटने और उन्हें सदैव के लिए ब्रह्मण से दूर करने और उन्हें दंडित करने के लिए अधिकृत थी।" जयंत का मुँह आश्चर्य से खुलने लगा।

"इसलिए अपने प्रभुत्व की रक्षा के लिए प्रथम का कुंजियों को नष्ट करना आवश्यक हो गया।" मृत्युशिर ने जोड़ा।

"रोहन की दुर्घटना..." श्रीमंत जी के चेहरे पर मुर्दाना सन्नाटा बिखरते हुए आँखों से कुछ बूँद टपक गए, "रोहन और निश्चल की मौत के जिम्मेदार आचार्य थे।"

"रोहन और निश्चल नामक दो महत्त्वपूर्ण कुंजियों को नष्ट कर प्रथम ने अवतार श्रृंखला और परिषद को भंग कर दिया।" मृत्युशिर गंभीर और भारी स्वर में बोला, "एक्सीडेंट के बाद ट्रक ड्राइवर का पीछा कर रहे डॉ. वर्मा के आदमी मुमुक्षुओं द्वारा मारे गए। हम उन्हें बचाना चाहते थे, लेकिन अपने अभियान की कीमत पर नहीं।"

"आपको तो खुश होना चाहिए!" अश्रुपूर्ण आँखों से प्रियंका बिफरी, "कुंजियों को नष्ट करने का आपका काम आचार्य ने पूरा किया।"

"नहीं!" मृत्युशिर बोला, "कुंजियों के नष्ट होने के बाद भी प्रथम और उनकी अद्वितीय विध्वंसकारी शक्तियाँ संसार के लिए खतरा हैं। ज्ञान-कोषों के बिना न उन्हें रोका जा सकता है और न कलयुग का अंत हो सकता हैं।"

"यानि रोहन और निश्चल का त्याग व्यर्थ गया!" डॉ. मजूमदार का मुँह लटक गया।

"उन्हें खोने के बाद हमें डॉ. स्वामी और प्रथम के विशेषज्ञों द्वारा तैयार किए रोहन के हमशक्लों से उम्मीदें थी।" मृत्युशिर बुझे स्वर में बोला, "किंतु हमशक्लों के ऊर्जा चक्र बेहद कमजोर थे। केंद्र के शक्तिशाली सुरक्षा-चक्रों का सामना करते हुए उनके ऊर्जा चक्र असंतुलित हुए और वे अत्यंत बुरी अवस्था में सुषुप्त अवस्था को प्राप्त हुए। वे जीवित नहीं बचे, किंतु मरे भी नहीं। सुषुप्त अवस्था के कारण वे सड़ते नहीं हैं और ऊर्जा चक्रों के असंतुलन से उनकी दुर्गति और विचित्र रूप बने। हम उन्हें उनके मूल स्वरूप में नहीं लौटा पाए और तुम्हारा विज्ञान इतना उन्नत नहीं कि उनका इलाज कर सके।"

"इसलिए हमें उन हमशक्लों के मरने और जीवित रहने का कारण नहीं मिला।" डॉ. मजूमदार हाथ मलते हुए बोले।

"तुम्हें रोहन की मात्र पाँच हमशक्ल लाशें प्राप्त हुई हैं, किंतु हम वर्षों से रोहन के अनगिनत हमशक्ल पैदा करते हुए केंद्र के सुरक्षा-चक्रों का उपाय करते हुए उन्हें खोते आए हैं।" मृत्युशिर बोला, "रोहन की मौत के बाद हमने उसके पाँच हमशक्लों को केंद्र के बाहर फेंक कर प्रथम को संदेश दिया कि जिस तरह महायुद्ध में पांडवों ने कौरव सेनापतियों को मारा था वैसे हम भी उनका अंत करेंगे। हमें उम्मीद थी कि मुमुक्षु उनकी जाँच करेंगे और हमें इस दिशा में आगे बढ़ने का कोई उपाय मिलेगा, किंतु मुमुक्षुओं से पहले जयंत और उसके बाद डॉ. वर्मा के आदमी उन लाशों को ले गए और हमारी योजना धरी रह गई।"

सभी के चेहरे दुख भरे सन्नाटे से बोझिल होकर लटक गए।

"डॉ. वर्मा के आदमियों को हमशक्ल लाशें ले जाते देख मुमुक्षुओं को शक हुआ कि वो दूसरे 'प्रथम' से जुड़े हैं।" मृत्युशिर बोला, "दरअसल मुमुक्षुओं को डॉ. वर्मा और उनके आदमीयों पर पहले से शक था। मुमुक्षुओं ने राजेंद्र

प्रसाद और उसके परिवार को दुर्घटना में मारकर उसे दूसरे 'प्रथम' के लिए चारा बनाकर छोड़ा था, लेकिन डॉ. वर्मा की टीम ने वहाँ पहुँचकर उसकी अधिकार-मुद्रिका ले ली। मुमुक्षु डॉ. वर्मा और उनकी टीम को दूसरे 'प्रथम' का सहयोगी समझे। डॉ. वर्मा उनके लिए उस दूसरे 'प्रथम' तक पहुँचने का जरिया बन गए जिसका अस्तित्व नहीं था।"

जयंत ने गुस्से से अपना जबड़ा भींचा। पता होता कि डॉ. वर्मा की मदद श्रीमंत परिवार पर आफत बनेगी तो वो उनसे दूर रहता।

"केंद्र के दिव्य सुरक्षा-प्रणालियों की भाँति अधिकार-मुद्रिका की धातु अत्यंत शक्तिशाली और अनेक विशेषताओं से भरी है।" डॉ. वर्मा अपनी खीज दबाते हुए बोले।

"मैं जानता हूँ कि आपकी टीम ने उसकी विशेषताओं को खोजने में काफी मेहनत की है!" मृत्युशिर मुस्कुराया।

"क्या निश्चल की हालत आपके प्रयोगों के कारण हुई थी?" डॉ. मजूमदार ने पूछा।

"उसकी हालत की वजह डॉ. स्वामी के कुछ गलत प्रयोग थे। निश्चल एक विशिष्ट कुंजी के रूप में अनुपयोगी हो गया था।" मृत्युशिर गंभीरता से बोला, "डॉ. स्वामी उसे बचाना चाहते थे, पर उसे लंबे समय के लिए बचाना असंभव था। जन्म के तुरंत बाद हुए हृदय के जटिल ऑपरेशन के कारण वो किसी अन्य शल्य-क्रिया को झेलने में अक्षम था, इसलिए हम उसके हमशक्ल तैयार नहीं कर पाए।"

"यानि निश्चल की हालत के लिए सिर्फ और सिर्फ डॉ. स्वामी जिम्मेदार थे, इसलिए उन्होंने आपसे कहा था कि उनकी रिसर्च फेल हो गई है।" जयंत बोला।

"हाँ! रोहन और निश्चल की मौत के बाद स्थिति बिगड़ने लगी। रोहन की हमशक्ल लाशों से डॉ. स्वामी के तार जुड़ने के बाद वो मुमुक्षुओं के निशाने पर आ गए। इसलिए हमें मजबूरन डॉ. स्वामी को मारना पड़ा।" मृत्युशिर बोला।

"द्वारका की खुदाई में मिला यंत्र चुराने वाले कॉन्ट्रैक्टर की मौत डॉ. स्वामी की मौत जैसी हुई थी।" डॉ. वर्मा बुदबुदाए, "क्या उसकी मौत में आपका हाथ था?"

"दूसरे 'प्रथम' का भ्रम बनाए रखने और मुमुक्षुओं को उलझाए रखने के

लिए उनका मरना जरूरी था।" मृत्युशिर बोला, "डॉ. स्वामी की मौत से हम मुमुक्षुओं की दृष्टि में आने से बच गए, किंतु रोहन के हमशक्लों का निर्माण रुक गया। सुरक्षा-चक्रों के समाधान के लिए अब हमारी आखिरी उम्मीद डॉ. महापात्रा पर टिकी थी। वो डॉ. स्वामी के साथ लंबे समय से काम कर रही थीं। हमें उम्मीद थी कि हमशक्ल बनाने में हमें उनकी मदद मिलेगी। वो डॉ. स्वामी पर नजर रखे थीं, इसलिए हमें शक था कि वो मुमुक्षुओं से जुड़ी थीं।"

"इसलिए आपने उन्हें मारा?" जयंत ने पूछा।

"उस दिन उनके फ्लैट पर तुम दोनों की बातें सुनकर हमें पता चला कि वो इस मामले से दूर थीं। वो बेचारी सिर्फ इतना जानती थीं कि डॉ. स्वामी 2006 से इस रिसर्च में लगे थे और राजेंद्र प्रसाद से उन्हें सितंबर 2007 से फंड मिलना शुरू हुआ था।" मृत्युशिर बोला।

जयंत को याद आया। डॉ. स्वामी के बैंक अकाउंट से राठौड़ को पता लगा था कि राजेंद्र प्रसाद ने 10 फरवरी, 2002 से लेकर 12 जुलाई, 2008 तक हर महीने डॉ. स्वामी के अकाउंट में पौने पाँच लाख रुपए की रकम जमा कराई थी। जबकि डॉ. महापात्रा ने जयंत को बताया था कि राजेंद्र प्रसाद से डॉ. स्वामी को सितंबर 2007 से फंड मिलना शुरू हुआ था। तारीखों का यह छोटा सा हेरफेर अगर जयंत पहले पकड़ लेता तो वो समझ जाता कि डॉ. महापात्रा या तो झूठ बोल रही थीं, या इस खेल में डॉ. स्वामी की मोहरा थीं और सिर्फ उतना जानती थीं जितना डॉ. स्वामी उन्हें बताते थे।

हालात फिसलते देख डॉ. स्वामी ने अपनी गर्दन बचाने के लिए डॉ. महापात्रा को मई 2006 में इस रिसर्च में जोड़ा। उन्होंने हर मेडिकल रिपोर्ट, हर प्रिस्क्रिप्शन को डॉ. महापात्रा से जोड़कर निश्चल की हालात बिगड़ने का सारा दोष डॉ. महापात्रा के माथे मढ़ दिया। डॉ. महापात्रा को इस रिसर्च के बारे में अँधेरे में रखते हुए उन्होंने निश्चल से जुड़ी सिर्फ बेहद जरूरी जानकारियाँ उनसे साझा की। डॉ. स्वामी के कमरे के लॉकर से मिली प्रियंका की जाँच रिपोर्ट उनके इसी धोखे का खुलासा थी।

"डॉ. महापात्रा निर्दोष थीं तो आपने उन्हें क्यों मारा?" डॉ. मजूमदार ने पूछा।

"अगर मुमुक्षु उन तक पहुँच जाते तो वे समझ जाते कि डॉ. स्वामी हमारे

लिए क्या काम कर रहे थे।" मृत्युशिर बोला।

"और मेरे आदमियों से आपकी क्या दुश्मनी थी?" डॉ. वर्मा ने गुस्से से पूछा।

"मेरे साथी को डॉ. महापात्रा के फ्लैट से कूदते हुए तुम्हारे आदमियों के साथ वहाँ आए मुमुक्षुओं ने भी देखा था। हम तुम्हारे आदमियों के लिए नए थे, पर मुमुक्षुओं के लिए नहीं!" मृत्युशिर खीजते हुए बोला, "तुम्हारे आदमी मेरे साथी के पीछे भागे और मुमुक्षु उनके पीछे। मुमुक्षुओं ने मेरे साथी पर हमला किया। बचाव में उसने मुमुक्षुओं पर आक्रमण किया और तुम्हारे आदमी बीच में फँस गए।"

"मुमुक्षुओं और चिरंजीवियों की लड़ाई में मेरे लोग मारे गए!" डॉ. वर्मा गुस्से से बोले।

"इस युद्ध में किसी के प्राणों का कोई मोल नहीं है। तुम मात्र कुछ ऐसे लोगों को जानते हो जो इस युद्ध में मारे गए।" मृत्युशिर गहरी आवाज में बोला, "किंतु ऐसे लोगों की संख्या उन लोगों की संख्या के मुकाबले नगण्य है जिन्हें हमने अपने प्राण दाँव पर रखकर बचाया है।"

"जिन्हें बचाया उनमें रोहन और निश्चल का नाम जोड़ना क्या कठिन था?" श्रीमंत जी अपनी अश्रु-पूरित आँखों को पोंछते हुए बोले।

"हमने रोहन को बचाने की पूरी कोशिश की, किंतु उसने मुमुक्षुओं का सत्य स्वीकारने में बहुत देर कर दी थी।" मृत्युशिर आत्मीयता से बोला, "उसके पास जितना समय था उसे उसने केंद्र के चक्रों का उपाय करने में हमारी मदद करने और तुम लोगों के लिए संकेत बनाने में निकाल दिया, ताकि तुम वो गलती नहीं दोहराओ जो उसकी और निश्चल की मौत का कारण बनी।"

"शायद इन्हीं कामों के लिए समय निकालने के लिए उसने अपनी नौकरी छोड़ी थी।" श्रीमंत जी बोले, "पर ये सारी बातें वो हमें सीधे-सीधे शब्दों में समझा सकता था। उसके लिए इतनी गहरी दिमागी पहेलियाँ छोड़ने की क्या जरूरत थी।"

"यदि प्रथम को भनक लगती कि रोहन उनकी मंशा भाँपकर चिरंजीवियों का सहयोगी बन गया है, तो उसी क्षण उसके साथ तुम लोगों का जीवन समाप्त हो जाता।" मृत्युशिर गंभीर स्वर में बोला, "तुम्हारी सुरक्षा के लिए रोहन ने अपना

बलिदान दिया और अपने जीवन का सबसे बड़ा सच वसीयत के रूप में तुम्हारे लिए छोड़ गया।"

"इतना कुछ हो गया और हमें भनक भी नहीं हुई!" श्रीमंत जी भर्राए गले से बोले, "रोहन के बिना यह सच हमारे किस काम का।"

"रोहन द्वारा मुमुक्षुओं की शपथ लेने के बाद से आपका परिवार मुमुक्षुओं की निगरानी में है।" मृत्युशिर गंभीरता से बोला, "श्रीमंत परिवार से डॉ. मजूमदार और जयंत के बढ़ते मेलजोल से उन्हें शक हुआ कि डॉ. मजूमदार डॉ. स्वामी का अधूरा काम पूरा करने वाले हैं। रही-सही कसर डॉ. मजूमदार ने रोहन के कमरे से मिली पांडुलिपियों जाँच के लिए भेजकर पूरी कर दी।"

"यानि मुमुक्षु मान बैठे कि डॉ. स्वामी अपना ज्ञान डॉ. मजूमदार को सौंप गए हैं और कुंजियों पर अनुसंधान जारी है..." जयंत बुदबुदाया, "...दूसरे 'प्रथम' के निर्देश पर!"

"और तुम पर उनका खतरा मंडराने लगा।" मृत्युशिर बोला, "10 अप्रैल को मुमुक्षुओं ने डॉ. मजूमदार को मारने के लिए उनकी लैब पर हमला किया। उनसे लड़ते हुए इससे पहले हम डॉ. मजूमदार को बचाते, डॉ. वर्मा की टीम बीच में कूद पड़ी। वहाँ मुमुक्षुओं से रक्तबीजों को लड़ते देख उनकी टीम ने वहाँ मची तबाही के लिए रक्तबीजों को दोषी मान लिया। डॉ. वर्मा की टीम ने डॉ. मजूमदार और रोहन की हमशक्ल लाशें तो बचा ली, पर एक बार फिर वे मुमुक्षुओं के निशाने पर आ गए।"

"उसके बाद आप और वो रक्तबीज श्रीमंत जी के घर पर क्या करने गए थे?" जयंत ने पूछा।

"डॉ. मजूमदार की लैब से खाली हाथ लौटने के बाद मुमुक्षुओं का अगला निशाना श्रीमंत परिवार था। हम उन्हें रोकने के लिए श्रीमंत जी के घर पर पहुँचे।" मृत्युशिर बोला, "लेकिन वहाँ भी डॉ. वर्मा की टीम ने हमारी योजना पर पानी फेर दिया। हमें श्रीमंत परिवार का दुश्मन मानकर उन्होंने हम पर हमला किया। मजबूरन हमें उनका उत्तर देना पड़ा।"

"इस दौरान मुमुक्षु वहाँ नहीं थे।" श्रीमंत जी बोले।

"तुम लोगों के सुरंग में जाने के बाद मेजर रफीक खान जब रक्तबीज को रोक रहे थे तभी मुमुक्षु वहाँ पहुँचे।" मृत्युशिर ने बताया, "रक्तबीज मेजर को

छोड़कर तुम लोगों को बचाने के लिए तुम्हारे पीछे भागे और इसी बीच मेजर मुमुक्षुओं द्वारा मारे गए। तुम लोगों को सुरक्षित करने के लिए मेरे साथी मुमुक्षुओं से भिड़ गए और लड़ते हुए सुषुप्त अवस्था को प्राप्त हुए। इसी बीच डॉ. वर्मा की टीम सुरंग से तुम लोगों को सुरक्षित निकालकर बंकर में ले आई। मुमुक्षु तुम्हारा और हम उनका पीछा करते हुए बंकर में पहुँच गए।"

डॉ. वर्मा आँखें मूँदकर अपना सिर झुकाकर बैठ गए। चेहरा हताशा से लटक गया। क्या सोचा था, क्या हुआ। अगर वो इस मामले में दूर रहते तो आज इस कहानी के कई पात्रों के साथ उनकी टीम के कई लोग जीवित होते। शायद पूरी कहानी किसी दूसरे सुखद मोड़ पर होती।

"हर युद्ध पक्ष-विपक्ष और उचित-अनुचित की परिभाषाओं में उलझा रहता है। उसका सत्य दर्शकों के दृष्टिकोण पर निर्भर करता है।" मृत्युशिर भरे गले से बोला, "सनातन यज्ञ की रक्षा के लिए हमने सदियों संसार की खाक छानी। कई सभ्यताओं को उभरते और बिखरते देखा। कलयुग के प्रति महर्षि व्यास की प्रत्येक डरावनी भविष्यवाणी से साक्षात्कार किया। हम अभागों को न पितामह की भाँति इच्छा-मृत्यु प्राप्त हुई, न पांडवों की तरह शांतिपूर्ण मृत्यु और न कुरुक्षेत्र में हत रहे अनगिनत योद्धाओं की भाँति वीरगति। वासुदेव को दिए अपने वचन में बँधे जीवन-मृत्यु के बीच झूलते हुए हम किसी प्रकार सनातन सत्य की रक्षा करने में जुटे हैं। यदि हम मुमुक्षुओं का प्रतिकार नहीं करते तो प्रथम स्वयं को इस संसार का भगवान घोषित कर चुके होते। उन्हें रोकते हुए चिरंजीवी स्वाहा होते रहे। हमने ये सब किसके लिए किया और क्यों?"

सभी चुपचाप सिर झुकाए मृत्युशिर की बात सुनते रहे।

"मुझे जो कहना था, कह चुका। हमारा लक्ष्य स्वयं को सही या गलत साबित करना नहीं, मानवता और सनातन ज्ञान की रक्षा है। तुम हमें अच्छा समझो, या बुरा हम तुम्हें दोष नहीं देंगे। किसी को दोष देने का अधिकार हम नीलकमल की शपथ स्वीकारते ही खो चुके हैं।" मृत्युशिर बुझे स्वर में बोला, "श्रीमंत जी! हम अनेक रूपों में फैले हुए अपना सर्वस्व त्यागकर मुमुक्षुओं से ये युगों पुराना युद्ध लड़ रहे हैं। युद्ध में मात्र विजय सर्वोपरि होती है। यह नहीं देखा जाता कि कौन किस पर, कैसे और किस हथियार से वार कर रहा है। चिरंजीवी सदैव आपके परिवार की रक्षा करते आए हैं। आप पर संकट बने कई लोगों

को हमने मारा। हमारे हाथ डॉ. वर्मा के अनगिनत एजेंट, द्वारका-मुद्रिका बेचने वाले दलाल, डॉ. स्वामी, डॉ. महापात्रा और उन जैसे अनगिनत लोगों के खून से सने हैं। आप हमें हत्यारा मानकर हम से घृणा करें, अपनी हर पीड़ा का हमें दोषी माने, अथवा हमें अपना अपराधी मानकर दंड दे- आपका प्रत्येक निर्णय हमें स्वीकार्य है।"

मृत्युशिर की बात खत्म होते ही चारों तरफ एक गहरी चुप्पी पसर गई। श्रीमंत जी की हालत उस सूखे बेजान पेड़ की तरह थी जो अपने सारे पत्ते झड़ने के बाद ठूँठ बना अपने कटने की प्रतीक्षा कर रहा हो।

"हम अँधेरे से डरने वालों से अधिक उनके लिए चिंतित हैं जो प्रकाश से डरते हैं। जो सत्य जानते हैं, किंतु उसे स्वीकारने लायक साहसी नहीं हैं। जो स्वयं धर्मच्युत हैं, किंतु धर्म की व्याख्या करते हैं। जो न्याय चाहते हैं, किंतु विधि के नियमों का तिरस्कार करते हैं। जिन्हें गीता का वो श्लोक याद रहता है जिसमें श्रीकृष्ण ने धर्म स्थापना के लिए प्रत्येक युग में जन्म लेने का वादा किया है, किंतु वो श्लोक भूल जाते हैं जो जीव को उसके कर्म फल का अधिकारी मानता है। जो नाक तक अधर्म में धँसे हुए अपने उद्धार के लिए श्रीविष्णु को अवतरित होने के लिए पुकारते हैं, किंतु स्वयं अधर्म पोषित करते हैं। जो धर्म रक्षा के लिए बलिदान चाहते हैं, किंतु दूसरों का।" मृत्युशिर बोला, "भगवान को अपना वचन याद दिलाने वाले जिंदगी भर उनका अपमान करते हैं, उसके होने का सबूत माँगते हैं, फिर अपने कृत्यों का दोष कलयुग पर डालकर स्वयं दोष मुक्त होने का ढोंग करते हैं। जिंदगी भर पाप कर्म करते हुए वे चाहते हैं कि कोई उन्हें उनके पापों से मुक्त करें। आँख मूँदकर गड्ढे में गिरने वाले ऐसे जीवों को अँधेरे और गड्ढे को दोष देने का कोई अधिकार नहीं, किंतु हम ऐसे मूर्खों और अधर्मियों के कारण सनातन धर्म के प्रति अपना कर्तव्य नहीं भूल सकते हैं।"

सभी सिर झुकाए भारी मन से मृत्युशिर की बात सुनते रहे।

"तुम लोगों के साथ जो कुछ हुआ, उसके लिए हम दोषी नहीं हैं। हम नहीं जानते कि मुमुक्षुओं से हमारे टकराव की चिंगारियाँ कब तक इस संसार को झुलसाती रहेंगी और विनाश का यह क्रम कब थमेगा।" मृत्युशिर भरे गले से बोला, "जिस धर्म की रक्षा के लिए हमने अपना सर्वस्व स्वाहा किया आज वही हमारा सत्य जाने बिना हमारे विरुद्ध खड़ा हमसे पूछ रहा हैं कि हमें उसकी रक्षा

करने का अधिकार किसने दिया। क्या कर्तव्य-निर्वाह अधिकार का बंधक हो सकता है? मुमुक्षुओं जैसी घृणित विचारधारा वालों से हम नहीं तो कौन, किस नियम, कैसे और कब तक युद्ध लड़ेगा? हम लड़ते हैं ताकि तुम्हारे जैसे निहत्थे और निर्दोष लोगों की सनातन धर्म पर आस्था बनी रहे, ताकि सनातन नियम और व्यवस्था बनी रहे। हम स्वाहा होते हैं ताकि संसार इस युद्ध की आँच से सुरक्षित रहे।"

मृत्युशिर के तर्क सभी के दिल और दिमाग पर गहरी चोट कर रहे थे। शायद अब तक वे उसकी प्रत्येक बात आदेश की भाँति स्वीकारने लगे थे। उसके खुलासे सभी के भीतर उठ रहे झंझावात शांत कर एक ऐसा चुभता हुआ अनंत खालीपन छोड़ गए थे जिसमें पश्चाताप था, विरक्ति थी, क्रोध था, अपमान था, और कुछ हद तक एक ऐसे युद्ध में हारे जाने की कुंठा थी जो उनका होते हुए भी उनका नहीं था और जिसे उन्होंने चुना नहीं था। आरोपों-प्रत्यारोपों की अंतहीन शृंखला सभी की मानसिक और आत्मिक चोटों को कुरेद रही थी।

काश! सत्य से सुलह कर टूटी-बिखरी ज़िंदगी समेटना आसान होता।

छायाकार

वसीयत, पांडुलिपियाँ, सूर्यकवच, निश्चल की मेडिकल रिपोर्ट की गड़बड़ी, उसकी छुपी डीएनए रिपोर्ट, और रोहन की रहस्यमय हमशक्ल लाशों से जुड़े खुलासों से उपजे ठहराव से सभी बोझिल थे। रोहन और निश्चल के सच के रहस्यों में उलझे, समय-धारा में बहते हुए सभी मृत्युशिर के सामने आ पहुँचे और अब एक भूला-बिसरा धुँधला सपना बने ठहरे हुए थे।

गुस्से और पश्चाताप के बोझ तले कुचले श्रीमंत जी में अब कोई नया भार उठाने की शक्ति नहीं थी। पूरा जीवन रेत की भाँति मुट्ठी से फिसल गया था। मंजिल पाकर भी खुशी नहीं थी। अपनी हालात के लिए किसे दोष दे- मृत्युशिर, आचार्य, नीलकमल, साक्षी, राजेंद्र प्रसाद, डॉ. स्वामी, डॉ. महापात्रा, या फिर रोहन या खुद को? सभी दोषी होते हुए भी निर्दोष लग रहे थे। किसी को दोषी साबित करके भी खोया वापिस हासिल नहीं होता।

काश! रोहन की वसीयत को वो सिर्फ एक वसीयत की तरह देखते। उसके मौन शब्दों को नहीं कुरेदते तो न सवाल उत्पन्न होते, न उनके उत्तर ढूँढने की आवश्यकता होती और न उन उत्तरों से निकला सच उनकी आत्मा छलनी करता। कुछ अच्छा नहीं होता, पर अच्छा होने का भ्रम बना रहता तो जीवन गुजारना आसान हो जाता। जो बचा था, बचा रहता। जो छूट गए उनकी यादों से हिम्मत मिलती। अब हर उम्मीद, हर सच को इतिहास ने कुचल दिया था।

"हर नायक किसी के लिए खलनायक होता है। हर दुश्मन किसी का मित्र होता है। हर हत्यारा किसी का रक्षक होता है।" मृत्युशिर गहरी साँस लेकर बोला, "तुम बताओ मैं तुम्हें कैसा लगता हूँ? हम तुम्हें कैसे लगते हैं? क्या तुम अब भी हमें धर्म-विरुद्ध और अपना शत्रु मानते हो?"

श्रीमंत जी ने सिर झुकाकर गहरी साँस छोड़ी। उनके मन में अब मृत्युशिर

के लिए कोई कटुता नहीं थी। वह रोहन के साथ हुई घटनाओं में शामिल था, पर उसका हत्यारा नहीं था।

"सही-गलत का फैसला करने वाले हम कौन होते हैं? मुमुक्षु और चिरंजीवी दोनों हमारे पूर्वज और हमारे पूज्य हैं। हम किससे, किसकी शिकायत करें?" श्रीमंत जी हाथ जोड़कर बोले, "हमारा जो खोया वो लौटने से रहा, पर रोहन और निश्चल की आत्मा की शांति के लिए हमसे जो बन पड़ेगा हम करेंगे।"

"अब क्या बचा है जिसे आप बचाना चाहते हैं?" प्रियंका भर्राई आवाज में बोली।

"रोहन का अधूरा काम पूरा करने में हमारी मदद करो।" मृत्युशिर की आँखें शून्य में स्थिर हुई, "ज्ञान-कोष प्रथम के हाथ लगे उससे पूर्व उन्हें नष्ट करना ही होगा।"

"कुंजियाँ नष्ट होने के बाद आपको ज्ञान-कोषों की सुरक्षा की चिंता क्यों हैं?" विराट ने बुझे स्वर में पूछा।

"कुंजियों के बिना प्रथम ज्ञान-कोषों का उपयोग नहीं कर सकते हैं, पर वो उनकी सुरक्षा के लिए उन्हें किसी भी केंद्र में ले जाने के लिए स्वतंत्र हैं।" मृत्युशिर बोला।

"अगर आचार्य ज्ञान-कोषों को यहाँ से ले गए होते तो उन्हें इस केंद्र में दिलचस्पी नहीं होती।" डॉ. मजूमदार बोले, "शायद ज्ञान-कोष अभी भी केंद्र में हैं।"

"इसलिए केंद्र के ज्ञान-कोषों को अपने अधिकार में लेने अथवा उन्हें नष्ट करने के हमारे प्रयास रुकने नहीं चाहिए। सुरक्षा-चक्र भेदे बिना हम नहीं जान सकते हैं कि इस केंद्र में कितने ज्ञान-कोष हैं... हैं भी या नहीं!" मृत्युशिर की आँखें रहस्यमय ढंग से झपकी, "चिरंजीवियों पर मुमुक्षुओं के बढ़ते आक्रमण बताते हैं कि हमारे पास कुछ है जिसके लिए वो चिंतित हैं।"

"तो हम आपकी क्या मदद कर सकते हैं?" श्रीमंत जी ने पूछा।

"यह युद्ध तभी समाप्त होगा जब मुमुक्षु अथवा चिरंजीवी में से कोई अपना सत्य स्थापित कर ले, अथवा इस प्रयास में समाप्त हो जाए। हम चाहते हैं कि आप विधिवत रोहन की विरासत हमें सौंपें ताकि हम सुरक्षा-चक्रों का समाधान कर ज्ञान-कोष सुरक्षित कर सकें।" मृत्युशिर बोला, "कदाचित इन प्रयासों में

हमें प्रथम को रोकने, अथवा ज्ञान-कोष को नियंत्रित और उन्हें सुरक्षित करने के विषय में कुछ ज्ञान प्राप्त हो जाए।"

"मेरे पास रोहन की कौन सी विरासत है?" श्रीमंत जी सकपकाए।

"रोहन की वसीयत के अनुसार आप उसकी संपत्ति के एकाधिकारी हैं। उस संपत्ति में मुमुक्षुओं से प्राप्त कुंजी से जुड़े समस्त अधिकार शामिल हैं।" मृत्युशिर बोला, "आपसे रोहन नामक कुंजी से जुड़े अधिकार प्राप्त कर हम परिषद का हिस्सा होंगे और केंद्र में रखे ज्ञान-कोषों पर हमारा अधिकार होगा।"

रोहन की वसीयत के कुछ शब्द सजीव होकर जयंत की आँखों के सामने तैर गए–

"...मेरे पिता श्री श्रीमंत कुलश्रेष्ठ जी को उपरोक्त व्यय के पश्चात बची मेरी समस्त चल-अचल संपत्ति का एकमात्र उत्तराधिकारी माना जाए। वह इस संपत्ति का उपयोग मेरी पत्नी को प्रत्यक्ष या परोक्ष रूप से देने के अलावा अपनी इच्छानुसार कर सकते हैं।"

वह बुदबुदाया, "इसलिए रोहन ने अपनी पूरी संपत्ति, जिसमें मुमुक्षुओं से प्राप्त कुंजी के समस्त अधिकार शामिल थे, श्रीमंत जी को सौंपी।"

"जैसे चित्रगुप्तों ने आचार्य को प्रथम के अधिकार सौंपे थे!" डॉ. मजूमदार आश्चर्य से उछल पड़े, "कुंजियों को इस व्यवस्था को पुनर्स्थापित करने का अधिकार प्राप्त है। यानि आचार्य के अधिकारों समेत सभी केंद्रों की व्यवस्था रोहन और निश्चल के अधीन थी। वसीयत में रोहन की इच्छा के मुताबिक रोहन नामक कुंजी की शक्तियों के अब श्रीमंत जी प्रतिनिधि हैं। वो अपनी इच्छा से उनका प्रयोग कर सकते हैं, या उन्हें किसी और को सौंप सकते हैं।"

"तो यह है रोहन की वसीयत का पूरा सच। मुमुक्षुओं का छल जाहिर करते हुए श्रीमंत जी को कुंजियों का प्रतिनिधि स्थापित करना।" जयंत हैरानी से बोला।

"साक्षी और मेरे जैसे अनगिनत चिरंजीवियों की मुक्ति आपके हाथ में है, श्रीमंत जी! आपका एक निर्णय सनातन ज्ञान की रक्षा कर रोहन और निश्चल जैसे अनगिनत लोगों का बलिदान सार्थक कर कई प्राणों की रक्षा करेगा।" कहते हुए मृत्युशिर का गला रुँध आया, "हम ये अधिकार रोहन से प्राप्त कर सकते थे, पर उससे पहले..."

श्रीमंत जी गहरी साँस लेते हुए आँखें मूँदकर बैठ गए। रोहन की मौत के बाद

पहली बार उनके दिलों-दिमाग सवालों का बोझ से झुके नहीं, एक विचित्र गर्व और सुकून से उन्मुक्त थे। रोहन और निश्चल को याद कर उनका मन शांति के असीम सागर में गोते ले रहा था। उनसे इस दिव्य सनातन यज्ञ में भागीदार होने का सौभाग्य प्राप्त कर श्रीमंत जी का जन्म धन्य हुआ।

"जैसा आप कहें! बस एक विनती है।" कहते हुए श्रीमंत जी का गला भर्राया, "रोहन की हमशक्ल लाशों का अंतिम संस्कार हो सके तो बड़ी कृपा होगी।"

"अवश्य!" मृत्युशिर हाथ जोड़कर बोला, "चिरंजीवी और साक्षी रोहन के त्याग के लिए उसके सदैव आभारी रहेंगे।"

"हमारे यहाँ से लौटते ही वे लाशें आपको मिल जाएँगी।" डॉ. वर्मा बुझे स्वर में बोले।

"एक बात समझ नहीं आई। सूर्यकवच और भैया की हमशक्ल लाशों में..." कहते-कहते विराट ऐसे उछला जैसे उसने बिजली का नंगा तार छू लिया हो। जमीन थरथराई जैसे कोई भारी चीज रेंगते हुए निकली हो। कुछ देर की नीरस शांति के बाद जमीन फिर से थरथराई और आसपास छितराया नीला कोहरा पारदर्शी होने लगा।

कोहरे के प्रभाव से मुक्त हुई केंद्र की युगों पुरानी अद्वितीय एवं अकल्पनीय जीवंत वास्तु-कला अँगड़ाई लेकर प्रकट हुई। बड़ी-बड़ी पर्वतीय चट्टानों, चिकनी काली धातु और अनगिनत स्फटिक शिलाओं पर बारीक जीवंत शिल्पकला से परिपूर्ण एक नई चमत्कारिक दुनिया जाग्रत थी। कागज की तरह कुतरे बड़े-बड़े चिकने पत्थरों पर जटिल रूप-रेखाओं और जीवंत छवियों से परिपूर्ण अनगिनत ऊँचे स्तंभ इस विचित्र दुनिया के आधार थे। महीन कारीगरी से निखरे वृहद और मजबूत दर्पणों की भाँति लगने वाले चिकने पत्थरों से निर्मित वे स्तंभ इस सुनियोजित रूप से स्थापित थे कि स्तंभों और उनके प्रतिबिंब में कोई अंतर नहीं बचा था। सभी दिशाओं में अनंत तक फैले अनगिनत ऊँचे और मजबूत स्तंभों की भूलभुलैया गहरा मति-भ्रम पैदा कर रही थी।

जहाँ सभी खड़े थे वो डमरू के आकार वाले अनगिनत बहुमंजिला काले सुनहरे स्तंभों से घिरा एक बड़ा खुला मंडप था। उत्कृष्ट वास्तुशिल्प से आच्छादित उन गगनचुंबी स्तंभों पर विभिन्न वाद्य यंत्रों के साथ नृत्य-मुद्राओं में स्त्री-पुरुष

उत्कीर्ण थे। स्तंभों के ऊपरी तलों तक जाने के लिए भीतर घुमावदार सीढ़ियाँ थी। प्रत्येक मंजिल पर चारों दिशाओं में छज्जे बने थे जिनमें धातु के पात्रों में मढ़ी चमचमाती बड़ी-बड़ी स्फटिक शिलाएँ रखी थी।

स्तंभों के आसपास कई हाथ दूर तक पारदर्शी जमीन थी। उसके नीचे काफी गहराई में पिघली धातु की नदी बह रही थी। नदी से उठता धुआँ ऊपर आने के बजाय अजीब प्रकार से उसके नीचे एकत्र हो रहा था जिसके कारण नदी जमीन के नीचे और बादलों के ऊपर बहती लग रही थी।

चट्टानें काटकर बना कई हाथ लंबा-चौड़ा नीलकमल का प्रतीक चिह्न किसी बड़ी इमारत की भाँति बिना सहारे ऊपर हवा में झूल रहा था। उसका आकार इतना बड़ा था कि संभवतया वो अनंत तक फैले केंद्र के हर हिस्से से स्पष्ट दिख रहा था। उसकी वास्तु विचित्र थी। कभी वह गहरे पानी में डूबा, कभी हवा में तैरता, तो कभी धुएँ की भाँति छितराता लगता। पता नहीं कि वो प्रतीक चिह्न असली था, या आसपास के स्तंभों से परिवर्तित प्रकाश से उत्पन्न भ्रम था।

देव-असुर वास्तुकला के अद्वितीय, अकल्पनीय, अवर्णनीय संगम की सजीव भव्यता में सभी विस्मय से मंत्र-मुग्ध हुए उलझे रहते अगर जमीन की तीव्र थरथराहट उन्हें यथार्थ के ठोस धरातल पर न पटकती।

मृत्युशिर और उसके साथियों के चेहरों पर क्रोध, असमंजस और भ्रम के उतरते-चढ़ते भाव बता रहे थे कि थरथराहट का कारण गहरा था।

यकायक धरती के नीचे कोई भारी वस्तु तेज गति से रेंगती निकली और अनेक शंखों का शक्तिशाली और लयबद्ध नाद गूँजा।

"केंद्र संकट में है।" मृत्युशिर गुस्से से चीखा, "मेरे परम-मित्र मुमुक्षु मुझे कभी निराश नहीं करते हैं। तुम्हारे कदम हमारे लिए शुभ रहे हैं।"

"मुमुक्षु यहाँ कैसे पहुँचे?" जयंत के बदन में डर की तीखी झुरझुरी उठी।

"तुम उन्हें लेकर आए हो!" मृत्युशिर के साथियों ने जयंत और सभी को घेर लिया, "तुम लोग जहाँ जाते हो मुसीबत लाते हो।"

"हम किसी को यहाँ कैसे लाएँगे? हम खुद नहीं जानते कि हम यहाँ कैसे आएँ हैं।" विराट मिमियाते हुए बोला।

"तो हमारा साथ दो उन्हें हराने में!" मृत्युशिर का साथी सख्त स्वर में बोला, "वरना ये धोखा तुम्हारी जिंदगी का अंतिम धोखा होगा।"

"साथ दें! कैसे?" विराट की घिग्घी बँध गई, "हम साथ देने लायक होते तो अपनी जान बचाए क्यों भाग रहे होते। हमें तो खुद तुम्हारे साथ की जरूरत है।"

"मुमुक्षु अपने प्रिय शिकार का पीछा करते हुए यहाँ आए हैं जो हम उनके मुँह से छिन लाए हैं!" मृत्युशिर प्रियंका, विराट, और श्रीमंत जी को घूरते हुए बोला, "वे अपना काम तभी अधूरा छोड़ते हैं जब उससे उन्हें अपना कोई लक्ष्य साधने में मदद मिले।"

"तुम हमें यहाँ लाए और हमारा पीछा करते हुए नीलकमल यहाँ आ पहुँचे!" जयंत का चेहरा डर से सफेद पड़ गया, "इसमें हमारी क्या गलती है?"

"नहीं! गलती हमारी है जो हमने तुम पर भरोसा किया।" मृत्युशिर का साथी उखड़े स्वर में बोला।

सभी के हाथों के तोते उड़ गए। जैसे-तैसे मृत्युशिर ने उनका डर समाप्त कर इस मामले को खत्म करने की एक उम्मीद बाँधी थी, पर एक बार फिर स्थिति हाथ से फिसलती लग रही थी।

"हमें लौटना होगा।" डॉ. वर्मा घबराए हुए बोले।

"पर कहाँ?" प्रियंका सहमते हुए बोली, "हम कहीं सुरक्षित नहीं हैं।"

"तुम कहीं नहीं जा सकते हो।" मृत्युशिर बोला, "आक्रमणकारियों से निबटने के लिए केंद्र के सभी द्वार बंद हो चुके हैं।"

"आक्रमणकारी!" श्रीमंत जी के हाथ-पैर डर से फूल गए।

दूर स्तंभों के बीच एक प्रकाश-पुंज प्रकट हो तेज गति से हवा में आड़े-टेढ़े तैरते हुए स्थिर हुआ। अपने आसपास चिंगारियाँ और धुआँ छोड़ते हुए वो एक बड़े गोले में परिवर्तित होने लगा।

जयंत के प्राण सूख गए। यह गोला वैसा था जैसा बंकर में नीलकमल ने मृत्युशिर को मारा था, पर उससे बहुत बड़ा और शक्तिशाली था... किसी बड़े गोलाकार दरवाजे की तरह जिसके दूसरी तरफ सिर्फ अँधेरा दिख रहा था।

वो गोला कई गुना फैलकर नि:शब्द विस्फोट के साथ फटा और फटे गुब्बारे की तरह हवा में अनियमित रूप से लहराते हुए, विचित्र नीली चिंगारियों और विद्युत किरणों से ऊर्जा की अजीब पारदर्शी सुरंग बनाते हुए विलीन हो गया।

"ये क्या बला है?" उस विचित्र ऊर्जा सुरंग को देखकर श्रीमंत जी घबराए।

ऊर्जा की पारदर्शी सुरंग देखते हुए जयंत के रोंगटे खड़े हो गए। बंकर में

उसकी सुरक्षा कवच बनी ऊर्जा के पारदर्शी पर्दे की भाँति शायद यह भी कोई ऊर्जा कवच था और उसका बड़ा आकार उसके विशेष मकसद का संकेत था।

जयंत के प्राण सूखने लगे। वो जो देख रहा था उसका मतलब साफ था- यहाँ कुछ बहुत बुरा होने वाला था... बंकर में हुई घटना से कई गुना अधिक भयानक और बुरा।

हालात ने अजीब पलटी मारी थी। कुछ दिन पहले बंकर में जो ऊर्जा दीवार जयंत की रक्षक बनी थी, आज उसमें उसे अपनी मौत दिख रही थी। जो मृत्युशिर अब तक उसके लिए मौत का पर्याय था, आज उसके साथ कंधे से कंधा मिलाकर खड़ा था।

लेकिन यहाँ सिर्फ जयंत नहीं, कई और लोग भी दाँव पर थे। उन्हें उन मुमुक्षुओं का सामना करना था जो मृत्युशिर और उसके साथियों जैसे अनगिनत चिरंजीवियों का काल थे।

ऊर्जा सुरंग अचानक डरावनी आवाज के साथ जोर से थरथराई और उसके एक छोर से अनेक बड़े-बड़े प्रकाश-पुंज प्रकट होकर हवा में तैरते हुए तेज गति से दूसरे छोर की तरफ छूटे। उनके पीछे दैत्याकार कद और पिघली काली धातु जैसी देह वाले कई लंबे-चौड़े भयानक लोग एक-एककर हवा में प्रकट हुए और ऊर्जा सुरंग में प्रवेश करने लगे। वे सभी वैसे ही ऊर्जा कवच में घिरे थे जो बंकर में नीलकमल का रक्षक था।

ऊर्जा सुरंग में प्रवेश कर वे सभी तेज गति से सुरंग के दूसरे छोर की तरफ भागने लगे। उनकी ऊँची और सुदृढ़ कद काठी पर चढ़े कवच पर सुनहरी धातु की धागों से उकेरा नीलकमल का चिह्न दूर से दिख रहा था।

"स्वागत है, मित्रों!" उन्हें देखते हुए मृत्युशिर का चेहरा कठोर हुआ और उसकी आँखें डरावने तरीके से सकुचाई, "तुम्हें सुधारना कठिन है, किंतु हम यह कार्य अवश्य पूर्ण करेंगे।"

ऊर्जा की पारदर्शी सुरंग में चिंगारियों और बिजली का कर्कश शोर तेज होने लगा।

"आप... आप उन्हें रोकेंगे नहीं?" जयंत घिघियाया।

"ये मुमुक्षुओं का केंद्र है, तुम्हारा घटिया बंकर नहीं।" ऊर्जा सुरंग को अपलक देखता मृत्युशिर भारी आवाज में बोला, "यहाँ इनका स्वागत मयदानव

की मायावी प्रतिरोधक सुरक्षा-प्रणालियाँ करेंगी।"

बंकर में नीलकमल के आगे भीगी बिल्ली साबित हो चुके मृत्युशिर के आश्वासन से जयंत को कुछ खास राहत नहीं मिली। हालात तेजी से बदल रहे थे। वो अजीब ऊर्जा सुरंग केंद्र के स्तंभों के बीच अपना रास्ता खोजते हुए बड़े साँप की भाँति रेंगते हुए बढ़ती जा रही थी। अब तक उसमें सौ से अधिक मुमुक्षु प्रवेश कर चुके थे और उनकी संख्या बढ़ती जा रही थी। ऊर्जा सुरंग के भीतर अपने ऊर्जा-कवचों में घिरे वे निडरता से ऐसे भाग रहे थे जैसे किसी बगीचे में टहल रहे हो।

मृत्युशिर का खोखला आत्मविश्वास सभी को डरा रहा था। केंद्र के भीतर बेरोकटोक बढ़ रहे मुमुक्षुओं को देखने के अलावा वो कुछ नहीं कर रहा था। क्या चिरंजीवी मुमुक्षुओं को रोकने में असमर्थ थे, या फिर उन्हें अपनी क्षमता से अधिक महाभारत काल में स्थापित मयदानव की घिसी-पिटी सुरक्षा व्यवस्था पर विश्वास था? शायद हजारों वर्ष पुरानी सुरक्षा प्रणालियाँ बेकार हो गई हो, वरना मुमुक्षु केंद्र में कैसे प्रवेश कर पाते। अगर उन्होंने केंद्र पर अधिकार कर लिया तो मयदानव या परिषद को दोष देकर क्या हासिल होगा?

जयंत झुंझलाया। उसकी चिंता परिषद या केंद्र नहीं, सभी की जान बचाने की थी। परिषद, मुमुक्षु और चिरंजीवियों को जो करना था, वे कर चुके। अपने हितों के लिए उन्होंने किसी की चिंता नहीं की, तो कोई और अपनी रक्षा के लिए उनके हितों की चिंता क्यों करे? केंद्र के लिए चिरंजीवियों को चिंतित होना चाहिए, श्रीमंत परिवार या उसे नहीं। उसे अपनी और श्रीमंत परिवार की फिक्र थी। मुमुक्षु उनका पीछा करते हुए यहाँ आए हैं और चिरंजीवियों से उनकी शत्रुता से चलते वे अब श्रीमंत परिवार, डॉ. वर्मा, डॉ. मजूमदार और उसके शत्रु बन गए थे।

जयंत अपना दिमाग चलाता रहा, पर चिरंजीवियों के बिना मुमुक्षुओं का सामना करने का उपाय उसे नहीं सूझा। मुमुक्षुओं के सामने उसकी और श्रीमंत परिवार की कोई औकात नहीं थी। मुमुक्षु अपना लक्ष्य साधने आए हैं, उनकी जान बचाने के लिए नहीं। उनकी लक्ष्य प्राप्ति के मार्ग में आई प्रत्येक बाधा का परिणाम रोहन जैसा होगा। चिरंजीवियों और मुमुक्षुओं जैसे दो शक्तिशाली शत्रुओं के इस युद्ध में बलि का बकरा बनने से अच्छा होगा किसी एक पक्ष का साथ देकर अपनी जान बचाने की संभावना बढ़ाना।

जयंत ने ठंडी साँस छोड़ी। विकल्पों का अभाव दूसरों का निर्णय मानने की विवशता उत्पन्न करता है जिसकी देर-सबेर बड़ी कीमत चुकानी पड़ती है। बंकर में एक नीलकमल उसे कभी न भुलाए जाने वाला बुरा सपना देकर गया था। यहाँ नीलकमल की पूरी फौज थी। शायद उसकी जिंदगी बुरे सपनों का सिलसिला बनने वाली थी।

अगर जिंदगी बची तो!

शरणागत

ऊर्जा सुरंग में सुरक्षित भागते मुमुक्षुओं पर नजर गड़ाए खड़े मृत्युशिर और उसके साथियों के माथे पर बल बढ़ रहे थे। केंद्र की सुरक्षा-प्रणालियाँ मुमुक्षुओं के आक्रमण और परिधि उल्लंघन को भाँपकर भी किसी कारणवश उनका प्रतिरोध नहीं कर रही थी।

मृत्युशिर ने केंद्र के अनगिनत प्रहरी स्तंभों पर नजर घुमाई। सदियों पूर्व इन्हीं स्तंभों से बरसती प्रलय ने केंद्र पर हमला करने वाले असंख्य चिरंजीवियों को पलक झपकते पहली बार मृत्यु के दर्शन कराए थे। आज वही स्तंभ शांत पड़े थे और ऊर्जा सुरंग में सुरक्षित मुमुक्षु तेज गति से केंद्र के भीतर निर्विरोध बढ़ रहे थे।

"वे अपनी अधिकार-मुद्रिका के प्रभाव का विस्तार कर रहे हैं।" ऊर्जा सुरंग को घूरता मृत्युशिर का साथी बोला।

मृत्युशिर के चेहरे पर क्रोध और डर पसर गया। अभी तक चिरंजीवी केंद्र के सुरक्षा-चक्र पुनर्स्थापित कर मुमुक्षुओं की अधिकार-मुद्रिकाएँ निरस्त नहीं कर पाए थे। मुमुक्षुओं ने अपनी अधिकृत अधिकार-मुद्रिका से केंद्र द्वार विधिवत खोलकर केंद्र में प्रवेश किया इसलिए सुरक्षा प्रणालियाँ उनका प्रतिरोध नहीं कर रहीं थी। अपनी अधिकार-मुद्रिका को कवच बनाकर मुमुक्षु केंद्र के भीतरी चक्रों की तरफ बढ़ रहे थे। कदाचित उनका लक्ष्य चिरंजीवियों से लड़ना नहीं, बल्कि केंद्र के सुरक्षा-चक्र पुनर्स्थापित करना था।

मृत्युशिर की पुतलियाँ स्याह रंग में डूबने लगी। मुमुक्षुओं को केंद्र की सुरक्षा व्यवस्था का चिरंजीवियों से अधिक ज्ञान था। उन्हें रोकने के लिए सुरक्षा-प्रणालियों का सक्रिय होना आवश्यक था। चिरंजीवी मात्र मुमुक्षुओं पर सशस्त्र आक्रमण कर उनके ऊर्जा कवच भेदकर उन्हें रोकने का प्रयास कर सकते थे, किंतु ऐसे में सुरक्षा-प्रणालियाँ चिरंजीवियों को शत्रु मानकर उनके विरुद्ध सक्रिय

हो सकती थी। मुमुक्षुओं को खुली छूट देने का अर्थ केंद्र खोना होगा। यदि उन्होंने सुरक्षा-चक्र पुनर्स्थापित किए तो चिरंजीवी न केंद्र से बाहर निकल सकेंगे और न भीतर सुरक्षित रहेंगे।

"वे भीतरी सुरक्षा-चक्र भेदे इससे पूर्व हमें उनकी अधिकार-मुद्रिका का प्रभाव शिथिल करना होगा।" मृत्युशिर के साथी ने सुझाया, "यदि हम मुमुक्षुओं को चक्र भेदने से पूर्व समाप्त कर दें, अथवा उन्हें शस्त्र उठाने पर विवश कर दे तो उनकी अधिकार-मुद्रिका का प्रभाव तेजी से कम होगा। उनके सुरक्षा-चक्र शिथिल पड़ते ही सुरक्षा-प्रणालियों का चक्रव्यूह उनका काल बनेगा।"

"यहाँ से मात्र तुम जाओगे!" मुमुक्षुओं को घूरते हुए मृत्युशिर भारी और डरावनी आवाज में बोला, "जीवित अथवा मृत इसका निर्णय हम लेंगे।"

उसने अपना हाथ ऊपर उठाया और मुट्ठी बाँधकर अपने साथियों को संकेत किया। सभी ने अपने वस्त्रों के भीतर से अजीब शंखनुमा, बड़े-बड़े चिकने काले पत्थर निकाले और उन पर बने छोटे-बड़े छेदो में हवा फूँकने लगे।

वे उन काले पत्थरों में काफी देर तक लगातार फूँकते रहे, पर उनसे कोई आवाज नहीं निकली।

जयंत के साथ सभी के मुँह निराशा से लटक गए। यहाँ जान पर बनी थी, पर मुमुक्षुओं का सामना करने के स्थान पर मृत्युशिर अपने साथियों के साथ उन अजीब काले पत्थरों के साथ जाने क्या तमाशा कर रहा था। जिस सदियों पुरानी मयदानव की सुरक्षा व्यवस्था का बखान वो कर रहा था जरूरत पड़ने वो शायद कबाड़ बन गई थी।

"यह क्या था?" विराट ने उखड़े स्वर से पूछा, "इसमें से तो कोई आवाज नहीं निकली!"

"जिन्हें सुनाना था, वे सुन चुके हैं।" मृत्युशिर का साथी उखड़े स्वर में बोला, "तुम मुँह बंद कर चुपचाप देखते रहो।"

"वही तो कर रहे हैं।" विराट अपने दाँत पीसते हुए बड़बड़ाया।

केंद्र की छत और दीवारों के पत्थर सरकने लगे। उनके बीच गुफा के मुहाने जैसे अनगिनत बड़े छिद्र उभरने लगे। अजीब कोलाहल और डरावनी गुर्राहटों के साथ उन छिद्रों से अनगिनत डरावने चेहरे झाँकने लगे।

उन्हें देख जयंत की साँस रुक गई। श्रीमंत जी के घर पर जिस रक्तबीज

से उसका सामना हुआ था उससे कई गुना अधिक शक्तिशाली और डील-डौल में मजबूत रक्तबीज सैकड़ों, हजारों की संख्या में उन छिद्रों से निकलकर छत और दीवारों पर रेंगते हुए उतरने लगे और मुमुक्षुओं की ऊर्जा सुरंग घेरने लगे। शायद मृत्युशिर और उसके साथियों द्वारा उन अजीब पत्थरों से निकाली आवाज रक्तबीजों को बुलाने का ऐसा संकेत था जिन्हें सिर्फ वही सुन सकते थे।

"तुम्हें शिकायत थी कि नीलकमल होते हुए भी हम नीलकमल का सामना नहीं कर पाए। अब देखो हमारी असली शक्ति!" मृत्युशिर जयंत से बोला, "यहाँ जो होगा उसे भुगतना तुम्हारे लिए मुश्किल होगा। तुम लोग अतिशीघ्र वहाँ जाओ!" उसने एक तरफ इशारा किया।

घबराए जयंत ने देखा कि मृत्युशिर का इशारा कुछ 100-200 मीटर की दूरी पर बने कई फुट ऊँचे, चक्राकार पथरीले मंडप की तरफ था जो चारों तरफ से बारीक नक्काशी से निखरी बड़ी शिलाओं से घिरा था। नाग की केंचुली जैसी नक्काशी से उकेरी पत्थर की घुमावदार सीढ़ियों से घिरा होने के कारण वो मंडप एक बड़े नाग की कुंडली में दबोचा लग रहा था।

"किसी भी हाल में तुम लोग किसी पर आक्रमण मत करना।" मृत्युशिर ने गहरी आवाज में चेताया, "यहाँ युद्ध के नियम बेहद भिन्न हैं।"

"भिन्न हैं! कैसे? हम अपनी रक्षा कैसे करेंगे?" विराट ने चिंता से पूछा।

"यहाँ तुम निःशस्त्र ही सर्वाधिक सुरक्षित हो।" मृत्युशिर बोला।

"और मुमुक्षु?" प्रियंका ने डरते-डरते पूछा।

"उनके लिए हम और हमारे रक्तबीज हैं।" चेहरे पर आश्वस्त मुस्कान के साथ मृत्युशिर बोला, "चिंता मत करो! यहाँ हम संकट में नहीं, हम उन पर संकट हैं। तुम यहाँ सुरक्षित हो। सीधे जाना और कहीं रुकना नहीं। चाहे तुम कुछ भी देखो या महसूस करो!"

"कुछ कदम दूर उस जगह पर जाने के लिए इतने नियम!" विराट तुनककर बोला।

"अपना बड़बोलापन वहाँ पहुँचने तक बचाकर रखो!" मृत्युशिर का साथी चिढ़ते हुए बोला, "तुम्हें कुछ भी दिखाई दे, तुम वहीं रहना।"

मुमुक्षुओं की ऊर्जा सुरंग को घेरने वाले रक्तबीजों की संख्या और उनका शोर बढ़ता जा रहा था। वे ऊर्जा सुरंग से दूर रहते हुए दीवार, छत और फर्श पर

उछलते-कूदते हुए लगातार मुमुक्षुओं का पीछा कर रहे थे।

सभी डरे-सहमे एक-दूसरे का हाथ पकड़कर बदहवास से मृत्युशिर के बताए स्थान की तरफ भागे। पता नहीं वहाँ कौन उनकी रक्षा करने वाला था।

केंद्र के बदलते हालत उनकी हिम्मत की परीक्षा ले रहे थे। केंद्र की छत गायब हो गई थी। ऊपर मटमैले बादलों से घिरा आसमान दिखाई दे रहा था, जिसमें रह-रहकर नीले रंग की अजीब बेआवाज बिजली चमक रही थी। हवा में झूलता नीलकमल का चट्टानी प्रतीक चिह्न भी जाने कहाँ गायब हो गया था।

अजीब माया थी। पूरा केंद्र जैसे हवा में गायब हो रहा था। स्तंभ, दीवारें, छत और फर्श समेत हर चीज दूर से ठोस दिखती, पर पास आने पर कोहरे की भाँति ऐसे छितराती जैसे कभी नहीं थी। ठोस पत्थरों से बने स्तंभ कभी पारदर्शी शीशों की तरह उन्हें उनकी छवि दिखाते, कभी कोहरे की भाँति छितरा जाते। कभी कोई उन स्तंभों से टकराते-टकराते बचता, कभी स्तंभ न होते हुए भी उनसे बचने की कोशिश करता। जमीन कभी फिसलन भरी, कभी सख्त, कभी सपाट तो कभी ढलानी और उबड़-खाबड़ लगती। कभी कोई चक्कर खाकर गिरता, तो कभी कोई लड़खड़ाकर!

पूरा केंद्र घूमता लग रहा था। विराट स्तंभों से कई बार टकराकर चोटिल हुआ। भागते हुए वो कई बार अपना नियंत्रण खोकर गिरा। कुछ ऐसा ही हाल डॉ. मजूमदार का हुआ। मृत्युशिर को कोसते हुए दोनों झुंझलाकर वहीं बैठ गए। फिर प्रियंका और जयंत उन्हें पकड़कर आगे बढ़े।

चलते-चलते सभी पसीने-पसीने होकर हाँफने लगे, पर कुछ कदम दूर स्थित मंडप उनकी आँखों के सामने होते हुए जैसे उनसे कोसों दूर रहा। पीछे न मृत्युशिर और उसके साथी दिख रहे थे और न वो नीली ऊर्जा सुरंग जिससे मुमुक्षु प्रवेश हुए थे। हर तरफ बड़े-बड़े वृक्षों, धूल में सनी चट्टानों और वनस्पतियों से घिरा वो शांत क्षेत्र किसी बड़े वन का हिस्सा लग रहा था। शायद रास्ता भटककर सभी केंद्र से निकलकर यहाँ आ पहुँचे थे। वो मंडप भी कहीं नहीं दिख रहा था।

"हम कहाँ आ गए?" विराट डर से घिघियाया, "ये जंगल हमने कब पार किया? क्या हम रास्ता भटक गए?"

"मृत्युशिर के कहे अनुसार हम सीधे चलते आए हैं!" पसीने से लथपथ जयंत हाँफते हुए बोला।

"पर वो लोग कहाँ गए?" श्रीमंत जी घबराए हुए बोले, "और वो मंडप कहाँ गया?"

चारों तरफ आँखें फाड़े देखने पर भी किसी को मृत्युशिर द्वारा बताया वो मंडप नहीं दिखा।

"यही होना बाकी था!" थकान से चिढ़ा विराट बोला। न लौटने का कोई रास्ता था और न मंडप का कोई अता-पता था।

"मृत्युशिर ने कहा था कि हमें सीधे जाना हैं और कहीं रुकना नहीं हैं। चाहे हमें कुछ भी दिखे!" जयंत हाँफते हुए बोला, "चलते रहो!"

सभी एक-दूसरे का हाथ थाम बढ़ने लगे। प्यास और थकान से सभी का सिर चकरा रहा था। समझ नहीं पड़ रहा था कि चल रहे हैं, या चलने का भ्रम हो रहा है।

जाने कितनी देर चलते रहने के बाद मंडप पुनः दिखाई दिया। सभी की जान में जान लौटी। गिरते-पड़ते, एक-दूसरे को सँभालते सब उसकी घुमावदार सीढ़ियों के पास पहुँचे। जब उसे छूकर यकीन हो गया कि वो उनका भ्रम नहीं है, सभी सीढ़ियाँ चढ़कर ऊपर पहुँचे।

बड़ा और अत्यंत नक्काशीदार मंडप एक गोलाकार खुले सभा-भवन जैसा था। पत्थर के सुंदर खंभों और दीवारों पर आयताकार पट्टिकाओं में बारीक नक्काशी से उकेरी बड़ी-बड़ी मूर्तियों और रंग-बिरंगी मणियों और चमकीले पत्थरों से सुसज्जित। पथरीले फर्श पर गहराई से उकेरे और एक-दूसरे को परस्पर काटते कई गोलाकार चक्र थे।

सभी खिन्न, निराश और थकान से चूर थे। वो खुला मंडप मदद कम, आफत का निमंत्रण अधिक था। यहाँ आने से अच्छा तो सभी मृत्युशिर के साथ रहते।

जयंत ने अपना सिर पीट लिया। इस सुरक्षा से बेहतर और सुरक्षित तो बंकर में नीलकमल द्वारा प्रदान की झीनी सुरक्षा दीवार थी। उसने डरते-डरते गोलाकार चक्र के भीतर प्रवेश किया। कुछ देर वहाँ चहलकदमी करने के बाद वह जैसे ही मुड़ा उसका आश्चर्य आसमान छूने लगा।

केंद्र के सभी स्तंभ उसकी आँखों के सामने थे। मृत्युशिर और उसके साथी मुमुक्षुओं की ऊर्जा सुरंग को घेरे खड़े थे। उनके भीतर मुमुक्षु तेजी से भाग रहे थे। सुरंग को टिड्डी दल की तरह ढँक चुके रक्तबीजों की कान के पर्दे फाड़ती

तेज डरावनी गुर्राहट और ऊर्जा तरंगों की विचलित करने वाली कर्कश आवाज जयंत अब साफ सुन पा रहा था।

जयंत चकराया। सब कुछ वैसा ही था जैसे उसने छोड़ा था। जहाँ से सभी चले थे, मंडप वहाँ से अधिक दूर नहीं था, पर जैसे सब यहाँ कोसों की लंबी यात्रा तय करके पहुँचे थे। यहाँ आने के दौरान रक्तबीजों का शोर किसी को सुनाई नहीं दिया, पर यहाँ आकर अचानक...

"जयंत, तुम ठीक हो?" चक्रों के बाहर खड़े डॉ. मजूमदार घबराए हुए चीखे।

"मैं ठीक हूँ! आप लोग यहाँ आ जाए।" जयंत ने सभी को भीतर आने का इशारा किया। फिर अपनी बात का किसी पर असर नहीं होते देख वह चक्रों से निकलकर उनके पास पहुँचा।

"कहाँ चले गए थे?" विराट गुस्से से भरा था, "यह समय मजाक का नहीं है।"

"भीतर चलो, सब समझ जाओगे!" जयंत ने झुँझलाते हुए विराट का हाथ पकड़कर उसे चक्रों की तरफ धकेला। चक्रों पर कदम रखते ही विराट जैसे हवा में गायब हो गया।

हैरान जयंत अब समझा कि मंडप में बने गोलाकार चक्रों के भीतर रहते हुए उसे कोई देख-सुन नहीं पा रहा था। वो पथरीला चक्र, मंडप का विचित्र वास्तु, अथवा उसमें प्रयुक्त दिव्य यंत्र वहाँ खड़े लोगों को अदृश्य कर रहे थे।

"चक्रों के बाहर से हमें कोई देख-सुन नहीं सकता है।" सभी को गोलाकार चक्रों में लाकर जयंत ने बताया।

"पर यहाँ से हम सब कुछ देख-सुन सकते हैं!" डॉ. मजूमदार बाहर देखते हुए बुदबुदाए, "तुम्हें यकीन है कि यहाँ हम सुरक्षित होंगे?"

"यहाँ जो पागलपन चल रहा है उससे अपनी रक्षा के लिए हमारे पास सिर्फ यही यकीन की ढाल है।" जयंत केंद्र में फैल रही उस विचित्र ऊर्जा सुरंग को घूरते हुए बोला।

"भगवान से प्रार्थना करो कि उस पागलपन से दोबारा सामना नहीं हो।" विराट अपना गुमड़ा सहलाते हुए बोला।

"उसकी कोई गारंटी नहीं है।" ऊर्जा सुरंग पर नजरें गड़ाए डॉ. वर्मा बोले।

प्रहार

ऊर्जा सुरंग को टिड्डी दल की भाँति घेरे रक्तबीजों और चिरंजीवियों की गतिविधियों से अविचलित मुमुक्षु अपनी पारदर्शी ऊर्जा सुरंग के भीतर भाग रहे थे। मुमुक्षुओं तक पहुँचने के लिए रक्तबीज ऊर्जा सुरंग पर हमला करते तो सुरंग से तेज कर्कश आवाज के साथ फूटती चिंगारियों के साथ दूर छिटक जाते।

जमीन थरथराई और चट्टानें फटकर चौड़ी होने लगी। उनमें बनी गुप्त गुफाओं के द्वार खुले और भीतर से झूमते, चिंघाड़ते विशालकाय जानवरों का झुंड उमड़ पड़ा। वे विचित्र जानवर कद-काठी में हाथी जैसे थे, पर उनकी चमड़ी गैंडे की चमड़ी जैसी मोटी और अभेद्य थी। उनकी आँखें गाढ़े खून से सनी बड़ी और मजबूत लोहे की जंजीरों से बिंधी थी। सूँड़ के स्थान पर धातु के मजबूत और भारी-भरकम बड़े-बड़े काँटों के झुंड मढ़े थे। सूखे खून से सने गहरे जख्मों से भरे उनके थुलथुल बदन का मांस जमीन तक झूल रहा था। उनकी पीठ पर मोटे और मजबूत चमड़े की पट्टियों से बँधे लोहे के बख्तरबंद कक्ष लदे थे जिनमें अनगिनत कवचधारी चिरंजीवी हथियारों के भारी भंडार के साथ घात लगाए सुरक्षित बैठे थे। बख्तरबंद कक्षों के बाहर अनेक शंख और बिगुल के मिले-जुले रूप वाले अजीब से वाद्ययंत्र लटके थे।

यकायक वे यंत्र ऊपर उठने लगे और उनसे अजीब डरावनी आवाज निकलकर केंद्र में फैलने लगी। जैसे सैकड़ों-हजारों राक्षस सम्मिलित रुदन कर रहे हों। उनके शोर से रक्तबीजों की भयानक चीत्कारें जुड़ते हुए केंद्र को दहलाने लगी।

"ये क्या था?" प्रियंका ने डरते हुए पूछा।

"शायद युद्ध का संकेत!" डॉ. वर्मा बुदबुदाए।

विचित्र जानवरों के पीछे गुप्त गुफाओं से सशस्त्र चिरंजीवी निकलते हुए

चींटियों के झुंड की भाँति गगनचुंबी काले सुनहरे प्रहरी स्तंभों में समाने लगे। देखते ही देखते हर स्तंभ के प्रत्येक मंजिल के छज्जों पर रखी धातु के पात्रों में मढ़ी चमचमाती बड़ी-बड़ी स्फटिक शिलाओं की आड़ में चिरंजीवी सन्नद्ध हो गए।

वाद्य यंत्रों के सम्मिलित युद्ध घोष के साथ स्तंभ थरथराए और उनके प्रत्येक तल से बड़े गोलाकार पुंजों की बौछार फूटने लगी। अनगिनत बड़े-छोटे जौंकनुमा ऊर्जा पुंजों के गुच्छे जैसे वे पुंज मद्धिम नीला प्रकाश छोड़ते हुए दिल की भाँति धड़कते हुए फैल-सिकुड़ रहे थे। उनके फैलने-सिकुड़ने की बढ़ती गति देख लग रहा था कि नीला प्रकाश उन्हें फाड़कर बाहर निकलने वाला है।

जमीन को साधारण कपड़े की तरह उधेड़ते हुए एक बड़ी शक्तिशाली तरंग ऊर्जा सुरंग से टकराई। तीव्र कंपन के साथ चट्टानें फूटी और चारों तरफ पत्थरों का झंझावात उठ खड़ा हुआ। इसी बीच स्तंभों से छूटे गोलाकार पुंजों के गुच्छे आकार में बढ़ते हुए हवा में आड़े-टेढ़े तैरते हुए बारिश की बूँदों की भाँति ऊर्जा सुरंग पर बरस पड़े। उनसे जौंकनुमा ऊर्जा पुंज फूटकर सुरंग की सतह से चिपक गए।

ऊर्जा सुरंग के संपर्क में आते ही पुंजों के फैलने-सिकुड़ने की गति और उनसे फूटता नीला प्रकाश तीव्र होने लगा। देखते-देखते वे पुंज तीव्र नीला प्रकाश छोड़ते हुए फूटने लगे। उस नीले प्रकाश के संपर्क से सुरंग का हिस्सा काला पड़कर गायब होने लगा। सुरंग में जगह-जगह उभरे ऐसे अनगिनत काले धब्बे फैलते हुए आपस में जुड़ने लगे और सुरंग की सतह गायब होने लगी। जौंकनुमा ऊर्जा पुंजों की बाढ़ सुरंग की सतह को जगह-जगह काले-धब्बों से ढँकने लगी।

ऊर्जा सुरंग के आसपास खड़े रक्तबीज गुस्से से गुर्राते हुए उन काले धब्बों से सुरंग में दाखिल हो भीतर भाग रहे मुमुक्षुओं पर टूट पड़े।

जमीन उधेड़ती अदृश्य तरंग कई स्थानों से एक साथ ऊर्जा सुरंग से टकराई। उस तेज टक्कर से ऊर्जा सुरंग उछली, लहराते हुए तिरछी हुई, कुछ क्षण के लिए गायब हुई और फिर प्रकट होकर अनगिनत रक्तबीजों को कुचलते हुए नीचे गिरी। ऊर्जा सुरंग के गिरने से जमीन में उत्पन्न शक्तिशाली तरंग ने कई हाथ दूर खड़े रक्तबीजों और चिरंजीवियों को उछालकर आसपास के अनगिनत प्रहरी स्तंभ हिला दिए। कुछ रक्तबीज संतुलन खोकर नीचे गिरे। कुछ छिटककर केंद्र

की दीवारों से टकराकर उन पर उछलते-कूदते वापस ऊर्जा सुरंग पर कूद पड़े।

सुरंग के भीतर प्रवेश हुए रक्तबीज उसकी सतह से बचते-बचाते मुमुक्षुओं पर टूट पड़े। सुरंग के भीतर वो हवा में दौड़ते लग रहे थे। कुछ मुमुक्षुओं को लिए नीचे गिरे तो कुछ उनके कवच से टकराकर छितरा गए। मुमुक्षु रक्तबीजों से बचते-बचाते हुए उन्हें अपने से दूर करने लगे। इसी छिना-झपटी में कुछ रक्तबीज ऊर्जा सुरंग से टकराए। सुरंग की सतह छूते ही उनका बदन तेज नीली रोशनी में नहाकर पारदर्शी होने लगा। उनकी हड्डियों और नसों में नीली रोशनी फैलने लगी और वे नीली-बैंगनी चिंगारियाँ छोड़ते हुए राख होकर बिखर गए।

रक्तबीजों का विचित्र डरावना अंत देख गोलाकार मंडप में खड़े लोगों का खून सूख गया। लड़ाई के नाम पर यहाँ जो हो रहा था उनकी समझ से बाहर था। हर कोई लड़ता कम और दूसरे को लड़ने के लिए उकसाता अधिक लग रहा था। मुमुक्षुओं से लड़ने के स्थान पर चिरंजीवी रक्तबीजों को प्राण गँवाते देख रहे थे। उधर मुमुक्षु न सुरंग में प्रवेश करते रक्तबीजों की बढ़ती संख्या और न अपने प्राणों के लिए चिंतित दिख रहे थे। उन्हें जैसे सुरंग के दूसरे छोर पर पहुँचने की जल्दी थी। दोनों पक्ष लड़ते हुए भी लड़ाई से बचते लग रहे थे।

जयंत हैरान था कि बंकर में मृत्युशिर और रक्तबीज का पूरी ताकत से सामना करने वाले नीलकमल के साथी यहाँ रक्तबीजों को समाप्त करने के स्थान पर उनसे बचने का प्रयास करते हुए सुरंग में बढ़ रहे थे। ये तो ओखली में सिर देकर अपने हाथों अपने सिर पर मूसल मारना हुआ। इस अजीब आत्मघाती तरीके से मुमुक्षु कब तक खुद को सुरक्षित रख पाएँगे और कैसे चिरंजीवियों को पराजित किए बिना वे केंद्र पर नियंत्रण करेंगे?

जमीन थरथराते हुए अलग-अलग दिशाओं कई अदृश्य लहरें ऊर्जा सुरंग से टकराई। सुरंग के भीतर मुमुक्षु और रक्तबीज हवा में उछल पड़े। अनेक रक्तबीज सुरंग की सतह से टकराए और नीली-बैंगनी चिंगारियाँ छोड़ते हुए राख बन हवा में बिखर गए। उनसे फूटती चिंगारियाँ आपस में जुड़कर जगह-जगह नीली-बैंगनी आग का रूप लेकर भड़क उठी।

इस बार ऊर्जा सुरंग काफी देर बाद प्रकट हुई। उसकी फीकी चमक और उसके अधिकतर हिस्सों पर चिपकते जा रहे जौंकनुमा ऊर्जा पुंजों की बढ़ती संख्या देख लग रहा था कि उसकी शक्ति चुक रही थी। सुरंग के भीतर भाग रहे

मुमुक्षु की गति और स्वतंत्रता को रक्तबीज कड़ी चुनौती दे रहे थे।

जमीन थरथराते हुए तेज उफान के साथ अदृश्य तरंग ऊर्जा सुरंग के उद्‌गम स्थल से टकराई। तेज विस्फोट के साथ सुरंग का उद्‌गम स्थल किसी गुफा के मुहाने की तरह खुलता चला गया। सुरंग के उद्‌गम स्थल के आसपास कई हाथ दूर तक की चट्टानें पिघलकर लावे की नदी की तरह उफनी और ऊर्जा सुरंग का मुहाना ढँक दिया। विस्फोट से छितराई छोटी-बड़ी चट्टानें ऊर्जा सुरंग पर आफत बनकर टूटी।

ऊर्जा सुरंग कटे नाग के हिस्सों की भाँति फड़फड़ाते हुए उछली और एक नि:शब्द विस्फोट के साथ अनियंत्रित नीली ऊर्जा तरंगें चारों तरफ बिखेरते हुए गायब हुई। उस शक्तिशाली विस्फोट से सुरंग में उपस्थित मुमुक्षु और रक्तबीज हवा में ऊँचाई तक उछल गए। अनेक रक्तबीज चट्टानों से टकराकर मारे गए। कई हवा में उछले चट्टानों के टुकड़ों से छलनी हुए। कई पिघली चट्टानों के लावे में जल-भुन गए। क्षत-विक्षिप्त अंगों, मांस और रक्त की जैसे बारिश होने लगी।

प्रहरी स्तंभों में तैनात चिरंजीवी दुगने वेग से मुमुक्षुओं की ऊर्जा सुरंग पर टूट पड़े। प्रहरी स्तंभों के प्रत्येक तल से डरावने तीखे शोर के साथ छूटते गोलाकार पुंजों ने मुमुक्षुओं को ढँक लिया।

अपने-अपने सुरक्षा घेरे में सुरक्षित मुमुक्षु केंद्र की चट्टानों पर उछल-कूद करते हुए चिरंजीवियों और रक्तबीजों से बचते-बचाते केंद्र के भीतर पहले की तरह भाग रहे थे, पर ऊर्जा सुरंग के समाप्त होने से उनकी मुसीबतें कई गुना बढ़ गई थी। रक्तबीजों के साथ अब चिरंजीवी टिड्डी दलों की भाँति हर दिशा से उन पर टूट पड़े। मुमुक्षुओं के सुरक्षा घेरे उन्हें छिटका कर दूर करते, लेकिन रक्तबीजों और चिरंजीवियों की बढ़ती संख्या उनकी प्रतिरोधक क्षमता तेजी से घटाने लगी। जितने रक्तबीज और चिरंजीवी उनसे छिटकते, उससे कई गुना अधिक संख्या में वे पलटकर उन पर हमला करते। जिन मुमुक्षुओं के सुरक्षा घेरे कमजोर हो गए, वे अपने साथियों तक रक्तबीजों और चिरंजीवियों को पहुँचने से रोकने की कोशिश में उनका सामना करने लगे।

उनके कमजोर सुरक्षा घेरे जैसे ही गायब हुए, हवा में तैरते अनगिनत जौंकनुमा पुंज उनके बदन से चिपक गए। तीव्र प्रकाश के साथ फूटते हुए वे

मुमुक्षुओं की काली धातु के सुरक्षा कवच में दरारें पैदा कर उनके भीतर प्रवेश करने लगे। दरारों से ऊर्जा किरणें अनियंत्रित रूप से फूटते हुए तीव्रता में बढ़ने लगी और मुमुक्षु तेज विस्फोट के साथ खून और चीथड़ों के फव्वारे छोड़ते हुए फटने लगे।

रक्तबीजों और चिरंजीवियों के डरावने शोरगुल के बीच ऐसे विस्फोट रह-रहकर उठने लगे।

फिर हर तरफ पूर्ववत शांति पसर गई।

छलावरण

काली रेत में बदल रहे रक्तबीजों और चिरंजीवियों के शवों को देख मंडप में सभी के प्राण सूख रहे थे।

पसीने में नहाया जयंत समझ नहीं पा रहा था कि इन हालात में खुश होए या रोए। पता नहीं मुमुक्षुओं की पराजय उनके लिए खुशखबरी थी, या आने वाली मुसीबतों की चेतावनी। क्या मुमुक्षुओं और चिरंजीवियों का सदियों पुराना युद्ध समाप्त हुआ और श्रीमंत परिवार अब सुरक्षित था?

पांडुलिपियों में लिखी जिस कहानी को उसने काल्पनिक माना था उसका सजीव साक्षात्कार कर वो गहरे सदमे में था। उसके मन-मस्तिष्क में अभी तक बसी मुमुक्षुओं और नीलकमल की छवि एक सिरे से ढह गई थी। बची थी तो सिर्फ रह-रहकर उठती डर भरी सिहरन।

नीलकमल और उसके साथियों को पलक झपकते ताश के पत्तों की तरह बिखरना उसे हजम नहीं हो रहा था। क्या हुआ उन शक्तियों का जिनका प्रदर्शन नीलकमल ने बंकर में किया था? क्या बंकर में उसने अपनी किस्मत के बल पर मृत्युशिर को धूल चटाई थी? यहाँ जो हुआ उसे देखकर लग रहा था कि मुमुक्षु मुँह उठाए केंद्र में चले आए, पर चिरंजीवियों और रक्तबीजों से उन्हें मुँह की खानी पड़ी। क्या मुमुक्षु चिरंजीवियों के युद्ध कौशल, अथवा केंद्र की सुदृढ़ सुरक्षा-व्यवस्था के कारण पराजित हुए, या फिर उन्हें उनकी अपनी शक्ति का घमंड ले डूबा? मुमुक्षुओं की हार का इस युद्ध पर क्या प्रभाव होगा? क्या चिरंजीवियों की बढ़ती शक्ति के आगे मुमुक्षु और प्रथम घुटने टेक देंगे, या फिर सनातन धर्म चिरंजीवियों से और बलिदान माँगेगा?

सबसे बड़ा सवाल- मुमुक्षुओं और चिरंजीवियों के बदलते समीकरण श्रीमंत परिवार को कैसे प्रभावित करेंगे?

मृत्युशिर आया तो सभी घबराए हुए मंडप से निकलकर उसके पास पहुँचे।

"तुम वो नहीं हो!" उसके बदले डील-डौल, चाल और कपड़े देख डॉ. मजूमदार सतर्क हुए।

"हूँ भी, और नहीं भी! हम चिरंजीवी एक हैं। ब्रह्मण के प्रभाव और साक्षी के आशीर्वाद से हम अपनी बुद्धि, अनुभव और शक्तियाँ साझा करते हैं।" मृत्युशिर बोला, "मैं वो चिरंजीवी नहीं जिसने जयंत की बंकर में रक्षा की, अथवा जो आपको यहाँ लेकर आया, किंतु आपने उनसे जो कुछ साझा किया वो अब सभी चिरंजीवियों का साझा चैतन्य अनुभव है।"

"हमें लौटना चाहिए!" श्रीमंत जी व्याकुल होते हुए बोले, "यहाँ मेरा मन घबरा रहा है।"

"यही उचित होगा!" मृत्युशिर गंभीर स्वर में बोला, "श्रीमंत जी, हमें आपके निर्णय की प्रतीक्षा रहेगी। आपकी मदद से मुमुक्षुओं के अगले आक्रमण से पूर्व हमारा केंद्र के भीतरी चक्रों का भेदकर केंद्र अपने पूर्ण नियंत्रण में लेना अत्यंत आवश्यक है।"

"अगला आक्रमण!" विराट घबराया, "यानि मुमुक्षु अभी खत्म नहीं हुए? यहाँ जो हुआ..."

"...वो आने वाले खतरे की चेतावनी है।" मृत्युशिर ने विराट की बात पूरी की, "मुमुक्षु इतने कच्चे खिलाड़ी नहीं कि केंद्र पर अधिकार करने के लिए ऐसी बचकानी रणनीति अपनाए। वे शीघ्र यहाँ बड़ा हमला करेंगे।"

"यहाँ नहीं तो हम कहाँ सुरक्षित रहेंगे?" प्रियंका डरते-डरते बोली, "क्या आप हमारी रक्षा के लिए हमारे साथ नहीं चलेंगे?"

"नहीं! हम आपके साथ हुए तो मुमुक्षुओं आपको आसानी से ढूँढ सकते हैं।" मृत्युशिर बोला, "मामला सुलझने तक आप जगह बदलते रहें।"

"और मामला कब तक सुलझेगा?" विराट ने गुस्से से दाँत भींचते हुए पूछा।

"युगों पुराना युद्ध है। कुछ पलों में शांत नहीं होगा!" मृत्युशिर ने उसे घूरा, "इस युद्ध में जिंदा रहना ही सबसे बड़ा युद्ध है।"

"हमें यहाँ से निकलना चाहिए।" डॉ. मजूमदार ने बात आगे नहीं बढ़ाई।

सभी मंडप की सीढ़ियों से उतरकर मृत्युशिर के साथ चल पड़े। उधेड़बुन में

उलझा सभी का दिमाग अलग दिशा में दौड़ रहा था- क्या हुआ, क्या नहीं, क्या करना चाहिए था, क्या होगा, आगे क्या करना है। सभी इस मामले को उसकी मंजिल तक पहुँचाने के लिए व्याकुल थे। जाने वो मंजिल कहाँ थी और उस तक पहुँचने का रास्ता कहाँ था।

पसीने से लथपथ श्रीमंत जी का बदन काँप रहा था, मन सहमा था, साँसें फूल रही थी और कदम लड़खड़ा रहे थे। आँखों में अनिष्ट की आशंका थी। जाने ये केंद्र के अजीब वातावरण का असर था, मृत्युशिर की बातों का, या फिर मुमुक्षुओं के आक्रमण से उत्पन्न डर का। दिमाग में रह-रहकर मृत्युशिर के माध्यम से रोहन की हमशक्ल लाशों का अंतिम संस्कार करने की बात घूम रही थी।

ध्यान भटकाने के लिए उन्होंने इधर-उधर देखा तो नजर दूर स्थित पहाड़ी पर जा अटकी। अजीब माया थी। पहाड़ी पर स्थित हर निर्माण जैसे उनसे मात्र कुछ हाथ दूर लग रहा था। पहाड़ी के नीचे एक बड़ी चट्टान पर भैरव की विशाल प्रतिमा थी जिसके सामने दो चौकोर शिलाओं पर उनके चरणों के निशान उकेरे थे। उससे निकट पत्थर का एक ऊँचा-चौड़ा द्वार था। द्वार के दूसरी तरफ सीढ़ियाँ थीं जो पहाड़ी की चोटी पर बने बड़े सफेद पत्थर के मंदिर से जुड़ रही थीं।

श्रीमंत जी उस मंदिर को जब तक देखते रहे जब तक वो सघन वन के ऊँचे वृक्षों की आड़ में ढँक नहीं गया। जैसे ही सभी वन पार कर दूसरी तरफ पहुँचे, श्रीमंत जी की निगाहें उस मंदिर की खोज में उस पहाड़ी पर फिसलने लगी।

उस कोण और दूरी से देखने पर पहाड़ी का नया रूप प्रकट हो रहा था। हरे-भरे वृक्षों की चादर से ढँकी पहाड़ी की चोटी पर सफेद पत्थर के मंदिर के निकट अब एक जलप्रपात दिख रहा था जिसका दुधिया झाग जैसा पानी सफेद धुआँ छोड़ते हुए एक पतली धारा में बहते हुए नीचे बड़े सरोवर में गिर रहा था। सरोवर के किनारे गरुड़ की कई फुट ऊँची काष्ठ प्रतिमा स्थापित थी। उसके निकट भगवान गणेश, भगवान विष्णु, भगवान शिव, देवी लक्ष्मी के साथ अनेक देवी-देवताओं की विशालकाय प्राचीन मूर्तियाँ स्थापित थी।

पहाड़ी के निचले हिस्से में एक बड़ा बहु-मंजिला मंदिर था। उसका बाहरी हिस्सा फूल-पत्तियों, जानवरों और साँपों की कलाकृतियों की बारीक नक्काशी से

सुसज्जित था। भीतरी हिस्से में हवादार बड़ा आँगन था जिसमें सूँड़ उठाए हाथियों की विशालकाय मूर्तियाँ थीं। मंदिर की दीवारों और छतों पर ढोल-नगाड़ों और अन्य वाद्ययंत्र उठाए नाचते-गाते इंसानों, बौनों, देवों और जानवरों की खूबसूरत छवियाँ उकेरी थीं। हर मंजिल पर बने हवादार छज्जों में महादेव की विभिन्न भंगिमाओं में विशालकाय मूर्तियाँ स्थापित थीं। किसी में महादेव अपनी बलिष्ठ भुजाओं से हाथी रोक रहे थे, तो किसी में वे त्रिशूल और डमरू उठाए प्रसन्न भाव में नृत्य कर रहे थे।

श्रीमंत जी हैरान हुए। पहाड़ी और उनके बीच अच्छी-खासी दूरी होने पर भी वहाँ स्थित प्रत्येक वस्तु ऐसे स्पष्ट दिख रही थी मानो वो हाथ भर की दूरी पर हो। जाने मंडप में आते समय वो विशालकाय पहाड़ी उनकी नजरों से कैसे बची रही। शायद जान बचाने की ऊहापोह में उन्होंने उस पर ध्यान नहीं दिया, या फिर शायद केंद्र की मायावी व्यवस्था ने यहाँ की हर चीज, हर व्यवस्था और दृश्य को अपरिचित, रहस्यमय और डरावना बनाया था। इसी कारण से एक दिशा से देखने पर कुछ और दूसरी दिशा से देखने पर कुछ और दिखता है।

डमरू के आकार वाले बहुमंजिला काले सुनहरे स्तंभों से घिरे खुले मंडप में पहुँचकर श्रीमंत जी की जान में जान आई। यहीं मृत्युशिर से सभी ने लंबी बातचीत की थी। कोहरा छँटने के बाद वो जगह अपरिचित लग रही थी।

विराट का हाथ थाम श्रीमंत अपनी फूलती साँसों से जूझते हुए आगे बढ़ने लगे। बदन पसीने से नहा रहा था। आँखें रह-रहकर अँधेरे में गोते खा रही थी। मन हो रहा था कि मृत्युशिर की बताई सभी बातों के साथ वसीयत मिलने के बाद से अब तक जो कुछ उन्होंने भुगता सब भूल जाएँ- रोहन, निश्चल और खुद को भी। शायद ऐसा करके मन को कुछ शांति मिले। यदि समस्या का कोई समाधान नहीं मिले तो उसे भूलना ही उसका सर्वश्रेष्ठ समाधान होता है।

पर इंसान के लिए भूलना ही तो सबसे कठिन काम होता है।

अपने अंतर्द्वंद्व से जूझते हुए उन्होंने महसूस किया कि केंद्र छोड़ने की कल्पना से उनका मन डूब रहा था। थोड़े ही समय में इस केंद्र से उन्हें अजीब जुड़ाव हो गया था। यहाँ से जिंदा लौटने की खुशी कम और इसे छोड़ने का दुख अधिक था। मन ऐसे भारी हो रहा था जैसे पूरा जीवन यहाँ व्यतीत करने के बाद उन्हें अपना सब कुछ छोड़कर जाना पड़ रहा हो।

अजीब अनुभूति थी। थोड़ी परिचित, थोड़ी अपरिचित। कुछ हौसला देती हुई, कुछ डराती हुई। केंद्र की पथरीली चट्टानों में युगों से दबी अनगिनत कहानियाँ बेआवाज धड़कते हुए...

अपने खयालों में खोए श्रीमंत जी एक अजीब दुनिया में पहुँच गए थे। उस दुनिया में केंद्र की चिकनी चट्टानें अजीब तरीके से सरक रही थी। शायद चट्टानें अपनी जगह थीं, पर वहाँ कुछ था जो उनकी समझ से परे था।

श्रीमंत जी ने गौर से देखा। उन चिकनी चट्टानों पर अजीब से बड़े-बड़े, काले, हल्के पारदर्शी लिजलिजे जीव तेज गति से सरक रहे थे। चट्टानों की महीन और जीवंत शिल्पकला के बीच जगह बदलते रहने और पारदर्शी त्वचा के कारण उन्हें ढूँढना अत्यंत दुष्कर था।

शायद ये केंद्र की कोई माया थी, या फिर शायद वे चिरंजीवियों के साथी थे जो मुमुक्षुओं को पराजित करने के बाद अपने स्थानों पर लौट रहे थे।

घबराए श्रीमंत जी ने विराट का हाथ खींचकर उसका ध्यान उन विचित्र जीवों की तरफ खींचा। विराट के साथ सभी की दृष्टि उन चिकनी चट्टानों पर फिसली और फिर वहाँ जो हो रहा था उसका मतलब समझने के लिए साथ चल रहे मृत्युशिर की तरफ मुड़ी।

मृत्युशिर की सिकुड़ती आँखें और उसके चेहरे के बदलते रंग उसकी मनो:स्थिति बता रहे थे। उसे कुछ-कुछ समझ आ रहा था। पता नहीं वो कितना सही थी।

मुमुक्षु ने चिरंजीवियों और रक्तबीजों को उलझाने के लिए केंद्र में प्रवेश कर छद्म आक्रमण का नाटक रचा। इसलिए वे चिरंजीवियों और रक्तबीजों का सामना करने के स्थान पर उनसे बचकर भागते रहे। चूँकि वे केंद्र पर संकट नहीं थे तो केंद्र की सुरक्षा-प्रणालियों ने सन्नद्ध होकर भी उन पर आक्रमण नहीं किया। चिरंजीवियों को भ्रमित कर मुमुक्षु केंद्र में सुरक्षित प्रवेश कर चुपके से भीतरी चक्रों की तरफ बढ़ रहे थे।

केंद्र पर असली संकट अब आया था। स्थिति नाजुक थी। अब तक जाने कितने मुमुक्षु केंद्र के भीतरी चक्रों में प्रवेश कर केंद्र के सुरक्षा-चक्र पुनर्स्थापित करने में जुट गए होंगे।

चिरंजीवियों को यह चूक बहुत भारी पड़ने वाली थी।

मृत्युशिर ने बिना समय गँवाए अपने वस्त्रों से अजीब शंखनुमा आकृति वाला चिकना काला पत्थर निकाला और उसके छेद में हवा फूँकने लगा।

आसपास हवा सनसनाई। गर्म हवा की लहर छोड़ते हुए नीले ऊर्जा पुंजों की श्रृंखला मृत्युशिर से कुछ हाथ दूर प्रकट हुई और उसकी छाती में एक बड़ा सुलगता छेद बनाते हुए उसके पार हो हवा में विलीन हो गई।

मृत्युशिर का निष्प्राण बदन काली रेत में बदलते हुए नीचे गिरा।

मृत्युशिर के सबसे निकट खड़े विराट और डॉ. मजूमदार डर से अपनी जगह पर जम गए। उनमें से कोई अगर आधा अंगुल भी इधर-उधर होता तो ऊर्जा पुंजों की चपेट में आकर मृत्युशिर के साथ नीचे मरा पड़ा होता। जाने वो ऊर्जा पुंज कहाँ से आए और कहाँ गए।

श्रीमंत जी ने बिलखते हुए विराट को बाँहों में भरकर अपनी छाती से चिपकाया। घबराए जयंत ने डॉ. मजूमदार को खींचकर वहाँ से दूर किया।

सभी की सिट्टी-पिट्टी गुम थी। मदद के लिए आसपास कोई नहीं था। चारों तरफ बस मौत दिख रही थी। जाने कब, कहाँ से, कौन सा ऊर्जा पुंज प्रकट होकर उनकी साँसों की डोर काट दें।

"अब ?" श्रीमंत जी नीचे पड़ी मृत्युशिर की काली राख घूरते हुए घिघियाए।

"हम खुद के भरोसे हैं।" जयंत ने अपने सूखे गले से थूक गटका, "हमेशा की तरह।"

"सिर्फ खुद पर भरोसा करने से यहाँ हमारी जान नहीं बचेगी!" पसीने से लथपथ डॉ. मजूमदार बोले, "हमें उस गोलाकार मंडप में लौटना चाहिए। वहाँ हम सुरक्षित रहेंगे।"

"सुरक्षित तब रहेंगे जब वहाँ हम जिंदा पहुँचेंगे।" डर से काँपती प्रियंका ने केंद्र की चट्टानी दीवारों पर रेंगते उन अजीब लिजलिजे जीवों को घूरा, "पहले क्या कम मुसीबत थी जो अब ये लिजलिजे जीव और ये अजीब पुंज! जाने कब, कौन, किधर से हम पर झपट्टा मार दे।"

"यहाँ खड़े रहकर तो हम जिंदा बचने से रहे!" विराट गुस्से से चीखा।

"हमारा इस लड़ाई से दूर रहना ही ठीक था।" प्रियंका की रुलाई छूट पड़ी।

"दूर रहने का समय निकल गया, भाभी! ये हमारी लड़ाई है, किसी और की नहीं।" विराट खीजते हुए चीखा, "हम शुरुआत से इस लड़ाई का हिस्सा थे। ये

बात हम पहले समझ लेते तो न इतना नुकसान उठाते और न अपनी जान हाथ में लिए भटक रहे होते।"

"विराट! होश में आओ!" श्रीमंत जी की रुलाई छूट गई, "हमें और मत डराओ! हम किसी से मुकाबला नहीं कर सकते हैं। यहाँ हम किस-किस से लड़ेंगे, और कैसे?"

"इसी डर ने हमें इस हाल में पहुँचाया है, पापा!" विराट गुस्से से चीखा, "मैं थक गया हूँ इस लड़ाई में एक मोहरा बनते हुए। हम कब तक भागते रहें? और क्यों भागे? हमने ऐसा क्या पाप किया है कि हम भागे? इस लड़ाई में अकेले मुमुक्षु और चिरंजीवी नहीं, हम हैं। हमने नुकसान उठाया क्योंकि जो हमारा है हम उसके लिए कभी नहीं लड़े। अब भी हम नहीं लड़े तो हमारे पास लड़ने को कुछ नहीं बचेगा।"

"यह पागलपन छोड़ो!" जयंत ने विराट की बाँह पकड़कर पूछा, "हम इनसे कैसे लड़ेंगे?"

"मुझे बेवजह लड़ने का शौक नहीं है, पर लड़ाई से भागना मुझे स्वीकार नहीं है।" विराट चीखा, "हम अपनी जान की चिंता क्यों कर रहें हैं? हमारी जान की चिंता हमसे अधिक मुमुक्षु और चिरंजीवियों को होनी चाहिए।"

"क्या बकवास है!" श्रीमंत जी चौंके, "हमारी जान की चिंता हमसे अधिक उन्हें क्यों होगी?"

"क्योंकि हम उनकी वो ट्रॉफी हैं जिनके बिना उनकी बड़ी से बड़ी विजय भी अधूरी है।" विराट बोला, "इस लड़ाई को खत्म करने और इसमें अपनी विजय सुनिश्चित करने के लिए उन्हें किसी भी कीमत पर हमारी रक्षा करनी होगी।"

"तुम्हारे दिमाग में जो चल रहा है कहते रहो।" जयंत झुँझलाया।

"हमें उस मंडप में लौटना चाहिए। वहाँ हम सुरक्षित रहेंगे। मामला ठंडा होते ही हम यहाँ से निकल लेंगे।" विराट ने सुझाया, "बाकी भाड़ में जाए मुमुक्षु और चिरंजीवी! वे आपस में लड़ते और मरते रहें। वो जिएँ या मरें, हमारी बला से। उन्हें हमारी तभी तक चिंता है जब तक वो अपने लक्ष्य नहीं साध लेते। उसके बाद हम मरें या जिएँ उनका सिरदर्द नहीं है। फिर हम उनकी चिंता क्यों करें?"

"वो ज्ञान-कोष...कुंजियाँ...रोहन का अधूरा काम!" डॉ. मजूमदार बोले, "क्या हमारा उन से कोई मतलब नहीं है?"

"बिलकुल है, पर उन्हें पूरा करने के लिए हमें जिंदा रहना होगा।" विराट बोला, "हमें इस खेल में मोहरा बनाने से पहले किसी ने हमारी राय नहीं ली। हमारे लिए क्या बेहतर है इसका निर्णय हम लेंगे, मुमुक्षु या चिरंजीवी नहीं।"

विराट की बातें सुनकर सभी एक-दूसरे का मुँह ताकने लगे।

"पापा! अब आप भैया की शक्तियों के प्रतिनिधि हैं। आप अपनी इच्छा से उन शक्तियों का प्रयोग करें।" विराट बोला, "उन पर शक कर उनके प्रति अपने दायित्व और उनसे जुड़े अधिकार बेवजह किसी और को सौंपने की गलती नहीं करें। मुझे नहीं लगता कि मुमुक्षुओं और चिरंजीवियों में कोई इतना बेवकूफ होगा जो इतनी लंबी लड़ाई लड़ने के बाद आपको खोकर ज्ञान-कोषों पर अधिकार प्राप्त करने का यह अवसर अपने हाथ से फिसलने देगा।"

"अगर प्रथम ये जोखिम उठाने के लिए तैयार हुए तो?" प्रियंका ने पूछा।

"उन्हें रोकने के लिए चिरंजीवी और साक्षी हैं।" विराट गंभीरता से बोला, "अगर वो उन्हें नहीं रोक पाए तो उसका परिणाम उन्हें भुगतना होगा।"

जयंत विराट को देखता रह गया। उसने मुमुक्षुओं और चिरंजीवियों के इस युद्ध में श्रीमंत परिवार की रक्षा का उपाय ढूँढ लिया था। उसके तर्कों में सभी के लिए हिम्मत भरी उम्मीद थी।

"कमजोर दूसरों पर विश्वास करता है, क्योंकि वो दूसरों में उस शक्ति को ढूँढने का प्रयास करता है जो उसके पास नहीं होती है।" विराट बोला, "हम न कभी कमजोर थे और न अब हैं। हमें भैया और निश्चल का बलिदान बेकार नहीं जाने देना है। पापा को कुंजियों के अधिकार सौंपने वाली परिषद ने उनकी रक्षा का उपाय भी सोच रखा होगा।"

श्रीमंत जी ने गहरी साँस ली। विराट सही कह रहा था। मुमुक्षुओं और चिरंजीवियों नामक दो चट्टानों के बीच सभी घुट रहे थे। इस बेवजह के युद्ध में सभी जबरन भाग लेने के लिए मजबूर थे। जिस युद्ध में पक्ष-विपक्ष का भेद नहीं हो उसमें भागीदारी घातक होती है। रोहन के साथ यही हुआ। वो बेचारा मुमुक्षुओं पर विश्वास कर इस यज्ञ में उनका सहयोग करने के लिए तैयार हुआ और आखिरकार उनके छल में फँसकर मारा गया। इस युद्ध को खत्म करने के लिए श्रीमंत जी को मुमुक्षुओं और चिरंजीवियों से बिलग स्वतंत्र निर्णय लेना होगा। ऐसा निर्णय जो श्रीमंत परिवार की दम तोड़ती उम्मीदों की रक्षा कर सके। ऐसा

निर्णय जो रोहन की वसीयत को उसके अंजाम तक पहुँचा सके।

ऐसा निर्णय जो कुंजियों के अधिकारी की शक्तियों के अनुरूप हो।

"चलो! वहाँ चलकर सोचते हैं क्या कर सकते हैं।" श्रीमंत जी ने विराट का हाथ थामा और सभी के साथ तेज कदमों से मंडप की तरफ चल पड़े।

"खाली हाथ नहीं!" विराट नीचे पड़े पत्थरों को उठाने लगा।

सभी ने एक-दूसरे का मुँह ताका। फिर विराट की देखा-देखी बिना समय गँवाए चुपचाप तत्परता से पत्थरों को इकट्ठा करने लगे।

अचानक जमीन थरथराई और उसे चीरते हुए नीली ऊर्जा की पारदर्शी दीवार उठ खड़ी हुई।

सभी के होश उड़ गए। घबराए जयंत ने सभी को मंडप में आने का संकेत किया। जिसको जितने पत्थर हाथ लगे वो उसे उठाए मंडप की तरफ भागा।

मंडप के भीतर पैर रखते ही सभी चीख पड़े।

माया

चट्टानों, छत और दीवारों पर तीव्र गति से रेंगते लिजलिजे जीवों पर चिरंजीवियों और रक्तबीजों की नजर पड़ने के बाद केंद्र पुनः एक नए युद्ध के लिए तैयार हो चला था। अपना जबड़ा फाड़े आक्रामक तरीके से दीवारों और छत पर रेंगते और उछल-कूद करते चीखते-दहाड़ते रक्तबीज उन लिजलिजे जीवों की तरफ बढ़ने लगे।

आने वाले खतरे का सामना करने के लिए मुमुक्षु नीचे कूद पड़े।

विशालकाय हाथियों के झुंड डरावनी चीत्कार करते हुए मुमुक्षुओं पर टूट पड़े। उन पर सवार चिरंजीवियों के धनुष से असंख्य बाण छूटे और हवा में अजीब तरह से आड़े-तिरछे लहराते हुए मुमुक्षुओं पर बरस पड़े। वे बाण मुमुक्षुओं से कुछ दूर गायब होते और फिर अचानक दूसरी दिशा से प्रकट हो सनसनाते हुए उन पर टूट पड़ते।

मुमुक्षुओं तत्परता से कभी हवा में गुलाटी खाकर, कभी चट्टानों की आड़ लेकर उन बाणों से बचते-बचाते भागते रहे। कुछ केंद्र की दीवारों और छत पर आड़े-तिरछे होकर भागने लगे। उनमें से कई बचने के दौरान अपना संतुलन खोकर नीचे गिरे। उनके कदम जमीन छूते उससे पहले चिरंजीवियों के बाण उनके आसपास हवा में प्रकट हुए और उनके कवचों को भेदकर उनमें समा गए। आँखें चौंधियाने वाली बिजली छोड़ते हुए एक तेज विस्फोट के साथ मुमुक्षु अपने कवच के साथ चीथड़े-चीथड़े होकर हवा में बिखर गए।

केंद्र में प्रवेश हुए मुमुक्षुओं की असली संख्या का अनुमान नहीं लग पा रहा था। जहाँ देखो वहाँ भीतरी चक्रों की तरफ भागते मुमुक्षु और उनका पीछा करते चिरंजीवी और रक्तबीजों के झुंड दिख रहे थे। हर तरफ कोलाहल से धरती थरथरा रही थी।

प्रहरी स्तंभों से ऊर्जा पुंजों की भारी बरसात शुरू हुई। हवा में आड़े-टेढ़े लहराते हुए वे ऊर्जा पुंज मुमुक्षुओं का पीछा करते हुए उनके कवच पर चिपकने लगे। पिछली बार की तरह इस बार ऊर्जा पुंज अधिक देर मुमुक्षुओं के कवच पर चिपके नहीं रह पाए। वे बिना फटे पिघलकर तरल पदार्थ की तरह सरकते हुए नीचे टपकने लगे। मुमुक्षुओं का पीछा करते कई चिरंजीवी उन तरल ऊर्जा पुंजों की चपेट में आकर घायल होकर नीचे गिरे।

केंद्र का तापमान बढ़ रहा था, मानो पूरा केंद्र बड़ी भट्टी बन तपने लगा हो। केंद्र की चट्टानें, दीवारें और छत अंगारों की तरह दहकते हुए लाल होने लगी। उन पर भागते मुमुक्षु अपना नियंत्रण खोकर नीचे गिरने लगे।

मृत्युशिर मुमुक्षुओं पर नजर जमाए खड़ा था। मुमुक्षुओं ने चिरंजीवियों के साथ टकराव की हर संभावना पर विचार कर अपनी रक्षा के सभी उपायों से सन्नद्ध होकर पूरी तैयारी से केंद्र में प्रवेश किया था। उनकी अधिकार-मुद्रिका केंद्र की सुरक्षा प्रणालियों से उनकी रक्षा कर रही थी, पर चिरंजीवियों का प्रतिकार करते हुए उनकी मुद्रिकाओं की शक्ति तेजी से क्षीण हो रही थी। उनके निष्क्रिय होते ही केंद्र की सुरक्षा प्रणालियाँ मुमुक्षुओं पर टूट पड़ेगी।

शायद केंद्र की सुरक्षा प्रणालियों से पूर्णतः अवगत होने के घमंड में मुमुक्षु अपनी योजना के प्रति ऐसे निश्चिंत थे कि वे भूल गए कि साक्षी के नेतृत्व में चिरंजीवी भी केंद्र की व्यवस्था से अवगत होकर उसे कुछ सीमा तक अपने पक्ष में प्रभावित करने की सक्षम हो चुके हैं।

मुमुक्षु को इस सत्य से साक्षात्कार कराने का यह उचित अवसर था। केंद्र पर मुमुक्षुओं का हमला चिरंजीवी नहीं, स्वयं मुमुक्षु विफल करेंगे।

"उनसे लड़ो मत!" मृत्युशिर ने अपने साथियों को आदेश दिया, "उन्हें लड़ने का अवसर दो!"

हर तरफ से रक्तबीजों और चिरंजीवियों से घिरने के बाद मुमुक्षुओं का केंद्र के भीतरी चक्रों की तरफ बढ़ना थम गया था। चिरंजीवियों को परास्त किए बिना केंद्र के भीतरी चक्रों को भेदना असंभव था और भीतरी चक्रों को भेदे बिना केंद्र की सुरक्षा प्रणालियों और चिरंजीवियों को परास्त करना उससे भी अधिक कठिन था। अपनी अधिकार-मुद्रिका का प्रभाव समाप्त होने से पहले उन्हें इस अवरोध से पार होना था।

चारों तरफ मचे मौत के तांडव ने रक्तबीजों, चिरंजीवियों और मुमुक्षुओं में कोई भेद नहीं छोड़ा था। भेद बचा था सिर्फ जीवित और मृत का। जैसे-जैसे केंद्र की सुरक्षा-प्रणालियाँ सक्रिय हो रही थी, केंद्र का प्रत्येक कण मौत बरसाने लगा था। केंद्र की चट्टानी दीवारों और छत के हिस्से अनियमित रूप से नुकीले हिस्सों से परिवर्तित होकर ऊपर उठते और रक्तबीजों, चिरंजीवियों और मुमुक्षुओं के शरीर भेद कर ऐसे गायब हो जाते जैसे वहाँ कभी नहीं थे। कहीं आयताकार ऊर्जा दीवारें उठ खड़ी होती जिसकी चपेट में आने वाला एक सीध में कट जाता। चट्टानों और जमीन को फाड़ते हुए कहीं से भी पलक झपकते प्रकट होती ऊर्जा दीवारें मुमुक्षु, चिरंजीवियों और रक्तबीजों का काल बनी थी। कहीं हवा में ऊर्जा पुंज प्रकट हो रहे थे तो कहीं गायब। समझ नहीं पड़ रहा था कि कौन सा पुंज, कहाँ से छूटकर, कहाँ जा रहा है और कहाँ प्रकट होकर, किसको मारकर, कहाँ गायब हो रहा है। हर तरफ कटे हुए शरीर पके फलों की तरह गिरते हुए काली राख में बदल रहे थे। केंद्र के कई स्थानों पर चिरंजीवियों और मुमुक्षुओं का संग्राम इतना भीषण हो रहा था कि वहाँ काली राख की आँधी उठ रही थी। चारों तरफ मार्मिक हाहाकार मचा था।

केंद्र का स्वरूप पल-पल में बदल रहा था। कहीं चट्टानी क्षेत्र उभर रहा था, कहीं घने वृक्ष फैलते हुए प्रहरी स्तंभ ढँक रहे थे। पहाड़ी, उस पर बना मंदिर और उसके निकट से फूटता जलप्रपात अब कहीं नहीं था। उस दिशा में दूर तक रेगिस्तान पसर गया था, जिसमें रेत के अंधड़ उठ रहे थे। न दिशाओं का अनुमान लग रहा था, न समय का।

अपनी शक्तियों का विस्तार करते हुए चिरंजीवी उग्र और आक्रामक होते जा रहे थे। मुमुक्षुओं से लड़ने के स्थान पर वो उन्हें उकसा अधिक रहे थे। मुमुक्षुओं को अलग-थलग करने के लिए वे हर दाँव प्रयोग कर रहे थे। रक्तबीज मुमुक्षुओं के बीच कूदकर उन्हें उलझाते। इधर मुमुक्षु रक्तबीजों का प्रतिकार करते और उधर दूसरी दिशा से अनेक चिरंजीवी उन पर वार करते। मुमुक्षुओं के प्रतिकार करने पर वो उसे लड़ाई में उलझाकर दूर ले जाते और फिर अनगिनत चिरंजीवी और रक्तबीज झुंड बनाकर उस पर टूट पड़ते।

रक्तबीजों से जूझते हुए मुमुक्षुओं ने अपने कवच के खाँचों को खोल उनमें रखे यंत्र निकाल उन्हें सक्रिय किया। उन यंत्रों से अनगिनत छोटे-छोटे पारदर्शी

गोले तेज हवा में ऊपर उठे और पर्याप्त ऊँचाई पर पहुँचते ही कर्ण-फोड़ू तीव्र आवाज के साथ फटे। उनसे पीले जल की बारिश शुरू हो गई। उस जल के संपर्क से रक्तबीजों और चिरंजीवियों के बदन पर फफोले उभरने लगे जो अजीब बदबूदार धुआँ छोड़ते हुए फटने लगे। उनके बदन से मांस पिघलकर टपकने लगा। केंद्र की चट्टानें और जमीन उनके बदबूदार पिघले मांस से सनने लगी, लेकिन उनकी आक्रामकता में कोई कमी नहीं आई। मांस उधड़े बदन के साथ वे अपनी अंतिम साँस तक मुमुक्षुओं पर आक्रमण करते रहे।

रक्तबीजों और चिरंजीवियों के सशक्त आक्रमण की मुमुक्षुओं के पास कोई काट नहीं थी। वे कुछेक को हत करते तो उसके स्थान पर असंख्य चिरंजीवी और रक्तबीज उन पर टूट पड़ते। मुमुक्षु का व्यूह टूट चुका था। वे तेजी से अलग-थलग पड़ रहे थे। हर मुमुक्षु अपना एकल युद्ध लड़ रहा था। सभी को बस अपनी रक्षा की चिंता थी। मुमुक्षुओं की हिम्मत और संख्या घटती जा रही थी।

शीघ्र युद्ध का कोलाहल मुर्दाना शांति पीछे छोड़ शांत हुआ।

काली राख से सने मुमुक्षुओं के क्षत-विक्षत शवों को अपने कदमों तले रौंदते हुए मृत्युशिर की आँखें विजय के गर्व से चमक रही थी। यह विजय चिरंजीवियों के लिए कई मायनों में विशेष थी। केंद्र की सुरक्षा व्यवस्था और रक्तबीजों के साथ तालमेल करते हुए चिरंजीवियों ने अभूतपूर्व पराक्रम का परिचय देते हुए पहली बार केंद्र के भीतर मुमुक्षुओं को पराजित किया था। केंद्र की सुरक्षा प्रणालियाँ मुमुक्षुओं की रक्षक नहीं, उनकी मौत बनी थी। मुमुक्षुओं को उम्मीद भी नहीं होगी कि चिरंजीवी भागने के स्थान पर पलट वार कर उनका आक्रमण विफल कर देंगे।

मुमुक्षुओं का सुविधा से केंद्र में प्रवेश करना चिंता का विषय था। यदि मुमुक्षुओं की अधिकार-मुद्रिकाएँ अधिकृत थी तो केंद्र की सुरक्षा-प्रणालियाँ परिधि उल्लंघन को भाँपकर सन्नद्ध क्यों हुई? यदि अधिकार-मुद्रिकाएँ अनधिकृत थी तो सुरक्षा-प्रणालियों ने सन्नद्ध होकर उनका प्रतिकार क्यों नहीं किया? केंद्र में अनधिकृत प्रवेश कर मुमुक्षु सुरक्षा व्यवस्था को कैसे शांत रख पाए? क्या केंद्र में प्रवेश करने का कोई ऐसा उपाय है जो केंद्र की सुरक्षा-प्रणालियों के विरुद्ध मुमुक्षुओं का कवच बना, पर जिससे चिरंजीवी अभी तक अनभिज्ञ हैं?

अपनी स्थापना के पश्चात से मुमुक्षु सभी अभियान में सफल हुए थे।

चिरंजीवियों से पहले टकराव में मुट्ठी भर मुमुक्षुओं ने साक्षी समेत चिरंजीवियों की पूरी सेना को इतनी बुरी क्षति पहुँचाकर परास्त किया था कि कई सदियों तक चिरंजीवी उनका सामना करने की हिम्मत नहीं कर पाए। केंद्र की सुरक्षा व्यवस्था के प्रत्येक पक्ष से परिचित होते हुए भी वही मुमुक्षु आज किस कारण से चिरंजीवियों के समक्ष भीगी बिल्ली साबित हुए?

हथियार डालना मुमुक्षुओं के स्वभाव में नहीं है। क्या मुमुक्षु अपना गौरवशाली इतिहास भूलकर लड़ना भूल गए? क्या समय के थपेड़ों ने उन्हें सनातन यज्ञ की रक्षा के लिए अयोग्य कर दिया? क्या उनकी पराजय पूर्व निश्चित और उनकी किसी बड़ी योजना का हिस्सा थी? क्या उनका आक्रमण चिरंजीवियों की आँखों में धूल झोंककर उनकी शक्ति भाँपने की चाल थी जिसमें असफल होकर वे अपने प्राण गँवा बैठे?

अपने अनगिनत साथियों और रक्तबीजों को खोने के बाद अपनी विजय के प्रति आशंकित होना चिरंजीवियों के मनोबल के लिए प्रतिकूल था, किंतु यह भी सच था कि चिरंजीवियों ने मुमुक्षुओं का आक्रमण विफल किया। आक्रमणकारी मुमुक्षु या तो मारे गए, भाग गए, या केंद्र के भीतरी चक्रों में प्रवेश कर गए। कदाचित वे केंद्र और सुरक्षा-प्रणालियों पर चिरंजीवियों के नियंत्रण का भ्रम बनाए रखते हुए केंद्र के भीतरी चक्रों में दुबककर चिरंजीवियों पर पुनः आक्रमण के लिए उचित समय की प्रतीक्षा कर रहे हो।

मृत्युशिर अपने साथियों के साथ निरीक्षण करने लगा। प्रहरी स्तंभों समेत केंद्र में प्रयुक्त सभी मायावी सुरक्षा प्रणालियाँ सुरक्षित और चिरंजीवियों के नियंत्रण में थी। प्रहरी स्तंभों का शांत होना संकेत था कि केंद्र अब सुरक्षित है, अथवा भीतरी चक्र पुनर्स्थापित करने की प्रक्रिया आरंभ हो गई है।

मृत्युशिर की चिंता बढ़ गई। अगर मुमुक्षु भीतरी चक्रों में प्रवेश कर चुके हैं तो उन्हें वहाँ से तुरंत खदेड़ना होगा, अन्यथा वे उन चक्रों में प्रवेश कर सकते हैं जो चिरंजीवियों के नियंत्रण में नहीं हैं। यदि वे केंद्र की सुरक्षा व्यवस्था चिरंजीवियों के विरुद्ध पलटने में सफल हुए तो चिरंजीवियों के पास सिर्फ केंद्र छोड़ने, अथवा मारे जाने का विकल्प होगा।

उसने अपने घबराए मन को दिलासा दिया। भीतरी चक्रों में प्रवेश करने के पश्चात भी मुमुक्षुओं का केंद्र पर अधिकार करना सुलभ नहीं होगा। मयदानव

के बिछाए मायावी यंत्रों का प्रभाव भीतरी चक्रों में कई गुना प्रभावशाली होकर प्रकट होता है। इसी कारण से चिरंजीवी अधिक चक्रों को नहीं भेद पाए। इसके अतिरिक्त चिरंजीवियों ने अपने द्वारा भेदे चक्रों में नवीन सुरक्षा प्रबंध स्थापित किए थे जिनसे मुमुक्षु अपरिचित हैं। उन चक्रों में तैनात रक्तबीज और चिरंजीवी प्रहरियों को छकाकर सुरक्षा-प्रणालियों का मुँह बाहरी चक्रों में स्थित चिरंजीवियों की तरफ मोड़ना उनके लिए दुष्कर होगा।

अपने कुछ साथियों को श्रीमंत परिवार को केंद्र से सुरक्षित विदा करने का निर्देश देकर उसने केंद्र के भीतरी चक्रों की जाँच करने के लिए तेज कदमों से एक गुफा में प्रवेश किया।

विदाई

हाथों में पत्थर थामे सभी डर से काँप रहे थे। मंडप नीली ऊर्जा की पारदर्शी कवच से घिरे अनगिनत काले कवचधारी मुमुक्षुओं से भरा था।

जयंत ने जैसे-तैसे अपने सूखे गले में थूक गटका। मंडप उनके बचने का आखिरी रास्ता था। वो भी जाता रहा। अब मुमुक्षुओं की मर्जी के बिना मंडप में रहना या यहाँ से जाना असंभव था।

यहाँ से बचकर भी कहाँ जाते? बाहर क्या कम खतरा था। दूर-दूर तक चिरंजीवियों और रक्तबीजों का नामों निशान नहीं था। मंडप के दिव्य यंत्रों के कारण यहाँ जो हो रहा है उसके बारे में बाहर शायद ही कोई जान पाए। जाने इस केंद्र में कितने मंडप हैं और उनमें जाने कितने मुमुक्षु दुबके बैठे होंगे। मुमुक्षुओं के आक्रमण में उलझे चिरंजीवियों को इस बारे में भनक भी नहीं होगी।

नीलकमल की योजना वो जाने, पर जयंत की योजना बिलकुल साफ थी। उसने शीघ्रता से उस पर अमल किया।

मुमुक्षुओं पर नजर गड़ाए वह धीरे-धीरे झुका और हाथों में पकड़े पत्थर नीचे रख दोनों हाथ हवा में उठाए खड़ा हुआ। उसकी देखा-देखी बाकी लोग भी अपने पत्थर नीचे रखकर डरे-सहमे हाथ उठाकर खड़े हो गए।

"हमारे केंद्र में अनाधिकृत प्रवेश कर हमारे यंत्रों और व्यवस्थाओं को हमारे विरुद्ध प्रयोग करने के लिए तुम्हें कई जन्म लगेंगे।" एक नीलकमल गुस्से से बोला। शायद वो उनका नायक था।

एक क्षण को कलेजा काँप उठा जयंत का, फिर तुरंत झूठी सहजता की आड़ लेकर वह संयत होकर बोला, "हम यहाँ के बारे में कुछ नहीं जानते हैं।" कहते-कहते वो अटका, "हम... हम आपके दुश्मन नहीं है। हम परिषद के प्रतिनिधि हैं।"

"तुम क्या हो?" नायक ने अपनी हँसी रोकते हुए पूछा।

"परिषद के प्रतिनिधि!" डर से जयंत की आवाज उसके गले में घुट गई, "हम से मेरा मतलब श्रीमंत जी से है।"

"तो तुम्हें पता होगा कि हम परिषद के अधीन नहीं हैं।" नायक बोला, "और तुम्हारे साथ क्या करना है उसका निर्णय लेने के लिए हम स्वतंत्र हैं।"

सभी की डर से घिग्घी बँध गई।

"हम निर्दोष हैं।" श्रीमंत जी डरते-डरते बोले।

"इंसान में लाख कमियाँ हो, किंतु वो अपने कर्मों को निर्दोष साबित करने से कभी चूकता नहीं है।" नायक गुस्से से बोला।

"तुम्हारी... आपकी लड़ाई चिरंजीवियों और साक्षी से हैं। हमसे नहीं!" डॉ. मजूमदार बोले, "हमने आपका कुछ नहीं बिगाड़ा है।"

"यह तुम्हें उनकी मदद का वादा करने से पहले सोचना चाहिए था।" नायक कड़े स्वर में बोला, "तुमने अपना पक्ष चुना। अब उस चुनाव का परिणाम भुगतो। हमारे विरुद्ध खड़ा होने वाला प्रत्येक व्यक्ति हमारा शत्रु है।"

सभी के हाथ-पैर फूल गए। विराट कुछ बोलने को हुआ, पर जयंत ने उसे आँखों के इशारे से चुप किया। बंकर में नीलकमल का पराक्रम देखने के बाद जयंत के दिमाग में एक बात अच्छी तरह से बैठ गई थी कि उस जैसी शक्तिशाली शख्सियत से बातचीत करने के लिए बहुत सोच-विचार की जरूरत थी।

इस विषम हालात में उम्मीद की सिर्फ एक कमजोर किरण थी। चिरंजीवियों की भाँति मुमुक्षु भी कुंजियाँ पाने के लिए हर कीमत चुकाने के लिए तैयार थे। शायद नीलकमल से बातचीत कर श्रीमंत परिवार के बचने का रास्ता निकल सके। ऐसा नहीं हो पाए तो मृत्युशिर और उसके साथियों के यहाँ आने तक उसे बातों में उलझाया जाए। मुमुक्षुओं को पराजित करने के लिए श्रीमंत जी चिरंजीवियों की आखिरी उम्मीद थे। अपनी जान पर खेलकर भी वो मुमुक्षुओं से उनकी रक्षा का प्रत्येक प्रयास करेंगे। आखिर मुट्ठी भर नीलकमल और उसके साथी अनगिनत चिरंजीवियों और रक्तबीजों का कब तक सामना करेंगे?

गहरी साँस लेकर जयंत अपना दाँव चलने के लिए मानसिक रूप से तैयार हुआ। चिरंजीवियों के आने तक उसे किसी अप्रिय घटना से बचते हुए सभी को सुरक्षित रखना था।

"पक्ष और विपक्ष समय और हालात पर निर्भर करते हैं। दोनों कभी भी बदल सकते हैं।" जयंत बोला, "हमें कभी समय नहीं मिला जो समझ पाते कि हमें एक-दूसरे से क्या चाहिए।"

"समझ नहीं पा रहा हूँ कि तुम्हारे दुस्साहस का तुम्हें दंड दूँ, अथवा तुम्हारी मूर्खता पर हँसूँ?" नायक ने जयंत को घूरा।

"हमारी जान के बदले में आपको हमसे क्या चाहिए?" जयंत बोला।

"तुम्हारे पास ऐसा क्या है जो हम खुद प्राप्त करने में असमर्थ हैं?" नायक जयंत के बचकाने सवाल पर हँसा।

"शायद वो जिसकी तलाश में आप यहाँ आए हैं।" जयंत बोला।

"तुम हमारी संपत्ति का हमसे सौदा करना चाहते हो!" नायक तेज स्वर में बोला।

"दूसरों की दया पर जीवित रहने वालों के मुँह से सौदे की बातें शोभा नहीं देती हैं।" जयंत के पीछे से एक भारी-भरकम आवाज आई।

आने वाले शख्स को देख जयंत की बाँछें खिल गई। समय रहते भगवान ने उसकी प्रार्थना सुन ली। मृत्युशिर अपने अनगिनत साथियों और रक्तबीजों के साथ मंडप के द्वार पर खड़ा था।

"जो पाना चाहते हो, उसके लिए अपनी पात्रता सिद्ध करो।" मृत्युशिर ने नीलकमल नायक को जैसे आज्ञा दी, "इन्हें जाने दो!"

"केंद्र में अनधिकृत प्रवेश का दंड मृत्यु है।" नायक बोला, "चाहें प्रवेश करने वाले तुम और तुम्हारे साथी हो, अथवा तुम्हारे तुच्छ अतिथि।"

"इस केंद्र पर हमारे प्रभु का अधिकार है।" मृत्युशिर ने चेताया।

"प्रभु!?" नायक तंज भरे तेज स्वर में बोला, "वो कायर जो अपनी रक्षा के लिए निर्दोष लोगों को ढाल बनाता है? अथवा वो जो अपने भक्तों की भक्ति परखने के नाम पर उन्हें दंडित करता है, उनकी रक्षा करने का वचन देता है, पर मुसीबत की घड़ी में उन्हें अकेला छोड़कर भाग जाता है? अथवा वो जिसने महादेव का आशीर्वाद और तुम चिरंजीवियों की मुक्ति की इच्छा को अपने स्वार्थ की अग्नि प्रज्ज्वलित करने का साधन बनाया है?"

"हमारा हमारे प्रभु से क्या जुड़ाव है ये तुम जैसे आज्ञाकारी जानवर नहीं समझ सकते।" मृत्युशिर गुस्से से बोला, "यह केंद्र हमारे प्रभु द्वारा सुरक्षित है।

यहाँ से चलते बनो!"

"मुझे लगा तुम्हारे प्रभु ने इस केंद्र के रखरखाव के लिए तुम सेवकों को यहाँ छोड़ रखा है।" नायक ने ताना मारा, "जाकर उससे कहो कि इस संपत्ति के असली स्वामी लौट आए हैं। अब उसकी और उसके सेवकों की यहाँ कोई आवश्यकता नहीं है। उसने नियमों का पालन किया तो कदाचित उसे और उसके दासों को मुमुक्षु क्षमा कर दे।"

"अपने वचनों को विस्मृत करने वाले मुमुक्षु और उनके प्रथम के विनाश के लिए हम और हमारे प्रभु प्रत्येक सांसारिक नियमों से मुक्त हैं। हम नर्क से पैदा हुए हैं तुम्हें समाप्त करने के लिए।" मृत्युशिर खिसियाया हुआ बोला।

"तो अपने कथित प्रभु के साथ उस नर्क में लौटने के लिए तैयार हो जाओ।" नीलकमल नायक ने शांत स्वर में अपनी मंशा स्पष्ट की।

जयंत की हालत खस्ता हो रही थी। नीलकमल और मृत्युशिर की बातें किसी अनर्थ की तरफ मुड़ रही थी। वो दोबारा उनकी लड़ाई में फँसना नहीं चाहता था। श्रीमंत परिवार, डॉ. मजूमदार और डॉ. वर्मा के साथ होने से यहाँ किसी अनहोनी होने की संभावना बढ़ गई थी।

"क्या हम बातचीत से..." जयंत की बात पूरी होने से पहले मृत्युशिर का हाथ हवा में लहराया और आग की लहर प्रकट हो जयंत से कुछेक अंगुल की दूरी से सनसनाते हुए नीलकमल नायक की तरफ उछली।

नायक और उसके साथी सावधान थे। नायक ने फुर्ती से अपने हाथ उठाया। उसकी तरफ आती आग की लपटें हवा में स्थिर हो कुछ क्षण के लिए अपना तेज खोते हुए तैरी और फिर एक हल्के विस्फोट के साथ छोटे-छोटे टुकड़ों में बिखरकर विलीन हो गई।

मुमुक्षुओं ने अपने नायक को चारों तरफ से घेरा। उनकी निजी नीली ऊर्जा की पारदर्शी दीवारें आपस में जुड़ते हुए पुनर्स्थापित हुई और उन्हें चारों तरफ से ढँककर सुरक्षित कर लिया।

जयंत के हाथ-पैर फूल गए। तेज-तेज साँसें भरते हुए, दाँत गुस्से से पीसते हुए उसने लपककर खंभे की आड़ ली। जानता था कि यहाँ जो होने वाला था वो हर किसी के लिए तकलीफ दायक होगा।

"कम से कम बता दो देते!" डर से थरथराता जयंत शिकायती लहजे में

मृत्युशिर से बोला।

मृत्युशिर ने बेफिक्री से अपने कंधे उचकाए और नीलकमल नायक की तरफ लपका। उसके साथी और रक्तबीज भयानक चीत्कार के साथ हवा में कलाबाजी करते हुए नीलकमल और उसके साथियों पर टूट पड़े।

जयंत अपने दाँत पीसते हुए खून का घूँट पीकर रह गया। सदियों से युद्ध में उलझे मुमुक्षुओं और चिरंजीवियों के बीच किसी तीसरे की कोई जगह नहीं थी- जयंत जैसे पिद्दी इंसानों की तो बिलकुल नहीं। जाने क्यों वो ये बात भूलकर अपनी जान हथेली पर रख हर जगह चल पड़ता है। उसकी यह जल्दबाजी एक दिन उसकी फोटो पर माला चढ़वा देगी।

उसने विराट और प्रियंका को तत्परता से खंभों की आड़ में खींचा। श्रीमंत जी, डॉ. मजूमदार और डॉ. वर्मा भी भागकर आसपास खंभों की आड़ में जा छुपे। अचानक उमड़ी चिरंजीवियों और रक्तबीजों की बाढ़ के सामने उन खंभों का होना, न होना बराबर था।

मुमुक्षुओं पर टूटे रक्तबीज ऊर्जा दीवार से छितरा गए, पर वे पलटकर मुमुक्षुओं पर आक्रमण करने लगे।

विराट ने आँखों के इशारे से जयंत का ध्यान मंडप के बाहर कुछ दूर स्थित एक बड़ी चट्टान की तरफ खींचा। वो जगह सभी के छुपने के लिए सुरक्षित थी, पर मंडप की सीढ़ियों पर चिरंजीवी और रक्तबीज हावी थे जो मंडप के भीतर घुसने के लिए एक-दूसरे पर चढ़े जा रहे थे।

मंडप में रहकर जान गँवाने से बेहतर जयंत को बाहर निकलने का खतरा मोल लेना ठीक लगा। वह चिरंजीवियों की भीड़ में रास्ता बनाते हुए सभी को एक-एक कर उस चट्टान के पीछे भेजने लगा। विराट और प्रियंका एक-दूसरे का हाथ पकड़कर भागे। चिरंजीवियों को धकेलते हुए दोनों सीढ़ियों से उतरकर भागकर उस चट्टान की आड़ में दुबके। जगह सुरक्षित जानकर उन्होंने सभी को वहाँ आने का संकेत किया।

जयंत ने तुरंत डॉ. मजूमदार और डॉ. वर्मा को विराट और प्रियंका के पास पहुँचाया। फिर श्रीमंत जी का हाथ पकड़ वह उन्हें खींचते हुए चट्टान की तरफ भागा।

चिरंजीवियों की भीड़ में न सीढ़ियाँ दिख रही थी और न उन पर पैर रखने

की जगह थी। मुमुक्षुओं को मारने के लिए आतुर चिरंजीवी जगह नहीं मिलने पर एक-दूसरे के ऊपर से होते हुए मंडप में घुसने का प्रयास कर रहे थे। अगर जयंत और श्रीमंत जी मंडप से निकलने में देरी करते तो उनका वहाँ से निकलना मुश्किल हो जाता।

बचते-बचाते भी श्रीमंत जी का पैर फिसला और वो चिरंजीवियों के टकराते हुए सीढ़ियों से नीचे चट्टानी जमीन पर गिरे। दर्द से उनकी चीख निकल पड़ी, पर चिरंजीवियों और रक्तबीजों के कोलाहल में उनकी चीख दब गई।

जयंत ने फुर्ती से उन्हें सहारा देकर उठाया। दोनों भागते हुए बड़ी चट्टान के पीछे छुपे बाकी लोगों के पास पहुँचे। दोनों काफी चोटिल हुए थे। कपड़े कई जगह से फट गए थे। इतनी राहत थी कि अब सभी मंडप से दूर और सुरक्षित थे। अजीब बात थी कि मंडप के भीतर जो हो रहा था उसे सब मंडप के बाहर से भी देख-सुन पा रहे थे। शायद मंडप में प्रयुक्त दिव्य यंत्र अप्रभावी हो गए थे और मंडप असुरक्षित हो गया था। वहाँ से निकलने का उनका फैसला सही साबित हुआ।

मंडप के भीतर नीली ऊर्जा कवच से सुरक्षित मुमुक्षुओं को चिरंजीवी और रक्तबीज घेर चुके थे। नीलकमल नायक ने एक बड़ा ऊर्जा गोला उछाला जो रक्तबीजों और चिरंजीवियों के बीच रास्ता बनाते हुए आड़े-टेढ़े तरीके से ऊपर उठा और कई छोटे-छोटे गोलों में बँटकर नीचे गिरा।

शक्तिशाली धमाकों से मंडप थर्राते हुए अनेक स्थानों से फटा। जले-भुने चिरंजीवियों और रक्तबीजों के टुकड़े रक्त की फुआर के साथ आसमान की तरफ उछले और काली रेत में बदलकर हवा में छितराने लगे। मंडप के आसपास ऐसे शक्तिशाली विस्फोटों की झड़ी लग गई। चिरंजीवियों की संख्या कम होने के साथ काली रेत का अंधड़ सघन होने लगा।

मौका मिलते ही मुमुक्षु छतिग्रस्त मंडप से निकलकर चिरंजीवियों को धकेलते हुए नीचे खुले स्थान पर पहुँचे। अब वे आपस में सटकर नहीं, बल्कि अपने-अपने ऊर्जा कवचों में सुरक्षित रहते हुए एक-दूसरे से पर्याप्त दूरी बनाते हुए एकल, किंतु संगठित रूप से व्यूह बनाकर चिरंजीवियों और रक्तबीजों को धकेलते हुए आगे बढ़ने लगे।

उनके मंडप से बाहर निकलते ही प्रहरी स्तंभों से मुमुक्षुओं का लक्ष्य किए

ऊर्जा पुंज बरस पड़े।

"हमें यहाँ से निकलना होगा!" प्रियंका की रुलाई छूट पड़ी, "ये चट्टान कब तक हमारी रक्षा करेगी?"

"जल्दबाजी मत करो!" श्रीमंत जी ने उसे डपटा, "यहाँ से हम कहाँ जाएँगे? खो गए तो?"

"जिंदा तो रहेंगे!" विराट खीजा।

"वो तो अभी भी हैं!" श्रीमंत खीजे, "मृत्युशिर को आने दो!"

"मौत हमारे सिर पर मंडरा रही है और आपको मृत्युशिर का इंतजार है!" विराट झुँझलाया।

"उसके बिना हम यहाँ से नहीं निकल सकते हैं।" घबराए जयंत ने समझाया। दूर-दूर तक फैली उबड़-खाबड़ चट्टानी जमीन पर छुपने लायक सुरक्षित स्थान नहीं था। केंद्र की मायावी व्यवस्था के कारण इस बात का भी भरोसा नहीं था कि यहाँ से जो जैसा दिख रहा है वो वहाँ पहुँचकर वैसा ही होगा। भागने की कोशिश में मुमुक्षुओं और चिरंजीवियों के संघर्ष में फँसने का खतरा था। यही सुरक्षित था कि दुम दबाए बैठकर जो हो रहा है उसे चुपचाप देखते हुए मृत्युशिर के आने का इंतजार किया जाए।

मुट्ठी-भर मुमुक्षु अनगिनत चिरंजीवियों और रक्तबीजों पर भारी पड़ रहे थे। जगह-जगह उनके फेंके गोलों से चिरंजीवियों और रक्तबीजों के बदन टुकड़ों में बँटकर उछल रहे थे। बीच-बीच में मुमुक्षु लोहे की जंजीरों से बँधे बड़े-बड़े काँटेदार गोलों से उन पर घातक प्रहार कर रहे थे। कुछ चिरंजीवी उनके फेंके गोलों के प्रहार से चोटिल होकर हट जाते, तो कुछ के बदन में वे गोले धँसते, एक झटके से खुलते और उनके अंग-प्रत्यंगों के साथ उनके प्राण हरकर वापस लौटते।

जितने चिरंजीवियों और रक्तबीजों को मुमुक्षु खत्म करते उससे दुगनी-तिगुनी संख्या में वे चट्टानी छतों और दीवारों की दरारों से निकल कर उन पर आक्रमण करने लगते। उनकी बढ़ती संख्या के बावजूद मुमुक्षु उन्हें धकेलते हुए मंडप से काफी दूर ले आए थे। मुमुक्षुओं का एक दिशा में बढ़ना शायद उनकी किसी योजना का हिस्सा था। शायद चिरंजीवियों को उलझाए हुए वो केंद्र के भीतरी चक्रों की तरफ बढ़ रहे थे, या फिर केंद्र में छुपे अपने अन्य साथियों को भीतरी

चक्रों तक पहुँचने का अवसर दे रहे थे।

कई नीलकमल अपने मुख्य व्यूह से छिटककर अलग-थलग पड़ गए थे। उनमें से एक रक्तबीजों और चिरंजीवियों से लड़ते हुए उसी चट्टान की तरफ बढ़ रहा था जिसकी आड़ में जयंत और बाकी लोग छुपे थे।

चट्टान की आड़ में बैठे सभी डरे-सहमे मन से एक ही प्रार्थना कर रहे थे कि नीलकमल चट्टान पार कर उनकी तरफ न आए।

उस नीलकमल को अकेला देख कई रक्तबीज उस पर कूदे। बदले में नीलकमल अपने हाथ में पकड़ा काँटेदार गोला घुमाते हुए उनकी तरफ उछला। कई रक्तबीज उसके गोले से टकराकर मारे गए। कुछ उसे लिए नीचे गिरे। इसी बीच कई चिरंजीवी चीखते-चिल्लाते उसकी तरफ भागे और प्रहरी स्तंभों से छूटे कई ऊर्जा पुंज उसकी तरफ मुड़ गए।

हवा में जैसे ऊर्जा की कई लहरें एक साथ टकराई और उस टक्कर से ऊर्जा पुंज, रक्तबीज और चिरंजीवी अनियंत्रित हुए चारों तरफ छितराते हुए गिरने लगे। जाने कितने रक्तबीज और चिरंजीवी हत रहे और कितने घायल हुए। कुछ ऊर्जा पुंज नीलकमल के कवच और रक्तबीजों से छितराए, कुछ नीचे चट्टानी क्षेत्र में गिरे।

धमाकों से थरथराए चट्टानी क्षेत्र में पत्थरों और धूल-मिट्टी की जैसे बारिश होने लगी। उस अंधड़ में दिख नहीं रहा था कि कौन मारा गया और कौन जीवित बचा।

जयंत और बाकी लोग अपने सिर हाथों में छिपाए जमीन पर लेटे रहे। धमाके शांत हुए तो सभी डर से काँपते हुए उठे। धूल-मिट्टी से सनकर सभी मिट्टी के भूत लग रहे थे। कान में सीटी बज रही थी। दिमाग भन्ना रहा था। गनीमत थी कि सभी सकुशल थे।

"अब ?" डॉ. मजूमदार ने घिघियाते हुए चट्टान की तरफ इशारा किया।

उनकी इकलौती रक्षक चट्टान धमाके के बाद छोटे-छोटे पत्थरों में बिखर गई थी। वहाँ से कुछ हाथ दूर अपने ऊर्जा कवच में सुरक्षित खड़ा नीलकमल दूसरी तरफ अपने साथियों से भिड़े चिरंजीवियों को गुस्से से घूर रहा था। उसके ऊर्जा कवच से तरंगों जैसी अजीब झनझनाहट उठ रही थी।

जयंत ने सभी को शांत रहने का संकेत किया। नीलकमल ने अभी तक उन्हें

नहीं देखा था। उसका पूरा ध्यान दूसरी तरफ चिरंजीवियों पर था। शायद अपने साथियों की मदद के लिए वो औचक आक्रमण की योजना बना रहा था। उस नीलकमल की उपस्थिति से अनभिज्ञ चिरंजीवी दूसरी तरफ उसके साथियों से लड़ने से व्यस्त थे। यदि नीलकमल पीछे से हमला करता तो चिरंजीवियों के लिए बेहद घातक होता।

विराट को लगा उसे चिरंजीवियों को सचेत करना चाहिए। पास पड़ा एक बड़ा पत्थर उठाकर उसने उसे चिरंजीवियों की तरफ पूरी शक्ति से उछाला।

पर विराट की किस्मत यहाँ उसे दगा दे गई। नीलकमल ने अचानक अपनी जगह बदली और विराट का फेंका पत्थर उसके कंधे से टकराया।

नीलकमल पलटा और उसके हाथ से ऊर्जा तरंगों में लिपटा गोला विराट की तरफ उछला। इससे पहले वो गोला विराट को छू पाता, विराट के पीछे से कई रक्तबीज डरावनी चीत्कार के साथ हवा में उछले और उस गोले से जा टकराए।

धमाके के शोर और रक्तबीजों की मार्मिक चीत्कारों के बीच विराट जैसे बुत बन गया। काली राख में बदल रहे रक्तबीजों के बीच से एक नीली ऊर्जा तरंग सनसनाते हुए उससे टकराई।

विराट काँपते हुए झटके से हवा में उछला। हड्डियों की तेज चटकन और फटी छाती के साथ खून से लथपथ हुआ वह रक्तबीजों की राख से सना नीचे गिरा। ऊर्जा तरंग का झटका इतना शक्तिशाली था कि विराट के पास बैठी प्रियंका उछलकर सिर के बल नीचे गिरी। उसका सिर जमीन से टकराया और तरबूज की तरह फटकर आसपास बिखर गया।

सभी की साँसे रुक गई। किसी को विराट और प्रियंका को बचाने का मौका नहीं मिला। श्रीमंत जी रोते-बिलखते हुए अपनी छाती पीटते हुए वहीं लुढ़क गए। डॉ. मजूमदार और डॉ. वर्मा ने तुरत-फुरत उन्हें पकड़कर वहाँ से दूर किया।

जयंत के प्राण हलक में आ लगे। विराट की बेवकूफी ने उन्हें मुसीबत में डाल दिया था। मृत्युशिर ने उन्हें चेताया था कि चाहे कुछ हो किसी पर हमला मत करना, पर विराट ने इस लक्ष्मण रेखा को पार कर चिरंजीवियों और मुमुक्षुओं के युद्ध में अब तक निष्पक्ष रहे श्रीमंत परिवार को मुमुक्षुओं का स्पष्ट शत्रु बना दिया था। इस शत्रुता की पहली किश्त उन्होंने विराट और प्रियंका की जान से चुकाई थी।

जो बचा था उसे सुरक्षित रखना जयंत के लिए एक बड़ी चुनौती थी। विराट और प्रियंका को खोने के बाद डॉ. मजूमदार, डॉ. वर्मा और विशेषकर श्रीमंत जी के लिए वो इकलौती उम्मीद की किरण था।

पर वो असहाय था। नीलकमल से लड़ने के लिए उसके पास कुछ नहीं था। होता तो भी वो नीलकमल का सामना नहीं कर सकता था। उसे इस समय मृत्युशिर की सख्त जरूरत थी, पर उसका कहीं अता-पता नहीं था।

नीलकमल उछला और अगले पल वो जयंत के सामने था। जयंत उसकी कद-काठी के सामने बच्चा लग रहा था। जयंत की गर्दन अपने हाथ में दबोचकर नीलकमल ने एक झटके से उसे हवा में उठा लिया।

जयंत को लगा उसकी गर्दन लोहे के ताकतवर शिकंजे में फँसी हो। नीलकमल के चंगुल से छूटने के लिए छटपटाते हुए उसकी साँस टूटने लगी। कुछ नहीं सूझा तो उसने एक जोरदार मुक्का नीलकमल के मुँह पर दे मारा।

नीलकमल को कुछ फर्क नहीं पड़ा, पर हथेली से लेकर कंधे तक जयंत की सभी हड्डियाँ दर्द से झनझना उठी। लगा जैसे उसने किसी चट्टान पर मुक्का मारा हो। नीलकमल पर दूसरा वार करने की उसकी हिम्मत नहीं हुई।

डॉ. मजूमदार ने चट्टान का टुकड़ा उठाया और नीलकमल के हाथ पर कूदे। नीलकमल थोड़ा डगमगाया, लेकिन जयंत की गर्दन को मजबूती से पकड़े रहा। डॉ. मजूमदार जयंत को थामे नीलकमल की बाँह पर किसी बच्चे की भाँति झूल गए और चट्टान के टुकड़े से उसे मारने लगे, पर उनके प्रहारों से नीलकमल को कोई फर्क नहीं पड़ा।

तभी पीछे चिरंजीवियों का हर्ष-मिश्रित जोरदार सम्मिलित कोलाहल गूँजा। बेहोशी में डूबते जयंत ने सिर्फ इतना देखा कि चिरंजीवियों और रक्तबीजों का झुंड तेजी से उसकी तरफ आ रहा था।

अपने साथियों की मौत से क्षुब्ध नीलकमल के क्रोध का केंद्र अब जयंत था। जयंत की गर्दन तोड़ने के लिए उसने अपना दूसरा हाथ उठाया ही था कि डॉ. मजूमदार ने चट्टान का टुकड़ा उसके सिर पर पूरी ताकत से मारा। नीलकमल के कवच से तेज नीली चिंगारी फूटी और डॉ. मजूमदार हवा में दूर उछल गए।

काला पड़ता उनका बदन कुछ देर झटपटाते रहने के बाद शांत हो गया।

कई रक्तबीज नीलकमल पर झपटे। कुछ ने नीलकमल का मुँह अपने जबड़े

में फँसाया, कुछ उसके पैरों, और कुछ उसकी उस बाँहों पर टूट पड़े।

कहीं निकट से एक ऊर्जा पुंज प्रकट होकर नीलकमल से टकराया और गर्दन पर जकड़े नीलकमल के रक्तरंजित कटे हाथ से जूझता जयंत निढाल हुआ नीचे गिरा।

नीलकमल का कवच तेज आवाज के साथ फटा और उससे फूटी तेज नीली चमक में नहाए रक्तबीज दिल दहलाने वाली चीत्कार करते हुए हवा में छितरा गए।

रो-रोकर बेहाल हुए श्रीमंत जी जब तक बचते नीली रोशनी में नहाया भारी-भरकम रक्तबीज उनके ऊपर गिरा।

भेदिया

केंद्र के उस अज्ञात हिस्से में कदम रखते ही मृत्युशिर सिहर गया। वहाँ चट्टानें गर्म और मुलायम थी। उनमें बड़े-बड़े सुराख उभरे थे जिनसे भाप के साथ गर्म लावा बहते हुए नीचे एकत्र हो रहा था। चट्टान का बड़ा हिस्सा पिघलने के कारण जैसे वहाँ एक नया द्वार बन गया था। उस जगह की जाँच करते मृत्युशिर और उसके साथी समझ नहीं पाए कि केंद्र के भीतरी चक्रों को इतनी सुविधा से किसने भेदा और वहाँ तैनात प्रहरी चिरंजीवी कहाँ गए।

सभी गुफा द्वार की आड़ में छिपकर बैठ गए। ये जानना जरूरी था कि वहाँ क्या हो रहा था।

नए द्वार के भीतर से तीव्र चिंगारियों और धुएँ के साथ ऊर्जा का नीला प्रकाश फूटने लगा और ऊर्जा के नीले पारदर्शी कवच में घिरी कुछ विशालकाय परछाइयाँ निकली।

मृत्युशिर और उसके साथियों के चेहरे पर छल, आश्चर्य और अविश्वास के मिले-जुले भाव पसर गए। करीब 20-25 नीलकमल उस द्वार से निकलकर चारों तरफ फैल गए। अपने कवचों से अजीब यंत्र निकालकर वे उन्हें जगह-जगह स्थापित करने लगे।

कर्ण-फोड़ू शोर से वहाँ का हर हिस्सा थरथराया और चट्टानें चटखकर पिघले लावे में परिवर्तित होकर नीचे गिरने लगी।

मृत्युशिर दुविधा में था। बाहरी चक्रों से चिरंजीवियों का यहाँ शीघ्र पहुँचना कठिन था। उनके आने तक मुमुक्षु केंद्र के उन चक्रों में प्रवेश कर चुके होंगे जो चिरंजीवियों के नियंत्रण से बाहर थे। मुमुक्षुओं को रोकने के लिए मृत्युशिर को अपने मुट्ठी भर साथियों का ही सहारा था। उसने अपना हाथ हिलाया और ऊर्जा का एक बड़ा कंटीला गोला उसके पास हवा में प्रकट होकर मुमुक्षुओं के

सक्रिय यंत्रों पर गिरा। यंत्रों को नष्ट करने से पहले वो गोला हवा में गायब हो गया। कदाचित वो यंत्रों की सुरक्षा में प्रयुक्त अदृश्य कवच से निष्क्रिय हुआ था।

मृत्युशिर के साथियों ने अपने आक्रमण की दिशा बदली और उनके संकेत पर ऊर्जा के अनगिनत कंटीले गोले हवा में प्रकट होकर मुमुक्षुओं और उनके यंत्रों पर बरस पड़े।

सक्रिय यंत्रों की सुरक्षा में तैनात अदृश्य ऊर्जा कवच ने मुमुक्षुओं के आक्रमण का कड़ाई से प्रतिकार किया, किंतु वो अधिक देर सुरक्षित नहीं रह पाया। अपने चारों तरफ तेज दबाव का क्षेत्र बनाते हुए वो फटा और मुमुक्षुओं और चिरंजीवियों को दूर उछाल फेंका।

कवच भंग होते ही चिरंजीवी उन यंत्रों पर टूट पड़े। मुमुक्षुओं ने पलटवार किया और उनके हाथों में लगे यंत्रों से चिरंजीवियों पर ऊर्जा तरंगों की बौछार शुरू हो गई। वे ऊर्जा तरंगें अजीब प्रकार से बुलबुलों की भाँति चिरंजीवियों को चारों तरफ से घेरती और उन्हें निष्प्राण कर उन्हें चूर्ण-चूर्ण कर नीचे बिखेर देती। पलक झपकते ही मृत्युशिर अपने कुछेक साथियों के साथ जीवित बचा था।

नीलकमल नायक ने अपने साथियों को आक्रमण रोकने का संकेत किया।

"चले जाओ!" नीलकमल नायक मृत्युशिर को घूरते हुए चीखा।

"यहाँ से तुम जाओगे!" मृत्युशिर गुस्से से बोला, "तुम्हारा आक्रमण विफल रहा। तुम्हारे सभी साथी बाहरी चक्रों में मारे गए।"

"ऐसा तुम और तुम्हारा वो मूढ़ स्वामी समझता है।" नीलकमल नायक गुस्से से बोला, "न कोई केंद्र अपने स्वामी को अपने भीतर प्रवेश करने से रोकने में सक्षम है और न तुम्हारा प्रभु इसकी व्यवस्था को बदलने में।"

"यदि वो तुम्हारे साथी नहीं हैं, तो..." मृत्युशिर के चेहरे पर दुविधा में लिपटे कई प्रश्न उभरे।

"मौत किस रूप में आए, कौन पहचान पाया है!" नीलकमल नायक बोला।

"सच कहा!" मृत्युशिर के साथी का चेहरा सख्त होने लगा।

"नहीं! रुक..." मृत्युशिर उसे रोकने के लिए चीखा, लेकिन तब तक वो नीलकमल नायक पर ऊर्जा किरणों का प्रहार कर चुका था।

ऊर्जा किरणें नीलकमल नायक के कवच से टकराई और फिर जैसे कवच ने उन्हें अपने भीतर सोख लिया। गुस्से से भरकर नीलकमल ने अपना हाथ उठाया

और उसकी मुद्रिका से तीव्र चिंगारियों के साथ नीली ऊर्जा तरंगें मृत्युशिर के आक्रमणकारी साथी की तरफ फूट गई। बचाव में मृत्युशिर के साथी ने अपनी ऊर्जा किरणों का मुँह नीलकमल की तरफ मोड़ दिया।

दोनों ऊर्जा तरंगें आपस में तेज आवाज के साथ टकराई। गुफा को थरथराते हुए जैसे वहाँ चट्टानी टुकड़ों का झंझावात उठ खड़ा हुआ। मुमुक्षुओं के साथ मृत्युशिर के साथी उस झंझावात में फँसकर उछले और चट्टानी दीवारों से टकराकर नीचे गिरे।

नीलकमल नायक की बातों का जोड़-तोड़ निकालने में उलझा मृत्युशिर जैसे पत्थर बना उस द्वंद्व को भुगतने के लिए विवश था। इससे पहले उसके किसी साथी ने उसके आदेशों की ऐसी अवहेलना नहीं की थी।

झंझावात शांत हुआ तो सभी दंग रह गए। लपलपाती नीली आग को समेटे सफेद बर्फ के बड़े-बड़े गोले हवा में तैर रहे थे।

"ये कैसे... !" मृत्युशिर की आँखें अपने साथी का कारनामा देख फटी रह गई। मुमुक्षुओं की शक्तिशाली ऊर्जा तरंगों को अपनी तरंगों के जाल में उसने जाने किस माया से कैद किया।

मृत्युशिर के साथ नीलकमल नायक और उसके साथी भी इस चमत्कार को देख स्तब्ध थे। चिरंजीवी पंच-तत्त्वों को नियंत्रित और उन्हें संतुलित करने वाली दिव्य विद्या में कैसे पारंगत हुए और उन्हें इस विद्या का प्रयोग युद्ध में करने की अनुमति किसने दी ? क्या चिरंजीवी इतने शक्तिशाली हो गए कि प्राकृतिक नियम भंग करने वाली दिव्य विद्या के प्रयोग के लिए उन्हें अनुमति की चिंता नहीं थी ?

मृत्युशिर ने हैरानी से नीलकमल नायक का सामना कर रहे अपने साथी को देखा। स्थिर आँखों के साथ वो ऐसे शांत खड़ा था मानो सम्मोहित हो। उसका दिमाग विचारों के उथल-पुथल से मुक्त था। जैसे उसकी सोच पर कोई और हावी था। मृत्युशिर उसके दिमाग में झाँकने का प्रयास करते हुए हार गया। चिरंजीवी होते हुए भी वो चिरंजीवियों की साझा चैतन्य शक्ति से परे था। यदि वो चिरंजीवी नहीं था तो कौन था ? वो यहाँ क्यों और कैसे आया और चिरंजीवियों की मदद क्यों कर रहा था ?

नीलकमल नायक हरकत में आया। अपने दोनों हाथ मृत्युशिर के साथी के जबड़े में घुसाकर उसने उन्हें विपरीत दिशा में खींचकर फाड़ डाला। फिर हवा

में तैर रहा बर्फ में जमी आग का गोला उठाकर उसे मृत्युशिर के फटे जबड़े से गले तक उतार दिया।

मृत्युशिर का साथी तड़पने लगा। फटे जबड़े से वो बेहद डरावना लग रहा था। गले में गोला फँसा होने से उसकी चीख घुट गई। आँखें फटकर कोटरों से बाहर निकलने लगी। गला सफेद और ठंडा होकर जमने लगा। धीरे-धीरे बर्फीली ठंडक उसकी छाती और कंधों को घेरते हुए उसके पूरे बदन में फैलने लगी। सफेद और बर्फीला होता उसका बदन यकायक तेज आवाज के साथ आग छोड़ते हुए फटा और राख बनकर बिखर गया।

मृत्युशिर समझ नहीं पा रहा था कि बाहरी चक्रों में मुमुक्षुओं ने नहीं तो किसने आक्रमण किया। मुमुक्षु समाप्त होकर भी भीतरी चक्रों में कैसे प्रवेश कर पाए? क्या मुमुक्षु श्रीमंत परिवार का पीछा करते हुए यहाँ पहुँचे थे? पंच-तत्त्वों को संतुलित करने वाला वो चिरंजीवी कौन था? वो यहाँ कैसे पहुँचा? क्या वो यहाँ पहले से था? क्या उसका यहाँ होना एक संजोग है, अथवा किसी योजना का हिस्सा? क्या साक्षी कुछ ऐसे चक्र भेद चुके हैं जिनसे प्राप्त ज्ञान मात्र उन तक सीमित है। केंद्र की सुरक्षा प्रणालियाँ निष्क्रिय करना भीतरी चक्रों से संभव है और जिनमें प्रवेश करने का अधिकार मात्र...

एक काँटेदार ऊर्जा गोला हवा में लहराया और अपने विचारों में उलझे मृत्युशिर की छाती फाड़कर बाहर निकला। मृत्युशिर की आँखें डर से फैली, उसकी फटी छाती से आग की लपटें बाहर निकली और उसके बदन को राख में बिखेरते हुए धीरे-धीरे शांत हुई।

मृत्युशिर के बचे-खुचे साथियों को समाप्त कर नीलकमल नायक अपने साथियों के साथ अपने यंत्रों की जाँच में जुट गया।

हस्तांतरण

जयंत ने खाँसते हुए आँखें खोली। वो काली रेत में सना था। फेफड़े सुलग रहे थे। सिर चकरा रहा था। हवा में फैली काली रेत आँखें जला रही थी। अपनी गर्दन पर फँसे नीलकमल का हाथ महसूस करते ही वो चीखते हुए बदहवास सा उससे जूझने लगा।

पता नहीं किसने उसे उस कटे हाथ से मुक्त किया, किसने उसे सहारा देकर उठाया, उसका मुँह धोया और पानी पिलाया। खड़ा होते ही वो हाँफते हुए नीचे गिर पड़ा।

नीलकमल और रक्तबीजों का शोरगुल समाप्त हो गया था। दूर-दूर तक काली रेत से ढँकी मुमुक्षुओं की लाशें दिख रहीं थी।

मृत्युशिर और उसके साथियों के बीच से निकलकर डॉ. वर्मा बोझिल चाल से जयंत के पास आए। बदन चोटिल और चेहरा थकान और दुख से मुरझाया था।

"डॉ. वर्मा! आपके आदमी भाभी, विराट, डॉ. मजूमदार और श्रीमंत जी को बचा ले गए न?" जयंत बिलख पड़ा, "जैसे उन्होंने डॉ. मजूमदार को पहले बचाया था।"

डॉ. वर्मा के उतरे चेहरे में उम्मीद की किरण ढूँढते हुए जयंत कटे-पेड़ की तरह लुढ़क गया। उसकी आँखों के सामने श्रीमंत परिवार की बलि चढ़ गई और वो कुछ नहीं कर पाया।

"मैंने तुम्हें चेताया था।" मृत्युशिर बोला, "किंतु इंसान वर्तमान की कद्र उसके इतिहास बनने पर करता है।"

"तुम कहना चाहते हो यहाँ जो हुआ हमारी गलती से हुआ?" डॉ. वर्मा गुस्से से बोले।

"क्या फर्क पड़ता है?" जयंत रोते हुए काँपते स्वर में बोला। दोष साबित करके जाने वाले नहीं लौटेंगे। मुमुक्षुओं और चिरंजीवियों दोनों का लक्ष्य बस एक-दूसरे को समाप्त करना था। चाहे उनके प्रयासों में कितनों की बलि चढ़े।

उसने देखा वहाँ से थोड़ी दूर पर मृत रक्तबीज के निकट खून से लथपथ श्रीमंत जी तेज़-तेज साँसें भरते हुए लेटे थे। अनेक चिरंजीवी उनकी देखभाल कर रहे थे।

श्रीमंत जी के पास पहुँच उनकी हालत देख जयंत सिहर गया।

श्रीमंत जी और रक्तबीज के बदन पिघली मोम की तरह लिजलिजे और चिपचिपे हुए आपस में जुड़े थे। श्रीमंत जी की खून से लथपथ उधड़ी जाँघ से रक्तबीज की उंगलियाँ झूल रही थी।

"जयंत! दूर रहो!" श्रीमंत जी ने रोते हुए अपनी बाँहों से पिघलते मांस की तरफ इशारा किया, "हमारा संपर्क तुम्हें नुकसान पहुँचा सकता है।"

"आपको कुछ नहीं होगा, अंकल!" जयंत फूट-फूटकर रो पड़ा, "मैं आपको कुछ नहीं होने दूँगा!"

श्रीमंत जी के चेहरे पर क्षण भर के लिए पीड़ा भरी मुस्कान उभरी। जैसे वो जयंत के दिलासे का सच जानते हो और उसे बताना चाहते हो कि उनके लिए हर दिलासा निरर्थक है।

उनकी दुर्दशा देख जयंत को अपनी बेबसी पर गुस्सा आया। श्रीमंत जी को वो क्या उम्मीद दे? उन्हें कैसे बचाए? श्रीमंत जी के नाम पर सिर्फ उनका चेहरा थोड़ा-बहुत बचा था। बाकी शरीर रक्तबीज के बदन से जुड़कर एक खौफनाक स्वप्न हो गया था। रक्तबीज का मांस और उसके अंग-प्रत्यंग पिघलकर श्रीमंत जी के बदन पर जगह-जगह चिपककर उनका हिस्सा हो गए थे।

श्रीमंत जी की भीगी नजरें जयंत के चेहरे पर स्थिर हुई और आँखें आँसुओं से भर गई। मन ग्लानि से भर गया। श्रीमंत परिवार पर आई मुसीबत में वो बेचारा बेवजह अपनी जान खतरे में डाले हुए था। श्रीमंत परिवार तो मुक्त हुआ, पर जयंत जाने कब तक इस युद्ध में उलझा रहेगा। जाने उसे कब मुक्ति मिलेगी। वो श्रीमंत परिवार की पीड़ा क्यों झेले?

"हम उनसे नहीं लड़ सकते हैं, जयंत!" श्रीमंत जी भरे गले से बोले, "हमने जो खोया, वापस आने से रहा। तुम वो गलती मत करना।"

जयंत बेबस निगाहों से श्रीमंत जी को देखते हुए रो पड़ा।

"ये युद्ध नहीं, बेवकूफी है, जयंत! इसमें हमारा कोई काम नहीं है!" श्रीमंत जी की आँखों से निकलता पानी तेज हो गया। काँपती आवाज से बोले, "इस कहानी को हमेशा के लिए भूलकर अपनी जिंदगी में लौट जाओ।"

"अंकल! हिम्मत रखिए!" जयंत का दिल बैठ रहा था, पर वो श्रीमंत जी के सामने कमजोर नहीं दिखना चाहता था, "हम रोहन की इच्छा पूरी करेंगे।"

"ऐसा क्या था जिसे पाने के लिए मैंने अपना सब कुछ खो दिया।" श्रीमंत जी रुँधे गले से बोले, "अपने किसी प्रिय को खोने के दुख से बड़ा दुख होता है जीवन भर खुद को समझाना कि वो आपके साथ नहीं है। कभी-कभी किसी को जाने देना ही सबसे अच्छा विकल्प होता है। हमें ये सच स्वीकारना होगा। जो चले गए उन्हें जाने दो, जयंत! उनके पीछे भागकर जो तुम्हारे पास है उसे मत खोना।"

कहकर श्रीमंत जी ने भारी मन से अपनी आँखें मूँद लीं।

"अंकल! अंकल!" जयंत चीखते हुए उनके गाल पर थपकियाँ मारने लगे।

श्रीमंत जी हाँफते हुए जैसे गहरी नींद से जागे। एक नजर डॉ. वर्मा को देखा। मानो आँखों ही आँखों में उनसे कुछ माँगा हो। फिर उन्होंने अपनी नजर जयंत पर स्थिर की।

"मेरे पास... हमारे पास समय नहीं है।" श्रीमंत जी अपनी आँखें चढ़ाते हुए अटकती आवाज से बोले, "जयंत! मैं परमात्मा को साक्षी मानकर मुमुक्षुओं से प्राप्त कुंजी से जुड़े समस्त अधिकार समेत अपना सब कुछ तुम्हें सौंपता हूँ।"

डॉ. वर्मा और जयंत हैरान रह गए। मृत्युशिर और उनके साथियों के चेहरे फूटे गुब्बारे की तरह लटक गए।

"अंकल! आपको कुछ नहीं होगा!" जयंत रोते-रोते चीखा, "मैं आपको कुछ नहीं..."

"जयंत! तुम अच्छे इंसान हो...हिम्मत मत हारना! जो हुआ और जो होगा उसके लिए खुद को दोष मत देना...तुम्हारा भला हो, बेटा!" बोलते हुए श्रीमंत जी के मुँह से खून की गाढ़ी धार बह निकली, "हिम्मत मत हारना...रोहन का अ...धूरा.... काम..."

मुँह से खून के चंद बुलबुले छोड़ते और चेहरे पर पीड़ा लिए श्रीमंत जी निढाल हो लुढ़क गए। उनकी छाती का मंद पड़ता उतार-चढ़ाव महसूस कर

जयंत का दिल बैठने लगा। श्रीमंत परिवार का अंतिम चिराग अपना सब कुछ उसे सौंपकर बुझने वाला था।

"मुझसे गलती हो गई!" वह अपना सिर जमीन पर पटकते हुए पागलों की तरह चीखा, "...मर जाओ, जयंत! तुम्हारे जिंदा रहने का कोई फायदा नहीं। तुम किसी लायक नहीं हो! तुम पहले मर जाते तो कई लोग बच जाते।"

"इनकी नाड़ी टूट रही है।" मृत्युशिर के साथी ने श्रीमंत जी की नब्ज जाँची, "हमें इन्हें तुरंत इलाज के लिए ले जाना होगा!"

"तुम... तुम इन्हें ठीक कर सकते हो?" जयंत के चेहरे पर उम्मीद की किरण झाँकी।

"कोशिश तो कर सकते हैं। इन्हें भीतरी चक्रों में ले जाना होगा। वहीं इनका इलाज संभव है।" कहकर मृत्युशिर ने अपने साथियों के साथ श्रीमंत जी और रक्तबीज के मिले-जुले शरीर उठाकर रक्तबीज की पीठ पर बाँधे और उन्हें घेरकर एक तरफ बढ़ चले।

"क्या ऐसा हो सकता है?" उनके पीछे भागते जयंत की आँखें उम्मीद से चमकीं।

"प्रयास करने पर चमत्कार होने की संभावना तो सदैव रहती है!" मृत्युशिर बोला।

"प्रयास करने का वादा करते हो!" जयंत मृत्युशिर के प्रति कृतज्ञता से भरा बोला।

"हमारे प्रयास वादों पर नहीं, हमारी निष्ठा पर आधारित हैं।" मृत्युशिर का साथी बोला, "तुम निश्चिंत रहो। हमारे प्रयासों में कोई कमी नहीं होगी।"

जयंत ने संतुष्टि भरी गहरी साँस छोड़ी।

"तुम हमें अपना शत्रु मानते थे। देखो तुम्हारी रक्षा के लिए हमने अपने अनगिनत साथियों के साथ यह केंद्र और अपना यज्ञ दाँव पर लगा दिया।" मृत्युशिर नम आँखों से बोला, "तुम श्रीमंत जी की चिंता छोड़ो। हम यहाँ यथासंभव इनका उपचार करेंगे। श्रीमंत जी से कुंजियों के अधिकार प्राप्त कर अब तुम कुंजियों के प्रतिनिधि हो। तुम राजेंद्र प्रसाद की अधिकार-मुद्रिका लेकर तुरंत लौटो। मुमुक्षु यहाँ शीघ्र लौटेंगे और केंद्र की सुरक्षा व्यवस्था पुनर्स्थापित किए बिना उन्हें रोकना हमारे लिए इस बार असंभव होगा।"

"क्या श्रीमंत जी को यहाँ छोड़ना उचित होगा?" जयंत ने चिंता से पूछा।

"इससे बेहतर तुम्हारे पास कोई विकल्प है?" मृत्युशिर ने पूछा।

"ठीक है! श्रीमंत जी तुम्हारी जिम्मेदारी।" जयंत मृत्युशिर से बोला, "हम दोबारा कब मिलेंगे?"

"सुबह 5 बजे! अंधा-मोड़!" मृत्युशिर बोला।

जयंत जैसे मृत्युशिर की हर बात उसके मुँह से निकलने से पहले ही स्वीकार कर चुका था।

"हम तुम्हें यहाँ से निकालते हैं!" मृत्युशिर के साथी ने उन्हें एक गुफा में जाने का संकेत किया।

गुफा में जाते जयंत को मृत्युशिर ने अपनी तरफ खींचा और फुसफुसाया, "जरूरी नहीं कि दूर तक साथ देने वाला हर व्यक्ति तुम्हारा मित्र हो।"

जयंत ने अविश्वास से मृत्युशिर को घूरा। पता नहीं केंद्र में हुई दिल-दहलाने वाली घटनाओं और श्रीमंत जी की चिंता में उलझा उसका दिमाग उसकी बात का मर्म ठीक से समझ पाया या नहीं।

उसने यंत्रवत सिर हिलाकर हामी भरी।

"अपना ध्यान रखना, मित्र! हम अंतिम साँस तक अपने वचन का पालन करेंगे। हमारी युगों की साधना, हमारे अनगिनत साथियों के त्याग को उसकी मंजिल तक तुम ही पहुँचा सकते हो।" मृत्युशिर ने हाथ हिलाकर उसे विदा किया, "हम पुनः मिलेंगे। तुम शीघ्र केंद्र में लौटोगे। अपनी अधिकार-मुद्रिका के साथ। केंद्र पर अपना अधिकार स्थापित करने के लिए। इस युद्ध को समाप्त करने के लिए।"

"चलिए, डॉ. वर्मा!" जयंत ने डॉ. वर्मा का हाथ पकड़ा और मृत्युशिर की बात पर विचार करते हुए गुफा में प्रवेश किया।

वापसी

जयंत ने आँखें खोलीं। चिरंजीवियों के विचित्र केंद्र से दूर वो गेस्ट हाउस के सोफे पर लेटा था। बगल वाले सोफे पर डॉ. वर्मा बैठे ऊँघ रहे थे।

उसके बदन और कपड़ों पर लगा खून सूख चुका था। खून और पसीने की मिली-जुली बदबू नथुनों को सड़ा रही थी। रो-रोकर आँखें सूज गई थीं। कमरे की शांति उसके कानों में सीटियाँ बज रही थीं। उसे डॉ. वर्मा के साथ उस गुफा के भीतर जाना याद था, पर उसके बाद वहाँ से दोनों यहाँ कैसे लौटे याद नहीं आया।

केंद्र में हुई घटनाओं की टूटी-फूटी कड़ियाँ दिमाग में ऐसे सपने की तरह बिखरी थी जो नींद खुलते ही बिखर गया। बहुत कुछ पीछे छूट गया था। श्रीमंत जी, प्रियंका, विराट और डॉ. मजूमदार उसकी जिंदगी में एक बड़ा खालीपन छोड़कर कभी न लौटने के लिए चले गए थे।

जयंत का गला रुँध आया। कितनी बड़ी बेवकूफी की उसने! मृत्युशिर के साथ जाना खतरनाक था यह जानते हुए भी उसने सभी को अपने साथ ले जाने के लिए हामी भरी। उसे मृत्युशिर के साथ केंद्र में अकेले जाना चाहिए था। इस बारे में उसे किसी की नहीं सुननी चाहिए थी। वो अकेला जाता तो केंद्र से लौटता या नहीं, पर आज अकेला नहीं होता। गया सब के साथ था, लौटा अकेला था।

आँसू पोंछते हुए जयंत मुँह लटका कर बैठ गया। एक चूक कितने बड़े नुकसान का कारण बन सकती है ये नुकसान होने के बाद समझ आता है, पर वो समझ आने पर भी कुछ नुकसानों की भरपाई नहीं होती है। जयंत की आत्मा पर इस नुकसान से लगे घाव कई जन्मों तक ताजा रहेंगे। उनकी सड़ांध जयंत को उसकी गलती की याद दिलाती रहेगी। अब उसका कोई पछतावा कुछ नहीं बदल सकता था। जिन्हें जाना था, वे जा चुके थे। जो हादसा रुक सकता था, वो जिंदगी भर का नासूर बनकर उसके दिल में बस गया था। जिंदगी एक भयानक

सपना बन गई थी जिसे जयंत अपनी खुली आँखों से जी रहा था।

जयंत का मन हुआ खुद को खत्म कर अपने दिल और आत्मा पर हावी जयंत नाम के बोझ से हमेशा के लिए मुक्त हो जाए। पर ऐसा करके भी उसे शांति कहाँ मिलेगी? उसके भीतर पसरा डरावना खालीपन खाली मकान में गूँजती हवा की भाँति शोर कर रहा था। उसकी तड़पती आत्मा की चीखें उस खालीपन के शोर में कुचल रहीं थी। शायद जयंत उस आवाज को सुनना ही नहीं चाहता था। कहने-सुनने के लिए कुछ नहीं बचा था। बहुत देर हो चुकी थी।

उसने दीवार घड़ी देखी। शाम के 4 बजने में कुछ मिनट बाकी थे। इस हिसाब से यहाँ से केंद्र जाकर वहाँ से लौटने में उसे सिर्फ 15-20 मिनट लगे थे। केंद्र में मृत्युशिर के साथ हुई कई घंटों की बातचीत, मुमुक्षुओं का आक्रमण और वहाँ जो कुछ हुआ सब मात्र 15-20 मिनट में कैसे सिमट सकता है?

मृत्युशिर ने सही कहा था- *समय की कीमत का एहसास तुम्हें यहाँ से लौटने के बाद होगा।*

सिसकियाँ लेते हुए जयंत अपनी बाँहों के घेरे में सिमट गया। सामने टेबल पर रखी मोटी फाइल को एकटक घूरते हुए जाने कब उसकी आँखें पथरा गईं।

कर्मफल

उस वीरान पुराने किले के विशाल गर्भगृह में अपने आसन पर शांत भाव से बैठे यज्ञ निदेशक को नीलकमल ने प्रणाम किया।

"वे केंद्र में घिर चुके हैं। हम उन्हें हमेशा के लिए समाप्त कर सकते हैं।" नीलकमल बोला।

यज्ञ निदेशक चुप रहे। भविष्य का ज्ञान भारी होता है। सब कुछ जानते हुए भी अनभिज्ञ होने का स्वांग करना पड़ता है। घटनाओं को रोकने की क्षमता होने पर भी उनका मूकदर्शक बने रहने के लिए अथाह संयम विकसित करना होता है। इस युद्ध में अंतिम आहुति देने का समय आ गया था। सनातन यज्ञ और इससे जुड़े चेहरे पुनः स्मृतियों और भ्रमित इतिहास में छुपने के लिए तैयार थे।

"उसकी आवश्यकता नहीं है। सुरक्षा-चक्र पुनर्स्थापित करके चिरंजीवियों को उनकी नियति भुगतने दो।" यज्ञ निदेशक बोले, "हमारे पास उससे महत्त्वपूर्ण लक्ष्य हैं।"

"चिरंजीवियों को समाप्त करने से अधिक बड़ा लक्ष्य क्या होगा?" नीलकमल ने अविश्वास से पूछा।

"सदियों तक चलने वाले यज्ञ की व्यवस्थाएँ भी सदियों लंबी होती हैं।" यज्ञ निदेशक बोले, "हमें जिस की प्रतीक्षा थी उसका सुरक्षित आगमन हो चुका है।"

नीलकमल चौंका और अगले पल सहज हुआ।

"यदि मैं उचित समझ रहा हूँ तो..." अपनी दृष्टि यज्ञ निदेशक के चेहरे पर स्थिर किए नीलकमल कहते-कहते रुका।

"वही सुनिश्चित करना चाहता हूँ।" यज्ञ निदेशक के चेहरे पर भीनी मुस्कान थिरकी।

"आपको पूरा विश्वास है?" नीलकमल के चेहरे पर सुखद आश्चर्य की

चमक फैल गई।

"शांति के लिए युद्ध का भ्रम आवश्यक होता है।" यज्ञ निदेशक बोले, "जिस युद्ध पर चिरंजीवी अपना नियंत्रण समझ रहे हैं, वो उन्हें नियंत्रित कर रहा है। उनका भगवान प्रथम उनका विनाश सदियों पूर्व सुनिश्चित कर चुका है। अब उस विनाश के फलित होने का समय आया है।"

"सब कुछ जानते हुए भी साक्षी इस विनाश को क्यों नहीं रोकता?" नीलकमल बोला।

"ज्ञान होना और उस ज्ञान का उपयोग करने की बुद्धि होना- ये गुण आवश्यक नहीं कि एक व्यक्ति में पाए जाएँ। जीव को उसके सत्य से बिलग करने वाला ज्ञान कभी कल्याणकारी नहीं होता है।" यज्ञ निदेशक बोले, "काल द्वारा भ्रमित साक्षी नहीं जानता कि महादेव से प्राप्त जिस वरदान से वो स्वयं को संसार का काल मानता है, उसी में उसका अंत है।"

"साक्षी जैसे शक्तिशाली लोगों में परिणामों से बचने की अद्भुत क्षमता होती है। उनके कृत्यों का परिणाम निर्दोष भुगतते हैं।" नीलकमल ने चेताया, "उन्होंने हमारा बहुत कुछ छीना है। अब हमें उन्हें कुछ नहीं छीनने देंगे, किंतु महादेव का वरदान..."

"...उसकी महत्तता अक्षत है!" यज्ञ निदेशक बोले, "वो वरदान उन्होंने अपने भक्त को दिया था, धर्म के विनाशक साक्षी को नहीं। धर्म भ्रष्ट होकर साक्षी ने महादेव द्वारा दिए सुरक्षा कवच का स्वयं नाश किया है। अपने विनाश के लिए वो स्वयं उत्तरदायी है।"

"क्या वरदान देते समय महादेव को साक्षी की प्रवृत्ति और उसकी मंशा का अनुमान नहीं था?" नीलकमल ने पूछा, "समस्त सृष्टि के संहारक महादेव ने क्या अपने वरदान का परिणाम नहीं सोचा होगा? क्या उन्होंने अपने वरदान की काट और एक तुच्छ साक्षी का अंत करने के लिए आवश्यक शक्तियों के बारे में नहीं सोचा होगा?"

"महादेव के अतिरिक्त कौन जान सकता है कि उन्होंने संसार के किस कल्याण की इच्छा से साक्षी को वर दिया और साक्षी की क्या नियति सोची है?" यज्ञ निदेशक बोले।

नीलकमल के बदलते हावभाव जता रहे थे कि वो यज्ञ निदेशक के तर्क से

सहमत नहीं था।

"महादेव और महाप्रभु विष्णु के प्रति समर्पित होकर निश्चिंत होकर आक्रमण करो।" यज्ञ निदेशक बोले, "प्रभु तुम्हारे समर्पण और प्रयासों के अनुरूप तुम्हारी जीत और हार का निर्णय लेंगे। तुम्हारी प्राथमिकता यज्ञ की सुरक्षा है, साक्षी और चिरंजीवी नहीं। उनका निर्णय नियति पर छोड़ो और उन लक्ष्यों पर ध्यान केंद्रित करो जो नियति ने हमारे लिए निर्धारित किए हैं।"

"ये तर्क मैं पहले भी सुन चुका हूँ।" नीलकमल मुस्कुराया।

"तो उस तर्क से उपजे परिणाम भी तुम्हें स्मरण होंगे।" यज्ञ निदेशक बोले, "केंद्र के चक्र पुनर्स्थापित करो और चिरंजीवियों को उनके लक्ष्य तक पहुँचाओ।"

नीलकमल ने मुस्कुराते हुए यज्ञ निदेशक के चरण स्पर्श किए।

"विजय भव: !" यज्ञ निदेशक ने उसे आशीर्वाद दिया।

पलटवार

डॉ. वर्मा चौंककर उठे। जयंत टेबल पर एकटक नजर गड़ाए, हाथ-पैर बेढंगे तरीके से मोड़े, सोफे पर किसी विक्षिप्त की भाँति उकड़ू बैठा था।

डॉ. वर्मा ने कमरे में रखे फोन से अपने साथियों से संक्षिप्त बात की और जयंत के पास आए।

"जयंत!" उसकी पीठ सहलाते हुए उन्होंने धीमी आवाज में पूछा, "तुम ठीक हो?"

जयंत तेज साँसे भरते हुए चुपचाप बैठा रहा जैसे गहरे नशे में हो।

"...श्रीमंत जी!" वह मुरझाई और अटकती आवाज में बोला, "वो... उन्हें कुछ नहीं होगा न?"

डॉ. वर्मा चुपचाप उसके हाथ सहलाने लगे।

"हमें लौटना होगा, डॉ. वर्मा!" जयंत बदहवास सा अपनी बगलें झाँकते हुए बिलख उठा, "श्रीमंत जी का इलाज चिरंजीवी ही कर सकते हैं। जो उन्हें चाहिए हम उन्हें देकर इस बला से हमेशा के लिए पीछा छुड़ा लेते हैं।"

डॉ. वर्मा ने जयंत को अपनी बाँहों में समेटकर सहानुभूति से उसकी पीठ सहलाई। जयंत के सब्र का बाँध टूट गया। वह डॉ. वर्मा से चिपककर बिलख कर रो पड़ा। अटकती साँसों के साथ हिचकियाँ लेते वो टूटे-फूटे शब्दों में जाने क्या-क्या कहता रहा।

डॉ. वर्मा ने उसे पानी पिलाया और उसका कंधा सहलाते हुए उसके पास बैठे। काफी समय लगा जयंत को खुद पर काबू पाने में।

"जयंत! मैं तुम्हारी हालत समझता हूँ, पर मृत्युशिर पर आँख मूँदकर भरोसा करना समझदारी नहीं है।" डॉ. वर्मा गहरी साँस लेकर बोले, "भावुकता एक सीमा के बाद कमजोरी बन जाती है। दिल से नहीं, आँखें खोलकर ठंडे दिमाग

से सोचो।"

"अब भरोसा करने और सोचने को क्या बचा है?" आँसुओं से भीगे जयंत के चेहरे पर हार और टूटे-बिखरे दिल का दर्द पसरा था, "श्रीमंत जी का इलाज सिर्फ केंद्र में है। उनके ठीक होने के बाद भाड़ में जाए मुमुक्षु और भाड़ में जाए चिरंजीवी, साक्षी और वो मनहूस सूर्यकवच।"

डॉ. वर्मा जयंत को चुपचाप ताकते रहे, जैसे उसकी मानसिक हालत को भाँपते हुए कोई गहरी बात कहने के लिए खुद को तैयार कर रहे हो।

जयंत को उनकी चुप्पी से घुटन हो रही थी। वो सूर्यकवच लेकर केंद्र में लौटने और श्रीमंत जी की हालत के बारे में जानने के लिए बिलबिला रहा था। श्रीमंत जी को बचाने के लिए उसे डॉ. वर्मा की मदद की सख्त जरूरत थी। हर पल कीमती था। डॉ. वर्मा इतनी सीधी बात क्यों नहीं समझ पा रहे थे?

"तुम किस गलतफहमी में हो, जयंत? श्रीमंत जी जा चुके हैं।" डॉ. वर्मा भरे गले से बोले, "उन्हें शांति से जाने दो। श्रीमंत परिवार अब सिर्फ यादों में जीवित है। यादों को जिंदगी बनाओगे तो जीना दूभर हो जाएगा।"

जयंत जैसे आसमान से सीधा जमीन पर गिरा। क्या उसने वही सुना जो डॉ. वर्मा ने कहा?

"वो ठीक हो जाएँगे। चिरंजीवी उन्हें ठीक कर देंगे।" जयंत हड़बड़ाया, "आप... आप क्या कह रहे हैं? आपको याद नहीं कि आपने रोहन को उसके परिवार की रक्षा करने का वचन दिया था?"

"उस वचन को जहाँ तक हो सका मैंने निभाया, जयंत!" डॉ. वर्मा उखड़े स्वर में बोले, "उसके लिए मैं जितनी कीमत चुका सकता था, मैंने चुकाई।"

"जो कहना है साफ-साफ कहें।" जयंत डॉ. वर्मा की बातों का सिर-पैर नहीं समझ पा रहा था।

"रोहन और उसके परिवार के जाने के साथ रोहन को दिया मेरा वचन भी नहीं रहा। अब इस मामले में मुझे किससे कैसे डील करना है, उसके साथ क्या करना है, इसके बारे में मुझे ताजे हालात के मुताबिक नए सिरे से सोचना होगा।" डॉ. वर्मा की आँखें नम हो गईं।

"मतलब?"

"मतलब तुम बखूबी समझते हो।" डॉ. वर्मा सख्त लहजे में बोले, "मुझे

मृत्युशिर के वादों पर भरोसा नहीं है। मैं उसके लिए अपनी वर्षों की मेहनत बर्बाद नहीं करूँगा।"

जयंत आश्चर्य से डॉ. वर्मा को देखता रह गया। अचानक डॉ. वर्मा को क्या हुआ। केंद्र में श्रीमंत जी जिंदा हैं। चिरंजीवियों ने उनका हर संभव इलाज करने का वादा किया है। उनकी मदद से श्रीमंत जी के बचने की उम्मीद बँधी है, पर डॉ. वर्मा श्रीमंत जी की मौत पर यकीन कर जो कुछ हुआ उससे बेशर्मी से अपना पल्ला झाड़ रहे थे। अब तक श्रीमंत परिवार के हितैषी बने डॉ. वर्मा के सुर यकायक बदल गए थे। श्रीमंत परिवार, डॉ. मजूमदार को खोने के बाद के बाद भी डॉ. वर्मा ऐसे शांत थे जैसे कुछ हुआ ही नहीं हो।

"वचन शब्दों से नहीं, मन से होते हैं, डॉ. वर्मा!" जयंत बिफरा, "अगर इंसान के जाने से उससे जुड़े वचन खत्म होने लगे तो फिर इंसानियत के नाम पर क्या बचेगा? हम श्रीमंत परिवार को दिए वचन से अभी भी बँधे हैं।"

"हम नहीं, सिर्फ तुम। तुम मृत्युशिर की बातों से अंधे हो गए हो।" डॉ. वर्मा कड़े स्वर में बोले, "सच-झूठ का फैसला व्यावहारिक होकर करोगे तो मेरी बात तुम्हें समझ में आएगी।"

"मृत्युशिर और आपकी व्यावहारिकता जाए भाड़ में! मुझे सिर्फ श्रीमंत जी की चिंता है।" जयंत अपना आपा खो बैठा, "शायद आपके लिए उनके दर्द की कभी कोई कीमत नहीं थी। श्रीमंत परिवार के लिए प्रति आपकी सहानुभूति, अपने साथियों का बलिदान आपके लिए सिर्फ एक खेल था।"

"तुम गलत सोच रहे हो, जयंत!" डॉ. वर्मा सहजता से बोले, "जिस उद्देश्य से रोहन ने अपना सब कुछ दाँव पर लगाया, वो तुम्हारी एक बेवकूफी से हमारे हाथ से फिसल सकता है।"

"आपका दिमाग ठिकाने पर नहीं है, डॉ. वर्मा!" जयंत गुस्से से बिफरा, "अभी थोड़े देर पहले आप रोहन को दिए अपने वचन को ठुकरा रहे थे, और अब उसी के नाम पर मुझे रोहन का अधूरा काम करने से रोक रहे हैं। आखिर आप क्या चाहते हैं?"

"मैं सिर्फ तुम्हें सही-गलत का फर्क समझाने की कोशिश कर रहा हूँ!" डॉ. वर्मा शांत स्वर में बोले, "इस कहानी में मैं तुमसे अधिक समय से हूँ। इसे मैं तुमसे बेहतर तरीके से समझता हूँ... कहानी के उन अँधेरे कोनों को भी जिनसे

तुम्हारा अभी तक पाला नहीं पड़ा है।"

"जो कहानी मुझ से पूछकर शुरू नहीं हुई, उसमें जिंदा रहने का मुझे कोई शौक नहीं हैं।" जयंत की आँखें भीगने लगीं, "जिनके लिए मैं ये कहानी पूरी करना चाहता था जब उनमें से कोई नहीं बचा तो अब कैसी जीत, कैसी हार और कौन सी लड़ाई!"

"तो तुम मानते हो कि यह लड़ाई तुम्हारी नहीं है?" डॉ. वर्मा कुटिलता से मुस्कुराए।

"ये लड़ाई मेरी नहीं है तो मैं इसे क्यों लड़ रहा हूँ?" जयंत हक्का-बक्का रह गया।

"कभी फुर्सत से अपनी कही बात को सोचना, जयंत! असल में तुम इस कहानी को अभी तक नहीं समझे हो।" डॉ. वर्मा बोले, "हम दोनों इस कहानी के सिर्फ पात्र हैं, एक छोटे से हिस्से, पूरी कहानी नहीं। पात्र कहानी नहीं बनाते हैं, कहानी के अनुसार खुद को मिले दायित्वों का पालन करते हैं। मेरी बातों को ठंडे दिमाग से सोचो।"

"मुझे जो समझना था, समझ चुका हूँ!" जयंत बिफरा, "आप मुझे सूर्यकवच दीजिए। उसके साथ मैं रोहन की हमशक्ल लाशों को लेकर मृत्युशिर से मिलने जाऊँगा!"

"ये तुम्हारी दूसरी दिक्कत है। तुम ये भी नहीं जानते कि तुम अभी सूर्यकवच के लायक नहीं हुए हो।" डॉ. वर्मा कड़े स्वर में बोले।

जयंत गुस्से से डॉ. वर्मा को घूरते हुए उनकी बेसिरपैर की बातों का मतलब ढूँढने की कोशिश करने लगा। उनके हावभाव और तेवर बदले हुए थे। इतने सालों से वो जिस केस की जड़े खोद रहे थे, आज उससे ऐसे पल्ला झाड़ रहे थे जैसे उससे उन्हें कोई लेना-देना नहीं हो। शायद उन्हें इस पल का लंबे समय से इंतजार था और अब उसे झपटने के लिए उनकी लार टपक रही थी।

जिस लक्ष्य के लिए डॉ. वर्मा इतने सालों से लड़ रहे थे, जिसके लिए उन्होंने रोहन और श्रीमंत परिवार की मदद का वादा किया, उसे भूलकर यकायक एक नया सुर क्यों अलापने लगे? क्या अपने वादों की आड़ में वो अपनी असली मंशा सभी से छिपाए थे?

"इसका निर्णय लेने वाले आप कौन होते हैं? क्या आप राजेंद्र प्रसाद

की मौत के बाद किस्मत से मिली अधिकार-मुद्रिका के लायक थे? क्या उसे सूर्यकवच का नाम देने से आप उसके अधिकारी बन गए?" जयंत ने गुस्से से डॉ. वर्मा को घूरा, "सूर्यकवच किसी और की अमानत है। वो आपकी संपत्ति नहीं है।"

"सूर्यकवच मेरे अधिकार में हैं।" डॉ. वर्मा गंभीर स्वर में बोले, "और उसे किसी और को देने का फिलहाल मेरा मूड नहीं है।"

तभी कमरे में एक नर्स दाखिल हुई। जयंत का ब्लड प्रेशर चेक कर उसने तुरत-फुरत उसे एक इंजेक्शन लगाया।

"आप मेरे लिए कोई निर्णय लेने का कष्ट न करें।" नर्स के जाते ही जयंत गुस्से में तमतमाया।

"शांत हो जाओ, जयंत!" डॉ. वर्मा ने उसे समझाया, "कुछ बातें बताने की नहीं, समझने की होती हैं।" उन्होंने टेबल पर रखी मोटी फाइल की तरफ इशारा किया, "शायद राजेंद्र प्रसाद के लॉकर से मिली दूसरी पांडुलिपि का अनुवाद तुम्हें सही निर्णय लेने में मदद करे।"

उस मोटी फाइल को घूरते हुए जयंत के दिमाग का बड़ा हिस्सा जैसे आईने की तरह साफ हो रहा था। उस साफ आईने में जयंत को बहुत कुछ दिख रहा था- गाढ़े खून से सना उसका घावों और चोटों से भरा चेहरा, डॉ. मजूमदार और श्रीमंत परिवार के सभी सदस्यों की लाशें और आखिर में जोर से हँसते डॉ. वर्मा। वो बहुत कुछ समझ रहा था। उसके साथ जो हुआ वो क्यों हुआ और जो हो रहा है वो क्यों हो रहा है। हर धड़कन के साथ दर्द की बाढ़ उमड़ रही थी।

जाने क्या हुआ कि जयंत अपने भीतर उमड़ी उस बाढ़ को एक झटके में पी गया। डॉ. वर्मा से अधिक वो खुद से निराश था। उन्हें समझने की भूल की कीमत उसने अपना सब कुछ खोकर चुकाई थी।

कुछ देर बाद वो गहरी साँस लेकर अपनी आँखें पोंछते हुए उठा।

"ठीक है! आप अपने वचन निभाइए और मैं अपना!" वह बोला, "मैं सुबह मृत्युशिर से भेंट करने जाऊँगा। सूर्यकवच के साथ या उसके बिना!"

कहकर वो दरवाजे की तरफ बढ़ा ही था कि लड़खड़ाकर सोफे पर लुढ़क गया।

"मैंने तुम्हें पहले समझाया था!" डॉ. वर्मा कड़क आवाज में बोले, "यहाँ

फैसले सिर्फ मैं लेता हूँ। इतनी सी बात समझने में तुम्हें क्या दिक्कत है?"

"वो नर्स! वो इंजेक्शन!" जयंत हाँफते हुए बुदबुदाया, "क्यों? क्यों डॉ. वर्मा? क्यों?"

"कुछ सही करने के लिए कभी-कभी कुछ गलत करना पड़ता है, जयंत! सही रास्ते बहुत गंदे होते हैं। दुनिया सच के कारण नहीं, सच छिपाए जाने से चलती हैं।" डॉ. वर्मा कड़क आवाज में बोले, "बहुत कुछ जानने और सब कुछ जानने में जिंदगी और मौत, जीत और हार का फर्क होता है। यह बात तुम्हारे भेजे में क्यों नहीं घुसती है?"

टुकड़ों में बँटा जयंत कुछ और अधिक टूट गया।

"मुझे कुछ नहीं चाहिए, डॉ. वर्मा!" जयंत भर्राए गले से गिड़गिड़ाया, "मैं बस श्रीमंत जी की इच्छा... अंतिम इच्छा पूरी करना चाहता हूँ... रोहन की हमशक्ल लाशों की सम्मानपूर्वक विदाई के साथ उसकी मुक्ति! मुझे जाने दीजिए!"

"वादा करो कि चिरंजीवियों से तुम्हारा ये लेन-देन आखिरी होगा!" डॉ. वर्मा ने शर्त रखी।

"लेन-देन के लिए मेरे पास अब कुछ नहीं बचा, डॉ. वर्मा!" नशे के खुमार में डूबती आँखें से जूझता जयंत बोला, "बस एक बार श्रीमंत जी..."

"जयंत! ये सब कुछ तुम्हारे और मेरे बारे में नहीं है। श्रीमंत जी कुंजी के अधिकार तुम्हें सौंप चुके हैं। चिरंजीवियों को उनकी जान बचाने में कोई दिलचस्पी नहीं है।" डॉ. वर्मा बोले, "श्रीमंत जी मरे या जिए, उन्हें फर्क नहीं पड़ता है। अब श्रीमंत जी नहीं, तुम उनका मोहरा हो। उनके जाल में मत फँसो।"

जयंत ने बड़ी मुश्किल से अपना सिर हिलाकर हामी भरी।

"तुम दुनिया के मर चुके हो, इंस्पेक्टर जयंत!" डॉ. वर्मा ने उसे याद दिलाया, "ये दुनिया मरे हुओं को नहीं ढूँढती और जिंदा की परवाह नहीं करती।"

"कुछ उम्मीदें जिंदा रहने की कोशिश करने पर मजबूर करती हैं!" जयंत भर्राए गले से बोला। डॉ. वर्मा की बात में उसे अपने उन सवालों के भी जवाब मिल गए थे जिन्हें उसे उनसे बहुत पहले पूछ लेना चाहिए थे।

अब वो डॉ. वर्मा पर कोई सवाल उधार नहीं रहने देगा। इस बार निर्णय भी उसका होगा, और उस निर्णय के परिणामों का दोषी भी वही होगा। उसके किसी

कदम को रोकने के लिए अब श्रीमंत परिवार नाम की जंजीर नहीं थी।

"रोहन की हमशक्ल लाशों को विदा करने के लिए हम दोनों मृत्युशिर से मिलने चलेंगे।" डॉ. वर्मा सहानुभूति से बोले, "वादा करता हूँ!"

"रोहन की लाशें... मृत्युशिर को सौंपकर!" नशे में डूबता जयंत बेहद मंद स्वर में बोला, "मैं इस ... दूर... हमेशा के लिए चला जाऊँगा।"

"अपनी कमजोरियों का सामना करने से पहले हमें अपनी ताकत का अंदाज नहीं होता है।" डॉ. वर्मा उसके बाल सहलाते हुए बोले, "तुम्हें लंबी नींद की जरूरत है, जयंत!"

डॉ. वर्मा को घूरते हुए जयंत आँखें मूँद सोफे पर लुढ़क गया।

जागरण

कमरे में टहलते डॉ. वर्मा ने दीवार घड़ी पर सरसरी नजर डाली। रात के 3 बज रहे थे। उन्होंने सोफे पर सोए जयंत को झकझोर कर उठाया।

जयंत गहरी नींद में था। वह चौंककर एक झटके से उठा तो सोफे से गिरते-गिरते बचा। कुछ समय लगा उसे असल दुनिया से तालमेल बैठाने में। दिमाग शांत और तरोताजा था। बदन का दर्द भी कम हो गया था।

कई पुरानी घटनाएँ एक झटके से उसके दिमाग में ताजा हो गईं।

"मुझे माफ कीजिए। जाने क्या-क्या बक गया।" जयंत उदास स्वर में डॉ. वर्मा से बोला, "मुझे अब बस श्रीमंत जी की इच्छानुसार रोहन की हमशक्ल लाशों को मुक्ति दिलानी है।"

"मुझे मेरा वादा याद है।" डॉ. वर्मा बोले, "उसे निभाने के लिए मैं तुम्हारे साथ मृत्युशिर से मिलने के लिए चलने को तैयार हूँ।"

"और श्रीमंत जी?" जयंत ने बुझे स्वर में पूछा, "आप उनके बारे में इतना सब कैसे जानते हैं? आपको कैसे पता कि उनका कोई उपचार नहीं है?"

"यह सिर्फ मेरा अनुमान है। भगवान से प्रार्थना करता हूँ कि तुम सही हो और चिरंजीवी श्रीमंत जी का उपचार करने में सक्षम हो।" डॉ. वर्मा गहरे स्वर में बोले, "इस भेंट में चाहे कुछ हो, तुम केंद्र में प्रवेश नहीं करना। श्रीमंत जी की लाश लेने या साक्षी से भेंट करने के लिए भी नहीं।"

"साक्षी!" जयंत चौंका, "वो मुझसे क्यों भेंट करेंगे?"

"भेंट तो अवश्य होगी, किंतु भेंट का परिणाम तुम पर निर्भर करेगा।" डॉ. वर्मा गहरे स्वर में बोले।

"मतलब?" जयंत सकपकाया।

"मतलब समझने का समय जल्दी आने वाला है।" डॉ. वर्मा बोले, "रोहन

की लाशें बाहर वैन में हैं। मेरी टीम अंधे-मोड़ पर नजर रखे है।"

"तो हम किसका इंतजार कर रहे हैं?"

"तुम्हारे जागने का!" डॉ. वर्मा की निगाहें जयंत के चेहरे को टटोलने लगी।

"जाग चुका हूँ!" जयंत बुझे स्वर में बोला।

"वही पक्का कर रहा था।" डॉ. वर्मा बोले, "चलने से पहले कुछ खा लो। केंद्र से लौटने के बाद से तुमने कुछ नहीं खाया है।"

"भूख नहीं है।" जयंत मुँह बिचकाते हुए उखड़े स्वर में बोला, "चलें?"

डॉ. वर्मा ने अपने पास से एक पिस्तौल निकालकर जयंत को दी, "रख लो! जरूरत नहीं पड़े तो अच्छा है।"

जयंत को अपने साथ आने का इशारा कर वह कमरे से बाहर निकले।

जयंत ने पिस्तौल जाँची। फुल लोडेड थी। पिस्तौल अपनी जींस में ठूँस उसने टेबल पर रखी मोटी फाइल उठाई और तेज कदमों से कमरे से निकला।

गुमराह

सड़क के किनारे खाली जगह देख जयंत ने वैन रोकी और उतरकर वैन के पीछे खड़ा हुआ। डॉ. वर्मा भी उतरकर उसके पास पहुँचे। देखा जयंत वैन के बंद दरवाजे को गुस्से से घूर रहा था।

"जयंत! सब ठीक है?" उन्होंने पूछा, "कोई दिक्कत?"

"अगर आपको चीजें अपने तरीके से करनी है तो यही सही!" जयंत ने एक झटके से अपनी पिस्तौल निकालकर डॉ. वर्मा पर तानी, "हाथ ऊपर और कोई नौटंकी नहीं!"

जयंत के इस बदले रूप से चौंके डॉ. वर्मा ने अपने दोनों हाथ ऊपर उठाए। जयंत ने तुरंत उनके मोजों और कमर में ठूँसी पिस्तौलें और जेब में रखा उनका फोन अपने कब्जे में किया।

"ये मुझे बहुत पहले कर लेना चाहिए था!" जयंत गुस्से से बोला, "हर इंसान के पास कुछ न कुछ खोने के लिए जरूर होता है जो उसे कमजोर बनाता है। जब खोने के लिए कुछ नहीं हो तो इंसान पागलपन की हद तक मुक्त होता है, डॉ. वर्मा!"

"बिलकुल!" डॉ वर्मा बोले, "और अपनों की रक्षा करना उसका फर्ज होता है!"

"मैं वही फर्ज निभा रहा हूँ!" जयंत गुस्से से बोला।

"ये सब करने की कोई जरूरत नहीं है, जयंत!" डॉ. वर्मा ने उसे समझाया, "सब तुम्हारी मर्जी से हो रहा है।"

"मेरी मर्जी? हमने आप पर भरोसा किया, और आपने हमारी पीठ पर छुरा घोंपा!" गुस्से से भरे जयंत की आँखों से आँसू टपक पड़े, "क्यों डॉ. वर्मा, क्यों? आपकी हिम्मत जवाब दे गई या नीयत? क्या कोई आपको अपना वचन निभाने

से रोकने के लिए बड़ी कीमत दे रहा है?"

"जयंत! मैं बिकाऊ नहीं हूँ!" डॉ. वर्मा गुस्से से बोले, "मैंने किसी को धोखा नहीं दिया।"

"दुनिया की हर चीज बिकाऊ होती है, डॉ. वर्मा!" जयंत गुस्से से अपने दाँत पीसते हुए बोला, "सिर्फ उसकी कीमत देने वाला मिलना चाहिए! वादों का टूटना-बिखरना और लोगों का आना-जाना लगा रहता है। उनकी और उनसे किए वादों की कोई क्यों परवाह करे?"

"मैं अपने हर वादे और उससे जुड़े लोगों की परवाह करता रहा हूँ और करता रहूँगा!" डॉ. वर्मा बोले, "पर कुछ वादों को निभाने के लिए उन्हें तोड़ना पड़ता है।"

"आपको श्रीमंत परिवार या रोहन की वसीयत की नहीं, सिर्फ अपनी चिंता थी। सूर्यकवच के रहस्य उजागर करने के लिए आपने उनका भरोसा हासिल किया ताकि उनके रहस्यों को आप दाँव पर लगा सकें।" जयंत बोला, "रोहन और उसकी वसीयत आपके लिए सूर्यकवच पर अधिकार प्राप्त करने का सिर्फ एक जरिया थी। हम सब आपकी बिसात के मोहरे थे और खेल में मोहरों की चिंता कौन करता है?"

"क्या बकवास कर रहे हो!" डॉ. वर्मा ने चेताया।

"ठीक कहा, डॉ. वर्मा! मैं अभी तक बकवास कर रहा था। श्रीमंत परिवार, डॉ. मजूमदार, राठौड़ हम सभी आपके बारे में गलत सोच रहे थे।" जयंत पिस्तौल पर अपने हाथ मजबूती से कस गला फाड़कर चीखा, "सूर्यकवच की असलियत जानकर आप जैसा इंसान उसे अपने से दूर करने की बेवकूफी क्यों करेगा? श्रीमंत परिवार के साथ असली खेल मुमुक्षु और चिरंजीवी नहीं, आप खेल रहे थे। हमने आप पर क्यों भरोसा किया?"

"क्योंकि सच्चे दिल को झूठी बातें भी सच्ची लगती हैं।" डॉ. वर्मा ने उसे चेताया, "जिस बारे में तुम कुछ नहीं जानते हो उस बारे में ऊट-पटांग मत बोलो।"

"मैंने अभी कुछ बोला ही नहीं है!" जयंत ने आँखें तरेरी, "लोग मरे या जिए, आपको कोई फर्क नहीं पड़ता है। आपका कौन सगा इस मामले में फँसा है जो आपको फर्क पड़े। आप इस मामले में टाँग नहीं घुसाते तो रोहन और श्रीमंत

परिवार आज जीवित होता। क्या दिमाग चलाया आपने! सूर्यकवच होते हुए भी जिस केंद्र तक आप नहीं पहुँच पाए, उसमें आप श्रीमंत परिवार की आड़ लेकर दाखिल हो गए।"

"मेरे पास तुम्हारी घटिया सोच का इलाज नहीं है।" डॉ. वर्मा जयंत से नजरें चुराते हुए बोले।

जयंत का चेहरा गुस्से से लाल हो गया। अच्छे लोग हमेशा पहले मरते हैं। आप जिन्हें चाहते हैं उन्हें नहीं बचा पाने का नासूर जीवन भर ताजा रहते हुए पीड़ा देता है। काश! वो डॉ. वर्मा का छल पहले समझ पाता। अब समझ चुका है तो उन्हें छोड़ने के मूड में नहीं था।

"पांडुलिपियाँ हमें फँसाने के लिए फैलाया आपका जाल था, वरना आप उनकी व्याख्या इतनी आसानी से कैसे करते। आप बड़ी चतुराई से हमारे दिमाग में वो भरते रहे जो आपको अपनी मंजिल तक पहुँचाए।" जयंत ने घृणा भरी निगाहों से डॉ. वर्मा को घूरा, "किसे पता आपके पास कितनी पांडुलिपियाँ हैं। मृत्युशिर ने सनातन यज्ञ के जिस हिस्से से हमें अवगत कराया शायद उससे आप पहले से वाकिफ थे।" जयंत यकायक पागलों की तरह चीखा, "आप सिर्फ सूर्यकवच के रहस्य खोजने के लिए श्रीमंत परिवार की मदद नहीं कर रहे थे, बल्कि प्रथम की तरह आप भी उन ज्ञान-कोषों की तलाश में थे और रोहन समेत पूरा श्रीमंत परिवार और हम सब आपके लिए सिर्फ और सिर्फ उन ज्ञान-कोषों तक पहुँचने का जरिया थे।"

"मैं श्रीमंत परिवार का भला चाहते हूँ, जयंत!" डॉ. वर्मा गुस्से से बिफरे।

"तो उन्हें इस पागलपन से दूर रखते!" जयंत गुस्से से चीखा, "सूर्यकवच का रहस्य सुलझाने के नाम पर उन्हें रोहन की वसीयत का चारा डालकर मौत के मुँह में क्यों फँसाया?"

"कैसा पागलपन, जयंत?" डॉ. वर्मा ने आँखें तरेरी, "पागलपन तो मुमुक्षुओं और चिरंजीवियों के सिर पर सदियों से हावी है। वही पागलपन तुम्हारे सर चढ़ तुम्हें श्रीमंत परिवार से हटकर कुछ सोचने नहीं दे रहा है। श्रीमंत जी से कुंजियों के प्रतिनिधि के अधिकार प्राप्त कर भी तुम्हारा पागलपन खत्म नहीं हुआ। भूलो मत कि उन अधिकारों को प्राप्त करके भी तुम सिर्फ एक मनुष्य हो, भगवान नहीं। तुम वही जयंत हो जो रोहन की वसीयत की जड़े खोदते हुए मेरे पास पहुँचा था।

आज तुम मुझे ही दोषी ठहरा रहे हो!"

"मृत्युशिर ने जो कुछ बताया आप उससे वाकिफ थे, डॉ. वर्मा!" जयंत का पारा चढ़ गया, "आप सब कुछ जानते थे, हैं ना?"

"मैं क्या जानता था?" डॉ. वर्मा सकपकाए।

"आप जानते थे कि केंद्र में क्या होने वाला है। आप जानते थे कि नीलकमल केंद्र में आने वाले हैं।" जयंत बोला, "मैं मृत्युशिर के साथ अकेला केंद्र में जाने वाला था। आपने साथ चलने की जिद की और उस जिद में डॉ. मजूमदार और श्रीमंत परिवार को जोड़ लिया। उनकी मौत के जिम्मेदार आप हैं। वे लोग आपके कारण केंद्र गए थे।"

"मृत्युशिर से मिलने का निर्णय तुम्हारा, श्रीमंत जी और डॉ. मजूमदार का था। मैं तुम्हारी मदद के लिए तुम्हारे साथ गया था। कोई नहीं जानता था कि वो हमें केंद्र ले जा रहा था।।" डॉ. वर्मा गुस्से से बोले, "तुम्हें आराम की जरूरत है। तुम अपना अच्छा-बुरा नहीं समझ पा रहे हो।"

"मुझे सब समझ में आ गया है।" जयंत ने गुस्से से अपने दाँत पीसे, "मुमुक्षु हमारे पीछे आपके कारण पड़े। 10 अप्रैल को जब मुमुक्षुओं के हमले से डॉ. मजूमदार को बचाने के लिए चिरंजीवी उनकी लैब में आए, तो आपने डॉ. मजूमदार को बचाकर लैब में हुई तबाही का सारा दोष चिरंजीवियों पर मढ़ दिया। चिरंजीवी श्रीमंत जी के घर पर उन्हें बचाने के लिए पहुँचे, लेकिन आपकी टीम ने उन पर हमला किया और हमें विश्वास दिलाया कि हमारी जान खतरे में हैं। इसी बीच मुमुक्षु वहाँ कैसे पहुँचे? है आपके पास कोई जवाब?"

"जवाब सवालों के दिए जाते हैं, जयंत! मूर्खता के नहीं!" डॉ. वर्मा उदास स्वर में बोले।

"आप जानबूझकर हमें बंकर में लाए ताकि चिरंजीवी हम तक नहीं पहुँच पाए और नीलकमल हमें मार सके। नीलकमल बंकर में अपने आप नहीं आए थे, आप उन्हें वहाँ लेकर आए थे।" जयंत ने अपनी बात पूरी की।

"तुम्हारा दिमाग बिलकुल ठिकाने पर नहीं है।" डॉ. वर्मा गुस्से से आँखें तरेरते हुए बोले।

"मेरा दिमाग जहाँ होना चाहिए वहीं है, और अब वो आपके जाल में फँसने वाला नहीं है। आपकी दगाबाजी मैं समझ चुका हूँ।" जयंत गुस्से से बोला,

"आपने हमें डीआरडीओ के बंकर में पहुँचाया। हमारे वहाँ होने की बात सिर्फ आप जानते थे। वो बिल्डिंग जिसमें करण को आपकी टीम ने बंदी बनाया गया था उसके बारे में भी सिर्फ आप जानते थे।"

"तो?"

"बंकर और जिस बिल्डिंग में करण था उन दोनों स्थानों को आपसे बेहतर कौन जानता था, डॉ. वर्मा? करण की मौत के बाद मृत्युशिर हमसे मिलने आ रहा है यह आप जानते थे। जिस केंद्र में हम थे वहाँ नीलकमल ने कैसे उसी समय आक्रमण किया जब हम वहाँ थे?" जयंत बोला, "बंकर, वो बिल्डिंग जिसमें करण था, और केंद्र- इन तीनों जगहों पर आप हमारे साथ थे, डॉ. वर्मा। आप रोहन के दुर्घटनास्थल पर भी थे। हर दुर्घटनास्थल पर आपके होने का संजोग कितनी बार हो सकता है?"

"करण को मेरी टीम ने पकड़ा था, मैंने नहीं!" डॉ. वर्मा तेज स्वर में बोले, "और मृत्युशिर के साथ केंद्र में जाने के लिए तुम बेसब्र थे। हम तुम्हारा साथ देने के लिए वहाँ गए थे।"

"हम? हम, डॉ. वर्मा?" जयंत की आँखें गुस्से से लाल हो गईं, "अब आप किसे बेवकूफ बना रहे हैं? आपसे मिलने से पहले हम 'हम' थे, डॉ. वर्मा! आपकी मेहरबानी से अब 'हम' के नाम पर सिर्फ मैं और अपनी अंतिम साँसें खींचते श्रीमंत जी बचे हैं।"

"मैंने रोहन को इस तमाशे का हिस्सा बनने को नहीं कहा था।" डॉ. वर्मा ने रूखे स्वर में पूछा।

"इतनी मौतें आपके लिए तमाशा है? ये सारा फसाद रोहन की वसीयत ने नहीं, आपने शुरू किया। आपने रोहन और उसके परिवार का जीवन दाँव पर लगाया। डॉ. महापात्रा, डॉ. स्वामी, डॉ. मजूमदार, करण, राठौड़, भाभी, विराट और न जाने ऐसे कितने लोगों की मौत आपके माथे है।"

"भावुक होने की जरूरत नहीं हैं, जयंत। वसीयत श्रीमंत परिवार का बोझ है, तुम्हारा नहीं!" डॉ. वर्मा गुस्से से बोले, "तुम्हें ये बात क्यों नहीं समझ आती है?"

"मेरे लिए वसीयत बोझ नहीं किसी का विश्वास है मुझ पर!" जयंत ने डॉ. वर्मा की गर्दन दबोची और धकेलते हुए उन्हें वैन से टकराया।

"तुम पागल हो गए हो, जयंत! हम ये बातें बाद में कर सकते हैं। पहले

श्रीमंत जी की चिंता करो!" गुस्से में भरे डॉ. वर्मा चीखे।

"मैं आपके साथ कहीं नहीं जाने वाला।" जयंत ने अपनी पिस्तौल उनकी कनपटी से सटाई, "और मेरे रहते आप श्रीमंत जी की चिंता मत कीजिए।"

"मुझे सब की चिंता है, जयंत! तुम्हें लगता है कि सोचने का काम सिर्फ तुम कर रहे हो, पर तुम जो सोच रहे हो गलत सोच रहे हो।" डॉ. वर्मा गहरी साँस लेकर बोले, "केंद्र में जो हुआ उसका मुझे भी दुख है। हमने जो खोया उसकी भरपाई नहीं हो सकती है, लेकिन तुम उस दर्द को गलत दिशा में ले जा रहे हो।"

"आप हमारे दिमाग में बकवास भरते हुए हमें भटकाते रहे। केंद्र में सिर्फ मेरा जाना काफी था। आप केंद्र में जाने के लिए इतने उतावले क्यों थे? वहाँ हम सभी को ऑक्सीजन की कमी महसूस हो रही थी, लेकिन सिर्फ आपको ऑक्सीजन मास्क लगाए बिना भी कोई दिक्कत नहीं हो रही थी। क्यों?" जयंत गुस्से से बोला।

"हर व्यक्ति की शारीरिक क्षमता अलग-अलग होती है, जयंत! जगह, बीमारियों और दवाइयों का असर सभी पर अलग होता है।" डॉ. वर्मा ने साफ किया, "वहाँ ऑक्सीजन की कमी मुझे भी महसूस हो रही थी, पर मैं मृत्युशिर के साथ कोई रिस्क नहीं लेना चाहता था।"

"रिस्क नहीं लेना चाहते थे, या रिस्क लेने की जरूरत नहीं थी?" जयंत ने आँखें तरेरी, "आप वहाँ पहले जा चुके थे, इसलिए वहाँ आपको साँस लेने में दिक्कत नहीं हो रही थी। हमें बेवकूफ बनाने के लिए आप ऑक्सीजन की कमी का नाटक कर रहे थे।"

"तुम्हारी बकवास का मेरे पास कोई इलाज नहीं है!" डॉ. वर्मा ने हताशा से अपना सिर झटका, "जब तुम्हें कुछ समझना ही नहीं है तो मैं तुम्हें क्या समझाऊँ?"

"अभी भी मैं ही समझूँ? क्या समझूँ और किसके लिए? जिनके लिए समझना चाहता था वो सभी तो आपकी मेहरबानी से समझदारी के फेर से मुक्त हो चुके है।" जयंत बोला, "अपनी पोल खुलते देख आपने मुँह फेर लिया। आपके पास राजेंद्र प्रसाद की जो अधिकार-मुद्रिका है वो सक्रिय कैसे हैं, जबकि राजेंद्र प्रसाद की मौत के बाद उसे निष्क्रिय हो जाना चाहिए था।"

बुरी तरह चौंके डॉ. वर्मा आँखें फाड़े जयंत को घूरते रह गए।

“या फिर आपने राजेंद्र प्रसाद को झाँसे में लेकर उस से अधिकार-मुद्रिका लेकर उसे मार दिया!” जयंत दाँत पीसते हुए बोला, “वरना उसकी अधिकार-मुद्रिका पर आपका कोई अधिकार नहीं था। आप उसका उपयोग नहीं कर सकते थे।”

“तुम्हें जो कहना है, कहते रहो!” डॉ. वर्मा रुआँसे हुए, “मैंने वही किया जिसे करने का वादा मैंने रोहन से...”

“कोई फर्क नहीं पड़ता आपने किसका साथ देने का वादा किया था, डॉ. वर्मा! फर्क इससे पड़ता है कि आपने किसका साथ दिया और उस साथ का क्या परिणाम हुआ।” जयंत बिफरकर चीखा, “एक ही सच है कि आपने श्रीमंत जी का विश्वास हासिल कर उनकी पीठ में छुरा घोंपा।”

“मैं ऐसा क्यों करूँगा?” डॉ. वर्मा गिड़गिड़ाए, “रोहन मेरे बेटे जैसा था। तुम मेरे बच्चे जैसे हो।”

“मैं बच्चा नहीं हूँ! तुम मेरे बाप नहीं हो, और बनने की कोशिश भी मत करो!” जयंत गला फाड़कर चीखा, “तुम सूर्यकवच के बारे में गलत थे, तुम रोहन और निश्चल के बारे में गलत थे, तुम मृत्युशिर के बारे में गलत थे। तुम हमेशा से गलत थे और अपनी गलती छिपाने के लिए लोगों को ढाल बनाते रहे। हम बेवकूफ तुम जैसे दोगले इंसान पर भरोसा करते रहे।”

“जयंत! तुम सच्चाई नहीं देख रहे हो!” डॉ. वर्मा आत्मीयता से बोले, “तुम कुछ नहीं रोक पाओगे।”

“मुझे किसी को रोकना नहीं है, डॉ. वर्मा!” जयंत का चेहरा सख्त हुआ, “मैं श्रीमंत परिवार, डॉ. मजूमदार, राठौड़, डॉ. स्वामी, डॉ. महापात्रा में से किसी को नहीं बचा पाया, पर अगर चिरंजीवियों के सहयोग से मैं रोहन का अधूरा वादा पूरा कर सकूँ तो मैं समझूँगा कि जिस विश्वास के साथ श्रीमंत जी ने मुझे रोहन की वसीयत सौंपी है मैं उसमें खरा उतरा। मुझे खाली हाथ मुमुक्षुओं से लड़ते हुए मरना मंजूर हैं। आप मुझे रोकने की कोशिश मत कीजिए!”

“जयंत! तुम नहीं जानते कि तुम क्या नहीं जानते हो, पर उम्मीद करता हूँ कि तुम ये सब समझने के लिए कोई न कोई रास्ता जरूर ढूँढ लोगे।” डॉ. वर्मा बुझे स्वर में बोले, “तुम भूल रहे हो कि सूर्यकवच अभी भी मेरे पास है! उसके बिना...”

"...केंद्र के चक्र पुनर्स्थापित होते ही वो आपके किसी काम का नहीं होगा!" जयंत दाँत पीसते हुए बुदबुदाया।

"उम्मीद करता हूँ तुम्हारी बात सच निकले।" डॉ. वर्मा बेबस होकर बोले।

"मुझमें लाख कमियाँ होंगी, पर मैं अपना दिया वचन नहीं भूलता हूँ!" जयंत बोला, "और मैं किसी के अंतिम संस्कार में भाग लेने से पीछे नहीं हटता हूँ। आपका तो बिलकुल स्पेशल होगा।"

"दुनिया को तुम जैसे लोगों की जरूरत है, पर तुम्हारा दुश्मन मृत्युशिर या मैं नहीं, तुम खुद बन गए हो। तुम वो नहीं देख रहे हो जो मैं देख रहा हूँ। आज तुम खून का घूँट पी जाओ, ताकि समय आने पर उन्हें खून के आँसू रुला सको। मैं तुम्हें ये सब पहले भी समझाने की कोशिश कर चुका हूँ।" डॉ. वर्मा हाथ जोड़कर बोले।

"हाँ! आप बेशक कर चुके हैं।" जयंत गुस्से से बोला, "कैसे भूल सकता हूँ कि आपकी उन कोशिशों की मैंने क्या कीमत चुकाई है।"

"और तुम मेरी बातें एक कान से सुनकर दूसरे से निकालते रहे।" डॉ. वर्मा बोले, "आज तुम जो बेवकूफी करने जा रहे हो शायद उसके बाद तुम्हें मेरी बातें समझ में आए, पर तब तुम्हारे पास सिवाय पछताने के लिए कुछ नहीं होगा।"

"मैं ये रिस्क लेने के लिए तैयार हूँ।" जयंत का हाथ पिस्तौल पर कस गया।

"अच्छी बात है कि तुम मेरी बातों पर अभी भी भरोसा कर रहे हो!" डॉ. वर्मा बोले, "यह एक शुभ संकेत है कि तुम्हारे लिए अभी भी उम्मीद बची है।"

जयंत ने गुस्से से डॉ. वर्मा को घूरा।

"मेरा आशीर्वाद तुम्हारे साथ है, जयंत!" डॉ. वर्मा बोले, "भगवान तुम्हारे मार्गदर्शक बनें!"

"बस इतना ही!" जयंत ने आश्चर्य से डॉ. वर्मा को घूरा, "बिना किसी झोल के?"

"बस इतना ही! बिना किसी झोल के!" डॉ. वर्मा बोले, "मैंने जो कहा है तुम उसके बारे में एक बार सोचो। केंद्र मत लौटो। तुम ब्रह्मण की शक्ति का सामना करने के लिए तैयार नहीं हो। सच को पहचानकर कोई कदम उठाओ।"

"और?"

"और वो दिन देखने के लिए जिंदा रहो जब तुम अपनी गलती समझ

सको।" डॉ. वर्मा बुझे स्वर में बोले, "मैंने जो किया सभी की भलाई के लिए किया।"

"बिलकुल! आपकी भलाई के बोझ तले तो मैं जिंदगी भर दबा रहूँगा!" जयंत गुस्से से बोला, "आपकी घड़ी! उम्मीद है आपकी टीम हमें ट्रैक कर रही होगी।"

डॉ. वर्मा ने अपनी घड़ी उतारी जिसे जयंत ने अपनी कलाई पर तुरंत पहन लिया।

"दुनिया में दो तरह के लोग होते हैं- एक वो जिन पर आप भरोसा कर सकते हैं, और दूसरे वो जिन पर आपको कभी भी भरोसा नहीं करना चाहिए! पर कुछ आप जैसे तीसरे लोग भी होते हैं जिन पर भरोसा होता है कि वे धोखा देने से कभी नहीं चूकेंगे।" जयंत गुस्से से भरी डबडबाई आँखों से बोला, "हमारी जिंदगी आसान होती अगर आप हमारी जिंदगी में नहीं आए होते। आपने हमारी जिंदगी नर्क बना दी।"

"यही तुम्हारी परेशानी है। तुम नर्क के बारे में कुछ नहीं जानते हो।" डॉ. वर्मा का हाथ अपनी पीठ की तरफ मुड़ा और एक छोटा चाकू थामे बिजली की गति से जयंत की तरफ घूमा।

जयंत बचने के लिए झुका। चाकू उसके बाएँ कंधे को छूते हुए निकला। उसके हाथ से पिस्तौल छूट गई और वो लड़खड़ाकर नीचे गिरा। डॉ. वर्मा दोबारा हमला करते इससे पहले वो रेंगते हुए उनसे दूर पहुँचकर खड़ा हुआ।

"मैंने तुम्हें समझाने की बहुत कोशिश की, पर तुम नहीं समझे। तुम्हारे पागलपन का यही इलाज बचा है मेरे पास, जयंत!" डॉ. वर्मा चाकू लहराते हुए जयंत की तरफ सावधानी से बढ़े, "दुनिया यदि समझाने से समझ जाती तो महाभारत रचने की जरूरत नहीं पड़ती।"

"जब महाभारत छिड़ चुकी है तो लड़ने में कैसी झिझक!" कहकर जयंत डॉ. वर्मा पर झपटा और उनकी दोनों टाँगें दबोचे उन्हें लिए वैन से टकराया।

डॉ. वर्मा के हाथ से चाकू छूट गया। वो सँभलते उससे पहले जयंत ने उनके मुँह पर दो-चार जोरदार मुक्के जड़ दिए। डॉ. वर्मा हांफते हुए खून से सना मुँह लिए वैन के सहारे नीचे बैठ गए।

जयंत ने अपनी पिस्तौल उठाकर उनके सिर पर तान दी।

"नजर का इलाज मुमकिन है, नजरिये का नहीं।" जयंत चीखा, "हिले तो अगली गोली आपके भेजे में होगी।"

"जयंत! अगर तुम नहीं रुके तो जो होगा उसे कोई नहीं रोक पाएगा!" डॉ. वर्मा हाँफते हुए बोले, "सब कुछ खत्म हो जाएगा और तुम कुछ नहीं कर पाओगे।"

"कुछ चीजें हमें कभी नहीं भूलनी चाहिए। कुछ चीजें हम चाहकर भी नहीं भूल सकते हैं। मैं आपके खून से अपने हाथ गंदे नहीं करूँगा। आपको जिंदा छोड़ रहा हूँ ताकि आप अपनी हार अपनी आँखों से देख सको।" डॉ. वर्मा का जबड़ा अपने हाथों में दबोचकर जयंत गुस्से से बोला, "मेरे सवाल आप पर उधार रहे। मेरे लौटने तक जिंदा रहना और मुझसे भागने या छुपने की बेवकूफी मत करना। मैं आपको ढूँढ निकालूँगा चाहे मुझे धरती-पाताल खोदना पड़े।"

"जयंत! तुम या तो सच जान सकते हो, या खुश रह सकते हो।" डॉ. वर्मा हाँफते हुए बोले, "तुम जो भी करो, पर केंद्र के चक्र पुनर्स्थापित होने से पहले विधिपूर्वक केंद्र से बाहर निकल आना। मेरी बात भूलना मत, जयंत! भूलना मत!"

"मैं कुछ नहीं भूलता हूँ।" कहकर जयंत ने पिस्तौल से उनके सिर पर जोरदार प्रहार किया।

डॉ. वर्मा बेसुध होकर लुढ़क गए।

जयंत ने वैन का पिछला दरवाजा खोला और भीतर रखे डेडबॉडी बैग सरकाकर जगह बनाई। फिर सड़क पर बेसुध पड़े डॉ. वर्मा को वो घसीटता हुआ लाया और उन्हें उठाकर भीतर पटक दिया।

दरवाजा बंद कर वो भागकर वैन में बैठा और उसे चालू कर आगे बढ़ाया।

वैन की गति बढ़ने के साथ जयंत की आँखों की नमी बढ़ने लगी। उसने सुबकते हुए अपना ध्यान आगे रोड पर लगाया। दिमाग डॉ. वर्मा को दरकिनार कर श्रीमंत जी की हालत और चिरंजीवियों से होने वाली भेंट की चिंता में उलझ गया।

निष्फल

खाली रोड पर नजर गड़ाए जयंत स्टीयरिंग को मजबूती से पकड़े यंत्रवत-सा वैन भगा रहा था। होंठ सूख रहे थे। आँखें भीगी और चेहरा उतरा था।

वैन के डैशबोर्ड में लगी घड़ी में सुबह के 4 बज रहे थे। घड़ी चल रही थी, समय ठहर गया था। मृत्युशिर के साथ पहली बार केंद्र जाते समय गेस्ट हाउस से अंधे-मोड़ का यही रास्ता सिर्फ कुछ मिनट का था। आज जयंत का अकेलापन उस रास्ते को कई गुना रास्ता लंबा कर रहा था। आज उसे रास्ता बताने के लिए कोई नहीं था।

श्रीमंत जी को बचाने के लिए उसका केंद्र में जाना जरूरी था। नीलकमल उसके पीछे थे और डॉ. वर्मा वैन में बेसुध पड़े थे। डॉ. वर्मा की टीम को अँधेरे में रखने के लिए उसने जानबूझकर डॉ. वर्मा का फोन, उनकी पिस्तौल और उनका ट्रैकर अपने पास रख लिया था। अब वैन को ट्रैक कर रही उनकी टीम इस गलतफहमी में होगी कि वैन में डॉ. वर्मा सुरक्षित हैं और सब कुछ उनकी योजना के हिसाब से चल रहा है।

मृत्युशिर से भेंट करने में अभी एक घंटा था। तब तक उसे रोहन की हमशक्ल लाशों से भरी वैन को सुरक्षित रखना था। उसने मेनरोड से सटी एक कच्ची और सूनसान गली में वैन मोड़ी और कुछ दूर जाकर एक सुरक्षित स्थान पर रोकी।

वैन रोकते ही उसकी रुलाई छूट गई। कई बार इंसान लड़ते हुए हारता नहीं, बस टूट जाता है। उसका टूटना बेआवाज, किंतु मौत से बदतर होता है। जयंत जिंदगी भर खुद को माफ नहीं कर पाएगा। डॉ. वर्मा के झाँसे में आकर उसने श्रीमंत परिवार, डॉ. मजूमदार और राठौड़ जैसे अनगिनत बेकसूर लोग खो दिए। शायद राजेंद्र प्रसाद की दुर्घटना एक हादसा नहीं, डॉ. वर्मा की सोची-

समझी साजिश हो अधिकार-मुद्रिका पाने के लिए। काश! जयंत डॉ. मजूमदार की सलाह नजरअंदाज कर डॉ. वर्मा पर भरोसा नहीं करता तो आज बहुत कुछ बदला होता।

अब किसी काश के लिए जगह नहीं थी। डॉ. वर्मा पर भरोसा करने की जो भारी कीमत श्रीमंत परिवार और उसने चुकाई उसकी भरपाई कभी नहीं हो सकती है। केंद्र में जो हुआ उसने मृत्युशिर की बताई सभी बातों पर सच्चाई की मोहर लगा दी थी। मृत्युशिर ने उसे केंद्र और बाहरी दुनिया के बीच स्थापित समय के अंतर के बारे में सही कहा था। रोहन ने केंद्र में प्रवेश किया, वहाँ चक्रों का समाधान किया और फिर कुछ ही मिनटों के अंतराल में वहाँ से लौट आया। केंद्र से लौटकर जयंत ने इस प्रक्रिया को खुद भुगता था।

सच हमेशा सामने नंगा खड़ा था, किंतु कोई उसे पहचान नहीं पाया। मामले को उलझाने की रही-सही कसर श्रीमंत परिवार पर वर्षों से घात लगाए बैठे डॉ. वर्मा ने पूरी की। इस लड़ाई में श्रीमंत परिवार और जयंत अपने मोहरे खोते रहे और उनकी कीमत पर डॉ. वर्मा नाम का प्यादा एक-एक कदम चलते हुए वजीर बन गया।

जयंत ने अपने आँसू पोंछे। श्रीमंत परिवार को मिले हर दर्द और आँसुओं की कीमत डॉ. वर्मा को चुकानी होगी। उन्हें हर मौत का हिसाब देना होगा। उनके धोखे और सदियों पुरानी इस रक्तरंजित कहानी के अंत का सूत्रधार बनेगा कुंजियों का प्रतिनिधि जयंत!

उसने भारी मन से बगल में पड़ी मोटी फाइल उठाई और उसकी भीगी आँखें फाइल में लगे पांडुलिपि के अनुवादित पन्नों पर फिसलने लगी।

अथ स्तंभनपर्वः

अध्याय 1

मुरझाए और आशंकित चेहरे के साथ आचार्य रुद्रदेव ने कुटिया में प्रवेश किया। विश्वकर्मा और महर्षि व्यास वहाँ बुझे चेहरों के साथ गुमसुम बैठे थे।

"इस दुर्घटना का कारण?" विश्वकर्मा और महर्षि के चरण स्पर्श कर उन्होंने पूछा।

"मैंने ऐसी घटनाओं के प्रति आपको चेताया था, आचार्य!" विश्वकर्मा उत्साहहीन स्वर में बोले, "नित्य नवीन दिव्यास्त्रों के परीक्षणों से वायुमंडल और ऋतु-चक्र अप्रत्याशित परिवर्तित हो रहे हैं। नमी की अत्यधिक कमी के कारण उस केंद्र की आधारशिला धसक गई।"

आचार्य का चेहरा मुरझाकर लटक गया। पांडवों का अज्ञातवास आरंभ होने में मात्र छह वर्ष शेष थे। योजनानुसार सभी केंद्रों का निर्माण अंतिम चरण पर था, किंतु यकायक इस केंद्र के ध्वस्त होने से वर्षों का परिश्रम एक झटके में निष्फल हो गया।

"निर्माण कार्य अंतिम चरण पर था। अगले एक वर्ष में केंद्र स्थापित होकर पूर्ण रूप से सक्रिय हो जाता। ब्रह्मण और अन्य सहायक प्रणालियाँ केंद्र से संयुक्त नहीं हुई थीं इसलिए वे सुरक्षित हैं, किंतु मयदानव के मुख्य सुरक्षा यंत्र क्षतिग्रस्त हो गए हैं।" विश्वकर्मा बुझे स्वर में बोले, "निर्माण कार्य में जुटे कई गोप और गण मृत रहे और कई घायल हुए। कई भूमिगत निर्माण स्थल में फँसे हैं। हम उन्हें सुरक्षित निकालने के लिए प्रयासरत हैं। जितनी निर्माण सामग्री हम बचा सकते थे हमने बचाई।"

"निर्माण सामग्री से अधिक गोपों और गणों की सुरक्षा महत्त्वपूर्ण है। आपको जिस सहयोग की आवश्यकता हो, निःसंकोच कहें!" आचार्य बोले, "क्या दुर्घटना पश्चात निर्माणाधीन केंद्र की गोपनीयता भंग हो गई?"

"मयदानव के मायावी यंत्रों से केंद्र अदृश्य है, किंतु मुख्य यंत्र अनुपयोगी हो गए हैं।" विश्वकर्मा बोले, "पुनर्निर्माण के लिए सुरक्षा-चक्रों को निष्क्रिय करना होगा, किंतु उससे निर्माण स्थल के प्रकट होने का संकट है।"

"उस स्थान पर केंद्र पुनर्स्थापित करना असुरक्षित होगा।" आचार्य के माथे पर चिंता के बल गहराए। केंद्र निर्माण इस क्षति के पश्चात थम गया था। क्षति के दुख के साथ पुनर्निर्माण की चिंताएँ थी। परिस्थितियों का रोना रोकर इस दिव्य यज्ञ को छोड़ने का विकल्प भी उनके पास नहीं था।

"यज्ञ जहाँ से आरंभ हुआ था वहीं ठहर गया है। केंद्र और उसकी सभी व्यवस्थाओं को पुनर्स्थापित करना होगा।" विश्वकर्मा हतोत्साहित और रुँधे स्वर में बोले, "मैं क्षमा प्रार्थी हूँ! मैंने सभी पक्षों को संतुलित कर सावधानीपूर्वक निर्माण कर रहा था, किंतु इस दुर्घटना में हमारा परिश्रम और संसाधन व्यर्थ गए।"

"हम भविष्य को अपनी इच्छानुसार निर्णय लेने के लिए बाध्य नहीं कर सकते हैं। काल को चुनौती देने वाला यज्ञ बिना विपत्तियों के पूर्ण हो यह इच्छा रखना अनुचित है।" आचार्य स्थिर और आश्वस्त स्वर में बोले, "जो हुआ, उचित हुआ। इस घटना से हमें ब्रह्मण और केंद्र निर्माण संबंधित अमूल्य सबक प्राप्त हुए हैं। क्षति का दुखड़ा रोने से अधिक हमें क्षतिपूर्ति की चिंता करनी है।"

"आप केंद्र ध्वस्त होना उचित मानते हैं, आचार्य?" विश्वकर्मा आश्चर्य-मिश्रित रोष से बोले।

"इस दिव्य अनुष्ठान में उचित-अनुचित के मानक भिन्न हैं।" आचार्य सधे स्वर में बोले, "यदि केंद्र स्थापित होने के पश्चात ध्वस्त होता तो वो क्षति इस क्षति से कही गुना अधिक भयानक होती। तब हमारे पास इस स्थिति से उबरने के उपाय वर्तमान में उपलब्ध उपायों की अपेक्षा अधिक सीमित होते। यज्ञ संकट में होता।"

"इस मान्यता से हमारी समस्याएँ नहीं सुलझती हैं।" विश्वकर्मा बोले, "अपनी इच्छा स्पष्ट कहें।"

"हमारा संपूर्ण ध्यान और शक्ति केंद्रों की दोषरहित स्थापना पर केंद्रित था। उन्हें किसी आपदा का सामना करने और उन्हें उससे उबरने की शक्ति प्रदान कराने पर नहीं। इस दुर्घटना ने केंद्र की वैकल्पिक सुरक्षा व्यवस्था की कमियाँ प्रकट कर दी हैं।" आचार्य ने गहरी साँस ली, "कदाचित यह दुर्घटना यज्ञ की

सुरक्षा और इसके दीर्घकालीन हितों को साधने में हमारी सहायक हो।"

"वो कैसे?" महर्षि ने पूछा।

"यह दुर्घटना चेतावनी है कि इस यज्ञ के प्रति हमारा दृष्टिकोण अविकसित है।" आचार्य गंभीरता से बोले, "इस दुर्घटना को पूर्णतः समझने और केंद्रों के सुरक्षा प्रबंध विकसित करने हेतु विचार-मंथन के लिए मुझे समय चाहिए।"

"आप असंतुलित ब्रह्मण से उत्पन्न घातक परिणामों से परिचित हैं, आचार्य!" विश्वकर्मा नम आँखों और उतरे चेहरे के साथ हताश स्वर में बोले, "मैं आपका दोषी हूँ। केंद्र निर्माण के लिए आपको मुझसे अधिक दक्ष वास्तुकार की आवश्यकता है।"

वृद्ध विश्वकर्मा की आँखों की नमी ने आचार्य को बाँध लिया। चित्रगुप्तों के दिव्य यज्ञ की सफलता के लिए विश्वकर्मा पूर्ण समर्पित भाव से जुटे थे। उनके वर्षों के अथक प्रयास के परिणाम विपरीत रहे तो इसमें उनका दोष नहीं था।

"प्रभु! इस दुर्घटना के लिए आप स्वयं को दोष मत दीजिए।" आचार्य हाथ जोड़कर विनम्र भाव से बोले, "मुझ तुच्छ आचार्य ने अपने जीवन में मात्र एक ही मंत्र आत्मसात किया है और उसे सदैव अपने शिष्यों में प्रसारित किया है- यदि वर्णमाला भूल जाओ तो पुनः 'अ' से आरंभ कर 'ज्ञ' तक पहुँचो। 'अ'ज्ञान से 'ज्ञा'न की यही यात्रा मानव जीवन का मूल और मुझ जैसे साधारण आचार्य के जीवन का ध्येय है, प्रभु!"

विश्वकर्मा ने असहाय दृष्टि से आचार्य को देखा।

"प्रभु! आप ब्रह्मण के अधूरे ज्ञान के साथ केंद्र निर्माण करने की चुनौती स्वीकारने वाले वर्षों पूर्व वाले विश्वकर्मा नहीं हैं।" आचार्य दृढ़ स्वर में बोले, "आप पिछले कुछ वर्षों में उस ज्ञान में सिद्धस्त हो चुके विश्वकर्मा हैं। इन वर्षों में केंद्र निर्माण से जुड़े अज्ञात पक्षों का अद्वितीय ज्ञान प्राप्त कर अब आप त्वरित गति से अधिक विकसित, सुरक्षित और दीर्घायु केंद्र निर्माण में सक्षम हैं।"

"आचार्य! इस दुर्घटना के पश्चात भी आपका विश्वास मुझ पर दृढ़ है यह जानकर मैं गर्वित हूँ, किंतु मेरी वृद्धावस्था एक अकाट्य सत्य है। मेरी ऊर्जा अब चुकने लगी है।" विश्वकर्मा उदास स्वर में बोले, "मैं स्वयं नहीं जानता कि मैं केंद्रों को अपने जीवित रहते और तय समय सीमा में पूर्णतः स्थापित कर पाऊँगा, अथवा नहीं। यह दुर्घटना संकेत है कि मेरे विश्राम का समय आ चुका है।"

"अपना शेष जीवन मानव-कल्याण में समर्पित करने का इससे उत्तम अवसर आपको कहाँ प्राप्त होगा, प्रभु? कदाचित विधि ने आपके कल्याण की इच्छा से हमारे समक्ष यह चुनौती प्रस्तुत की है।" आचार्य विनम्रता से बोले, "हम चुनौतियों से विचलित होते तो यह यात्रा आरंभ ही नहीं होती। अब यात्रा आरंभ हो चुकी है तो गंतव्य तक पहुँचकर ही हम साँस लेंगे। हमें सुनिश्चित करना है कि सभी केंद्र भविष्य की कठिन परिस्थितियों एवं कल्पनातीत चुनौतियों का सामना करने में सक्षम हों। इस लक्ष्य की प्राप्ति आपके मार्गदर्शन के बिना असंभव है। अपने आशीर्वाद से हमारा उद्धार करें, महात्मन्!"

विश्वकर्मा के मुरझाए चेहरे पर उम्मीद का प्रकाश प्रकट हुआ।

"जो विचार हमें हमारे लक्ष्यों से दूर करे वो हमारे लिए निरर्थक है।" आचार्य बोले, "शेष समय में ध्वस्त केंद्र पुनर्स्थापित करने में आपका ज्ञान और अनुभव हमारा मार्गदर्शन करे, हे शिल्पी श्रेष्ठ!"

गंभीर मुख-मुद्रा में विश्वकर्मा सोच में डूबे रहे।

"मैं वास्तु सुधार कर केंद्र को अधिक स्थिर करने का प्रयास करता हूँ। केंद्र के लिए वैकल्पिक स्थान भी ढूँढता हूँ।" विश्वकर्मा बोले।

"यही उचित होगा। शेष केंद्रों का निर्माण समाप्ति पर है। उन केंद्रों से गणों को आप इस केंद्र के निर्माण कार्यों में प्रयुक्त कर इसके निर्माण की गति बढ़ा सकते हैं।" आचार्य बोले, "आपको किसी अन्य सहयोग की आवश्यकता हो, तो मैं आपकी सेवा में सदैव उपस्थित हूँ।"

विश्वकर्मा का चेहरा प्रसन्नता से खिला और अगले ही क्षण संशय की छाया में छुप गया।

"कोई अन्य समस्या, शिल्पी श्रेष्ठ?" आचार्य ने पूछा।

"आचार्य! क्या सभी मृतक कामगारों के परिवारों को सहायता धन प्रदान करना संभव होगा?" विश्वकर्मा झिझकते हुए बोले, "मैं अपनी संपत्ति उनके लिए स्वेच्छा से दान करता हूँ।"

"मुझे लज्जित न करें, प्रभु!" आचार्य हाथ जोड़कर बोले, "इस यज्ञ का प्रत्येक सहयोगी मेरे परिवार का सदस्य है। मेरे साथ संपूर्ण मानवता उनकी ऋणी है। आप निश्चिंत रहे। मृतक एवं आहत कामगारों के परिवारों के पालन-पोषण का दायित्व मैं लेता हूँ।"

विश्वकर्मा के चेहरे पर संतोष प्रखर हुआ।

"निर्माण आपकी इच्छानुसार होगा, श्रेष्ठ! आप तुरंत केंद्र के लिए उत्तम वैकल्पिक स्थान ढूँढें।" आचार्य बोले, "सुनिश्चित करें कि केंद्र सुरक्षा व्यूह शिथिल नहीं हो। महायुद्ध में दिव्यास्त्रों के अनियंत्रित उपयोग से स्थितियाँ अधिक अप्रत्याशित एवं भयावह होगी। हमें अधिक सावधानी से सभी पक्षों का गहन अध्ययन करना होगा। विशेषकर उन उपेक्षित पक्षों का जो निर्माणाधीन केंद्र के ध्वस्त होने का कारण बनें।"

"आचार्य! आप अपने निर्णय पर पुनर्विचार करें!" विश्वकर्मा ने चेताया, "मैं अन्य केंद्रों में बदलाव कर इस केंद्र की आवश्यकता समाप्त कर सकता हूँ।"

"यदि यह केंद्र आवश्यक नहीं होता तो आप इसे प्रस्तावित नहीं करते, श्रेष्ठ!" आचार्य बोले, "समय की कमी के कारण केंद्रों की गुणवत्ता से समझौता करना आत्मघाती सिद्ध होगा।"

"मैं आचार्य से सहमत हूँ! उचित होगा कि शेष समय का सदुपयोग उपलब्ध विकल्पों पर विचार करने और अनुपलब्ध विकल्पों के निर्माण में हो।" महर्षि बोले।

"जैसी आपकी आज्ञा, महर्षि!" विश्वकर्मा हाथ जोड़कर उठे, "मैं तुरंत वैकल्पिक स्थानों के अन्वेषण में जुटता हूँ। शीघ्र आपके समक्ष कुछ प्रस्ताव लेकर उपस्थित होता हूँ।"

विश्वकर्मा के प्रस्थान करते ही महर्षि की दृष्टि आचार्य पर घूमी।

"आपने उचित निर्णय लिया, आचार्य!" महर्षि बोले, "चित्रगुप्तों ने प्रथम के कंधों पर अपने वचन को पूर्ण करने का भार डाला है, थमने का नहीं!"

"प्रयास करते हुए पराजित होना मुझे स्वीकार है, किंतु मैं चित्रगुप्तों को दिया अपना वचन विस्मृत नहीं कर सकता हूँ।" आचार्य बोले, "जब तक श्वास है, तब तक आस है।"

"आपके पास इस स्थिति से उबरने का कोई उपाय है?" महर्षि ने आतुरता से पूछा।

"मेरे विचारों पर घनी धुंध हावी है, महर्षि!" आचार्य विचलित हो बोले, "कदाचित उस उपाय के प्रकट होने का यह उपयुक्त क्षण नहीं है।"

अध्याय 2

मंत्रोच्चार पूर्ण कर आचार्य ने प्रसन्न भाव से आँखें खोल, हाथ जोड़े और सामने सुखासन में विराजमान महर्षि व्यास के चरणों में झुक गए।

आचार्य का माथा सूँघकर महर्षि गदगद भाव से बोले, "हे आचार्य! प्रथम के दायित्व से संबंधित जो ज्ञान आपको प्रदान करने का वचन मैंने दिया था आज वो पूर्ण हुआ। इस ज्ञान की पात्रता प्राप्त करने के लिए ब्रह्मर्षि भी युगों की कठिन तपस्या पूर्ण करते हैं।"

"प्रभु! ज्ञान ब्रह्म का परिवर्तित रूप है। उसे प्रदान करने का एकमात्र माध्यम गुरु होता है। इसलिए गुरु साक्षात ब्रह्म का रूप कहलाता है।" आचार्य हाथ जोड़ कृतज्ञता से बोले, "गुरु-ऋण से दक्षिणा देकर भी उऋण होना असंभव है। इस दायित्व से मेरा मुँह मोड़ना धर्म विरुद्ध होगा। इसलिए मैं आपसे इस ऋण से उऋण होने का उपाय पूछता हूँ।"

"आचार्य! इस ऋण से आप 'प्रथम' का दायित्व स्वीकारते ही मुक्त हो चुके हैं, किंतु आपकी मानसिक शांति के लिए इससे उऋण होने का उपाय कहता हूँ।" महर्षि ने गहरी साँस ली और सधे स्वर में बोले, "मुझे वचन दीजिए कि किसी परिस्थिति में 'प्रथम' अपने दायित्व से विमुख नहीं होंगे। आप यह यज्ञ प्रत्येक मूल्य पर पूर्ण करेंगे।"

"महर्षि! क्या इस वचन के बिना मैं आपको यह यज्ञ पूर्ण करने में असमर्थ प्रतीत होता हूँ?" आचार्य ने हाथ जोड़कर पूछा, "क्या आपको भय है कि मैं यज्ञ के लिए कोई भी मूल्य चुकाने से पीछे हटूँगा?"

"मुझे दोष आप में नहीं, भविष्य में दिखता है!" महर्षि व्यथित हो बोले, "कलयुग अंधकार का विस्तार होगा। मनुष्य अंधकार से अधिक प्रकाश से भयभीत होगा। प्रकाश से अंधकार को नहीं, अंधकार से प्रकाश को समाप्त करना

उसका धर्म होगा। दंभी म्लेच्छ मनुष्य सनातन धर्म के अगुआ होंगे और उनके कृत्य सनातन सत्य को कलंकित करेंगे।"

"क्या आपको भविष्य मेरे दायित्व निर्वाह में बाधक लगता है?"

"आचार्य! जो अँधेरे से डरते हैं वो मेरी चिंता नहीं है। मैं चिंतित हूँ उनसे जो प्रकाश से डरते हैं। जब काल का अंधकार धर्म-अधर्म का भेद मिटा देगा, तब यज्ञ की रक्षा के लिए आपको अपने मूल्यों और धर्म से विपरीत अनेक घृणित कार्य करने पड़ सकते हैं।" कहकर महर्षि ने गहरी साँस ली, "चित्रगुप्तों के वचन की पूर्ति हेतु आपको सत्य का त्याग कर असत्य और छल का सहारा लेना पड़ सकता है।"

"प्रभु! यह कैसी विडंबना है?" आचार्य के चेहरे पर अनगिनत प्रश्न उभरे, "यदि सत्य की रक्षा असत्य से होगी तो सत्य का क्या आधार रहेगा?"

"धर्म की रक्षा में उसका विनाश करना इस यज्ञ की सर्वोच्च परीक्षा है।" महर्षि शांत स्वर में बोले, "यज्ञ की रक्षार्थ आपको अपने मूल्यों एवं समस्त वचनों का त्याग करना पड़ेगा। वो सत्य झुठलाना पड़ेगा जो इस यज्ञ का आधार है। क्या आप इस अग्नि-परीक्षा के लिए तैयार है?"

आचार्य के भीतर संशयों का झंझावात प्रचंड होकर उठा। महर्षि के कथनों का अभिप्राय और उनमें छुपी उनकी मंशा समझने में वह देर तक उलझे रहे। क्या महर्षि की इस विचित्र इच्छा में अप्रकट भविष्य की चुनौतियों की झलक थी?

"महर्षि! क्या आपके वचन का मूल केंद्र पर उत्पन्न संकट से प्रेरित है?" असमंजस में घिरे आचार्य ने पूछा।

"यह संकट हमारी इच्छाशक्ति का मात्र एक परीक्षण है, आचार्य! भविष्य इससे कई गुना अधिक शक्तिशाली अवरोधों की रचना किए आपकी प्रतीक्षा में है।" महर्षि चिंताग्रस्त थे, "अज्ञात चुनौतियों से परिपूर्ण इस अनंत युग में सामर्थ्य और संसाधनों से अधिक 'प्रथम' की इच्छाशक्ति एवं चित्रगुप्तों के वचन के प्रति उनकी निष्ठा एवं संकल्प शक्ति इस यज्ञ की दिशा एवं सफलता निर्धारित करेगी।"

"मैं समझता हूँ, महर्षि! इस यज्ञ में सनातन व्यवस्था पर हमारा विश्वास ही हमारी शक्ति है।" आचार्य बोले।

"सनातन व्यवस्था और ज्ञान के अतिरिक्त हमारे पास रक्षा करने और खोने

को कुछ नहीं है, आचार्य!" कहते-कहते महर्षि भावुक हो उठे, "मैं मात्र इतना चाहता हूँ कि कठिन परिस्थितियों में भी आप स्थिरचित्त हो सनातन वचन की रक्षा करें। अपने लक्ष्य के प्रति आपके मन और आत्मा द्वंद्व मुक्त रहें। चाहे अपने लक्ष्य प्राप्ति के लिए आपको धर्म से विमुख होना पड़े।"

त्रिकालदर्शी महर्षि के कथन में छिपा मर्म समझने के लिए आचार्य उन्हें ताकते रहे। महर्षि के चेहरे पर अनगिनत आशंकाएँ व्याप्त थी। साथ में उनकी आँखों में आचार्य के प्रति उम्मीद थी। कदाचित वो मात्र आशंका व्यक्त नहीं कर रहे थे, बल्कि वह आचार्य को भविष्य में झाँकने और भविष्य की चुनौतियों से पार होने के लिए सामर्थ्य विकसित करने का संकेत दे रहे थे।

"मुझे वचन दीजिए कि धर्म की रक्षा के लिए इसका संपूर्ण नाश करने के पश्चात भी आप इसके बीजों को सुरक्षित रख समय आने पर सनातन पुरातन वन को पुनर्जीवित करेंगे!" महर्षि हठ से बोले।

आचार्य ने महर्षि के अनुरोध पर कुछ क्षण विचार किया। इस वचन में महर्षि का स्वार्थ नहीं, अपितु जीव कल्याण की गहरी इच्छा थी। महर्षि यह वचन आचार्य से वैसे भी ले सकते थे, किंतु कदाचित किसी विशेष कारण से वह उसे गुरु-दक्षिणा में माँग रहे थे।

"महर्षि! इस अकल्पनीय दिव्य यज्ञ की सफलता के लिए प्रबल संकल्प शक्ति और स्पष्ट सोच आवश्यक है।" आचार्य ने गहरी साँस ली, "प्रभु! मैं वचन देता हूँ कि यदि यज्ञ की रक्षार्थ मुझे अपने धर्म अथवा स्वयं को नष्ट भी करना पड़े तो मैं पीछे नहीं हटूँगा। यदि इस यज्ञ की रक्षा असत्य से होगी तो मैं सत्य का त्याग कर दूँगा। आपका शिष्य इस यज्ञ को पूर्ण करेगा, चाहे इसके लिए उसे स्वयं को, आप को, अपने किसी प्रिय को, इस यज्ञ को, अथवा इस संपूर्ण सृष्टि को समाप्त करना पड़े।"

उम्मीद और संतोष के क्षणिक भाव से महर्षि के चेहरे पर व्याप्त तनाव तनिक शांत हुआ।

"आपका शिष्य अपना वचन निभाएगा, महर्षि!" आचार्य महर्षि के चरणों में झुके, "मैं किसी भी परिस्थिति को अपने दायित्व से विमुख होने का कारण नहीं बनने दूँगा। मैं अपने कर्तव्यों का निर्वाह पूरी निष्ठा और समर्पण से करने का वचन देता हूँ। चित्रगुप्तों की शपथ पूर्ण करने के लिए मैं इस यज्ञाग्नि को

अपनी अंतिम साँस तक प्रज्ज्वलित रखूँगा। यह यज्ञ पूर्ण होने तक मेरे प्राण देह नहीं त्यागेंगे।"

"मेरे जीवन की यह सर्वोत्तम दक्षिणा है।" महर्षि ने मुस्कुराते हुए आचार्य को उठाकर उनका माथा चूमा। उनके चेहरे पर मुस्कान बादलों की आड़ से झाँकते सूर्य की भाँति क्षणिक रूप से उभरी और अगले क्षण प्रखर होते गांभीर्य की छाया में लुप्त हो गई।

"क्या मैं आपका कुछ और शुभ कर सकता हूँ?" आचार्य उनकी खिन्नता को ताड़ गए।

"आचार्य! केंद्र पर आने वाले संकट हमारी कल्पना से परे हैं।" महर्षि ने अपनी चिंता प्रकट की, "संकटों का अनुमान लगा कर इस काल में हम उनके उपाय नहीं सोच सकते हैं।"

"यज्ञ का आह्वान केंद्रों की रक्षा से अधिक पुरातन ज्ञान सुरक्षित रखने के उद्‌देश्य से हुआ है।" आचार्य गंभीरता से बोले, "हम ब्रह्मण और केंद्र स्थापित करने की योजना में ऐसे उलझे कि कदाचित यज्ञ का मूल भूल गए। केंद्र ध्वस्त होना इसी त्रुटि की चेतावनी है।"

"आप केंद्रों की रक्षा किए बिना सनातन ज्ञान की रक्षा करना चाहते हैं?" महर्षि चौंके।

"महर्षि! किसी वस्तु की छवि प्रकट करने के लिए तीन घटक आवश्यक होते हैं- प्रकाश-स्रोत, पृष्ठभूमि एवं स्वयं वह वस्तु!" आचार्य गहरी वाणी में बोले, "इन घटकों में से कोई भी अनुपलब्ध होने से उस वस्तु की छवि उत्पन्न नहीं होगी। जिसकी छवि नहीं उसका संसार में कैसा अस्तित्व?"

"आप क्या सोच रहे हैं, आचार्य?" आश्चर्यचकित महर्षि ने पूछा।

"हमारे वर्तमान उपाय मात्र वस्तु की रक्षार्थ केंद्रित हैं। हमें प्रकाश-स्रोत और पृष्ठभूमि की रक्षार्थ उपाय की आवश्यकता है, प्रभु!" आचार्य भारी स्वर में बोले, "वे उपाय सुरक्षा-चक्रों के अभाव में भी केंद्रों और सनातन ज्ञान को अनंत काल तक सुरक्षित रखेंगे!"

"सुरक्षा-चक्रों के अभाव में सनातन ज्ञान कैसे सुरक्षित रहेगा?" महर्षि भ्रमित हुए।

"उसी उपाय को ढूँढने के लिए मैं विचलित हूँ।" आचार्य बोले, "पूज्य!

प्रतीत होता है जैसे मेरे विचार किसी शक्ति के बंधक हैं। मुझे न उस बंधन का स्रोत मिलता है न उससे मुक्त होने का कोई उपाय। इस कारण केंद्र की सुरक्षा का उपाय मेरे समीप होते हुए भी अव्यक्त है।"

"कदाचित देवकीनंदन आपको इस स्थिति से उबार सकें।" महर्षि ने सुझाया।

ठंडी आह छोड़ते हुए आचार्य ने सिर हिलाया।

अध्याय 3

महर्षि व्यास कुटिया में लौटे तो आचार्य और विदुर ने उनके चरण स्पर्श किए। कई मास पश्चात महर्षि द्वारा भेजे भेंट के निमंत्रण के प्रति दोनों गहरे उत्सुक थे।

"यह शुभ सूचना आपसे साझा करने के लिए मुझसे प्रतीक्षा नहीं हो रही थी।" महर्षि का चेहरा प्रसन्नता से दमक रहा था, "विश्वकर्मा ने अपने सहायकों के साथ अनेक स्थानों का भ्रमण करने के पश्चात अंतिम केंद्र निर्माण के लिए कुछ वैकल्पिक स्थान सुझाए हैं। वासुदेव और गंगापुत्र उन प्रस्तावों से संतुष्ट हैं, किंतु उन्होंने इसका अंतिम निर्णय आचार्य पर छोड़ा है।"

"मैं प्रस्ताव सुनने को आतुर हूँ, महर्षि!" आचार्य हर्ष से बोले।

"विश्वकर्मा द्वारा सुझाए नए स्थान भविष्य में वातावरण के संभावित परिवर्तनों को झेलते हुए अनेक सदियों तक सुरक्षित रह सकते हैं।" महर्षि बोले, "किंतु उनकी कठिन भौगोलिक स्थिति के कारण उन्हें सुरक्षित करने के लिए मयदानव को कुछ नवीन यंत्रों का निर्माण करना होगा।"

"क्या उन यंत्रों से केंद्र की समुचित सुरक्षा संभव होगी?" विदुर ने पूछा।

"विश्वकर्मा को चिंता है कि उन स्थानों की कठिन भौगोलिक स्थिति के चलते सुरक्षा-चक्रों का क्षय अत्यंत तेज गति से होगा। इसलिए चक्रों की सुरक्षा और उनके निरंतर अतिरिक्त देखभाल की आवश्यकताओं की पूर्ति के लिए अन्य सहायक जटिल तंत्र स्थापित करने होंगे।" महर्षि बोले।

"अर्थात इस व्यवस्था को स्थापित करने में अतिरिक्त समय और परिश्रम लगेगा!" विदुर चिंता से बोले, "क्या वे वैकल्पिक स्थान केंद्र के लक्ष्य साधने के लिए उपयुक्त हैं?"

"उन स्थानों में से कोई भी केंद्र स्थापना के आवश्यक मापदंडों पर पूर्णतः

खरा नहीं उतरा है। हर स्थान में कोई न कोई कमी है। उन दुर्गम स्थानों पर केंद्र स्थापित करने के लिए अत्यधिक समय लगेगा और साथ ही केंद्रों को गुप्त रखना चुनौतीपूर्ण होगा।" महर्षि बोले, "संभावित स्थानों में एक स्थान है जिससे उपलब्ध समय में केंद्र के लक्ष्य साधे जा सकते हैं। वो स्थान प्राकृतिक रूप से सुदृढ़ है, किंतु उसकी कुछ विचित्र चुनौतियाँ हैं।"

"कौन सा स्थान और कैसी चुनौतियाँ, प्रभु?" आचार्य ने पूछा।

"नागलोक के निकट मृत्युंजय पर्वत श्रृंखला से घिरा वनक्षेत्र!" महर्षि बोले।

"केंद्र स्थापना के लिए विश्वकर्मा को वो नर्क मिला?" विदुर आश्चर्य मिश्रित चिंता से बोले।

"मात्र केंद्र नहीं, मुख्य केंद्र की स्थापना के लिए!" महर्षि ने स्पष्ट किया, "विश्वकर्मा के अनुसार वो स्थान मुख्य केंद्र की स्थापना के लिए सर्वोत्तम है।"

"विश्वकर्मा केंद्र के संकटों में नागों का भय भी जोड़ना चाहते हैं?" विदुर चिंता से बोले।

"उस वनक्षेत्र का नागों से क्या संबंध है, महात्मन्?" आचार्य ने पूछा।

"आचार्य! विश्वकर्मा द्वारा अनुमोदित स्थान बादलों को छूती हुई अंतहीन दुर्गम प्राचीन मृत्युंजय पर्वत श्रृंखला से तीन दिशाओं से सुरक्षित हज़ारों योजन वर्ग क्षेत्र में फैला अनेक आश्चर्यों से भरा वन है। पृथ्वी पर खुली नेत्रों से दिखने वाले उस नैसर्गिक दिव्य-स्वप्न के समक्ष स्वर्ग की छटा भी फीकी है।" विदुर बोले, "उसकी संतुलित संरचना और अतुलनीय सौंदर्य की एक झलक का सम्मोहन जीवनपर्यंत रहता है।"

"आचार्य! वनक्षेत्र भौगोलिक संरचना में संसार के सबसे दुर्गम अलभ्य और भयंकरतम स्थानों में से एक होते हुए भी प्राकृतिक सौंदर्य, भौगोलिक संरचना, वनस्पति समृद्धता और विभिन्नताओं से संपन्न है।" महर्षि बोले, "वन को घेरी पर्वत श्रृंखला विशिष्ट है। अनूठे प्राकृतिक दृश्य के साथ ऊँचे पहाड़ों पर अखंड वन्य प्रदेश, पानी के दलदल तथा घास के मैदान हैं जहाँ बहुतायत में अनेक प्राचीन, दुर्लभ पेड़ों की प्रजातियाँ हैं।"

"आचार्य! वन के पर्वत प्राकृतिक रूप से जटिल और विविध होते हुए भी सुस्थिर और संतुलित हैं। वनक्षेत्र में ऊँची पहाड़ी चोटियाँ और गहरी घाटियाँ हैं। पहाड़ी चट्टानों की दरारों के भीतर अपनी मजबूत जड़ों से पैठ बनाए देवदार

के कई शताब्दी पुराने वृक्ष हैं। पर्वत श्रृंखला पर जलवायु नीचे से ऊपर की ओर भिन्न-भिन्न रहती है। घने कोहरे में ढँकी वादियों में घने बादलों और कोहरे का सागर धरती और आकाश के मध्य तैरता प्रतीत होता है। कोहरे से ढँकी पहाड़ी वादी कभी बादलों से झाँकती है तो कभी लुप्त हो जाती है।" विदुर बोले।

"आचार्य! वनक्षेत्र से सटे पर्वतों की तलहटी में गर्म झरने बहते हैं। अश्विनीकुमारों के अनुसार उनके जल में निहित खनिज तत्त्व अनेक असाध्य बीमारियों के कारगर इलाज है। पर्वतों की दुर्गम और खतरनाक चोटियों, तलहटी और ढलानों में विविध आकृति वाले अनोखे पत्थरों, चट्टानों और धातुओं से निर्मित अनेक निकुंज और अद्भुत गुफाएँ हैं जो सुलभता से निवास योग्य बनाई जा सकती हैं।"

"आपका वर्णन सुनकर तो मुझे वो वनक्षेत्र स्वर्ग-तुल्य प्रतीत होता है।" आचार्य बोले, "महात्मा विदुर! क्या आपको केंद्र निर्माण के दौरान वन की प्राकृतिक सुंदरता समाप्त होने की चिंता है?"

"आचार्य! वह वनक्षेत्र नागलोक के समीप स्थित है और नागराज तक्षक द्वारा अधिकृत क्षेत्र है। नागराज के आदेश से उस वन में महादेव के गणों और नागों के अतिरिक्त अन्य सभी जातियों का प्रवेश वर्जित है। नाग सैनिक वहाँ अनाधिकृत प्रवेश करने वालों की हत्या कर देते हैं।" विदुर चिंता से बोले, "वहाँ कदम रखना मृत्यु को निमंत्रित करने के समान है।"

"क्या वासुदेव और गंगापुत्र इस पक्ष से अवगत हैं?" आचार्य ने आश्चर्य से पूछा।

महर्षि ने सिर हिलाकर हामी भरी, "विश्वकर्मा मुख्य केंद्र के लिए अन्य वैकल्पिक स्थान ढूँढ रहे हैं, किंतु उस वन से उत्तम कोई स्थान उन्हें नहीं मिला है।"

"दुर्दांत नागों से उत्तम शत्रु भी हमें समस्त संसार में नहीं मिलेगा, प्रभु! नागों की उपस्थिति उस दुर्गम क्षेत्र में निर्माण सामग्री और कारीगरों के लिए चुनौती होगी। उस क्षेत्र में हमारा कोई मित्र राज्य भी नहीं जो हमें केंद्र निर्माण में सहयोग करे। वनक्षेत्र के निकट नागलोक के अतिरिक्त चिरपुंज और अनंतपुर नामक दो छोटे राज्य हैं जो वर्षों से आपसी शत्रुता में उलझे हैं।"

"ऐसे असुरक्षित क्षेत्र में केंद्र स्थापित करना संकटमय होगा।" आचार्य

चिंता से बोले।

"वहाँ केंद्र स्थापित हो भी गया तो उस पर नागराज का स्थाई संकट रहेगा।" विदुर चिंता से बोले, "केंद्र की रक्षा हेतु हमें नागराज को नागलोक छोड़ने पर विवश करना होगा।"

"आर्यों के शक्तिशाली शत्रु नागराज की उपस्थिति से अवगत होते हुए भी वासुदेव नागों के बिल में अपनी सबसे कीमती मणि स्थापित करने की इच्छा क्यों रखते हैं?" आचार्य विचलित हुए।

"वह अपने मंशा का कारण प्रकट करने के लिए बाध्य नहीं हैं।" महर्षि बोले, "मुझे विश्वास है कि उनकी यह इच्छा यज्ञ के हितार्थ है।"

"उनके मत के परिणाम स्पष्ट हैं।" विदुर अधीरता से बोले, "इंद्र जैसे सहयोगी और महादेव के आशीर्वाद से सुरक्षित नागराज को चुनौती देना महादेव को रुष्ट करना होगा।"

आचार्य के माथे पर चिंता की लकीरें प्रखर हुई। महर्षि और महात्मा विदुर के तर्कों से वह वासुदेव के निर्णय में छुपे मर्म समझने में जुट गए। समय रहते संकट भाँपने की अद्वितीय क्षमता के स्वामी कृष्ण अपने लक्ष्य प्राप्ति के लिए सदैव असंभव प्रतीत होने वाला मार्ग चुनते हैं और फिर अपनी बुद्धि और कर्मों से उस लक्ष्य को अकल्पनीय प्रकार से प्राप्त कर लेते हैं। चाहे वो मथुरा में रहकर जरासंध को चुनौती देने का निर्णय हो, अथवा महाराज मुचुकुंद को कालयवन की मृत्यु का माध्यम बनाने का। पांडवों के लिए उन्होंने नागों के आधिपत्य वाले दुर्गम खांडव वन से नागराज को खदेड़ दिया। नागलोक के निकट दुर्गम वनक्षेत्र में केंद्र स्थापना का समर्थन करना अवश्य कृष्ण की किसी दूरगामी सोच का परिणाम होगा।

"महात्मन्! इस वनक्षेत्र के विषय में आपको क्या जानकारियाँ है?" आचार्य ने पूछा।

"आचार्य! उस स्वर्ग-तुल्य वनक्षेत्र को नागों ने नर्क बनाया है। वह वन के सभी संसाधनों पर अपना एकक्षत्र आधिपत्य मानकर संपूर्ण वनक्षेत्र अपने अधिकार में रखते हैं। उनके अधिकार को चुनौती देने वाले को मात्र मृत्यु प्राप्त होती है।" विदुर बोले।

"महात्मन्! आपने बताया था कि नागलोक के चिरपुंज और अनंतपुर नामक

दो छोटे पड़ोसी राज्य हैं।" आचार्य बोले, "क्या उनसे हमें सहयोग प्राप्त होगा?"

"वे दोनों राज्य नाम मात्र के लिए हैं, आचार्य! नागराज के विरुद्ध उनसे किसी सहयोग की उम्मीद नहीं की जा सकती है।" महर्षि बोले, "दोनों राज्य परंपरागत शत्रु हैं। आए दिन किसी न किसी कारण से उन में सैन्य झड़प होती रहती है। दुर्गम मृत्युंजय पर्वत शृंखला से घिरे होने के कारण दोनों राज्यों को शेष भरतखंड से जोड़ने का एकमात्र मार्ग नागलोक के निगरानी क्षेत्रों से सटा है। नागों के भय से अन्य राज्य उनका सहयोग करने से डरते हैं। नागलोक का हिस्सा बनाने के लिए लंबे समय से नागराज दोनों राज्यों पर अपनी दृष्टि जमाए है।"

"आपको ये जानकारियाँ कैसे प्राप्त हुई?" आचार्य बोले।

"वासुदेव से!" महर्षि बोले, "उन्हें ये जानकारियाँ महादेव से भेंट के दौरान गोपों से मिली थीं।"

आचार्य चौंके। उनका अनुमान उचित था। कृष्ण के प्रत्येक निर्णय के परिणाम औचक होते हैं। वनक्षेत्र को केंद्र स्थापना के लिए अनुमोदन करने के पीछे कोई महत्त्वपूर्ण पक्ष नहीं होता तो वे गोपों से वनक्षेत्र के विषय में जानकारियाँ एकत्र नहीं करते। यह भी निश्चित है कि यदि उन्होंने किसी योजना पर कार्य आरंभ किया है तो वो योजना अवश्य सफल होगी।

आचार्य को लगा उनका श्रीकृष्ण से अतिशीघ्र भेंट करना आवश्यक हो गया है।

अध्याय 4

प्रासाद में कृष्ण को ढूँढते हुए जब बलराम खीज उठे तब द्वारपाल से ज्ञात हुआ कि उद्यान में टहलते हुए कृष्ण रथवान दारुक और अपने अंगरक्षकों को छोड़कर रथ लेकर अचानक कहीं प्रस्थान कर गए थे। जाने वो कब तक लौटेंगे।

इधर वन सीमा के निकट कृष्ण रथ रोककर उतरे और तेज कदमों से वृक्षों के बीच कच्चे मार्ग को पार कर नितांत शांत एवं नीरव वातावरण में स्थित एक छोटी झील के किनारे पहुँचे।

वहाँ एक जटाधारी साधु धुनी जमाए बैठा था। कृष्ण को देख उसने उन्हें प्रणाम किया।

"आपने मुझे द्वारका में अपना सत्कार करने के सुख से वंचित किया है।" कृष्ण ने झील के जल में अपने पैर डाले, "मेरा यह ऋण आप पर रहेगा, आचार्य!"

"आपका ऋण मैं जन्म-जन्मांतर तक स्मरण रखूँगा, माधव!" आचार्य विनम्रता से बोले।

"आपको बहुत कुछ स्मरण रखना है, आचार्य!" कृष्ण निश्चल भाव में हँसे, "इसलिए मैं आप पर कोई अन्य बोझ नहीं डालूँगा।"

"बोझ तो मैं स्वयं पर बना हुआ हूँ, माधव!" आचार्य अधीरता से बोले, "मैं केंद्रों की रक्षा का उपाय ढूँढते हुए भटक रहा हूँ। उपाय मेरे समीप प्रतीत होते हुए भी मैं उसे पहचानने और व्यक्त करने में स्वयं को असमर्थ पाता हूँ।"

"यह आपका संशय है, अथवा विश्वास ?" कृष्ण ने पूछा।

"कदाचित दोनों!" आचार्य चिंता से बोले, "विचित्र विडंबना है, माधव! जिस उपाय को मैं पहचानने में अक्षम हूँ वही मुझे मेरी समस्याओं का समाधान प्रतीत होता है।"

“समस्या और समाधान दोनों उपलब्ध हैं तो आप क्यों व्यथित हैं?” कृष्ण ने आग्रह से पूछा।

“माधव, कदाचित मैं समाधान से कुछ अधिक की इच्छा रखता हूँ।” आचार्य व्याकुलता से बोले, “इसी कारण उपाय मेरे समक्ष उपस्थित होते हुए भी विलुप्त प्रतीत होता है। जैसे मैं उसे प्रकट करने की विधि विस्मृत कर चुका हूँ। सब कुछ अनिश्चित प्रतीत होता है।”

“अनिश्चितता अनंत संभावनाओं की जनक होती है, आचार्य! समस्याओं के उपाय सदैव हमारे समक्ष रहते हैं, किंतु हमारे बौद्धिक विकार उनकी अनुपलब्धता का भ्रम पैदा करते हैं।” कृष्ण बोले, “आपको किस की कमी है- उपायों की, अथवा उन्हें समझ पाने के लिए आवश्यक बुद्धि की?”

“बुद्धि कोई क्रय की वस्तु नहीं जिसे मैं मोल-भाव कर प्राप्त कर लूँ, माधव!” आचार्य बोले, “वो तो परिश्रम, चिंतन और आशीर्वाद से प्राप्त होती है। मैं भ्रमित हूँ कि श्रम कैसे और कहाँ करूँ। किससे इस विषय में ज्ञान प्राप्त करूँ? अब आप ही मेरी सहायता करे!”

“उपायों के निर्माता प्रथम को मेरी सहायता की आवश्यकता क्यों हैं?” कृष्ण मुस्कुराए।

“क्यों उपहास करते हैं, माधव?” आचार्य हाथ जोड़कर बोले, “मैं सदैव आचार्य ही रहूँगा। वो आचार्य जो समझ नहीं पा रहा है कि आपने एक सर्वदा असुरक्षित वनक्षेत्र को केंद्र निर्माण के लिए अनुमोदित क्यों किया और इस विकल्प से यज्ञ के लक्ष्य कैसे सिद्ध होंगे।”

“मेरे अनुमोदन से प्रथम और परिषद का सहमत होना आवश्यक नहीं है!” कृष्ण का स्वर गंभीर हुआ।

“यज्ञ की सिद्धि के लिए आपके सुझावों का पालन करना मेरे लिए आवश्यक है।” आचार्य बोले।

“लक्ष्यों की सिद्धता मेरे अनुमोदन पर निर्भर नहीं है।” कृष्ण सहजता से बोले, “यज्ञ सिद्धि के लिए उत्तम उपायों को ढूँढना मेरा नहीं, प्रथम का दायित्व है। मेरे अनुमोदन अकाट्य विकल्प नहीं, मात्र सुझाव हैं। आप उन्हें स्वेच्छा से नकार सकते हैं।”

“मेरा तात्पर्य आपके अनुमोदन का विरोध करना नहीं है, प्रभु! निश्चित

आपने परिस्थितियों पर गहन विचार-विमर्श के पश्चात निर्णय लिया होगा।" आचार्य कृष्ण के बातों में छुपे रोष को भाँपते हुए बोले, "मैं मात्र आपके निर्णय के उद्‌देश्य के प्रति उत्सुक हूँ।"

"यदि सुझाव उचित है तो उस पर कैसा वाद?" कृष्ण सहजता से बोले, "यदि आप मेरे सुझाव से सहमत नहीं है तो आप उसे पलटने के लिए स्वतंत्र हैं।"

"प्रभु! मेरी और प्रथम की इच्छा आपसे भिन्न नहीं है।" आचार्य आदर से बोले, "आपकी इच्छा प्रथम के लिए आदेश है जिसका पालन वो अवश्य करेंगे।"

"आचार्य, आप भूल रहें हैं कि परिषद के नियमानुसार मैं आपके आदेशानुसार कार्य करने के लिए बाध्य हूँ, आपको आदेश देने के लिए नहीं।" कृष्ण गंभीर और कठोर स्वर में बोले, "आप इतने गहरे भ्रम में हैं कि आपको अपने भ्रमित होने का आभास भी नहीं है। परिषद के सदस्य प्रथम के सहायक हैं, उनके स्वामी नहीं। वे प्रथम के आदेश के पालन के लिए प्रतिज्ञाबद्ध हैं, किंतु उन आदेशों के पीछे छुपी प्रथम की मंशा जानने के अधिकारी नहीं है।"

"यह आप क्या कह रहे हैं, प्रभु?" आचार्य को जैसे झटका लगा।

"प्रथम और उनके सहायकों की इच्छा में भिन्नता सहज हैं, किंतु सनातन यज्ञ की दिशा और उसकी सफलता प्रथम की सोच पर निर्भर है। कृष्ण प्रथम के आदेशों के अधीन है, प्रथम कृष्ण के अधीन नहीं हैं। प्रथम के प्रत्येक निर्णय के प्रति कृष्ण और परिषद समर्पित है। इसलिए मैं अपने निर्णय के विषय में प्रथम के विचार जानने के लिए उत्सुक हूँ।"

"मैं कुछ समझा नहीं, माधव! मैं आपका विरोध क्यों करने लगा? आप जो निर्णय लेंगे वही मेरा निर्णय होगा।" आचार्य सकपकाए। कदाचित वो कृष्ण की बातों में अनावश्यक तर्क ढूँढ रहे थे, अथवा कृष्ण उनकी बातों का गलत अभिप्राय ले बैठे थे।

"फिर आपकी समस्या का समाधान इस सृष्टि में किसी के पास नहीं है, आचार्य!" कृष्ण ने ठंडी साँस छोड़ी, "यज्ञ का दायित्व आपका है तो यज्ञ संबंधित समस्या का समाधान भी आप ढूँढे।"

"क्षमा माधव! मेरे प्रश्न दायित्वों से नहीं, आपके परामर्श से संबंधित हैं।" आचार्य भरे कंठ से बोले, "आप उनका समाधान नहीं करेंगे तो मैं किसके चरणों

में अपना सिर पटकूँ?"

"अपने चरणों में! यज्ञ की सबसे बड़ी समस्या केंद्र नहीं, आप स्वयं हैं।" कृष्ण आचार्य के चेहरे पर अपनी दृष्टि गड़ाकर बोले, "जो स्वयं को साधने में असमर्थ है वो किसी समस्या का समाधान क्या करेगा, आचार्य?"

कृष्ण के कटु वचन और उदासीनता से आचार्य गहराई तक आहत हुए। वो आचार्य की अनुभवहीनता को सभी समस्याओं का कारण मानकर उनकी सहायता करने के स्थान पर उनका उपहास बना रहे थे।

आचार्य मन ही मन रो पड़े। वह आए थे कृष्ण से भेंट कर केंद्र स्थापना से जुड़े प्रश्नों के समाधान प्राप्त करने की इच्छा से, किंतु कृष्ण नवीन समस्याओं का उद्गम बने हुए थे। इसमें कृष्ण दोषी नहीं थे। वो आचार्य का उस सत्य से साक्षात्कार करा रहे थे जिसे आचार्य विस्मृत कर बैठे। कृष्ण मात्र द्वारकाधीश नहीं, भरतखंड की राजनीति के वो आधार-स्तंभ हैं जिनकी इच्छाशक्ति के अधीन काल समेत सृष्टि की समस्त प्रकट और अप्रकट शक्तियाँ हैं। वह आचार्य के सेवक नहीं हैं जिन्हें आचार्य ने जब चाहा भेंट के लिए बुला लिया। वो केंद्र निर्माण में सहयोगी हैं, किंतु आचार्य की इच्छानुसार उनकी समस्याओं का समाधान करने के लिए बाध्य नहीं।

कदाचित आचार्य और अपने मध्य इसी भिन्नता का स्मरण कराने के लिए कृष्ण सदैव उन्हें आचार्य कहकर संबोधित करते रहे। प्रथम के चुनाव और ब्रह्मण के विषय में जानकारी देने के लिए आयोजित महर्षि की प्रथम भेंट के पश्चात कृष्ण ने पुनः कभी उन्हें 'प्रथम' कहकर संबोधित नहीं किया। भूत, वर्तमान और भविष्य के अनेक रहस्यों के जनक श्रीकृष्ण के व्यवहार में छुपे संदेश को पढ़ने से आचार्य चूके इसलिए आज उनका प्रत्येक शब्द उन्हें चुभ रहा था।

"किन विचारों में विचरण करने लगे, आचार्य?" कृष्ण ने सहजता से पूछा।

"क्या यज्ञ के प्रति आपका कोई दायित्व नहीं है, प्रभु?" आचार्य ने बुझे स्वर में पूछा। वह अपने कथनों को श्रीकृष्ण के अपमान का कारण नहीं बनने देना चाहते थे, किंतु उनके कंधे प्रश्नों के बोझ से टूट रहे थे- यज्ञ से जुड़े प्रश्न, स्वयं से जुड़े प्रश्न, अपने अस्तित्व और उद्देश्य से जुड़े प्रश्न, कृष्ण की बातों में छुपी उनकी मंशा से जुड़े प्रश्न।

"यज्ञ का दायित्व प्रथम का है, मेरा नहीं। महर्षि के आदेशानुसार मैंने स्वयं

को अपनी शक्तियों सहित प्रथम के चरणों में अर्पित किया है।" कृष्ण सहजता से बोले, "प्रथम मेरी शक्तियों से अपने उद्देश्यों की पूर्ति कैसे करते हैं यह प्रथम की क्षमता पर निर्भर है।"

"प्रभु! मैं अज्ञानी आपके कथन का मर्म समझने में असमर्थ हूँ।" आचार्य हाथ जोड़कर आदर से बोले, "मुझे अपनी शरण में लेकर मेरा मार्गदर्शन करें, केशव!"

"प्रथम की समस्याओं का समाधान आप एक साधारण आचार्य, अथवा किसी अन्य से माँगेंगे तो हताश होंगे।" कृष्ण बोले, "समस्याएँ प्रथम की हैं तो उनका समाधान उन्हें ढूँढने दीजिए। एक आचार्य उनकी समस्याओं से क्यों विचलित होता है और उनके समाधान के लिए मुझसे क्यों सहयोग माँगता है?"

"यह आपका कैसा उपहास है, माधव?" आचार्य सकपकाए, "आचार्य और प्रथम दोनों मेरे स्वरूप हैं। उनमें कैसा मतभेद? मैं उनकी समस्याओं से अविचलित कैसे रह सकता हूँ?"

"यदि दोनों एकरूप होते तो आचार्य को प्रथम की शपथ लेने की आवश्यकता क्यों होती?" कृष्ण बोले, "आचार्य से प्रथम की समस्याओं का समाधान पाने के प्रयास में आपने समाधान को समस्या बना दिया। आचार्य के मोह में आप प्रथम को ऐसे भूल बैठे जैसे देह के कष्टों से मोहित जीव अपनी सर्वशक्तिमान आत्मा विस्मृत करता है। मृग की भाँति आप अपनी कस्तूरी की सुगंध से विचलित हो उसे संसार में ढूँढ रहे हैं। आपकी यही मानसिकता आपकी इस मनो:स्थिति का कारण है।"

"मैं तो यही निर्णय नहीं कर पा रहा हूँ कि मैं किस अवस्था में हूँ!"

"आप परिवर्तन की उस अवस्था का अनुभव कर रहे हैं जो जीव को देवत्व के योग्य बनाती है। आपका अनिर्णय इसी अवस्था का लक्षण है।" कृष्ण गंभीर भाव से बोले।

"कृपया मुझे और अधिक नहीं उलझाएँ!" आचार्य विनय भाव से बोले, "मुझे स्पष्ट कहें मैं इस स्थिति से कैसे उबर सकता हूँ।"

"आप किस स्थिति में हैं, उससे कैसे उबरना है और आप किस स्थिति के इच्छुक हैं, यह आप ही जानते हैं।" कृष्ण मृदुल स्वर में बोले, "मैं, अथवा परिषद आपसे क्या चाहती हैं इसे जानने से उत्तम आप यह जाने कि आप स्वयं

से क्या चाहते हैं।"

"अर्थात ?" आचार्य कृष्ण की बातों से भ्रमित हुए।

"समस्या परिस्थितियों में नहीं, मनो:स्थिति में होती है। आपने प्रथम का मात्र पद सँभाला, उनका दायित्व नहीं। उनकी समस्याओं का समाधान प्रथम के अतिरिक्त किसी के पास नहीं हैं। प्रथम क्या चाहते हैं और उनकी समस्याओं का समाधान क्या है यह जानने के लिए आप मुझसे उत्तम उनसे संवाद कीजिए।" कृष्ण बोले, "मानव विचित्र जीव है, आचार्य! यह देवत्व प्राप्त करने की इच्छा रखता है, किंतु अपनी लघुता त्यागने से डरता है। गिरने के भय से कदम बढ़ाने से हिचकने वाला आकाश की ऊँचाइयाँ कैसे छू सकता है ?"

"इसी कारण से मैं इस मनो:स्थिति से शीघ्र अतिशीघ्र उबरना चाहता हूँ। मैं अवगत हूँ कि मेरी यह अवस्था यज्ञ को प्रतिकूल प्रभावित कर रही है !" आचार्य चिंता से बोले।

"इस स्थिति से उबरने का उपाय सहज है। आप आचार्य को भूलकर प्रथम की शरण लीजिए।" कृष्ण बोले, "आप हर उस वस्तु, विकार, इच्छा का त्याग करें जो आपको लघुता का एहसास कराती है। वो सभी विचार त्यागे जो आचार्य को प्रथम पर हावी करते हैं। जैसे आत्मा के प्रति समर्पण जीव के उद्धार का मार्ग प्रशस्त करता है, आप अपने उद्धार के लिए प्रथम की शरण लें। आप अपनी आत्मा को अपने कर्मों का अधिकारी निर्धारित करें।"

आचार्य चुपचाप कृष्ण को सुनते रहे। क्या देह और आत्मा के मध्य संबंधों का स्मरण करा कृष्ण उन्हें प्रथम और आचार्य के कर्मों में संतुलन स्थापित करने का मार्ग दिखा रहे थे ?

"प्रथम की सबसे बड़ी बाधा आचार्य हैं। वही प्रथम के लक्ष्य अदृश्य किए हैं। आपने प्रथम का दायित्व स्वीकारा, किंतु आचार्य को नहीं त्यागा।" कृष्ण बोले, "अब प्रथम को अपनी आत्मा मानकर आचार्य अपना सर्वस्व उन्हें सौंपकर निश्चिंत हो जाएँ। यज्ञ का दायित्व और चुनौतियाँ प्रथम की हैं। उनका सामना उन्हें करने दें। चित्रगुप्तों द्वारा प्रदत्त शक्तियों से यज्ञ की चुनौतियों का प्रथम सहज निवारण कर लेंगे।"

आचार्य हतप्रभ रह गए। प्रथम के दायित्व से जुड़े इस पक्ष पर उन्होंने कभी विचार नहीं किया। उचित कह रहे थे कृष्ण। आचार्य का यह जन्म प्रथम के

उद्देश्यों की पूर्ति के लिए है। प्रथम का दायित्व चित्रगुप्तों का यज्ञ पूर्ण करना है, आचार्य की समस्याओं का समाधान करना नहीं। प्रथम और आचार्य के मार्ग और लक्ष्य भिन्न हैं। चित्रगुप्तों एवं उनके द्वारा मनोनीत प्रथम के यज्ञ से जुड़ी समस्याओं का समाधान प्रथम के पास होगा, आचार्य के पास नहीं। आचार्य इस सत्य से चूक गए।

गहन अंधकार में खोई आचार्य की आत्मा कृष्ण के ज्ञान से पुनर्जीवित हो अँगड़ाई लेकर उठी। आचार्य 'प्रथम' के नाम से तो जुड़े, किंतु उनसे मानसिक एवं आध्यात्मिक स्तर पर नहीं जुड़ पाए। अपनी भूल की स्वीकारोक्ति से हल्का हुआ उनका मन कृष्ण के ज्ञान के सागर में उन्मुक्त होकर तैरने लगा। कृष्ण कितने प्रभावी एवं स्पष्ट रूप से प्रथम की शक्तियों पर अपना अटूट विश्वास व्यक्त कर रहे थे।

उड़ने की स्वाभाविक क्षमता होते हुए भी पक्षी अपने पंखों के बोध के बिना पदाती रहता है। चित्रगुप्तों द्वारा प्रदत्त दायित्व आचार्य का बोझ नहीं उनके वो शक्तिशाली पंख हैं जो उन्हें समस्याओं से ऊपर उठकर उनका समाधान करने की दिव्य क्षमता प्रदान करते हैं, किंतु जिनका उपयोग उन्होंने अभी तक नहीं किया। कैसे करते? उन पंखों के प्रयोग का अधिकार मात्र प्रथम को है, आचार्य को नहीं। प्रथम को प्राप्त शक्तियों का आह्वान आचार्य द्वारा असंभव है।

कृष्ण आचार्य को उन शक्तियों का बोध करा रहे थे जो प्रथम को चित्रगुप्तों और महर्षि से सहज प्राप्त हुई थी। वो शक्तियाँ जो विषम परिस्थितियों को अपने लक्ष्य-प्राप्ति में सहायक बनाती हैं। महर्षि द्वारा प्रदत्त चित्रगुप्तों का समस्त गुप्त ज्ञान बिना उपयोग के व्यर्थ है। यदि प्रत्येक समस्या के समाधान के लिए आचार्य को कृष्ण की शरण लेनी पड़े, तो प्रथम और परिषद की क्या आवश्यकता है? भविष्य में कृष्ण और परिषद के बिना प्रथम के दायित्वों का निर्वाह कैसे होगा?

स्मृति-विलोप के प्रभाव से उन्मुक्त हुए आचार्य के चेहरे पर दिव्य शांति पसरी। असफलता सर्वश्रेष्ठ शिक्षक होती है। केंद्र की असफलता से आचार्य को प्रथम और इस यज्ञ की सफलता के लिए बहुमूल्य चमत्कारिक सबक प्राप्त हुए। यह विफलता जैसे आचार्य को प्रथम का बोध कराने हेतु पूर्व-निश्चित थी।

प्रथम आचार्य की उपलब्धियों की पराकाष्ठा हैं। किंतु आचार्य इतने वर्षों में आचार्य से प्रथम में परिवर्तित नहीं हो पाए। प्रथम की सिद्धि और यज्ञ की

सफलता के लिए आचार्य को सीमित होना होगा। उन्हें प्रथम की आज्ञा से प्रकट होना होगा और प्रथम के निर्देशानुसार कार्य करना होगा। प्रथम आचार्य की इच्छा के नहीं, आचार्य प्रथम की इच्छा के लिए समर्पित होंगे। कारणों से चिंतित होने से अधिक उन्हें अपने लक्ष्य प्राप्ति के लिए कारणों का निर्माण करना था। यही प्रथम के वचन और इस यज्ञ की सफलता का मूलमंत्र है। आचार्य का समय पूर्ण हुआ। अब प्रथम का दायित्व निर्वाह का क्षण था। उन्हें यज्ञ की शेष बाधाओं का उपचार करना है।

"जैसे आपने मेरा भ्रम नष्ट किया उसी प्रकार मुझे मेरे धर्म का बोध भी करा दीजिए, हे जनार्दन!" डबडबाई आँखें लिए आचार्य हाथ जोड़कर बोले, "मुझे बताएँ कि प्रथम अपने धर्म का पालन करते हुए धर्म की रक्षा कैसे करें?"

"आचार्य! धर्म पालन और धर्म की रक्षा करना दोनों भिन्न उद्देश्य है। धर्म पालन धर्म रक्षा में सहायक हो यह आवश्यक नहीं है।" कृष्ण बोले, "धर्म का उद्देश्य जीव को लोक कल्याण के कार्यों के लिए प्रेरित करना है। लोक कल्याण और धर्म की रक्षा हेतु धर्म का विरोध और इसका संपूर्ण विनाश करना भी धर्म संगत है। धर्म कर्मों का नहीं, उनके ध्येय का मूल्यांकन करता है।"

"आचार्य! जीव को भिन्न-भिन्न लोकों में ले जाने का कारण उसका कर्म है।" कृष्ण बोले, "कर्म छोटे-बड़े नहीं, निर्गुण होते हैं। उनके परिणाम भी निर्गुण होते हैं, किंतु जीव का बुद्धिभ्रम कर्मों के प्रभावों में भिन्नता उत्पन्न करता है। जीव कर्माधिकारी बनने और उच्च लोकों का पात्र बनने के लोभ से कर्म निर्वाह करता है, किंतु कर्म का सच्चा अधिकारी वह होता है जिसके कर्म स्वतः उसे अपना अधिकारी माने।"

"अर्थात जीव की कोई प्रतिक्रिया कभी अनुचित नहीं होती है?" आचार्य ने पूछा।

"प्रकृति में क्रिया और प्रतिक्रिया एकरूप और निर्गुण है। प्रत्येक कार्य एक क्रिया है और उस कार्य के परिणामस्वरूप उत्पन्न प्रतिक्रिया भी मात्र क्रिया है। क्रिया और प्रतिक्रिया क्रियाओं का संबंध दर्शाते हैं, उनका भेद नहीं। बुद्धि-दोष क्रिया और प्रतिक्रिया में भेद कर अहंकार और कर्मों के स्वामित्व का भ्रम उत्पन्न करता है।" कृष्ण बोले, "जीव का अहंकार निर्गुण कर्मों में दोष उत्पन्न कर कर्मों के भिन्न परिणाम देता है। अपने मान-सम्मान के लिए पूरा राजकोष लुटाने वाले

राजा से उत्तम वो भिक्षुक है जो स्वयं भूखा रहकर स्वेच्छा से अपना भोजन दूसरों से साझा करता है।"

"उचित है, माधव!" आचार्य बोले, "कर्मों में भेद उत्पन्न कर उनके लिए भिन्न-भिन्न परिणामों की इच्छा करना तो कर्म व्यवस्था के विपरीत है।"

"यही जीवन की विडंबना और जीवों के कष्टों का कारण है, आचार्य! जीव उत्तम कर्मों का फल भोगना चाहता है, बुरे कर्मों का दंड नहीं। वह स्वयं को अपने उत्तम कर्मों का अधिकारी मानता है, किंतु अपने पाप कर्मों को परमात्मा की इच्छा कहकर उसके परिणामों से पीछा छुड़ाता है। पाप कर्मों से मुक्ति पाने की इच्छा, अथवा प्रत्युपकार की इच्छा से किए कर्मों का परिणाम सात्विक कैसे होगा? ऐसे भ्रमित जीव अपने कर्मों के बंधक बनकर रह जाते हैं।"

"तो परम-सत्ता उनका मार्गदर्शन करे। उन्हें मुक्ति दायक कर्मों में लिप्त करे।" आचार्य बोले।

"परम-सत्ता के प्रत्येक निर्णय का आधार जीव-मुक्ति है, किंतु इसका अर्थ यह नहीं कि जीव अपने कर्मों की पूर्ति के लिए परम-सत्ता पर आश्रित रहे।" कृष्ण बोले, "परम-सत्ता और उनके प्रतिनिधि स्वयं कर्मों में लिप्त रहकर जीवों को उनके कर्म-निर्वाह के लिए प्रोत्साहित करते हैं। इस कर्ममय सृष्टि में कर्म वो फल है जो परम-सत्ता ने अपनी प्रत्येक संतान को स्वेच्छा से उसकी मुक्ति के लिए प्रदान किया है। कर्म जीव के कर्मों का फल है, और कर्म ही उसके कर्मों का बीज है। इस विषय में कोई अन्यत्र पक्ष नहीं है। कर्म मोक्ष का वो दिव्य द्वार है जो प्रत्येक जीव को जन्म से सहज प्राप्त है। यह दिव्य फल प्राप्त कर पुनः फल की कामना करने वाला जीव कर्मचक्र में उलझता है।"

कृष्ण के मोहक शब्दों ने आचार्य का रहा-सहा विकार नष्ट कर दिया। उन्मुक्त मुक्त मन प्रथम का दायित्व और उससे जुड़े कर्तव्यों को स्पष्ट रूप से आत्मसात कर पा रहा था।

"प्रथम के लिए आपकी क्या आज्ञा है, प्रभु!" आचार्य ने विनम्रता से पूछा।

"आचार्य! युद्ध में विजय प्राप्त करने के लिए उचित अवसर पर उचित निर्णय लेना आवश्यक होता है। प्रथम स्थायी हैं, परिषद नहीं। प्रथम का आदेश सर्वोपरि है।" कृष्ण बोले, "केंद्रों की स्थापना और उसकी रक्षा की व्यवस्था प्रथम स्वयं करें। मैं आपकी सेवा में तैनात रहूँगा, किंतु मैं प्रथम और यज्ञ की

रक्षा के लिए व्यवस्था स्थापित नहीं कर सकता हूँ। मैं कर्मों का दास हूँ, आप मुझे कर्मों का स्वामी बनाने की भूल नहीं करें।"

"प्रभु! प्रथम इस यज्ञ की रक्षा कैसे करेंगे?" आचार्य ने पूछा।

"जैसे माता स्वयं को विस्मृत कर पीड़ा सहते हुए अपने गर्भस्थ शिशु की रक्षा करती है, उसी प्रकार इस यज्ञ में प्रथम को स्वयं की आहुति डालते हुए सत्य की रक्षा करनी होगी।" कृष्ण मृदुलता से बोले, "इस संसार का सर्वाधिक कठिन कार्य इच्छाओं से विरक्ति है। इच्छाओं का अभाव होगा तो जीव के समक्ष उसके लक्ष्य से विचलित होने का कारण प्रकट नहीं होगा। निश्चल भावना से किए कर्मों के परिणाम भी निश्चल होंगे। अपनी इच्छाओं को परमात्मा के आदेश पालन में समर्पित करना ही मुमुक्षुत्व है। यही समर्पण चित्रगुप्त की शक्तियों का स्रोत है। यही प्रथम की एकमात्र प्रेरणा है। इसी उपाय से प्रथम को भविष्य की सभी चुनौतियों से पार होना होगा।"

आचार्य शांत मन से कृष्ण के कथनों को आत्मसात करते रहे। यज्ञ की समस्याओं का उन्हें कोई उपाय नहीं मिला था, पर कृष्ण के प्रत्येक शब्द में कई जन्मों का सार छुपा था। जब निष्ठा का केंद्र स्वयं कृष्ण हो तो विकल्पों की चिंता शेष नहीं रहती है।

"परिषद प्रथम को सलाह और आदेश दे सकती है, किंतु अंतिम निर्णय प्रथम को लेना होगा। उन्हें अपने निर्णयों के परिणामों का बोझ भी उठाना होगा।" कृष्ण ने चेताया, "परिषद को दिए वचनानुसार मैं और मेरे सभी संसाधन इस यज्ञ के लिए समर्पित हैं। आदेश दे!"

आचार्य का मन निश्चिंत और प्रफुल्लित था। केंद्र का ध्वस्त होना उनकी चूक का संकेत था। वह आचार्य को प्रथम के रूप में विकसित करने से चूक गए थे। वो प्रथम जिसके अधीन श्रीकृष्ण, महर्षि व्यास, गंगापुत्र भीष्म, महात्मा विदुर और चित्रगुप्तों जैसी दिव्य कालजयी शक्तियाँ हैं। वो प्रथम जो परिस्थितियों से सीमित सोच से नहीं, वरन उन्मुक्त मन से सामाजिक, राजनीति एवं सैन्य परिस्थितियों का निर्माण करके यज्ञ के लक्ष्य सिद्ध करेंगे। वो प्रथम जिनसे आचार्य की भेंट होना शेष था।

सांसारिक बंधन आचार्य के लिए थे, प्रथम के लिए नहीं। प्रथम का दायित्व एक अंतहीन साधना है जो धैर्य, संकल्प, निष्ठा और समर्पण से पूर्ण होगी। यह

यज्ञ माध्यम मात्र था प्रथम को पाने और परमात्मा से जुड़ने का।

कृष्ण वाकई अपने शरणागत को संसार के सभी बंधनों से मुक्त कर देते हैं।

अध्याय 5

“कौन?” आचार्य के लिए किसी की पुकार सुन शैला कुटिया से बाहर निकली।

पसीने से लथपथ एक श्रमिक कंधों पर ताजे शाक और फलों से भरी टोकरी उठाए द्वार पर खड़ा था।

“आचार्य रुद्रदेव यहीं रहते हैं?” उसने पूछा।

“हाँ! तुम कौन?”

“मैं शुनक! हस्तिनापुर में मेरा पुत्र आचार्य का शिष्य था।” कंधों से टोकरी उतारकर नीचे रख उसने गमछे से अपना पसीना पोंछा, “आचार्य से भेंट के लिए आया था। यहाँ आने में मार्ग भटक गया। बड़ी कठिनाई से पहुँचा हूँ।”

उसे वही विश्राम करने को कह शैला ने आचार्य को सूचित किया। फिर वो जल भरी मटकी लाई और शुनक को जल पिलाया। शुनक बैठकर सुस्ता रहा था कि आचार्य को देख वो उठ गया।

“अहोभाग्य आचार्य! आपके दर्शन पाकर मैं धन्य हुआ।” शुनक हाथ जोड़कर उनके चरणों में लोट गया।

शुनक को पहचानकर आचार्य ने मुस्कुराते हुए उसे गले लगाया “सब कुशल-मंगल तो है, बंधु? यहाँ कैसे आगमन हुआ?”

“आपके दर्शनों की इच्छा से चला आया, आचार्य!” शुनक हाथ जोड़कर बोला, “आपके दर्शन हो गए। अब मुझे प्रस्थान की आज्ञा दीजिए।”

“यह कैसा आना हुआ? कुछेक दिन हमारे साथ निवास करो।” आचार्य ने मनुहार किया, “अन्यथा भोजन ग्रहण कर तनिक विश्राम करके चले जाना।”

“विश्राम मेरे भाग्य में कहाँ, आचार्य?” शुनक फीकी हँसी के साथ बोला, “प्रस्थान की आज्ञा दीजिए।”

"खाली हाथ कैसे लौटेंगे?" शैला ने टोका, "वन के ताजे फल रखे हैं, वही ले जाओ।"

शुनक ने झेंपते हुए आचार्य को देखा।

"यहाँ इनके आदेश सर्वोपरि हैं।" आचार्य हँसे।

शैला भीतर से फलों से भरी टोकरी उठाए लौटी।

"क्या आप वन के सारे फल तोड़ लाई?" फलों से भरी टोकरी पर दृष्टि घुमाते हुए शुनक आश्चर्य से बोला।

"अगली बार आए तो कुछ दिन हमारा आतिथ्य अवश्य स्वीकारें!" शैला मुस्कुराई।

"मैं आपका आदेश स्मरण रखूँगा।" शुनक हाथ जोड़कर बोला, "आचार्य! यदि आप मुझे राजमार्ग तक पहुँचा दे तो कृपा होगी, अन्यथा वन में पुनः भटक जाऊँगा।"

"अवश्य! मैं तुम्हारे साथ चलता हूँ।" कहकर आचार्य चल पड़े।

सिर पर फलों की टोकरी उठाए शुनक ने उनका अनुसरण किया। वन सीमा में प्रवेश कर दोनों रुके।

"क्या समाचार है, शिवांश?" आचार्य ने पूछा।

"आचार्य! हमारे गुप्तचरों ने वनक्षेत्र और नाग लोक के सीमांत क्षेत्र जाँचें हैं। वन में दस्यु भारी संख्या में उपस्थित हैं। नागों और दस्युओं के भय से वनक्षेत्र में कोई कदम नहीं रखता है।" फलों की टोकरी नीचे रखते हुए शिवांश बोला, "प्रतीत होता है कि उस वनक्षेत्र में नागराज की कोई बड़ी योजना है। वन का बड़ा भू-भाग नाग सैनिकों के अतिरिक्त सभी के लिए वर्जित है।"

"नागों के रहते वनक्षेत्र में दस्यु कैसे आ सकते हैं?" आचार्य ने पूछा।

"हमारा अनुमान है कि वे दस्यु नागराज द्वारा संरक्षित हैं और उनकी गतिविधियाँ नागों द्वारा प्रायोजित हैं। कदाचित वे नाग सैनिक ही हैं।" शिवांश बोला, "नागराज गुप्त रूप से उन्हें दोनों राज्यों के मध्य द्वेष भड़काने में प्रयोग कर रहा है।"

"मात्र यही कारण है उस वनक्षेत्र में नागराज की रुचि का?"

"नागराज वनक्षेत्र में विषैले और जैविक अस्त्रों के संधान और निर्माण के लिए गुप्त प्रयोगशालाएँ स्थापित करने का प्रयास कर रहा है। कदाचित उन्हीं

की रक्षा के लिए नागों ने दस्युओं का भय फैलाकर वनक्षेत्र संरक्षित किया है।"

"तुम्हें इस बारे में कोई साक्ष्य मिला?" आचार्य ने पूछा।

"हमें नागलोक से वनक्षेत्र को जोड़ने वाले कुछ गुप्त भूमिगत मार्गों का ज्ञान प्राप्त हुआ है। उन मार्गों के माध्यम से वनक्षेत्र में नियमित संसाधन एवं प्रयोगशालाओं से जुड़े उपकरण भेजे जा रहे हैं।" शिवांश बोला, "निर्माण सामग्री देख प्रतीत होता है कि प्रयोगशालाएँ अभी प्रारंभिक निर्माण चरण में हैं।"

"क्या नीलकमल निर्माण स्थल तक पहुँच पाए?" आचार्य ने पूछा।

"वनक्षेत्र में हमारी उपस्थिति मात्र नागों की गतिविधियों पर दृष्टि रखने तक सीमित है।" शिवांश बोला, "प्रतीत होता है कि वे किसी बड़े युद्ध के लिए सन्नद्ध हो रहे हैं।"

"चिरपुंज और अनंतपुर के विरुद्ध?"

"प्रथम दृष्टया तो वही नागराज के लक्ष्य लगते हैं। दोनों राज्यों पर लंबे समय से उसकी कुदृष्टि है। वह दोनों राज्यों को आपस में लड़ाकर उन्हें अपने अधीन करना चाहता है।" शिवांश बोला।

"किंतु ऐसा करने के लिए नागराज को विषैले और जैविक अस्त्रों की आवश्यकता नहीं है।" आचार्य सोच में पड़ गए, "कदाचित नागराज का लक्ष्य वो दोनों राज्य नहीं कोई बड़ा शत्रु है।"

"नागराज के शत्रु सर्वविदित हैं- आर्य और गरुड़!" शिवांश ने जोड़ा, "नागलोक में बसे विसर्पियों को दस्युओं के साथ सम्मिलित कर नागराज अपनी गतिविधियाँ महादेव के गणों से गुप्त रखे है। दस्युओं की उपस्थिति से अनभिज्ञ गण इस भ्रम में हैं कि वन में विसर्पी हैं। कदाचित नागों ने किसी प्रकार उनसे निर्माण-स्थल भी गुप्त रखा है।"

"विसर्पी!" आचार्य चौंके, "वो नागराज का क्यों साथ दे रहे हैं?"

"वे नागराज के आश्रित हैं।" शिवांश बोला, "नागराज ने उन्हें नागलोक में बसाया है। वे नागराज की आज्ञा स्वीकारते हैं।"

"क्या वे नागलोक में प्रसन्न हैं?" आचार्य ने पूछा।

"वहाँ उनकी स्थिति दासों से भी गई-बीती है। वे नागों के लिए भोग और मनोरंजन का साधन हैं।" शिवांश बोला, "नाग विसर्पियों के मान-सम्मान को कुचलते रहते हैं। भोजन के नाम पर उन्हें पशुओं का चारा दिया जाता है। उनका

धर्म भ्रष्ट कर नागों ने उनके धार्मिक स्थलों को भोग-विलास का स्थान बना दिया है। अपना धर्म और स्वाभिमान खोए विसर्पी अब नागों को प्रसन्न करने को ही अपना धर्म मानते हैं। नागराज दोनों राज्यों में आतंक फैलाने और उन्हें एक-दूसरे के विरुद्ध भड़काने में उनका प्रयोग कर रहा है।"

आचार्य के मस्तक पर सहसा कई बल उभरे। वनक्षेत्र में महादेव के गणों और विसर्पियों की उपस्थिति ने केंद्र की स्थापना और उसकी सुरक्षा संबंधी चिंताओं में कई गुना वृद्धि कर दी थी।

उन्हें स्मरण आया। महादेव ने इस क्षेत्र के बारे में श्रीकृष्ण को बताया था। कदाचित नागराज की गतिविधियाँ उनसे गुप्त नहीं और वे मात्र आँखें मूँदें रहने का स्वांग कर रहे हैं। कदाचित किसी विशेष कारण से उन्होंने वनक्षेत्र को केंद्र निर्माण के लिए अनुमोदित किया और श्रीकृष्ण ने उनका प्रस्ताव स्वीकारा।

"वनक्षेत्र सुरक्षित करने के लिए आपकी क्या योजना है ?" आचार्य ने पूछा।

"आचार्य! हम बल प्रयोग कर नागों से वनक्षेत्र छीन सकते हैं, किंतु हमारी विजय अस्थायी होगी और इसके परिणाम अत्यंत भयंकर होंगे।" शिवांश बोला, "नागराज अपनी पराजय सुलभता से स्वीकार नहीं करेगा। वनक्षेत्र पर अपना नियंत्रण बनाए रखने के लिए हमें नागों से एक लंबा युद्ध लड़ना होगा।"

"नागराज को शस्त्रों से थामने का प्रयास करने पर हम आक्रमणकारी होंगे और नागराज भुक्ता। हमारे प्रयासों से महादेव क्रोधित हो सकते हैं। कई अन्य शक्तियाँ भी भरतखंड में अपना प्रभुत्व विस्तार करने के इस अवसर के लिए लालायित होंगी। परिस्थितियाँ अनियंत्रित होते देर नहीं लगेगी।" आचार्य बोले।

"वनक्षेत्र को नागराज से मुक्त करने के प्रयास में साक्षी नदी वर्षों तक रक्तरंजित होती रहेगी।" शिवांश बोला।

"क्या नीलकमल चिरपुंज और अनंतपुर को कुछ वर्षों के लिए सुरक्षित करने में सक्षम हैं ?" उन्होंने पूछा।

"नीलकमल कारणों के दास नहीं हैं। वे अपने लक्ष्य पूर्ति के लिए कारणों का निर्माण स्वयं करते हैं। इसके लिए आपको उनके बँधे हाथ खोलने होंगे।" शिवांश दृढ़ता से बोला।

"उचित है !" आचार्य बोले, "उनके हाथ नागराज के विषदंतों का निवारण करने के लिए मेरे द्वारा निर्धारित समय पर खुलेंगे।"

"वनक्षेत्र में नीलकमल अभी उपस्थित हैं। आपने उन्हें वहाँ दस्युओं और नाग बलों की गतिविधियों पर दृष्टि रखने का आदेश दिया है, लौटने का नहीं।" शिवांश ने जोड़ा।

आचार्य विचार करते रहे। बहुत कुछ चल रहा था उनके दिमाग में इस समय। नागों का उपाय, चिरपुंज और अनंतपुर की रक्षा, नीलकमल और विसर्पियों की सुरक्षा, महादेव के प्रकोप से बचाव, केंद्र निर्माण, और न जाने क्या-क्या!

"नीलकमल गुप्त और सुरक्षित रहते हुए वनक्षेत्र में अपनी गतिविधियाँ जारी रखें। उनकी संख्या सीमित रहे, किंतु नियमित रूप से उनकी नियुक्ति बदलती रहे ताकि नाग एवं दस्यु उन्हें चिह्नित नहीं कर पाए और अधिक से अधिक संख्या में नीलकमल अतिशीघ्र वनक्षेत्र और उसके आसपास के क्षेत्रों से परिचित हो सकें।" आचार्य गंभीर मुख-मुद्रा के साथ बोले।

"उचित है, श्रीमान!"

"कुछ टुकड़ियाँ मेरा आदेश प्राप्त होते ही अविलंब चिरपुंज और अनंतपुर पहुँचें और अगले कुछ वर्षों तक वहाँ निवास करें। शेष निर्देश उन्हें उचित समय पर प्राप्त होते रहेंगे।"

"जैसा आपका आदेश!"

"इस अभियान के विषय में आप प्रत्यक्ष रूप में मुझसे और मात्र मुझसे आदेश प्राप्त करेंगे।" आचार्य गंभीर और गहरे स्वर में बोले, "मुझे वनक्षेत्र और दोनों राज्यों में हो रही प्रत्येक गतिविधियों की सूचना मिले। वहाँ तैनात नीलकमल मेरे आदेशों के विपरीत कोई कदम नहीं लें।"

"आप निश्चिंत रहें, श्रीमान!" सेनापति शिवांश बोला।

"आप वनक्षेत्र को संरक्षित एवं सुरक्षित करने की योजना पर कार्य आरंभ करें!" आचार्य बोले, "इस योजना के लिए आपको जिन संसाधनों की आवश्यकता हो मुझे अवगत कराए। हमें ऐसा आवरण तैयार करना है जो वनक्षेत्र को नागों और अन्य जातियों के लिए वर्जित कर दे। आपके पास मात्र कुछ मासों का समय है वनक्षेत्र में सुरक्षा प्रबंधों की स्थापना के लिए।"

"नाग प्रहरी और विसर्पियों से सामना होने पर हमारे लिए क्या आदेश है?" शिवांश ने पूछा।

"अभियान सुरक्षित और गुप्त रखते हुए आप यथोचित उपाय प्रयोग करें।"

आचार्य बोले।

"और ये?" शिवांश ने नीचे रखी फलों से भरी टोकरी की तरफ संकेत किया।

"ताजे फलों का स्वाद उठाएँ!" आचार्य हँसकर बोले।

अध्याय 6

महर्षि के आश्रम में परिषद के शेष सदस्यों के साथ उपस्थित आचार्य आज अपनी उन्मुक्त, निश्चिंत और सहज भाव-भंगिमा से जैसे कोई दूसरा रूप धरे थे।

"विश्वकर्मा से केंद्र स्थापना से जुड़े पक्षों पर विस्तार से चर्चा करने के पश्चात मैंने यज्ञ की सफलता हेतु कुछ योजनाएँ बनाई हैं जिन पर मुझे आपके सुझाव एवं मार्गदर्शन की आवश्यकता है।" आचार्य ने बात आरंभ की, "अकल्पनीय और निर्विकार ज्ञान को विकारों से युक्त भौतिक साधनों से सुरक्षित रखने का हमारा प्रयास दोषपूर्ण था। उचित रहा कि केंद्र ध्वस्त होने से वे दोष समय रहते प्रकट हो गए।"

"कैसे दोष, प्रथम ?" महर्षि ने पूछा।

"हम भूल गए कि ब्रह्मण की प्रकृति भौतिक और आध्यात्मिक स्तरों में भिन्न है। उसकी स्थापना के लिए मात्र भौतिक उपाय पर्याप्त नहीं होंगे।" आचार्य बोले, "सर्वशक्तिमान आत्मा अपने कार्यों की पूर्ति के लिए नश्वर देह की क्षणिक बंधक बनती है। हमें केंद्र एवं उनमें स्थापित होने वाले ज्ञान-कोषों के मध्य देह एवं आत्मा की भाँति संबंध स्थापित करने वाले उपाय की आवश्यकता है। इस हेतु मैंने भौतिक एवं आध्यात्मिक सूत्रों के संयोजन से ज्ञान-कोषों के लिए एक ऐसी व्यवस्था की परिकल्पना की हैं जो केंद्रों की सुरक्षा से पृथक रहते हुए उनकी रक्षा कर सके।"

"आपका उपाय क्या है और वो केंद्र की सुरक्षा संबंधित चिंताओं का समाधान कैसे है ?" कृष्ण ने पूछा।

"कलयुग के दोषों का उपचार कलयुग के असत्य में है।" आचार्य बोले, "ज्ञान का मूल अध्यात्म है। कलयुग में आध्यात्मिकता के ह्रास से जिस ज्ञान का लुप्त होना निश्चित है, उसे अध्यात्म शक्ति से प्रकट भी किया जा सकता है। यह

उपाय केंद्र की सुरक्षा के साथ केंद्र के नष्ट होने की स्थिति में ज्ञान कोषों की सुरक्षा भी करेगा।"

"तनिक इस व्यवस्था के बारे में विस्तार से कहें!" भीष्म चौंके।

"मेरा उपाय का मूल आदि गुरु महाप्रभु विष्णु की आध्यात्मिक शक्तियों और महादेव की प्रलयकारी शक्तियों के संयोजन से उत्पन्न व्यवस्था है जिसे हम मयदानव और विश्वकर्मा के सहयोग से केंद्र की सुरक्षा में प्रयुक्त कर सकते हैं। ध्वस्त केंद्र और विश्वकर्मा द्वारा खोजे वे स्थान जो केंद्रों के लिए उपयुक्त हैं, किंतु सुरक्षित नहीं इस सुरक्षा व्यवस्था के अभिन्न अंग हैं।" आचार्य बोले, "विश्वकर्मा इस उपाय से संतुष्ट हैं, किंतु इसे महादेव और वासुदेव का आशीर्वाद प्राप्त होना आवश्यक है।"

"कृष्ण आपके उपाय का समर्थन करेंगे इसमें मुझे कोई संशय नहीं है!" भीष्म मुस्कुराए।

"और वो इस उपाय के लिए महादेव से समर्थन प्राप्त करने में सफल होंगे इसमें मुझे कोई संशय नहीं है।" आचार्य सहर्ष बोले, "इस सुरक्षा व्यवस्था के बारे में चर्चा करने से पूर्व मैं केंद्र की सुरक्षा में स्थापित होने वाले महत्त्वपूर्ण कवच के विषय में आपसे चर्चा करना चाहता हूँ।"

"क्या यह कोई नई व्यवस्था है?" महर्षि ने पूछा।

"यह हमारी वर्तमान व्यवस्था का विस्तार है।" आचार्य बोले, "विश्वकर्मा के उत्कृष्ट निर्माण और मयासुर के मायावी कवचों के अतिरिक्त भौतिक जगत में स्थापित होने वाले इस कवच की स्थापना के लिए कुछ दूरगामी कूटनीतिक एवं राजनीतिक उपायों को साधना आवश्यक है। उन उपायों के लिए मुझे कुछ कड़े निर्णय लेने के लिए परिषद के अनुमोदन की आवश्यकता है।"

"प्रथम को अपने निर्णय के लिए परिषद के अनुमोदन की आवश्यकता नहीं है।" महर्षि ने स्मरण दिलाया, "आप आदेश दें!"

"आवश्यकता है, महर्षि! मेरे उपाय केंद्रों की सुरक्षा सुनिश्चित करने के साथ भरतखंड की राजनीति और उसके भविष्य में ऐसे परिवर्तनों का सूत्रपात करेंगे जिसके परिणाम युगों-युगों तक कई स्तरों पर प्रत्यक्ष होंगे।" आचार्य गहरे स्वर में बोले, "यज्ञ के हित में लिए गए मेरे प्रत्येक निर्णय पर प्रश्न उठेंगे। मुझे चित्रगुप्तों की शपथ का स्मरण कराया जाएगा। कदाचित आप मेरी निर्णय क्षमता

पर प्रश्न उठाकर मुझे प्रथम के पद से मुक्त कर दें। भविष्य उन परिणामों के लिए मुझे नहीं, बल्कि आप सभी, विशेषकर वासुदेव को उत्तरदायी मानेगा।"

"आचार्य! इस यज्ञ में असीमित संभावनाएँ हैं।" विदुर बोले, "परिषद को प्रथम की क्षमताओं पर पूर्ण विश्वास है। इसलिए निःसंकोच बताएँ कि आप परिषद से कैसा सहयोग चाहते हैं?"

"भौतिक जगत में लागू मेरी यज्ञ सुरक्षा की योजना का केंद्र नागराज है।" आचार्य बोले, "नागलोक के निकट मृत्युंजय पर्वत श्रृंखला से सटे जिस वनक्षेत्र को मुख्य केंद्र की स्थापना के लिए अनुमोदन किया गया है वह सर्वोत्तम होते हुए भी दस्युओं, कुटिल नागों एवं क्षेत्रीय अस्थिरता के कारण अशांत क्षेत्र है। केंद्र की दुष्कर भौगोलिक स्थिति उसकी सुरक्षा विकल्प सीमित करती है।"

"क्या आपकी दृष्टि में केंद्र की स्थापना के लिए उस वनक्षेत्र से उत्तम कोई स्थान है?" भीष्म ने पूछा।

"तात! सभी पक्षों पर गहन विचार करने के पश्चात मुझे केंद्र स्थापना के लिए उस वनक्षेत्र से अधिक सुरक्षित स्थान पूरे संसार में कहीं नहीं दिखता है।" आचार्य बोले, "किंतु उस स्थान की सबसे कठिन चुनौती नागों की विषैली मंशा है।"

"केंद्र स्थापना से जुड़े संकटों से परिचित होने के कारण मैं नागलोक के निकट उसकी स्थापना दुष्कर मानता हूँ। निर्माण चुनौतियाँ साधी जा सकती हैं, किंतु नागों एवं दस्युओं से केंद्र को सुरक्षित रखने की निरंतर चुनौती होगी।" विदुर चिंता से बोले, "आपका सुझाव एक समस्या का उपाय करने के साथ अनेक समस्याओं को जन्म देने वाला है।"

"कई बार एक समस्या दूसरी समस्या का हल होती है। केंद्र की चुनौतियाँ बहुस्तरीय हैं और उनका समाधान उन्हीं स्तरों पर होना आवश्यक है।" आचार्य बोले, "नागराज और नागों का संकट मिटने पर क्या वनक्षेत्र में केंद्र स्थापना के प्रति आपके विचार अपरिवर्तित रहेंगे?"

"फिर कैसी समस्या!" विदुर बोले, "किंतु कल्पना से समस्या नहीं सुलझती है, आचार्य!"

"कल्पना विकल्पों की जननी है, महात्मन्!" आचार्य बोले, "वनक्षेत्र को नागों एवं दस्युओं से मुक्त कराने के कई उपाय हैं। पहला, नागराज वनक्षेत्र

छोड़कर चला जाए, अथवा वो उसे छोड़ने पर विवश हो जाए। दूसरा, नागराज वह वनक्षेत्र सहर्ष हमें सौंप दे। तीसरा, नागराज की हत्या कर दी जाए।"

"तक्षक मरेगा तो उसके स्थान पर कोई और नागराज बनेगा और हमें उसे साधने का उपाय पुनः नए सिरे से सोचना होगा। नागराज की हत्या इस समस्या का समाधान नहीं है। केंद्र नागों से गुप्त रहे यही सुरक्षित होगा।" महर्षि चिंता से बोले।

"किंतु नागराज वनक्षेत्र जैसा सामरिक महत्त्व वाला विस्तृत भूखंड छोड़ने, अथवा उसे हमें सौंपने की मूर्खता क्यों करेगा?" विदुर ने पूछा।

"नागराज नहीं, किंतु महादेव का भक्त तक्षक यह त्याग सहर्ष करेगा। महादेव के अनुरोध पर नागराज संपूर्ण वनक्षेत्र सहर्ष उनके चरणों में समर्पित कर देगा।" आचार्य मुस्कुराए, "वनक्षेत्र को नागों के अधिकार क्षेत्र से छुड़ाने की मेरी योजना की धुरी है नागों का छली स्वभाव। इस योजना की सफलता नागराज की स्वीकृति पर नहीं, अपितु उसकी अस्वीकृति पर निर्भर है। उसके पास हमारा सहयोग करने के अतिरिक्त कोई विकल्प शेष नहीं होगा और हमें भयभीत करने वाली नागशक्ति भविष्य में केंद्र की सुरक्षा में तैनात होगी।"

"किंतु महादेव अकारण नागराज को ऐसा क्यों करने देंगे?" विदुर ने पूछा।

"इस यज्ञ में महादेव परिषद के अघोषित सदस्य हैं। वो यज्ञ की सफलता के प्रति समर्पित हैं।" आचार्य बोले, "यदि हमारा अनुरोध स्वयं वासुदेव उनके समक्ष प्रस्तुत करें तो वे अवश्य इसे स्वीकारेंगे।"

"मुझे विश्वास है कि देवकीनंदन सहर्ष इस दायित्व को स्वीकारेंगे।" विदुर चहके, "उसके पश्चात हम केंद्र निर्माण के लिए महादेव से वनक्षेत्र माँग सकते हैं।"

"वनक्षेत्र प्राप्त करने से हमारा अभिप्राय सिद्ध नहीं होगा।" आचार्य बोले, "हमारे लिए उचित होगा कि वनक्षेत्र सदैव महादेव के संरक्षण में रहे और वो अनंत काल के लिए वनक्षेत्र के एकक्षत्र एवं एकमात्र स्वामी के रूप में प्रतिष्ठित हो। हम उनसे यज्ञ पूर्ण होने तक वनक्षेत्र के संसाधनों का उपयोग करने का एकाधिकार प्राप्त करेंगे।"

"नागराज के विष का उपचार महादेव करें यह तो सर्वोत्तम उपाय है। उन्हें वनक्षेत्र के स्वामी स्थापित कर नागों से संबंधित हमारी कई समस्याएँ सहज

सुलझ जाती हैं।" महर्षि का चेहरा प्रसन्नता से खिल गया, "महादेव के भय से नागराज वहाँ कोई समस्या उत्पन्न करने से बचेगा। कदाचित वो वनक्षेत्र की रक्षा में स्वयं शस्त्र धारण करके तैनात हो जाए।"

"अद्भुत योजना है! नागराज सोच भी नहीं सकता कि वनक्षेत्र उससे कब छिन गया और कब वह अपने छीने हुए हिस्से की रक्षा में तैनात हो गया।" भीष्म उत्साहित हो बोले।

"धर्म की रक्षा मात्र शब्दों से नहीं होती है। कभी-कभी उसके लिए शस्त्र उठाना आवश्यक होता है। शस्त्र वो विचार व्यक्त कर देते हैं जिन्हें व्यक्त करने में शब्द असमर्थ होते हैं।" आचार्य बोले, "इस चरण के पश्चात संरक्षित वनक्षेत्र में महादेव के आश्रम से गणों का आवागमन सुगम होगा और निर्माण कार्य तीव्र गति से होगा। आश्रम से वनक्षेत्र तक विश्वकर्मा द्वारा निर्मित भूमिगत मार्ग और मृत्युंजय पर्वत में गणों द्वारा निर्मित भूमिगत मार्ग गणों को अतिरिक्त सुरक्षा प्रदान करने के साथ निर्माण-सामग्री को केंद्र स्थल पर लाने में उनकी सहायता करेंगे।"

"आप वनक्षेत्र में उपस्थित दस्युओं को भूल रहे हैं।" विदुर ने चेताया, "वनक्षेत्र में उनकी उपस्थिति निर्माण कार्य में बाधा है।"

"दस्यु नागराज द्वारा समर्थित हैं।" आचार्य बोले, "गणों के भय से नागराज दस्युओं को स्वयं वहाँ से हटा लेगा, अन्यथा गण दस्युओं को वनक्षेत्र में टिकने नहीं देंगे।"

"तो वे गुप्त रूप से वनक्षेत्र में प्रवेश करने का प्रयास करेंगे।" भीष्म बोले, "महादेव के आशीर्वाद से हम वनक्षेत्र प्राप्त कर ले, किंतु छली नागराज वनक्षेत्र को पुनः अपने अधिकार में लेने के लिए अवसर की प्रतीक्षा करेगा। उस महत्त्वाकांक्षा भविष्य में केंद्र पर संकट बन सकती है।"

"नागराज यहीं नहीं रुकेगा। चिरपुंज और अनंतपुर उसकी वो प्रयोगशालाएँ हैं जहाँ वो समस्त भरतखंड पर नाग पताका फैलाने की अपनी योजना परख रहा है।" आचार्य बोले, "वो दस्युओं और विसर्पियों के सहयोग से क्षेत्रीय राजनीति अपने पक्ष में मोड़ते हुए नवीन समीकरणों की रचना कर रहा है जो अन्य राज्यों के अस्तित्व पर चुनौती होगी।"

"अर्थात, नागराज का संकट का कोई अंत नहीं है।" भीष्म बोले।

"इतने वर्षों से पाले-पोसे दस्युओं को अपना विरोधी बनने से रोकने के लिए

नागराज को उन्हें निरंतर रक्त पान कराना होगा जिसका प्रमुख स्रोत भरतखंड होगा।" आचार्य बोले, "कुरुवंश की उठापटक से सहमे भरतखंड पर अपना फन फैलाने के लिए नागराज को इससे उत्तम अवसर प्राप्त नहीं होगा।"

"अर्थात प्रश्न मात्र केंद्र की सुरक्षा का नहीं, संपूर्ण भरतखंड की सुरक्षा का है!" विदुर बोले।

"इसलिए केंद्र को महादेव की ढाल में सुरक्षित रखकर मैं सभी शक्तियों को संतुलित कर केंद्र की रक्षा में प्रयुक्त करना चाहता हूँ।" आचार्य बोले, "इस संतुलन की धुरी बनेंगे नागराज से भयभीत चिरपुंज और अनंतपुर राज्य।"

"तनिक विस्तार से समझाए!" भीष्म बोले।

"नागराज के कारण उत्पन्न क्षेत्रीय अस्थिरता की आड़ में हमारे लिए केंद्र संबंधित गतिविधियाँ गुप्त रखना सुलभ होगा।" आचार्य बोले, "मैं नागराज का समाधान उन शर्तों पर चाहता हूँ जो यज्ञ की सफलता सुनिश्चित करें। उसके लिए मैं चाहता हूँ कि द्वारका चिरपुंज और अनंतपुर के साथ गुप्त व्यापार संधि करे।"

"द्वारका के पास उन दोनों राज्यों से अकारण गुप्त संधि करने का कोई कारण नहीं है, आचार्य!" कृष्ण बोले, "दोनों राज्यों से द्वारका की दूरी व्यापार में बाधा है। इस संधि से द्वारका के व्यापारियों को कोई लाभ नहीं होगा।"

"चिरपुंज, अनंतपुर एवं द्वारका के मध्य यदि करमुक्त व्यापार स्थापित हो तो यादव व्यापारी इस दूरी को सहर्ष पाट देंगे। दोनों राज्यों में संधि का कारण आपके समक्ष शीघ्र उपस्थित होगा, मधुसूदन!" आचार्य ने निश्चिंत भाव से उत्तर दिया, "यह संधि गुप्त रहे और मेरी योजनानुसार उचित समय पर उचित उपाय से संसार के समक्ष प्रकट हो।"

"मैं आपके आदेश की प्रतीक्षा करूँगा, आचार्य!" कृष्ण सहर्ष बोले।

"आचार्य, मैं केंद्र की सुरक्षा के बारे में आपकी योजना जानने के लिए उत्सुक हूँ।" विदुर बोले।

"प्रभु! चित्रगुप्तों की कर्म व्यवस्था में कर्म अथवा श्राप का असर युगों-युगांतर और जन्म-जन्मों के पश्चात फलित होता है। केंद्र की रक्षा का उपाय कर्मों को उनके फल से संयोजित करने वाली यही पुरातन व्यवस्था है।" आचार्य बोले, "जिस विधि से चित्रगुप्त ब्रह्मण स्वरूप परिवर्तन की गणना करते हुए अवतार व्यवस्था के लिए व्यक्तियों का चुनाव कर उनके कर्मों के संयोग से अवतार की

सफलता सुनिश्चित करते हैं, उसी विधि से ज्ञान-कोषों की सुरक्षा होगी। भौतिक जगत में केंद्रों की सुरक्षा में मायावी यंत्र एवं उत्कृष्ट सुरक्षा प्रणालियाँ प्रयुक्त होंगी, किंतु यदि भविष्य की संभावनाएँ ज्ञान और केंद्र की रक्षा में प्रयुक्त हो तो ज्ञान-कोषों की सुरक्षा अभेद्य होगी।"

कृष्ण ने आचार्य के प्रस्ताव पर कुछेक क्षण विचार किया।

"अर्थात, आप एक हिस्से से दूसरे हिस्से की रक्षा करते हुए उन्हें ऐसा संरक्षित करना चाहते हैं कि एक हिस्से से दूसरा विकसित किया जा सके।" कृष्ण मुस्कुराए, "जैसे कर्म और कर्म के फल एक दूसरे की उत्पत्ति का कारण बनते हैं।"

"प्रभु! यह सृष्टि मूल तत्त्वों के भिन्न-भिन्न संतुलन से उत्पन्न संयोजन है। केंद्रों की सुरक्षा में प्रयुक्त ब्रह्मण आधारित कुछ संयोजनों की पूर्व कल्पना कर मयदानव अपने यंत्रों को उस संयोजन के अनुरूप व्यवहार-आधारित बना सकता है।" आचार्य चहकते हुए बोले, "जिस प्रकार अनेक लोकों में सशरीर जाना संभव नहीं है, क्योंकि देह उन लोकों द्वारा समर्थित ऊर्जा आवश्यकताओं की पूर्ति नहीं करती है, उसी प्रकार उन मूल-तत्त्वों के संयोजन से उत्पन्न मात्र कुछेक संतुलन ही केंद्र में प्रवेश करने योग्य होंगे।"

"अर्थात! केंद्र के द्वार मूल तत्त्वों के उन विशेष संयोजनों के लिए स्वतः खुल जाएँ और उन्हें ज्ञान-कोष प्राप्त हो जाएँ।" महर्षि बोले।

"ब्रह्मण सर्वव्यापी है। हमें मात्र उन संयोजनों को केंद्र की सुरक्षा व्यवस्था से जोड़कर उन्हें केंद्र की कुंजियों की भाँति स्थापित करना है। उन संयोजनों को भान भी नहीं होगा कि वो ज्ञान केंद्रों की कुंजी हैं। केंद्रों पर संकट आने पर कुछ उपयुक्त समय पर हम उन कुंजियों को केंद्र से संयुक्त कर ज्ञान-कोष सुरक्षित कर सकेंगे।" आचार्य बोले, "केंद्र के सुरक्षा-चक्र चित्रगुप्तों की कर्म-व्यवस्था से जुड़कर सुनिश्चित करेंगे कि ज्ञान-कोषों का प्रकाट्य और उनका ज्ञान सुपात्र को प्राप्त हो। केंद्र ध्वस्त होने पर भी उसके भीतर उपस्थित ज्ञान-कुंज अक्षय ब्रह्मण में अपने सुपात्र की प्रतीक्षा में सुरक्षित रहेंगे। तत्त्वों के रूप परिवर्तन अनुसार केंद्र के द्वारों की कुंजियाँ परिवर्तित होगी।"

"अर्थात, कुंजियों से ब्रह्मण का समन्वय होने पर ही ज्ञान-कोष उपलब्ध होंगे। कुपात्र ज्ञान-कोषों को प्राप्त करके भी उन्हें प्रयोग नहीं कर सकेगा।"

महर्षि चहके, "आचार्य! कर्म आधारित यह व्यवस्था अकाट्य एवं त्रुटि रहित है। आपके उपाय से मैं ज्ञान-कोषों की सुरक्षा के प्रति निश्चिंत हुआ।"

"इस व्यवस्था की स्थापना के लिए मुझे आपका सहयोग चाहिए, माधव!" आचार्य कृष्ण से बोले, "नागराज के साथ मयदानव के पुराने संबंध केंद्र की सुरक्षा के लिए संकट बन सकते हैं।"

"आप आश्वस्त रहें कि मयासुर ऐसी कोई धृष्टता नहीं करेगा।" कृष्ण गंभीरता से बोले, "उसने यदि कोई दुस्साहस करने का विचार भी किया तो उसी क्षण मैं उसके साथ समस्त असुर जाति का नाश कर दूँगा।"

"आपका आश्वासन मेरे लिए पर्याप्त है, माधव!" आचार्य बोले, "ब्रह्म श्रम की काट है। ब्रह्मण की सुरक्षा के लिए श्रम और ब्रह्म दोनों का सुरक्षित समन्वय आवश्यक है। और इन दोनों का सर्वोत्तम प्रत्यक्ष सम्मिलित स्वरूप आप हैं, वासु!"

"आप मुझसे क्या इच्छा रखते हैं, आचार्य?" कृष्ण ने पूछा।

"मैं आपको इस यज्ञ और केंद्रों का संरक्षक बनने का वचन माँगता हूँ। सृष्टि में जन्मे और भविष्य में जन्मने वाले सभी जीव आपके अधीन हैं। जीवन चाहे जिस रूप में हो, आपसे विलग नहीं हो सकता है।" आचार्य विनम्रता से बोले।

"आचार्य! आपका निवेदन मुझे स्वीकार है। मैं वचन देता हूँ कि अपनी समस्त शक्तियों सहित यज्ञ की रक्षा में सदैव तत्पर रहूँगा।" कृष्ण हाथ उठाकर सहजता से बोले, "आपको स्मरण रहे कि यज्ञ रक्षार्थ मेरी शक्तियाँ आपके और आपके द्वारा नियुक्त प्रतिनिधियों के मात्र उन आदेशों का पालन करेंगी जिनसे चित्रगुप्तों के अधिकारों का उल्लंघन नहीं हो।"

"स्वीकार है, प्रभु!" आचार्य हाथ जोड़कर बोले, "मैंने यज्ञ की सुरक्षा हेतु एक और महत्त्वपूर्ण निर्णय लिया है।" कहकर आचार्य ने गहरी साँस ली, "यह परिषद की अंतिम भेंट है। इसके पश्चात किसी भी परिस्थिति में परिषद की भेंट नहीं होगी। मैं आप सभी को आवश्यकतानुसार यज्ञ की प्रगति से अवगत कराता रहूँगा।"

विदुर के चेहरे पर कई सवाल उभरे।

"यह निर्णय यज्ञ और आप सभी की सुरक्षा से जुड़ा है।" आचार्य बोले, "आने वाला समय समस्त भरतखंड के लिए अत्यंत कष्टप्रद है। पांडवों का

वनवास समाप्ति पर है। दोनों पक्षों के गुप्तचरों की गतिविधियाँ बढ़ रही हैं। शीघ्र आप सभी के कंधों पर अपने-अपने दायित्वों का बोझ भी बढ़ेगा। ऐसी परिस्थितियों में हमारी भेंट को गुप्त रखना कठिन होगा।"

"मैं आपसे सहमत हूँ, आचार्य!" विदुर बोले, "दुर्योधन के गुप्तचर हम पर दृष्टि जमाए हैं। हमारी एक चूक यज्ञ को असुरक्षित कर सकती है।"

"मेरा आपसे अनुरोध है कि परिषद के दायित्व से मुक्त होकर आप अपने राजधर्म एवं कुलधर्म पालन में संलग्न रहते हुए कुरुवंश में शांति स्थापित करने के प्रयास करते रहें।" आचार्य बोले।

"आपको व्यक्तिगत स्वार्थों के कोलाहल में शांति की कोई उम्मीद दिखती है?" भीष्म ने पूछा।

"प्रयासों के लिए उम्मीद तो सदैव रहती है, तात!" आचार्य बोले, "हमारे शांति प्रयासों का विफल होना निश्चित है, किंतु तब हम परिणामों के दोषी नहीं होंगे।"

"जैसी आपकी इच्छा।" भीष्म प्रसन्न भाव से हाथ जोड़कर उठे, "जब आपको मेरी आवश्यकता हो, निःसंकोच आदेश दें।"

आचार्य भीष्म के चरण स्पर्श करने झुके तो भीष्म ने भाव-विह्वल होकर उन्हें अपने गले से लगा लिया।

"मैं विध्वंस के कोलाहल से रिक्त होकर नहीं, मुमुक्षुओं के सनातन यज्ञ में अपनी आहुति देकर संपूर्ण होकर इस लोक से प्रस्थान करना चाहता हूँ, प्रथम!" भीष्म रुँधे गले से बोले, "मुझे निराश मत कीजिएगा।"

"आप सदैव से संपूर्ण हैं, पूज्य!" आचार्य विनम्रता से बोले, "आपकी संपूर्णता हमारे जीवन का प्रकाश है। धर्म को कलयुग के अंधकार से मुक्ति प्रदान करने वाला यह यज्ञ आपके आशीर्वाद से अनेक आत्माओं की शुद्धि के लिए नियत है।"

भीष्म ने अपनी छलकती आँखों को पोंछा।

"माधव! मैं महादेव से ब्रह्मण व्यवस्था संचालन और पुनर्स्थापना का ज्ञान प्राप्त करने के लिए अगले कुछ मासों के लिए उनके आश्रम में निवास करूँगा।" आचार्य बोले, "यह ज्ञान अत्यंत विषम परिस्थितियों में केंद्रों को अतिरिक्त सुरक्षा प्रदान करेगा।"

"मैं अपनी समस्त शक्तियों के साथ आपकी सेवा में उपस्थित हूँ!" कृष्ण मुस्कुराए और तनिक देर आचार्य की आँखों में झाँकने के पश्चात आश्वस्त भाव से बोले, "प्रथम!"

आचार्य अपनी आँखें मूँद प्रेम भाव से हाथ जोड़कर श्रीकृष्ण के समक्ष झुक गए। पहली बार उन्हें प्रथम संबोधित कर श्रीकृष्ण ने अपने मन की बात कही थी। परिषद से केंद्रों की सुरक्षा-संबंधित अभियान का अनुमोदन प्राप्त कर आचार्य का आत्मविश्वास कई गुना बढ़ गया था। कृष्ण के चरणों में स्वयं को समर्पित कर वह संसार के प्रत्येक बंधनों से मुक्त हो गए थे।

"प्रथम, स्मरण रहे! मैं मात्र सारथी हूँ। सारथी मार्ग प्रशस्त करता है, लक्ष्य निर्धारण नहीं!" कृष्ण भीनी मुस्कान के साथ बोले, "अपने लक्ष्य का निर्धारण आपको स्वयं करना होगा।"

उत्तर में आचार्य के चेहरे पर भीनी मुस्कान लहराई। कृष्ण के कथन में छुपे गूढ़ अर्थ मात्र वे दोनों ही समझ सकते थे।

अध्याय 7

लंबी पदयात्रा से थके-हारे ऋषि शांडीव्य और उनके साथी ऋषि चिरपुंज के विशालकाय परकोटे के पास पहुँचकर राहत की साँस भी नहीं ले पाए थे कि रक्षकों के उतरे चेहरे और चिरपुंज की झुकी राजसी ध्वजा देख उन पर अनिष्ट की आशंका हावी हो गई।

समस्त नगरी में मायूसी भरा सन्नाटा पसरा था। मार्ग सूने थे। हाट बंद थी। हैरान परेशान ऋषि अपने साथियों के साथ धर्मशाला का मार्ग ढूँढते रहे।

काफी देर बाद मैली-कुचली धोती पहने, कंधों पर बोझा उठाए, सुस्त चाल से चलता एक श्रमिक उन्हें दिखा। अपना बोझा उतारकर उसने ऋषि और उनके साथियों को प्रणाम किया।

"सुखी भवः!" ऋषि शांडीव्य बोले, "कैसा विचित्र नगर है? इतनी मायूसी? कोई नहीं दिखता है। चिरपुंज ऐसा तो कभी नहीं था।"

"राज्य शोकाकुल है, महात्मन्!" श्रमिक हाथ जोड़कर कातर स्वर में बोला, "गत रात्रि अनंतपुर के बलों ने हमारे अनेक नागरिकों का वध कर दिया। सभी नगरवासी सभागार गए हैं। सुना है महाराज अनंतपुर के विरुद्ध कोई कठोर निर्णय लेने वाले हैं।"

श्रमिक से पूरी घटना जानकर ऋषि शांडीव्य ने उसके सिर पर आशीर्वादस्वरूप हाथ फेरा और उससे सभागार का मार्ग पूछकर उस तरफ बढ़ चले।

सभागार डरावनी स्तब्धता से बोझिल था। गंभीर, चिंतित और रोष भरा चेहरा लिए सिंहासन पर विराजमान महाराज अधिराज की आँखों की नमी रह-रहकर उनके गालों पर सरक रही थी। सभासदों के चेहरों पर उदासी, क्रोध और विवशता का उतार-चढ़ाव था। सेनापति स्कंध अपने सशस्त्र दल के साथ सभा के बीच सिर झुकाए खड़ा था। उसकी ज्वलंत आँखों से क्रोध छलक रहा था। महामंत्री

विष्णुदत्त नम आँखों को पोंछते, सिर झुकाए मौन खड़े थे।

"हर-हर महादेव!" सभागार में प्रवेश कर ऋषि शांडीव्य ने जोरदार घोष किया।

कुछ सभासद हाथ जोड़कर भागे-भागे ऋषियों के पास पहुँचे और उन्हें आदरपूर्वक आसन पर बैठाया। सेवकों ने तत्परता से उनके चरणों को स्वच्छ जल से धोकर उन पर सुगंधित लेप लगाया। तुरंत महाराज अधिराज अपने सिंहासन से उतरकर सेनापति स्कंध और महामंत्री विष्णुदत्त के साथ ऋषियों के समक्ष सेवक की भाँति हाथ जोड़कर खड़े हुए।

"हमारे अहोभाग्य, ऋषिवर! चिरपुंज आपके चरणों से पवित्र हुआ।" ऋषियों के चरण स्पर्श कर महाराज ने उनका तिलक किया और हर्ष से पूछा, "ऋषिवर! आप कौन हैं? कहाँ से पधारे हैं? आदेश दे! हम आपकी क्या सेवा करें?"

"महाराज! इस क्षण आपको हमारे सत्कार से अधिक अपने नागरिकों की चिंता होनी चाहिए।" ऋषि गंभीर स्वर में बोले, "मैं ऋषि शांडीव्य हूँ। हिमालय में पिछले कई वर्ष महादेव की साधना पूर्ण कर मैं अपने गुरु भाईयों के साथ अपने धाम लौट रहा हूँ। कई वर्ष पूर्व मुझे चिरपुंज में निवास करने का सौभाग्य प्राप्त हुआ था। मुझे तपस्या के योग्य बनाने वाले इस राज्य को मैं अपनी मातृभूमि समझता हूँ। मैं इसकी सेवा कर इसके ऋण से उऋण होने की इच्छा से यहाँ उपस्थित हुआ हूँ, इस विपत्ति में सत्कार करवाने के लिए नहीं।"

"इतना कठोर मत बनिए, ऋषिवर! हम पर क्या कम विपत्ति है जो आप हमें अपनी सेवा के अवसर से वंचित कर रहे हैं।" महाराज व्याकुल होकर भर्राए गले से बोले।

"राजन! आप धन्य हैं जो इस घोर आपदा में भी हमारा सत्कार की इच्छा रखते हैं।" ऋषि आदर से बोले, "औपचारिकताओं में उलझे बिना हमें बताएँ कि आपके शोक का क्या कारण है और इसका क्या निवारण है?"

महाराज अधिराज चुप हो गए। अतिथि के समक्ष अपना दुख कैसे कहे और कैसे उसे अपनी व्यथा बताए? सीधे-सरल सात्विक वनवासी राजसी संकट को क्या समझेंगे और क्या उसका उपाय बताएँगे।

"प्रभु! हमारी विपत्ति का कोई समाधान नहीं है!" महाराज रुँधे स्वर में बोले,

"चिरपुंज शापित है इस विपत्ति को अनंतकाल तक झेलने के लिए।"

"राजन! हताशा समस्या का उपाय नहीं है। समस्या के समाधान के लिए उचित मनोदशा आवश्यक है। शांत चित्त से मनन करने पर समस्या का समाधान अवश्य मिलता है।" ऋषि स्नेह से बोले, "जीवन में पीड़ा और सुख अनित्य और अस्थायी है। जीव का मूल्यांकन सुखों का उपभोग करने की उसकी क्षमता से नहीं, वरन कठिनाइयों से पार होने की उसकी संकल्प शक्ति से होता है।"

"ऋषिवर! शवों के लिए कैसा जीवन मूल्य? चिरपुंज अपनी अंतिम साँसे गिन रहा है।" वयोवृद्ध महामंत्री विष्णुदत्त सिर झुकाए भर्राए गले से बोले, "हमारे मूल्य और धर्म-परायणता प्रतिदिन हमारे नागरिकों की चिता के साथ राख हो रही है।"

"आपकी इस स्थिति का क्या कारण है?" ऋषि ने उत्सुकता से पूछा।

"कोई एक कारण हो तो कहें, ऋषिवर!" महामंत्री विष्णुदत्त हाथ जोड़कर बोले, "हम विपदाओं से ग्रसित रहने को शापित हैं। प्रचुर प्राकृतिक संसाधनों के होते हुए भी चिरपुंज अपनी जटिल भौगोलिक स्थिति के कारण व्यापारियों के लिए नीरस स्थान है। जब अन्य राज्यों में व्यापारी सुविधा से लाभप्रद व्यापार कर सकते हैं तो वे यहाँ क्यों आएँगे? इक्का-दुक्का कोई यहाँ आता है तो उन्हें दस्यु लूट लेते हैं। कुछ व्यापारी नगर पहुँचते हैं तो यहाँ उन्हें अपनी वस्तुओं का सही मूल्य नहीं मिलता है। व्यावसायिक, राजनीतिक, और सैन्य तौर पर हम पिछड़ रहे हैं।"

"प्रभु! हमारी सीमाओं से सटे मृत्युंजय पर्वत श्रृंखला का सघन वनक्षेत्र हमारे लिए सदैव घोर सुरक्षा चुनौती रहा है। वन में छुपे दस्यु हमारे नागरिकों एवं सुरक्षा बलों पर आक्रमण करते हैं। कभी दस्युओं का एक दल निरीह ग्रामीणों का गोधन अपहरण कर वन में भाग जाता है। उनका मार्ग निष्कंटक करने के लिए किसी और स्थान पर दूसरा दल हम पर आक्रमण करता है और हमारे सैनिकों को उलझाकर वन में भाग जाता है।" सेनापति स्कंध बोला।

"ऋषिवर! अब दस्यु दुस्साहसी होकर हमारी सुरक्षा-चौकियों पर आक्रमण करने लगे हैं। हमारी सुरक्षा-व्यवस्था उनके आक्रमणों से क्षीण हो रही है। क्षतिग्रस्त सुरक्षा चौकियों और हताहत सैनिकों की संख्या बढ़ रही है।" विष्णुदत्त बोले, "सुरक्षा व्यय में अप्रत्याशित बढ़ोतरी से हमारी मृतप्राय अर्थव्यवस्था

चरमरा रही है और राज्य का विकास पिछड़ रहा है।"

"दस्यु राज्य को चुनौती देने लगे यह तो चिंतनीय है।" ऋषि बोले।

"दस्युओं में हमारे पड़ोसी राज्य अनंतपुर के छद्म सैनिक हैं। अनंतपुर के महाराज वीरसेन क्षेत्रीय दस्युओं को संगठित कर उन्हें चिरपुंज के विरुद्ध प्रयोग कर रहे हैं।" सेनापति स्कंध बोले, "अनंतपुर के गुप्तचर वन में दस्युओं को आश्रय देने के साथ उन्हें अस्त्र-शस्त्र प्रदान कर चिरपुंज के विरुद्ध लड़ने के लिए प्रोत्साहित करते हैं। हमारे अन्न-भंडारों से अन्न चुराने से लेकर नागरिकों की हत्या, पशुधन का अपहरण, सुरक्षा चौकियों पर हमला और सैनिकों की हत्या करने जैसे अनेक दुष्कर्मों के लिए उन्होंने पृथक-पृथक पारितोषिक निर्धारित किए हैं।"

"आप दस्युओं को समाप्त क्यों नहीं करते हैं?" ऋषि ने चिंता से पूछा।

"प्रभु! दस्यु हम पर आक्रमण करने के बाद नागों के आधिपत्य वाले वनक्षेत्र में भाग जाते हैं। उस विशाल वनक्षेत्र में दस्युओं को ढूँढने और उनका उन्मूलन करने के लिए न हमारे पास पर्याप्त सशस्त्र बल हैं और न संसाधन।" महामंत्री बोले, "वहाँ हमारी कोई भी सशस्त्र कार्यवाही नागों पर आक्रमण मानी जाएगी।"

"हम दस्युओं का आक्रमण सहते हुए कब तक शांत रहें, ऋषिवर?" महाराज व्यथित हो बोले, "वे निरंकुश हो गए हैं। उनके साथ नाग और अनंतपुर के सशस्त्र बल स्वेच्छा से हमारे राज्य में प्रवेश करते हैं, हमारे सैनिकों को मारते हैं, सुरा पीकर उत्पात मचाते हैं, हमारी स्त्रियों को बलात उठा ले जाते हैं और निरीह नागरिकों को लूट उनकी हत्या कर उनके शव विक्षिप्त करके वृक्षों से टाँगकर बस्तियाँ जला देते हैं।"

"हे महादेव!" ऋषिवर सिहर उठे।

"प्रभु! गत रात्रि अनंतपुर सैनिकों और दस्युओं ने हमारे गाँव पर आक्रमण कर ग्रामीणों को लूट लिया। उन्होंने ग्रामीणों को जीवित जला दिया। कई को बंधक बनाकर साथ ले गए। पूरा गाँव क्षत-विक्षिप्त शवों से भरा है। कई शव पहचानने योग्य नहीं हैं।" कहते-कहते सेनापति स्कंध का गला भर आया।

ऋषि शांडीव्य और उनके साथी विचलित हो गए। वे कुछ दिन सुख-चैन से बिताने की इच्छा से चिरपुंज आए थे, किंतु इस शोक के क्षण में सुख की कामना

करना और चिरपुंज को उसके हाल पर छोड़ना उनके लिए संभव नहीं था।

"महाराज! यह दुर्घटना आपके धैर्य और सामर्थ्य की कठिन परीक्षा है। मुझे पूर्ण विश्वास है कि चिरपुंज इस चुनौती को स्वीकार अपने शत्रुओं को परास्त करेगा।" ऋषि सहानुभूति से बोले।

"ऋषिवर! हमने अनंतपुर को कड़ा सबक सिखाने का निर्णय लिया है।" महाराज की आँखें रोष से लाल हो उठी, "हम अनंतपुर और नागों का भोजन बनने के लिए नहीं जन्में हैं। हम शीघ्र अनंतपुर पर आक्रमण कर अपनी पीड़ा का स्रोत समाप्त करेंगे, अथवा इस प्रयास में स्वयं समाप्त हो जाएँगे।"

"महाराज! कुछ दुखद घटनाएँ भविष्य में आने वाले सुखद क्षणों की जनक होती है।" ऋषिवर ने प्रेमपूर्वक महाराज को समझाया, "ऐसे अवसरों को क्षणिक आवेश में व्यय मत कीजिए।"

"ऋषिवर! अपनी प्रजा के कष्टों के निवारण के लिए मुझे युद्ध से अन्यत्र कोई उपाय नहीं सूझता है।" महाराज हाथ जोड़कर कातर स्वर में बोले, "प्रतिदिन अपमान की पीड़ा झेलने से उत्तम है कि हम पीड़ा का मूल एक झटके में समाप्त कर दे, अथवा इस प्रयास में स्वयं नष्ट हो जाएँ।"

"मैं आपको युद्ध-विमुख होने की सलाह नहीं दे रहा हूँ, राजन! प्रजा और राज्य हित के लिए युद्ध करना राजधर्म है, किंतु कभी-कभी युद्ध नहीं करने का नीतिगत निर्णय ही विजय सुनिश्चित करता है।" ऋषि ने स्पष्ट किया।

"हम नागलोक और अनंतपुर को क्या चुनौती देंगे, ऋषिवर! हम मात्र उनका प्रतिकार करना चाहते हैं ताकि हमें हमारे जीवित होने का एहसास रहे।" महाराज कातरता से बोले, "हमारा कोई रक्षक नहीं है। नागों के प्रकोप के कारण हमारे पूज्य मृत्युंजय पर्वत भी हमारे लिए विशालकाय कारागृह बन गए हैं। आजीवन अपमानित होने से उत्तम होगा हम वीरों की भाँति अपने शत्रुओं का नाश करते हुए मृत्यु-वरण करें।"

"राजन! नागराज जैसे शत्रु को पराजित करने के लिए युद्ध नहीं, सूझबूझ और नीति जैसे घातक अस्त्र ही पर्याप्त है। यदि वे अस्त्र विश्वस्त मित्र की अनुभवी बुद्धि द्वारा संचालित हों तो शत्रुओं का सर्वनाश निश्चित है।" ऋषिवर बोले।

ऋषि शांडीव्य के अप्रत्याशित मत से महाराज के चेहरे पर व्याप्त उलझन

और गहरा गई।

"कोई किसी का युद्ध क्यों लड़ेगा, ऋषिवर?" संशय में डूबे महाराज के प्रश्न में एक असहाय उम्मीद की कराह थी।

"कुछ जीवों का जन्म दूसरों का युद्ध लड़ने के लिए ही होता है, महाराज!" ऋषि शांडीव्य शांत स्वर में बोले, "आवेश में लिए निर्णय पश्चाताप का कारण बनते हैं। आने वाला समय चिरपुंज के अस्तित्व के लिए भीषण चुनौती है। नागराज तक्षक से समर्थित अनंतपुर से टकराव का परिणाम चिरपुंज का सर्वनाश होगा। इसलिए मेरा अनुरोध है कि राज्य की सुरक्षा के लिए आप महादेव पर विश्वास कर शांत मन से मेरे प्रस्ताव पर विचार करें।"

"कैसा प्रस्ताव, ऋषिवर?" महामंत्री विष्णुदत्त ने पूछा।

"चिरपुंज की सभी समस्याओं के स्थायी समाधान के लिए आपको एक छोटा यज्ञ करना होगा।" ऋषि गंभीर स्वर में बोले, "किंतु उसके लिए चिरपुंज को कई वर्षों का कठिन तप करना होगा।"

असमंजस में घिरे महाराज अधिराज को ऋषिवर का कथन उचित लगा। नागराज तक्षक से समर्थित अनंतपुर को दंडित करने की आत्मघाती योजना में संपूर्ण चिरपुंज का विनाश निश्चित था। अनंतपुर से प्रतिशोध लेने से अधिक उन्हें अपनी प्रजा की चिंता थी।

"जैसा आप कहे, ऋषिवर!" महाराज सहमति से बोले, "कदाचित प्रभु महादेव आपके रूप में हमारे दुखों का निवारण करने पधारे हैं।"

"महादेव के आशीर्वाद से आपने मुझे अपनी मातृभूमि की सेवा करने का जो अवसर प्रदान किया है उसे मैं निरर्थक नहीं जाने दूँगा।" ऋषि शांडीव्य हाथ जोड़कर बोले, "आपके कष्टों का शीघ्र निवारण होगा, किंतु आप मुझे वचन दे कि मेरी आज्ञा के बिना आप अनंतपुर और नागों के विरुद्ध कोई कार्यवाही नहीं करेंगे।"

"यह कैसी विचित्र माँग है, ऋषिवर?" महाराज व्याकुल हो उठे, "आप चाहते हैं मैं अपनी प्रजा का संहार होते देखता रहूँ?"

"यदि जननी प्रजनन की पीड़ा नहीं सहेगी तो नए जीवन का सूत्रपात कैसे होगा? धर्म की रक्षा के मार्ग में आने वाले कष्ट जीव को पुण्य का भागी बनाते हैं, महाराज! आपको महादेव की सौगंध जो आपने अपना संयम भंग किया।"

ऋषि मृदुल वाणी में बोले, "मैं वचन देता हूँ कि चिरपुंज के मान-सम्मान और उसके हितों के लिए मैं साक्षात यमराज से भी युद्ध करूँगा।"

"आपने तो हमें विकल्पहीन कर दिया, ऋषिवर!" महाराज ने असहाय होकर हाथ जोड़े।

"महादेव के शरणागत विकल्पों की चिंता नहीं करते, राजन!" ऋषिवर बोले।

असहाय महाराज अधिराज गहरी साँस लेकर ऋषि के चरणों में झुके, "उचित है, ऋषिवर! जैसा आपका आदेश!"

"आपका कल्याण हो, राजन!" ऋषि शांडीव्य ने महाराज का मस्तक छुआ, "चिरपुंज का भविष्य आपके निर्णय के लिए आपका आभारी रहेगा।"

अध्याय 8

देवदत्त हड़बड़ाकर नींद से जागा। संध्या हो चुकी थी। साक्षी नदी अस्त होते सूर्यदेव की सुनहरी किरणों से ढँक रही थी। देवदत्त के साथी अपने पशुधन के साथ नगर लौट गए थे।

देवदत्त ने आसपास देखा। उसके पशु कहीं नहीं थे। उसके साथी उन्हें ले जाने से रहे। कदाचित उसके पशु चरते हुए सघन वन में चले गए, अथवा दस्यु, नाग और अनंतपुर के बल उन्हें अपने साथ ले गए। कदाचित वे मार्ग ढूँढते हुए नगर पहुँच गए हो, अथवा अभी भी वन में भटक रहे हों।

दस्युओं और हिंसक जानवरों से घिरे वन में अपने पशुओं को ढूँढना संकटमय था। नगर लौटने में अधिक विलंब हुआ तो नगर द्वार बंद हो जाएँगे और उसे दस्युओं से घिरे वन में रात भर भटकना होगा।

डरा-सहमा देवदत्त घुटी-घुटी आवाज में अपने पशुओं को पुकारते हुए वन की तरफ बढ़ा। तभी घोड़ों की टापो और बैलगाड़ियों का मिला-जुला शोर सुन उसके प्राण हलक में आ लगे। कदाचित दस्यु अथवा नाग सैनिक आ पहुँचे थे। अपने पशुधन की चिंता छोड़ देवदत्त तत्परता से वृक्षों और झाड़ियों की आड़ में दुबककर बैठ गया। घबराए मन से वह उस तरफ आँखें गड़ाए महादेव का स्मरण करते हुए विपदा टलने की प्रार्थना करने लगा।

आगंतुक कद-काठी और वेशभूषा से नाग अथवा दस्यु नहीं लग रहे थे। पसीने और धूल-मिट्टी से सनी उनकी देह और थके चेहरे देख लग रहा था कि वे लंबी यात्रा करके आ रहे थे। उनके साथ सामान से लदी कई बैलगाड़ियाँ जिन्हें लाठियों, भालों और धनुष-बाणों से लैस अनेक रक्षक घेरकर चल रहे थे। कदाचित नागलोक जा रहे व्यापारी मार्ग भटक कर यहाँ आ पहुँचे थे।

देवदत्त की जान उसकी देह में लौटी। वृक्षों और झाड़ियों की आड़ लेकर वो

उनका पीछा करने लगा। जब आश्वस्त हो गया कि उनसे उसे कोई संकट नहीं है तो वह झाड़ियों से निकलकर व्यापारी दल के सामने खड़ा हो गया।

तुरंत ही दल रक्षक उसके सामने प्राचीर बन अड़ गए।

"तुम लोग कौन हो? कहाँ चले आ रहे हो?" देवदत्त ने पूछा।

"तुम कौन हो?" एक रक्षक ने उसकी छाती पर भाला सटाकर बुलंद आवाज में पूछा, "दस्यु?"

"दस्यु होता तो तुम इतनी बातें करने के लिए जीवित नहीं रहते।" देवदत्त तुनककर बोला।

"हम कैसे मानें? कदाचित तुम हमारी क्षमता आँकने आए हो।" रक्षक तेज स्वर में बोला।

"अपने स्वर नीचे रखो!" देवदत्त उखड़े स्वर में बोला, "इस वन में मात्र मृत्यु इतने तीव्र स्वर में वार्तालाप करती है।"

बैलगाड़ी से राजसी आभा से दैदीप्यमान चेहरे वाला एक संभ्रांत व्यक्ति उतरा। मदहोश करने वाली भीनी सुगंधित गंध छोड़ती और बहुमूल्य वस्त्रों, आभूषणों से सुसज्जित उसकी विशालकाय, थुलथुल देह उसके वैभव की गाथा कह रही थी। देवदत्त आँखें फाड़े उसे देखता रह गया। लगा जैसे बहुमूल्य आभूषणों से लदे साक्षात कुबेर उसके समक्ष प्रकट हुए हों।

"श्रीमान! हम द्वारका के व्यापारी हैं। मैं इनका प्रमुख विणक। हम व्यापार के लिए मगध जा रहे थे, किंतु मार्ग भटक कर यहाँ आ पहुँचें।" वह हाथ जोड़कर विनम्रता से बोला, "पिछले दो प्रहर से वन में भटक रहे हैं। नदी पर पुल देख इस उम्मीद से चले आए कि कदाचित दूसरी तरफ कोई ग्राम अथवा शहर हो जहाँ हम रात्रि में विश्राम कर सकें।"

देवदत्त के कानों में विणक के शब्द रुक-रुककर पहुँच रहे थे। उसकी दृष्टि विणक की विशालकाय थुलथुल देह पर लदे बहुमूल्य आभूषणों पर फिसल रही थी। जो इतने बहुमूल्य आभूषण लादकर व्यापार करने के लिए निकला है वो स्वयं कितना धनवान होगा, उसके साथी कितने धनवान होंगे। वे कितना धन लेकर व्यापार के लिए निकले होंगे? इन बैलगाड़ियों में कितने स्वर्ण और आभूषण होंगे? ये इतने धनी हैं तो इनकी द्वारका में कितना धन होगा?

देवदत्त की बाँछें खिल गईं। महादेव की कृपा से आज उसकी आँख नहीं

लगती और उसका पशुधन नहीं जाता तो यह स्वर्ण-भंडार उसके हाथों से फिसल जाता। इस स्वर्ण-भंडार से तो समस्त नागलोक का पशुधन क्रय हो जाएगा।

देवदत्त ने आकाश में उड़ती अपनी कल्पनाओं को थामा। पहले यह स्वर्ण-भंडार हथियाया जाए फिर इसके उपभोग के बारे में सोचा जाएगा।

"आपसे भेंट करके प्रसन्नता हुई। मैं देवदत्त हूँ!" देवदत्त ने चेहरे पर नाटकीय डर लादा, "यह नागलोक का मार्ग है। विषधारी नाग प्रहरियों से सुरक्षित इस क्षेत्र में बिना अनुमति पत्र के प्रवेश करना असंभव है।"

"नागलोक! विषधारी नाग!" विणक की आँखें भय से चौड़ी होकर फैल गईं, "हम उस नर्क में क्यों जाएँगे?"

देवदत्त का मन कुलाँच मारने लगा। उसका तीर सही लक्ष्य पर बैठा था। वो आर्यावर्त के भूगोल से अपरिचित था, पर इतना अवश्य जानता था कि आर्यों के लिए नाग दुराचारी और दुरात्मा हैं जिनके लिए आर्य सुस्वादु भोजन हैं। अत्याचारी और अहंकारी नागों के वर्णन मात्र ही आर्यों में भय का प्रसार होता है।

क्रोध से भरा विणक अपने सेवकों की तरफ पलटकर चीखा, "तुम मूर्ख हमें नागलोक ले जा रहे थे।"

अन्य व्यापारी बैलगाड़ियों से उतरकर विणक के निकट पहुँचे।

"इन पर क्यों बरसते हो?" एक वृद्ध व्यापारी ने विणक को टोका, "ऐसे घने वन में कोई भी भटक सकता है। सभी वृक्ष, मार्ग, दिशाएँ एक समान हैं। ये कोई राजमार्ग नहीं जो एक दिशा में मुँह उठाए चलते रहे और गंतव्य तक पहुँच गए। यहाँ से कैसे निकले उस पर विचार करो।"

"तुम भाग्यशाली रहे जो दस्युओं से सामना नहीं हुआ।" विणक और उसके रक्षकों की दयनीय दशा देख देवदत्त ने अपनी हँसी रोकते हुए अगला वार किया, "अन्यथा वो तुम्हें नागों से लूटने के लिए जीवित नहीं छोड़ते।"

"यहाँ दस्यु भी हैं?" विणक का चेहरा भय से सफेद हो गया। बैलगाड़ियों में लदे बहुमूल्य सामान की चिंता भूल वो और उसके साथी अपने प्राणों की चिंता से सहम गए। वहाँ एक क्षण रुकना भी भारी था। पता नहीं कौन से वृक्ष और किस झुरमुट से निकलकर दस्यु उन पर आक्रमण कर दें।

देवदत्त उनकी दयनीय दशा देखकर जैसे स्वर्ग में विचरने लगा। वो आज इतना धन प्राप्त करेगा कि जीवनपर्यंत उसे दोनों हाथों से भी बाँटता रहे तो भी

उसकी आने वाली अनेक पीढ़ियों को श्रम करने की आवश्यकता नहीं पड़े।

"हमें तुरंत लौटना होगा!" व्यापारियों में यकायक घबराहट और भय का संचार हुआ।

"अभी लौटे तो रात्रि होने तक तुम लोग वनक्षेत्र सीमा भी पार नहीं कर पाओगे!" देवदत्त ने उन्हें समझाया, "रात्रि में नाग बलों की दृष्टि से बचना असंभव है।"

भयभीत व्यापारियों के प्राण हलक में आ लगे। दस्युओं के भय से यहाँ रुकना असुरक्षित था। आगे नागलोक और पीछे वनक्षेत्र के रूप में मौत उनकी प्रतीक्षा में थी। ऐसे में कहाँ जाएँ?

"हम क्यों नागों से भयभीत हों! नागों को हमसे भयभीत होना चाहिए।" एक व्यापारी रोष में बोला।

"तुम क्या महादेव अथवा उनके गण हो जो नाग और शक्तिशाली नागराज तक्षक तुमसे भयभीत होंगे?" देवदत्त ने तुनककर पूछा।

"कौन नागराज? वो कायर जिसके वंश के कालि नाग को कृष्ण ने मथुरा से खदेड़ा था, या वो जो खांडव वन में अपनी किस्मत के दम पर कृष्ण-अर्जुन के क्रोध से बचा था!" उस व्यापारी पर देवदत्त की बात का कोई अंतर नहीं पड़ा, "यदि हमारे आराध्य द्वारकाधीश श्रीकृष्ण के रहते उसने यादवों का तनिक भी हत किया तो उसी क्षण नागवंश इतिहास बन जाएगा।"

"तुम्हारे कृष्ण नागराज को कैसे दंडित करेंगे उसे देखने के लिए तुम लोग जीवित बचोगे इसमें मुझे शंका है।" देवदत्त ने चतुराई से बात सँभाली, "इस वन में नागों और दस्युओं के नियम लागू होते हैं। यहाँ कौन, कब, कैसे मारा गया कोई चिंता नहीं करता है। तुम्हारे यहाँ होने की सूचना कृष्ण तक पहुँचने से पूर्व नागराज तुम्हारी नियति निर्धारित कर चुके होंगे।"

व्यापारियों की हिम्मत जाती रही। उन्हें कोई उपाय नहीं सूझ रहा था। क्या नागलोक पहुँचकर नागराज के चरणों में अपना सिर पटककर उनसे सुरक्षा की गुहार करें? सुरक्षा देने के स्थान पर कहीं नागराज द्वारकाधीश का नाम सुनकर क्रोधित हो गया तो? यहाँ रुकने और यहाँ से लौटने में दस्युओं और नागों का संकट था। मुठ्ठी भर लठैत और भालाधारी उनका कैसे और कब तक सामना करेंगे। कदाचित उन्हें देखते ही वह भाग खड़े हो। बचेंगे व्यापारी- द्वारकाधीश की

दुहाई देते हुए, दस्युओं और नागों से अपने प्राणों के भिक्षा माँगते हुए।

"हम क्या करें, मित्र?" विणक भय से बोला, "तुम स्थानीय हो। तुम्हीं कोई उपाय सुझाओ!"

"मित्रता तो समान स्तर पर होती है।" देवदत्त चतुराई से बोला, "मैं निर्धन तुम धनी व्यापारियों की समानता कैसे कर सकता हूँ!"

देवदत्त को घूरते हुए विणक ने अपने गले से मोतियों की माला उतारकर उसे थमाई।

"यह क्या? मुझे मित्र कहते हो और मेरी मित्रता का मोल भी लगाते हो!" देवदत्त ललचाई दृष्टि से बड़े-बड़े चिकने मोतियों की माला को अपने हाथों से सहलाते हुए बोला, "इस बहुमूल्य मित्रता का मोल मात्र एक माला कैसे हो सकता है?"

विणक ने अपने कमरबंध से स्वर्ण-मुद्राओं की एक थैली निकालकर देवदत्त की तरफ उछाली।

"अब हमें तुरंत यहाँ से सुरक्षित बाहर निकलने का मार्ग बताओ।" विणक खीजा, "अन्यथा मेरे रक्षकों को तुम्हारे प्राण लेने में प्रसन्नता होगी।"

"तुम निश्चिंत रहो, मित्र।" देवदत्त पूर्ण अपनत्व एवं मृदुलता से बोला, "अभी लौटने पर तुम रात्रि होने तक वनक्षेत्र की सीमा तक भी नहीं पहुँच पाओगे। इससे उत्तम होगा कि तुम मेरे नगर चलो। वहाँ तुम सुरक्षित रहकर विश्राम करना।"

"नागलोक के अतिरिक्त यहाँ कोई अन्य नगर भी है?" विणक का साथी व्यापारी चौंका।

"देखा मेरी मित्रता का लाभ!" देवदत्त चहका, "मैं तुम्हें वहाँ सुरक्षित पहुँचा दूँगा।"

व्यापारियों ने देवदत्त को ऐसे निहारा मानो वो उनका उद्धार करने के लिए पृथ्वी पर अवतरित हुआ हो। जिन परिस्थितियों में वे थे उनका ऐसा सोचना स्वाभाविक था।

विणक संशय में था। अपनी शंकित दृष्टि से वह देवदत्त की नियत भाँपने का प्रयास कर रहा था। क्या वह उन्हें लूटने की मंशा से मूर्ख बना रहा था? कहीं वो दस्यु तो नहीं?

"क्या हम तुम्हारे नगर में व्यापार कर सकते हैं?" विणक के साथी व्यापारी ने देवदत्त से पूछा।

देवदत्त को व्यापारियों की मूर्खता पर हँसी आई। कुछ क्षण पूर्व अपने प्राणों की चिंता में दूभर होने वालों को सुरक्षित होने की संभावना मात्र से यकायक व्यापार सूझने लगा। एक व्यापारी हर परिस्थिति, देश और काल में सदैव व्यापारी रहता है। व्यापार उसका धर्म है और व्यापार उसका जीवन। वह जीने के लिए व्यापार नहीं करता है, वह व्यापार करने के लिए जीवित रहता है।

"क्या वहाँ हमें अपनी वस्तुओं का उचित मोल प्राप्त होगा?" दूसरा व्यापारी बोला।

"प्राण तो शेष रहेंगे!" उसका साथी घबराया हुआ बोला।

"किंतु प्राण बचाकर हम जाएँगे कहाँ? द्वारका लौटने का मार्ग ज्ञात होना भी तो आवश्यक है।" पहला व्यापारी चिंता से बोला।

"क्या तुम द्वारका का मार्ग जानते हो?" विणक ने उम्मीद भरी दृष्टि से देवदत्त को देखा।

"यह तो उत्तर के मोल पर निर्भर करता है..." देवदत्त अपनी ललचाई आँखें फैलाते हुए मुस्कुराया, "...मित्र!"

"मोल की नहीं, हमारी समस्या के समाधान की चिंता करो।" एक व्यापारी झुँझलाया।

"नगर से कई व्यापारी और कामगार भरतखंड के कई नगरों में जाते रहते हैं।" अपने लाभ का अनुमान लगाते हुए देवदत्त की बाँछें खिल रही थी, "वे इस क्षेत्र के सभी मार्गों से परिचित हैं। उनके साथ तुम सुविधा से पालका लौट सकते हो।"

"पालका नहीं, द्वारका!" विणक ने खीजते हुए देवदत्त को टोका।

"जो भी हो!" देवदत्त ने अपना मुँह बिचकाया। उसे अपने मोल की चिंता थी। वो मिल जाए उसके बाद विणक और उसके व्यापारी साथी द्वारका जाए, अथवा नर्क, उसे क्या।

"तुम लोग रात्रि में मेरे नगर चिरपुंज में विश्राम करो। कल प्रातः अन्य व्यापारी एवं कामगारों के साथ तुम्हें जहाँ जाना हो चले जाना। अधिक विलंब किया और नगर द्वार बंद हो गए तो नगर में प्रवेश नहीं कर पाओगे।" देवदत्त ने

सुझाव दिया, "अन्यथा वन में भटकते हुए दस्युओं एवं नागों की प्रतीक्षा करो।"

"उचित है! हमें अपने नगर ले चलो!" विणक झुंझलाकर बोला। देवदत्त नामक मुसीबत से वो शीघ्र पीछा छुड़ाना चाहता था।

देवदत्त ने ललचाई दृष्टि से विणक को देखा, "जीवन में हर वस्तु का मोल होता है!" वह कुटिलता से मुस्कुराया, "कौन सी वस्तु कब, किस उद्देश्य के लिए किसके लिए बहुमूल्य हो जाए कौन जानता है।"

विणक ने खीजते हुए अपने गले से मोतियों की एक और माला उतारकर देवदत्त की तरफ उछाली।

माला मुट्ठी में दबोच देवदत्त ने आँखें मूँदकर गहरी साँस लेते हुए उसे सूँघा, "इस दैवीय सुगंध के लिए कोई कुछ भी कर सकता है।"

"मुझे दस्युओं और नागों से अधिक तुमसे भय लग रहा है।" विणक ने गुस्से से देवदत्त को घूरा, "अब हमें शीघ्रता से नगर ले चलो।"

"मेरे रहते आप तनिक भी चिंता न करें!" देवदत्त ने उन्हें अपने पीछे आने का संकेत किया।

"क्या नगर में कोई धर्मशाला है?" विणक ने पूछा।

"धर्मशाला की क्या आवश्यकता है?" देवदत्त हँसकर बोला, "मेरे घर के द्वार मित्रों के लिए खुले हैं। मैं नगर में व्यापार करने में आपकी सहायता कर सकता हूँ।"

"और उसके बदले में तुम हमसे क्या चाहते हो..." विणक ने देवदत्त को संशय भरी दृष्टि से घूरा और दाँत पीसते हुए बोला, "...मित्र!"

"मित्र का परिवार और उसके दायित्व तो साझा होते हैं, मित्र!" देवदत्त बोला।

विणक का चेहरा क्रोध से तमकने लगा। देवदत्त उनकी मजबूरी का लाभ उठाने का कोई अवसर नहीं चूक रहा था।

"हमारे 'मित्र' को हमें छोड़कर भागने का अवसर नहीं देना!" क्रोध से भरा विणक अपने रक्षकों को आदेश देते हुए बैलगाड़ी में बैठा।

हाथों में मोती की मालाओं और स्वर्ण-मुद्राओं की थैली दबोचे देवदत्त गदगद भाव से व्यापारियों को लिए नगर की ओर बढ़ने चला।

अब उसे अपने पशुधन की चिंता नहीं थी।

अध्याय 9

"ठहरो! कहाँ जाते हो?" नाग नायक हलिकाक्ष चीखा।

वन की तरफ बढ़ते नाग सैनिक जहाँ थे वही ठहर गए। रक्षकों की बदली में समय शेष रहते उन्होंने वन-विहार की योजना बनाई थी, किंतु नायक ने उन्हें पकड़ लिया।

"तुम्हें अंतिम चेतावनी देता हूँ। नियमों का उल्लंघन तुम्हें भारी पड़ेगा।" नायक हलिकाक्ष ने कड़े स्वर में उन्हें चेताया। कुछ मास पूर्व वनक्षेत्र महादेव के संरक्षण में जाने के बाद से नागराज का स्पष्ट आदेश था कि नाग सैनिक वनसीमा का उल्लंघन न करें, किंतु नाग सैनिक अवसर प्राप्त होने पर चोरी-छुपे वनक्षेत्र में भ्रमण करने से नहीं चूक रहे थे।

दूर से आते बैलगाड़ियों के कोलाहल ने सभी का ध्यान उधर खींचा। हाथों में औजार उठाए श्रमिकों का बड़ा झुंड स्त्रियों, बच्चों और सामान से लदी बैलगाड़ियों के साथ उस तरफ आ रहा था।

"क्या नई मुसीबत है!" क्रोध से बड़बड़ाते हुए हलिकाक्ष ने अपनी टुकड़ी के साथ उन्हें रोका, "कहाँ चले आ रहे हो?"

"साक्षी नदी के तट पर महादेव के वनक्षेत्र!" उनमें से एक बोला।

"क्यों? वहाँ क्या कोई उत्सव हो रहा है?" हलिकाक्ष ने खीजते हुए तेज स्वर में पूछा।

"तुम्हें उससे क्या?" श्रमिक उखड़े स्वर में पलटकर बोला।

"मूर्ख! यह राजमार्ग नागलोक में आता है। हमारे क्षेत्र में हमसे पूछ रहा है कि हमें क्या?" हलिकाक्ष के साथ खड़ा नाग सैनिक तुनककर बोला।

"तुम किसी भी क्षेत्र पर खड़े होकर उसे अपना कहोगे तो क्या हम मान लेंगे?" चरवाहे ने आँखों में उपहास लिए नाग सैनिक को घूरा।

"इस क्षेत्र पर हमारा स्वामित्व तुम्हारी मान्यता पर निर्भर नहीं है, मूर्ख!" नाग सैनिक अपनी म्यान पर हाथ फेरते हुए बोला।

"हमारे अधिकार का प्रमाण महादेव हैं।" श्रमिक तुनककर बोला, "उन्होंने इस वनक्षेत्र को गोपों के उपयोग हेतु दिया है।"

"तुम गोप नहीं हो। यह व्यवस्था तुम पर लागू नहीं होती है।" नाग सैनिक तेज उखड़े स्वर में बोला, "यहाँ से चलते बनो। अपने आवागमन के लिए राजमार्ग का उपयोग करो। यहाँ वनक्षेत्र में मरने मत आना।"

"जो महादेव का, वो महादेव के भक्तों का!" दूसरा श्रमिक बिफरकर बोला, "उनके क्षेत्र में हमारा प्रवेश वर्जित करने का तुम्हें कोई अधिकार नहीं है।"

हलिकाक्ष का मन हुआ उस श्रमिक को वहीं दबोचकर मार डाले। कई सदियों से जिस वनक्षेत्र पर नाग सहजता से विचरते थे वो पिछले कुछेक मासों में महादेव का वनक्षेत्र बनकर उनके लिए वर्जित क्षेत्र हो गया था। वनक्षेत्र पर नागों का अधिकार समाप्त होते ही साधारण चरवाहे भी अब नागों को चुनौती देने लगे थे।

विवाद बढ़ता देख श्रमिक बैलगाड़ियों से उतरकर एकत्र होने लगे।

हलिकाक्ष हैरान हुआ। कम से कम दो-ढाई सौ श्रमिक होंगे। उनके साथ कई गोप थे। कई अभी भी बैलगाड़ियों में बैठे थे।

"जहाँ वन वहीं हम!' एक श्रमिक तुनककर बोला, "हम महादेव के आशीर्वाद से चिरपुंज में श्रम के लिए आए हैं। जहाँ स्थान प्राप्त होगा वहीं बस जाएँगे।"

"क्या तात्पर्य है वहीं बस जाएँगे?" हलिकाक्ष ने उसे डपटा। अपने साथियों को बुलाकर वह दुष्ट श्रमिकों को खदेड़ देता, किंतु उनके साथ आए गोपों को देख वह क्रोध का घूँट पीकर रह गया, "तुम्हें चिरपुंज में श्रम करना है तो वहाँ जाकर मरो। वनक्षेत्र से दूर रहो।"

"हम वन में कहीं भी बसे तुम्हें क्या आपत्ति है?" एक श्रमिक ने रोष से पूछा।

"तुम्हें नहीं, आपको!" एक नाग सैनिक तपाक से बोला, "हमारे नायक को सम्मान से पुकारो!"

"दूसरे के क्षेत्र में खड़े होकर पद का रोब झाड़ने वाले का कैसा सम्मान?"

श्रमिक ढिठाई से बोला।

"जहाँ मरना हो, मरो!" हलिकाक्ष झल्लाते हुए पीछे हटा, "किंतु यदि तुमने नाग क्षेत्र में कदम रखा तो जीवित नहीं बचोगे।"

"हम महादेव के आशीर्वाद से पूरी सृष्टि में सुरक्षित हैं। तुम अपनी चिंता करो।" श्रमिक उसका उपहास उड़ाते हुए बोला, "तुम हटो। हम यहाँ डेरा डालेंगे।"

श्रमिक की उद्दंडता से खीजा हलिकाक्ष अपनी तलवार निकालकर उस श्रमिक की गर्दन से सटाकर चीखा, "तुम अपने प्राणों की चिंता करो!"

कहकर हलिकाक्ष अपनी पलकें भी नहीं झपका पाया था कि श्रमिक ने एक हाथ से उसका मुँह दबोचा और दूसरे हाथ से उस पर दबाव बनाते हुए उसे एक झटके से मोड़ दिया।

हलिकाक्ष की गर्दन की हड्डी चटकी और उसकी निष्प्राण देह नीचे गिरी। अगले क्षण बिजली की गति से श्रमिकों के हाथों में लोह-दंड प्रकट हुए और नाग सैनिकों के बदन के पार हो गए।

"नाग सैनिकों को वन के दैत्यों ने मार डाला!" कुछ श्रमिक चिल्लाते हुए चिरपुंज की तरफ भागे, "त्राहिमाम! त्राहिमाम!"

अध्याय 10

घटना का वर्णन कहकर वो श्रमिक हाथ जोड़े डर से काँप रहा था।

महाराज अधिराज के माथे पर चिंता के बल गहरे हो गए। साक्षी नदी के निकट विचित्र जानवरों के आक्रमण में आहत व्यक्तियों की सूची दिन-प्रतिदिन बढ़ती जा रही थी।

"महाराज! हमारे साथियों ने हमें भयानक वनक्षेत्र के विषय में चेताया था, किंतु हम द्वारकाधीश के आश्वासन और यादव व्यापारियों के कहने पर यहाँ श्रमदान करने आए।" एक वृद्ध श्रमिक हाथ जोड़कर कातर स्वर में बोला, "बिना जीवन के हम श्रमदान कैसे करेंगे?"

"महाराज! वन के भयानक पशुओं के आतंक से हम कब तक अपने भाग्य भरोसे रहें?" वृद्ध के साथ खड़ा युवा श्रमिक बोला, "वन में अनगिनत हिंसक पशुओं के साथ अनेक विचित्र जानवर हैं। पिछली बार चिरपुंज आए श्रमिकों ने चार हाथों वाला हाथी-मानव और धरती पर रेंगने वाली दैत्याकार मछलियाँ देखी थी, और इस बार यह विचित्र पंजों वाला दैत्य जानवर जिसने हमारे सामने नाग रक्षकों का वध किया।"

"महाराज! वो वन साक्षात नर्क है। वहाँ दस्युओं एवं अपराध-प्रवृत्ति के मनुष्यों तथा हिंस्र पशुओं के गुप्त आश्रय हैं। नागों को रक्षा-कर देने के पश्चात भी हम सुरक्षित नहीं हैं!" वृद्ध श्रमिक घबराया हुआ बोला।

"कैसा रक्षा-कर?" मुख्यमंत्री विष्णुदत्त ने पूछा।

"श्रीमान! नाग रक्षक हमें वन में निवास करने और हमारी सुरक्षा करने के लिए हमसे नियमित रक्षा-कर लेते हैं।" एक श्रमिक बोला, "किंतु अब वे भी वन के विचित्र दैत्यों से डरने लगे हैं।"

"ये दुष्ट नाग प्रत्येक विपदा में लाभ उठाने के लिए तत्पर रहते हैं।"

सेनापति स्कंध घृणा से बोला, "उन्हें कर देते हो तो उन्हीं से सुरक्षा माँगो। यहाँ क्यों आए हो?"

"जो उन जानवरों से अपनी रक्षा करने में अक्षम हो वो हमें क्या सुरक्षा देगा!" श्रमिक बोला।

"तो कहीं और निवास करो! वन में क्यों जाते हो?" सेनापति ने पूछा।

"श्रीमान हम कहाँ जाएँ?" वृद्ध श्रमिक कातर स्वर में बोला, "नगर में हमारे निवास की व्यवस्था नहीं है। वन में दस्युओं, नाग सैनिकों, और विचित्र जीवों का भय है। हम नागों को रक्षा-कर देकर भी वहाँ असुरक्षित हैं।"

महाराज अधिराज ने गहरी साँस ली। श्रमिक वही बता रहा था जो अन्य श्रमिक और यादव व्यापारी पिछले कुछ मासों से उन्हें बताते आए थे।

"महाराज! हिंसक पशुओं और दस्युओं के प्रकोप से शापित वो वन साक्षात नर्क है। पशु अपनी सुविधा से हम पर आक्रमण करते हैं। दस्यु हमें लूटते हैं, हमारे साथियों का अपहरण करते हैं। जो वन में एक बार गया, कभी नहीं लौटा। कोई विरला लौटा तो विक्षिप्त रूप में अपनी सोचने-समझने की शक्ति गँवाकर।" वृद्ध श्रमिक ने बताया, "महाराज! हम आपकी शरण में हैं। हमारे कष्टों का निवारण करें।"

"महाराज! इनकी चिंता उचित है। द्वारका से आने वाले श्रमिकों के लिए नगर तक पहुँचने का एकमात्र सुरक्षित मार्ग राजमार्ग है। वनक्षेत्र पर नागों का आधिपत्य समाप्त होने के पश्चात राजमार्ग पर आवागमन सुलभ हो गया है और राज्य में आने वाले श्रमिकों की संख्या में अप्रत्याशित वृद्धि हुई है।" वयोवृद्ध महामंत्री विष्णुदत्त बोले, "इन संकटों का शीघ्र उपाय नहीं हुआ तो श्रमिकों और व्यापारियों का आगमन थम जाएगा और राज्य की अर्थव्यवस्था पर उसका प्रतिकूल प्रभाव होगा।"

"क्या हमारी सेना उन हिंसक पशुओं और दस्युओं का उन्मूलन करने में अक्षम है?" महाराज ने पूछा।

"महाराज! हम जानवरों और दस्युओं को मार सकते हैं, उन्हें वन से खदेड़ सकते हैं, किंतु यह सुनिश्चित नहीं कर सकते कि वो पुनः संगठित होकर वन में नहीं लौटेंगे।" सेनापति स्कंध बोले, "वन और राजमार्ग की स्थायी सुरक्षा के लिए हमारे पास न पर्याप्त बल है, न संसाधन।"

"महाराज! यदि हम वनक्षेत्र को वर्जित-क्षेत्र घोषित कर वहाँ अनावश्यक प्रवेश पूर्णत: प्रतिबंधित कर दें और गोपों के सहयोग से राजमार्ग पर कुछ प्रहरी चौकी स्थापित कर सकें तो राजमार्ग के साथ श्रमिक और व्यापारी सुरक्षित हो सकते हैं।" महामंत्री ने सुझाया, "किंतु राजमार्ग पर सशस्त्र बलों की तैनाती को नागराज और महाराज वीरसेन हमारी चुनौती समझ सकते हैं।"

"हमारा उद्देश्य चिरपुंज के हितों की रक्षा करना है, अपने पड़ोसी राज्यों को प्रसन्न करना नहीं। अपनी सुरक्षा की चिंता वे करें।" सेनापति स्कंध बोले, "हमने अनंतपुर को राजमार्ग पर प्रहरी तैनात करने से नहीं रोका तो उन्हें हमारे सुरक्षा प्रबंधों से आपत्ति नहीं होनी चाहिए। इस विषय में हमें नागराज और महाराज वीरसेन की स्वीकृति की आवश्यकता नहीं है।"

"वनक्षेत्र महादेव की छत्रछाया में है। कदाचित इन घटनाओं के माध्यम से वो हमें चेतावनी दे रहे हैं।" कहकर महाराज ने कुछ सोच-विचार किया, "नागरिकों के रक्षार्थ हम तत्काल प्रभाव से वनक्षेत्र को निषिद्ध क्षेत्र घोषित करते हुए राजमार्ग पर सुरक्षा चौकियाँ स्थापित करने की आज्ञा देते हैं। सभी नागरिकों को सूचित किया जाए कि वनक्षेत्र में प्रवेश वर्जित है और वहाँ अनधिकृत प्रवेश की सजा मृत्युदंड है।"

"महाराज! वनक्षेत्र निषिद्ध घोषित कर आपने हमारे पास द्वारका लौटने के अतिरिक्त कोई विकल्प नहीं छोड़ा है।" एक वृद्ध श्रमिक हाथ जोड़कर बोला, "ऐसे में चिरपुंज में निर्माण कार्य थम जाएगा।"

"आपकी सुरक्षा हमारा दायित्व है।" महाराज अधिराज बोले, "आप नगर में अपने साथियों के लिए कितने समय में नवीन गृहों का निर्माण कर सकते हैं?"

"संसाधन उपलब्ध होने पर कदाचित कुछ मास में!" श्रमिक चहकते हुए बोला, "यदि आप द्वारका से निर्माण-यंत्रों को यहाँ मँगवा सके तो निर्माण कार्य की गति तीव्र होगी।"

"उचित है! हमारे पास उपलब्ध निर्माण सामग्री से आप तुरंत नगर में गृह निर्माण आरंभ करें। निर्माण-यंत्रों को प्राप्त करने के लिए हम यादव व्यापारियों से सहयोग लेंगे।" महाराज अधिराज बोले, "तब तक नगर में आपके निवास के लिए अस्थायी व्यवस्था हो जाएँगी।"

श्रमिकों में आपस में दबे-स्वर में कुछ वार्तालाप हुआ। कदाचित महाराज

के प्रस्ताव के बारे में उनमें कुछ मतभेद थे। कुछ देर पश्चात एक वृद्ध श्रमिक हाथ जोड़कर बोला- "महाराज! हमारा अनुरोध है कि हम एक माह पश्चात नगर में प्रवेश करें।"

"कोई विशेष कारण?" महाराज ने पूछा।

"महाराज! हम द्वारकाधीश के आदेश से आपके सहायक बनकर आए हैं, बोझ नहीं। हम निर्धन हैं, किंतु हमें नवीन गृहों के निर्माण के लिए चिरपुंज के संसाधनों को व्यय करना अस्वीकार्य है।" वृद्ध श्रमिक विनम्रता से बोला, "हम माह भर वनक्षेत्र में रुककर गृह निर्माण के लिए सभी आवश्यक संसाधन सुलभता से जुटा लेंगे।"

महाराज अधिराज को वृद्ध श्रमिक की सूझबूझ से प्रभावित हुए।

"महाराज! हमारा अनुरोध स्वीकारें। हम आपके और इस महान राज्य के कृतज्ञ हैं जो आपने हमारे कष्टों का सहज निवारण किया।" श्रमिक हाथ जोड़कर विनम्रता से बोला।

"हम आपकी भावना का सम्मान करते हैं। चिरपुंज के द्वार आपके लिए खुले हैं। आप अपनी इच्छानुसार राज्य में पधारें।" महाराज अधिराज हर्ष से बोले, "तब तक हम वन सीमा के निकट आपकी सुरक्षा का दायित्व लेते हैं।"

"धन्यवाद महाराज! हम आपके ऋणी रहेंगे!" वृद्ध श्रमिक हाथ जोड़कर विनम्रता से बोला।

"कृपानिधान महाराज अधिराज की जय हो!" प्रसन्न श्रमिकों ने सम्मिलित घोष किया।

अध्याय 11

राजमार्ग की सुरक्षा में तैनात अपनी टुकड़ी को निर्देश देकर नायक अग्रत अपनी चौकी में लौटा ही था कि एक सैनिक भागते-भागते उसके पास आया।

"तुम तो नायक बकुला की टुकड़ी में हो!" नायक अग्रत ने उसे पहचाना, "यहाँ कैसे आए हो?"

"श्रीमान! नायक ने आपको तुरंत अपनी चौकी पर बुलाया है!" उसने बताया।

सकपकाया नायक अग्रत भागते हुए उसके साथ नायक बकुला के पास पहुँचा।

अग्रत कुछ पूछता उससे पहले नायक बकुला ने उसे अपने पीछे आने का संकेत किया। कच्चे-घुमावदार पर्वतीय मार्ग को पार कर वह एक बड़ी चट्टान पर चढ़कर रुका और साक्षी नदी और राजमार्ग के साथ सटी श्रमिकों की बस्ती देखने लगा।

"सेनापति स्कंध हमें यहाँ देखकर बेहद प्रसन्न होंगे!" त्योरियाँ चढ़ा अग्रत ने व्यंग कसा, "कदाचित वो हमारी पदोन्नति कर दें।"

"उधर देखो!" बकुला ने श्रमिकों की बस्ती की तरफ संकेत किया, "कल प्रातः बस्ती वहाँ तक सीमित थी।" कहकर उसने नीचे दूर कुछ वृक्षों की तरफ संकेत किया।

अग्रत ने देखा कि बस्ती उन वृक्षों से आगे बढ़कर कुछेक कोस दूर मृत्युंजय पर्वत शृंखला के उत्तरी तटीय क्षेत्र तक फैल गई थी।

"तुम श्रमिकों की बस्ती के विस्तार से चिंतित हों?" अग्रत ने पूछा।

"गत कई दिवसों से राजमार्ग से बस्ती में कोई यादव श्रमिक नहीं आया।" बकुला चिंता से बोला, "मात्र एक दिन में बस्ती के अप्रत्याशित विस्तार का क्या

कारण हो सकता है ?"

"कदाचित श्रमिक राजमार्ग नहीं, वनमार्ग से यहाँ आए हो!" अग्रत ने अनुमान लगाया।

"श्रमिक इस क्षेत्र से अपरिचित हैं। हिंसक जानवरों और दस्युओं के भय से वे वनक्षेत्र से दूर रहते हैं।" बकुला चिंता से बोला।

"यह भी उचित है। राजमार्ग के अतिरिक्त द्वारका पहुँचने का कोई मार्ग हमें ज्ञात नहीं, इन श्रमिकों को कैसे पता होगा।" अग्रत बोला।

"राजमार्ग या वनमार्ग से नहीं तो ये लोग यहाँ इतनी संख्या में कैसे पहुँचे ?" बकुला चिंता से बोला, "यदि हमसे राजमार्ग की निगरानी में चूक हुई तो ये नागों और अनंतपुर के बलों की दृष्टि से कैसे बचे ?"

"तुम व्यर्थ चिंतित हो रहे हो। हम यहाँ आने वाली प्रत्येक बैलगाड़ी की जाँच तो करते नहीं जो यहाँ कब, कितने श्रमिक आए उनकी ठीक-ठीक संख्या हमें ज्ञात हो।" बकुला ने संभावना जताई।

"किंतु एक दिन में इनकी बस्ती का इतना विस्तार कैसे हुआ ?" अग्रत की चिंता कम नहीं हुई।

"कदाचित यहाँ आने के पश्चात से वो अपने साथियों के साथ निवास कर रहे हो। संसाधन उपलब्ध होने पर उन्होंने बस्ती का विस्तार कर लिया।" बकुला ने उसे समझाया।

"तुम्हें ऐसा लगता है ?" अग्रत ने पुष्टि करने के लिए पूछा।

"लगता नहीं, ऐसा ही हुआ है!" बकुला ने उसके कंधे पर हाथ धरा, "क्या तुम्हें स्मरण नहीं कि इन श्रमिकों ने अपने निवासों के निर्माण के लिए महाराज से संसाधन लेने से इनकार किया था ? क्या तुम नहीं देखते हो कि नगर में अपनी बस्ती स्थापित करने के लिए ये कितने परिश्रम से दिन-रात एक करके संसाधन एकत्र कर रहे हैं ?"

अग्रत ने सहमति से अपना सिर हिलाया।

"तुम व्यर्थ की चिंता से मुक्त हो और मुझे भी प्रस्थान की आज्ञा दो!" बकुला हँसकर बोला, "ताकि हम वो कार्य संपन्न कर सकें जिसके लिए सेनापति ने हमें यहाँ तैनात किया है।"

अध्याय 12

विश्वकर्मा ने अपने आसन से उठकर आचार्य को आत्मीयता से गले लगाया।

"आचार्य! यज्ञ वेदिका की स्थापना पूर्ण हुई।" विश्वकर्मा हर्ष से बोले, "अभियान का यह चरण हमारी उम्मीद से कई अधिक तीव्रता से पूर्ण हुआ।"

"क्या आपको पर्याप्त आँकड़े प्राप्त हुए?" आचार्य ने पूछा।

"निःसंदेह! पिछले कई मासों से श्रमिकों के सहयोग से आचार्य शमक अपने दल के साथ केंद्र निर्माण स्थल का नियमित दौरा कर उसके वायुमंडल, भूमि और वनस्पतियों की आवश्यक आँकड़े एकत्र कर उन्हें यादव व्यापारियों के माध्यम से मुझे पहुँचाते रहे हैं।" विश्वकर्मा ने बताया, "मैंने विभिन्न क्षेत्रों में सिद्ध ऋषियों के साथ प्राप्त उन आँकड़ों का गहराई से अध्ययन किया है।"

"आपके अध्ययन का क्या निष्कर्ष निकला?" आचार्य ने पूछा।

"वातावरण हमारे अनुकूल है। वनक्षेत्र के आसपास हवा का कम दबाव का क्षेत्र बनना आरंभ हो गया है। बादलों के झुंड प्रकट हो रहे हैं। आज से सातवें दिन वनक्षेत्र और उसके आसपास घनी वर्षा आरंभ होगी। नमी युक्त वातावरण हमारी आवश्यकताओं के लिए अत्यंत उपयुक्त होगा। रसायनों का प्रभाव पूरे एक वर्ष तक रहेगा।" विश्वकर्मा बोले।

"क्या निर्माण स्थल को वर्षा से सुरक्षित रखने के लिए उचित प्रबंध हैं?" आचार्य ने पूछा।

"वो हमारे यंत्रों से सुरक्षित है।" विश्वकर्मा हर्ष से बोले, "यज्ञ के लिए आवश्यक जल के लिए हमें साक्षी नदी का आशीर्वाद प्राप्त है, किंतु प्रतीत होता है इंद्रदेव स्वयं इस कार्य की पूर्ति के लिए आतुर हैं। वनक्षेत्र की उर्वर भूमि में रसायनों के सम एवं गहराई से फैलाव में वर्षा सहायक होगी।"

"वनक्षेत्र और उसके आसपास का क्षेत्र विचित्र जानवरों के कोप से अशांत है।" आचार्य मुस्कुराए, "आप सावधान रहें!"

"आचार्य! आपकी योजना प्रशंसा की पात्र है। आपने वन को बिना अतिरिक्त बल के सहज ही निषिद्ध क्षेत्र में परिवर्तित कर दिया।" विश्वकर्मा हँसे।

"इसका श्रेय मयदानव के भ्रम उत्पन्न करने वाले मायावी यंत्रों को जाता है। होता कुछ है और आभास कुछ और होने का होता है।" आचार्य मुस्कुराए, "मैंने तो उन यंत्रों द्वारा उत्पन्न भ्रम को मात्र आपके पक्ष में मोड़ने का कार्य किया।"

"आचार्य! आपके निर्देश पर मयदानव द्वारा केंद्र की सुरक्षा के लिए स्थापित शक्तिशाली यंत्र जीवों में गहरा भ्रम उत्पन्न कर उन्हें विक्षिप्त करने में सक्षम हैं। मृत्युंजय पर्वत श्रृंखला से घिरा होने के कारण वनक्षेत्र में यंत्रों का प्रभाव कई गुना अधिक शक्तिशाली रूप से प्रकट हुआ है।" विश्वकर्मा बोले, "उन्होंने नागों सहित वन के जीवों को भी प्रतिकूल प्रभावित किया है।"

"आपने मुझे उन मायावी यंत्रों के दुष्प्रभाव के बारे में चेताया था, किंतु उनके दुष्प्रभाव हमारे अनुमान से अधिक सघन, प्रभावी और विस्तृत हुए।" आचार्य बोले, "क्षेत्र में तैनात नीलकमल और श्रमिकों ने अवसर का लाभ उठाकर महाराज अधिराज पर दबाव बनाया और उनके पास वनक्षेत्र निषिद्ध घोषित करने के अतिरिक्त कोई विकल्प नहीं था।"

"यंत्रों के निकट पहुँचे कई नाग सैनिक मानसिक संतुलन खो बैठे।" विश्वकर्मा ने बताया।

"आप यह कैसे जानते हैं?"

"महादेव ने माधव को बताया कि वनक्षेत्र में नाग सैनिकों के विक्षिप्त होने की घटना बताकर नागराज उनसे वनक्षेत्र की सुरक्षा का दायित्व माँगने आया था।" विश्वकर्मा हँसकर बोले, "उन्होंने नागराज का प्रस्ताव ठुकराकर उसे डपटा कि नागों ने यह ज्ञात होते हुए भी कि विस्तृप वन उनके संरक्षण में है उसकी सीमा उल्लंघन कैसे किया।"

"विस्तृप वन?" आचार्य के लिए यह नाम अपरिचित था।

"आचार्य! वनक्षेत्र में प्रयुक्त मयदानव के यंत्रों से नागों और वन के जीव-जंतुओं के साथ महादेव के गोप भी भ्रमित हैं। यंत्रों के संपर्क में आने के कई मास पश्चात भी वे उसके भ्रमजाल में फँसे हैं। इन घटनाओं से घबराकर वे वनक्षेत्र

को शापित 'विस्तृप वन' कहने लगे हैं।" विश्वकर्मा बोले, "संसार को भयभीत करने वाले नागों को भयभीत करने वाली घटना सहज ही अविश्वसनीय और अविस्मरणीय हो जाती है। शापित विस्तृप वन से जुड़ी किंवदंतियाँ दूर-सुदूर तक फैल चुकी हैं। अब कोई वन सीमा के निकट फटकने का साहस नहीं करता है।"

"महाराज अधिराज और महाराज वीरसेन वनक्षेत्र को निषिद्ध घोषित कर चुके हैं।" आचार्य हँसे, "राजमार्ग पर नागों के साथ अब दोनों राज्यों के सुरक्षा-बल तैनात हैं। अर्थात, वनक्षेत्र अगले चरण के लिए सुरक्षित और तैयार है।"

"आप शीघ्रता से यज्ञ वेदिका की शुद्धिकरण प्रक्रिया आरंभ करें।" विश्वकर्मा बोले, "आगामी अमावस्या का अंधकार हमारे लिए उत्तम आवरण होगा। उसके पश्चात केंद्र निर्माण पूर्ण करने के लिए हमारे पास पर्याप्त समय होगा। द्वारका से रसायन और उनके उपयोग की विधि आपको शीघ्र प्राप्त होगी।"

"निश्चिंत रहे! क्षेत्र की शुद्धि तय समय-सीमा में आपकी आवश्यकतानुसार होगी।" आचार्य ने आदर से सिर झुकाया, "शेष जैसी महादेव की इच्छा!"

अध्याय 13

तेज हवा के निरंतर आक्रमणों से श्रमिकों की बस्ती में जलती मशालें दम तोड़ रही थी। मशालें बुझने के साथ अमावस्या के अंधकार में सिमट रही साक्षी नदी अपनी लहरें किनारों से टकराते हुए अपनी उपस्थिति जता रही थी।

मध्य रात्रि से पूर्व बस्ती निस्तब्ध अंधकार में डूब चुकी थी।

यकायक बस्ती अँगड़ाई लेते हुए जाग्रत हुई। निस्तब्धता चीरते हुए एक स्याह रंग का धब्बा उभरा, फिर दूसरा, तीसरा... फिर जैसे अमावस्या का स्याह रंग आकाश से बस्ती में उतरा और नि:शब्द फैलते हुए वनक्षेत्र की तरफ बढ़ चला।

काले लिबास धारण किए वे मानव आकृतियाँ टिड्डी दल की भाँति हजारों कोस में फैले विस्तृप वन में प्रवेश करने लगी। उनकी पीठ पर लदे छोटे-छोटे बोरों में बने अनगिनत सुराखों से कोई विचित्र रेतीला पदार्थ नीचे गिर रहा था। कई लोग तत्परता से बस्ती से ऐसे छोटे बोरे निकालकर उन्हें वन में प्रवेश करते अपने साथियों को थमा रहे थे।

पूरी रात्रि इसी आपाधापी बीती। सूर्योदय से पूर्व सभी अपना कार्य सफलतापूर्वक पूर्ण कर बस्ती में लौट आए।

ब्रह्मण के मुख्य केंद्र के लिए भूमि पूजन का यज्ञ पूर्ण हुआ था। शीघ्र ही निषिद्ध विस्तृप वन की कोख से केंद्र निर्माण के लिए उपयुक्त भूमि का प्रजनन होने वाला था।

अध्याय 14

श्रमिकों के साथ खड़े महाराज अधिराज, मुख्यमंत्री विष्णुदत्त और सेनापति स्कंध राजमहल के प्रांगण में पड़े खून से लथपथ क्षत-विक्षिप्त शवों को देख सकते में थे।

"पिछले पाँच दिनों में यह चौथी घटना है, महाराज। राजमार्ग पर प्रहरी चौकियाँ स्थापित होने के पश्चात भी ऐसी अशुभ घटनाओं में कमी नहीं आई है।" डरा-सहमा वृद्ध रोते हुए बोला।

"महाराज! हजारों योजन में फैले विस्तृप वन के चप्पे-चप्पे में श्रमिकों की सुरक्षा करने में हम असमर्थ हैं।" सेनापति स्कंध असहाय सा बोला, "वातावरण में अकल्पनीय परिवर्तनों के कारण वन में प्रवेश दुस्साध्य हो गया है। कई माह से हो रही अनवरत वर्षा से वन का अप्रत्याशित विस्तार हुआ है। जहाँ देखो वहाँ लंबे-चौड़े, मजबूत वृक्ष प्रकट हो चले हैं। उनकी बड़ी-बड़ी, मजबूत शाखाएँ धरती के कई गज नीचे प्रवेश कर फैलती जा रही हैं। विस्तृप वन के वृक्ष साक्षी नदी के तट तक फैल गए है, जैसे कोई राक्षस पृथ्वी निगलने की इच्छा से मुँह फाड़े बढ़ रहा हो।"

"घने वृक्षों ने आकाश को ढँककर वन में दिन-रात का प्राकृतिक भेद समाप्त कर दिया है।" श्रमिक बोला, "वन की धरती पर सूर्य की रोशनी और चंद्रमा की चाँदनी का स्पर्श अब ऐतिहासिक हो गया है। वन में धुंध में घिरा चिर-स्थायी शीतकाल है। धुंध में कई यादव व्यापारी मार्ग भटककर खो गए हैं।"

"ऐसी घनघोर वर्षा मैंने अपने पूरे जीवन में पहले कभी नहीं देखी है, महाराज! यदि इसी गति से वर्षा होती रही तो साक्षी नदी के बढ़ते जलस्तर के कारण शीघ्र नगर को जलप्लावन जैसी आपदा का सामना करना पड़ सकता है।" महामंत्री ने बताया।

"महाराज! नगर में अपने निवासों के निर्माण के लिए हमारे पास पर्याप्त संसाधन हैं। आधे से अधिक निवास निर्मित हो गए हैं। शेष हम शीघ्र निर्मित कर लेंगे।" दूसरा श्रमिक बोला।

"उसके लिए आप चिंतित नहीं हो। आप नगर की धर्मशालाओं में निवास करें।" महाराज अधिराज बोले, "आपके भोजन, वस्त्र, सुरक्षा और जीविका का दायित्व हमारा है।"

महामंत्री विष्णुदत्त ने सिर झुकाकर महाराज का आदेश स्वीकारा।

"चिरपुंज के सभी संकटों का उद्‌गम नागराज और महाराज वीरसेन होते हैं।" श्रमिकों के प्रस्थान करते ही सेनापति स्कंध बोला, "कदाचित इस आपदा का मूल भी वही हों।"

"तुरंत द्वारकाधीश को इस घटना की सूचना भेजो।" चिंतित महाराज ने महामंत्री विष्णुदत्त को आदेश दिया।

अध्याय 15

बहुमूल्य आभूषणों, मालाओं, और मखमली वस्त्रों से सजी अपनी दीर्घकाय देह को निहारते हुए सेनापति कीचक[21] का दिल प्रसन्नता से कुलांच मार रहा था। आखिर कई मासों के प्रयास के बाद विशाल नेत्रों और मोहक चेहरे की स्वामिनी सैरन्ध्नी ने उसकी प्रणय-याचना स्वीकार की थी।

वह इस भेंट को अविस्मरणीय बनाना चाहता था। अपने सौंदर्य और ऐश्वर्य पर आत्ममुग्ध हुआ कीचक प्रसन्न भाव से नृत्यशाला की ओर बढ़ा। दिव्य द्रव्यों से नहाई उसकी देह की मोहक सुगंध कई हाथ दूर तक उसकी उपस्थिति प्रकट कर रही थी। कदम कल्पनाओं के पंख लगाए आकाश में उड़ रहे थे। अपने कक्ष से नृत्यशाला की दूरी आज उसे खल रही थी। मन हो रहा था कि पलक झपकते ही अपनी प्रेयसी सैरन्ध्नी के समीप पहुँच जाए।

नृत्यशाला अँधेरे में डूबी देख कीचक का दिल जोर से धड़का। प्रहरी, नृत्यांगनाएँ और सेवक उसके आदेशानुसार वहाँ उपस्थित नहीं थे।

नृत्यशाला की प्रत्येक वस्तु और व्यवस्था उसके दिमाग में रची-बसी थी। अँधेरे में भी वह सुलभता से शैया तक पहुँचा और उस पर बैठ अपनी निराली काल्पनिक दुनिया का द्वार खोल उसमें सैरन्ध्नी के स्वागत की प्रतीक्षा करने लगा। उसका रोम-रोम कामातुर हुआ सुलग रहा था। रह-रहकर बदन में मीठी झुरझुरी उठ रही थी। कुछ क्षणों में उसकी बाँहों में सैरन्ध्नी की कोमल देह...

कोई भारी वस्तु उसकी पीठ से टकराई। प्रहार शक्तिशाली था। कीचक औंधें मुँह शैया से नीचे गिरा। उठकर उसने आँखें फाड़कर चारों तरफ देखा, पर अँधेरे में उसके अतिरिक्त कोई अन्य नहीं दिखा।

---

21. मत्स्यदेश का सेनापति कीचक मत्स्यराज विराट का साला था। [महाभारत, विराटपर्व, अध्याय 14, श्लोक 4-6]

वह मंद-मंद मुस्कुराया। कदाचित मिलन पूर्व सैरन्ध्नी उसे तड़पा रही थी।

तभी उसके मुँह से जैसे भारी चट्टान टकराई। वह चेतना-शून्य होकर नीचे गिर पड़ा। कुछ देर बाद सुध लौटी तो मुँह में भरा रक्त नीचे फैल गया।

सकपकाया कीचक अपना मुँह पोंछ रहा था कि उसके सामने एक दीर्घकाय काया प्रकट हुई। उसकी कद-काठी सैरन्ध्नी जैसी नहीं थी। कदाचित वह सैरन्ध्नी की सुरक्षा में तैनात उसका कोई सेवक था।

"दुस्साहसी, मुझे पहचान!" अपनी प्रेयसी से मिलन में यकायक उत्पन्न हुई बाधा से तिलमिलाया कीचक क्रोध से अपने नथुने फुफकारते हुए उसकी तरफ बढ़ा।

आगंतुक ने उछलकर कीचक के गले पर जोरदार ठोकर मार उसे नीचे गिराया। कीचक की छाती पर सवार होकर उसने उसका गला दबोच लिया।

कीचक उसकी मजबूत पकड़ से झटपटाने लगा। लगा जैसे उसका गला दो चट्टानों के बीच फंस गया हो। क्रोधित हो उसने हमलावर की बाँह दबोचकर मोड़ी और उसके गले पर जोरदार प्रहार कर उसे अपने ऊपर से हटाया।

अज्ञात आक्रमणकारी के पुनः प्रहार करने से पूर्व कीचक उसे दंड देने के लिए तैयार हो गया था।

अब उन दोनों के द्वंद्व का परिणाम कुछ भी हो सकता था।

अध्याय 16

गुप्तचर की सूचनाओं ने सभा में उपस्थित आचार्य द्रोण, कर्ण, कृपाचार्य, त्रिगर्तराज सुशर्मा, दुर्योधन और दुःशासन सहित अन्य कौरवों को चिंतित कर दिया था।[22]

"हे नरेंद्र! हमने अनेक वनों, राजमार्गों, नगरों और ग्रामों में पांडवों को ढूँढने का प्रयास किया। हमने कई समय तक उनके सारथियों का पीछा किया, किंतु वे पांडवों और द्रौपदी के बिना द्वारका पहुँच रहे हैं। हमें पांडवों के किसी कार्य की कोई सूचना नहीं है।" गुप्तचर सिर झुकाए बोला, "श्रीमान! हमारा अनुमान है कि पांडव वनवास के दौरान मारे गए हैं।"

दुर्योधन अपनी प्रसन्नता पर अंकुश धरे शांत बैठा रहा। गुप्तचर की सूचना उसकी चिंता कम करती थी, किंतु उसका निवारण नहीं। उन कपटी और मायावी पांडवों के शव देखे बिना उनकी मृत्यु की सूचना पर विश्वास करना लाक्षागृह में हुई भूल की पुनरावृत्ति करना होगा। जिन पांडवों की मृत्यु का समाचार प्राप्त कर वह उस क्षण प्रसन्नता से फूल रहा था, वही पांडव आज उसकी पराजय की स्मृति चिह्न के रूप में जीवित बचे उसे चिढ़ा रहे थे। उन मायावी पांडवों और उनकी कुटिल माता कुंती का अपने हाथों से अंतिम संस्कार करके ही उसे उनकी मृत्यु पर विश्वास होगा।

"तुम मात्र सूचना दो, उनका विश्लेषण मत करो।" भीष्म ने गुप्तचर को चेताया।

दुर्योधन भीष्म के उलाहना से चिढ़ गया। पांडव के प्रति प्रेम के चलते वो सत्य को झुठलाने पर तुले थे। गुप्तचर द्वारा पांडवों की मौत का अनुमान जताने पर ऐसे बिलबिला उठे जैसे वो बेचारा उन भिखारियों का हत्यारा हो। अपनी

---

22. दुर्योधन के गुप्तचरों ने उसे पांडवों के विषय में कोई सूचना नहीं मिलने की बात बताते हुए उसे कीचकवध का वृत्तांत कहा। [महाभारत, विराटपर्व, अध्याय 25]

मूर्खता से वनवास वरण करने वाले पांडवों के साथ वन में क्या होता है इसका कोई अन्य कैसे दोषी हुआ ? यदि उनके बारे में अशुभ सूचनाएँ तात को विचलित करती हैं तो वह सभा छोड़कर अपने भवन में विश्राम करते रहें, अथवा अपने प्रिय पांडवों का गुणगान करते हुए उनके साथ वानप्रस्थ हो जाए। स्वयं भी शांति पाएँ और दुर्योधन को भी अपने अनर्गल प्रवचनों से मुक्त करें। कदाचित उनके प्रपंच पांडवों का अज्ञातवास तोड़कर दुर्योधन के सिर पर घूम रही उनकी बला टाल दे।

"हे नरेश! हमें मत्स्यदेश से सेनापति कीचक के वध का समाचार प्राप्त हुआ है।" गुप्तचर बोला।

"युद्ध में हत योद्धा वीरगति को प्राप्त होते हैं! क्या तुम्हें शब्दों की समझ नहीं है ?" आचार्य द्रोण ने तेज स्वर में उसे डपटा।

"क्षमा पूज्य! सेनापति युद्ध में वीरगति को प्राप्त नहीं हुए हैं। किसी ने नृत्यशाला में उनका वध कर उनका शव मथ डाला।" गुप्तचर ने स्पष्ट किया, "श्रीमान! नृत्यशाला के प्रहरियों ने हमें बताया कि उन्हें कीचक की मृत्यु की जानकारी सैरन्ध्नी नामक गंधर्व दासी से प्राप्त हुई। उसने उन्हें बताया कि कीचक को उसके गंधर्व पतियों ने उसके दुष्कर्मों का दंड दिया है।[23]"

"अविश्वसनीय! मेखल, त्रिगर्त, दशार्ण, कशेरुक, मालव, यवन, पुलिंद, काशी, कोशल, अंग, कलिंग तथा अन्य नाना जनपदों के स्वामी और अनेक शूरवीर नरेशों को पराजित करने वाला, दस हजार हाथियों का बल रखने वाला मत्स्यसेना का महान सेनापति कीचक[24] गंधर्वों द्वारा मारा गया!" दुर्योधन की प्रसन्नता उफनने लगी, "नृत्यशाला में कीचक कौन-सा युद्ध लड़ने गया था ?"

"नृत्यशाला की दशा देख लगता है कि उनका किसी के साथ द्वंद्व युद्ध हुआ था, पर कोई नहीं जानता कि उनका कब, कैसे, और किसने वध किया। वह लहू में लथपथ मांस का एक लोंदा बन गए थे। उनकी गर्दन, हाथ-पैर, सिर आदि अंग उनके धड़ में घुसे थे। किसी ने उनका सारा शरीर मथ डाला था।[25] कदाचित

---

23. भीमसेन द्वारा कीचक को मारने के पश्चात द्रौपदी सभा भवन के रक्षकों से बोली कि परायी स्त्री के प्रति कामोन्मत्त रहने वाला कीचक मेरे गंधर्व पति द्वारा मारा जाकर नृत्यशाला में पड़ा है। [महाभारत, विराटपर्व, अध्याय 22, श्लोक 88-90]

24. महाभारत, विराटपर्व, अध्याय 16

25. महाभारत, विराटपर्व, अध्याय 22, श्लोक 82-83, 92-94

यह किसी गंधर्व का काम है जैसा सैरन्ध्नी ने बताया।"

"कीचक बिना प्रतिकार के पराजित होने वाला योद्धा नहीं था। ऐसा कौन गंधर्व वीर है जो उसकी ऐसी दुर्गति करने का साहस करेगा? क्या प्रहरियों ने कीचक के साथ किसी को नृत्यशाला में प्रवेश करते हुए नहीं देखा?" कर्ण ने पूछा।

"श्रीमान! प्रहरी सेनापति कीचक के आदेश से उसी दिन हटाए गए थे।" गुप्तचर बोला, "उन्हें कीचक के वध की सूचना सैरन्ध्नी से प्राप्त हुई थी।"

"यह सैरन्ध्नी किस बला का नाम है?" कर्ण ने पूछा।

"मत्स्यदेश में तैनात मेरे साथी उसके विषय में जानकारी एकत्र कर रहे हैं।" गुप्तचर बोला, "सुना है कि कीचक के बंधु सैरन्ध्नी को कीचक के शव के साथ जलाने वाले थे, किंतु ऐन क्षण में उसका गंधर्व पति श्मशान आ गया। इससे पूर्व उसे किसी ने नहीं देखा था। कीचड़ तथा मिट्टी में सनी देह के साथ वह भयानक विशालकाय दैत्य लगता था। उसने एक बड़े वृक्ष को उखाड़कर उससे कीचक के एक सौ पाँच बंधु-बांधवों को मार डाला।[26]"

कौरवों के शत्रु[27] गंधर्वों के सेनापति कीचक का अपने भाईयों सहित मारे जाने से दुर्योधन प्रसन्न था, किंतु इस क्षण उसकी चिंता कीचक नहीं, पांडव थे। उनका अज्ञातवास समाप्त होने से पूर्व दुर्योधन को उन्हें ढूँढना था ताकि उसका राज्य दीर्घकाल के लिए निष्कंटक हो जाए।

दुर्योधन ने गुप्तचर को जाने का संकेत किया।

"मित्र! हमें शीघ्र अन्य राज्यों में अपने कार्यकुशल धूर्त गुप्तचर भेजने चाहिए जो विनयपूर्ण युक्ति से पांडवों को ढूँढ सकें।" कर्ण ने सुझाव दिया, "पांडव अवश्य ही किसी गुप्त स्थान में छुपकर निवास करते होंगे, इसलिए कुशल एवं चतुर गुप्तचर ही उन्हें खोज सकते हैं।"

"अभी तक उनकी कोई सूचना नहीं है। संभव है कि वे मारे गए हो।" दु:शासन बोला।

"शुद्धचित्त, गुणवान, पवित्र और तेज पुंज पांडवों का नष्ट होना असंभव है। मेरी बुद्धि और अनुभव कहता है कि तप से आवृत पांडव धूर्तता से किसी गुप्त

---

26. महाभारत, विराटपर्व, अध्याय 23

27. मत्स्यदेश के सेनापति कीचक ने अपने बंधुओं के साथ बार-बार दुर्योधन पर आक्रमण करके उसे बलपूर्वक सताया था। [महाभारत, विराटपर्व, अध्याय 30, श्लोक 2-4]

स्थान में छुपे रहकर अनुकूल समय की प्रतीक्षा में हैं।" द्रोण बोले।

"मैं विप्रवर आचार्य द्रोण से सहमत हूँ। धर्म तथा उत्तम पराक्रम से सुरक्षित पांडव नष्ट नहीं हो सकते हैं। धर्म-परायण युधिष्ठिर की उपस्थिति शुभ लक्षणों से युक्त होगी। उनके निवास-स्थान पर शुभ मंगलों का स्वत: प्रकाट्य होगा।" भीष्म बोले, "जहाँ ऐसे लक्षण पाए जाएँ वही स्थान पांडवों का आश्रय होगा यह निश्चित है। दुर्योधन! यह उपाय मैं तुम्हें भले के लिए बताता हूँ।"

"सम्राट बनने की इच्छा रखने वाले को साधारण शत्रु की भी अवहेलना नहीं करनी चाहिए, दुर्योधन। नि:संदेह अज्ञातवास की अवधि समाप्त होते ही पांडव यहाँ उपस्थित होंगे।" कृपाचार्य बोले, "इसलिए बुद्धि से विचारकर तुम अपनी शक्ति, मित्रों एवं सहयोगियों की संख्या और शक्ति पर विचार कर निर्णय लो कि तुम्हें पांडवों से संधि करनी है, अथवा युद्ध।"

"मित्र! कीचक जैसे योद्धा का वध करने में तुम्हारे और मेरे अतिरिक्त मात्र चार लोग सक्षम हैं– बलराम जी, पितामह भीष्म, आचार्य द्रोण और भीम।" कर्ण बोला, "किंतु एकमात्र भीमसेन बिना अस्त्र-शस्त्र के मात्र शारीरिक बल से कीचक के संपूर्ण अंगों को मसलकर मांस पिंड बनाने में समर्थ है।[28]"

दुर्योधन के माथे पर बल उभर आए।

"मुझे भी संदेह है कि वो सैरन्ध्री अवश्य द्रौपदी होगी और भीमसेन ने ही गंधर्व नाम और रूप धरकर महाबली कीचक को मारा है।" दुर्योधन अपने दाँत पीसते हुए बोला।

"अगर भीम वहाँ है तो बाकी पांडव भी वहीं होंगे। यदि वे महाराज विराट के रमणीय नगर में छद्म वेष धारण किए निवास कर रहे हैं तो उनका अज्ञातवास भंग करने का हमारे पास दुर्लभ अवसर है।" कर्ण ने सुझाया।

"पांडवों को दबोचने के लिए हमें मत्स्यराज विराट की बाँह मरोड़नी होगी!" दुर्योधन की आँखों की चमक बढ़ गई।

"हमारे पास मत्स्यराष्ट्र पर आक्रमण करने का कोई कारण नहीं है। पांडव इस अवसर का लाभ उठाकर वहाँ से भाग सकते हैं।" कर्ण ने चेताया, "उन्हें ढूँढने के लिए हमें अपने विश्वस्त और दक्ष गुप्तचर वहाँ भेजने चाहिए।"

28. महाभारत, विराटपर्व, अध्याय 29

दुर्योधन को कर्ण का सुझाव उचित लगा। पांडवों को अज्ञातवास पूर्ण करने का अवसर देने से उत्तम होगा उन पर कई मोर्चों से एक साथ हमला किया जाए। रही बात विश्वस्त और दक्ष गुप्तचर की तो इस कार्य के लिए मकुल से उत्तम कोई नहीं था।

सहसा दुर्योधन के दिमाग में एक योजना की कोंपलें फूटी जो विस्तार लेती हुई उसके माथे पर उपस्थित चिंता के बल गायब करने लगी।

"विराट नगर पर महारथी सुशर्मा त्रिगर्त सेना के साथ आक्रमण करेंगे।" दुर्योधन ने अपनी योजना प्रकट की, "वो मत्स्यदेश के समस्त गोधन पर अधिकार करेंगे। इधर मत्स्यसेना उनका पीछा करेगी और उधर हम विराटनगर पर हमला कर देंगे। मेरे विश्वस्त गुप्तचर उन कायर पांडवों को भागने का अवसर नहीं देंगे। हम पांडवों का अज्ञातवास भंग कर उन्हें पुनः बारह वर्षों के लिए वन में प्रवेश करने के लिए विवश कर देंगे।"

"वनवासी पांडवों को पुनः वनवास जाने में कोई आपत्ति नहीं होगी।" दुःशासन हँसा, "महाराज विराट को पराजित करना सुलभ है। कुमार उत्तर तो रणहुँकार सुनकर ही अपनी माता की गोद में जा छुपेंगे।"

"मत्स्य नरेश और उनके सेनानायक कीचक ने मेरे राष्ट्र को अनेक बार क्लेश दिया है।" त्रिगर्तराज महाबली सुशर्मा बोले, "कीचक वध से महाराज विराट हतोत्साहित हैं। ऐसे में समस्त कौरव वीर और महावीर कर्ण मत्स्यदेश पर आक्रमण करें तो हम राजा विराट के बहुमूल्य रत्न और धन भंडार सहित लाखों सुंदर गौओं और संपूर्ण राज्य को जीतकर आपस में बाँट लेंगे और उनकी समस्त सेना अपने अधीन कर लेंगे।[29]"

"उचित कहा त्रिगर्तराज! हमें राजा विराट को वश में करके उसे श्रीहीन करना है।" कर्ण बोला, "धन, बल और पौरुष से हीन पांडव हमारे किस काम के हैं। उनका प्रकाट्य ही उनकी पराजय है।"

"उचित है!" कहकर दुर्योधन ने दुःशासन को आदेश दिया, "सेना तैयार करो। कृष्ण पक्ष की सप्तमी[30] से पांडवों का वनवास पुनः आरंभ होगा।"

---

29. महाभारत, विराटपर्व, अध्याय 30

30. दुर्योधन की योजनानुसार इसी दिन त्रिगर्तराज ने मत्स्यदेश पर आक्रमण किया और उनका गोधन हरण कर लिया। [महाभारत, विराटपर्व, अध्याय 30, श्लोक 25-26]

अध्याय 17

ग्रामीण वेशभूषा धारण किए सेनापति शिवांश ने आचार्य की कुटिया में प्रवेश किया। आचार्य अकेले थे। वार्तालाप के लिए यह उचित समय था।

"आचार्य! विस्तृप वन से विश्वकर्मा जी ने संदेश भेजा है।" शिवांश उन्हें प्रणाम कर बोला, "केंद्र-निर्माण कार्य अपने अंतिम चरण पर है। मुख्य-द्वार आगामी कुछ दिनों में पूर्ण होगा। सभी प्रणालियों की संपूर्ण जाँच के पश्चात केंद्र निवास योग्य होगा।"

"विस्तृप वन में नागों अथवा दस्युओं की उपस्थिति केंद्र पर संकट तो नहीं है?"

"हमने उनके लिए केंद्र से पृथक वन में सुरक्षित मार्ग बनाए हैं। यदा-कदा भटक कर वन में प्रवेश करने वाले नागों को उन मार्गों से लौटने में सुविधा होती है।"

"यदा-कदा भटक कर!" आचार्य ने दृष्टि शिवांश पर स्थिर की।

"वो अपने पूर्व वनक्षेत्र का मोह नहीं छोड़ पाए हैं।" शिवांश मुस्कुराया, "किंतु यह चिंता का विषय नहीं है। मायावी यंत्रों से सुरक्षित केंद्र सभी की दृष्टि से ओझल है। यंत्र अपनी स्थिति परिवर्तित करते हुए केंद्र को सुरक्षित और गुप्त रखते हैं। मात्र अधिकार-मुद्रिका से ही प्रवेश द्वारों का प्रकाट्य संभव है।"

"शेष केंद्रों में नीलकमल की तैनाती की क्या स्थिति है?" आचार्य ने पूछा।

"वे शीघ्र महादेव के आश्रम में प्रशिक्षण के लिए भेजे जाएँगे।" सेनापति बोला, "उसके पश्चात वे विश्वकर्मा जी से प्राप्त दिव्य कवच धारण कर केंद्रों के द्वार सुरक्षित बंद करने की प्रक्रिया आरंभ कर देंगे।"

आचार्य ने गहरी साँस ली। केंद्र निर्माण से जुड़े मुख्य संकटों का समयानुसार उपाय होना राहत की बात थी, किंतु नागों से घिरे मुख्य केंद्र की सुरक्षा चिंताएँ

कब, किस रूप में प्रकट हो उसका अनुमान लगाना कठिन था।

"आचार्य! एक महत्त्वपूर्ण सूचना है।" शिवांश बोला, "त्रिगर्त नरेश सुशर्मा ने विराटनगर पर चढ़ाई कर उनके गोधन पर अधिकार कर लिया।"

"महाराज सुशर्मा को मत्स्यदेश पर आक्रमण करने की क्या सूझी?"

"आचार्य! विराटनगर में एक दासी के गंधर्व पतियों द्वारा सेनापति कीचक के वध की सूचना प्राप्त होने पर कौरवों को शक हुआ कि गंधर्वों के भेष में पांडव वहाँ अज्ञातवास बिता रहे हैं। कीचक की मृत्यु के पश्चात महाराज विराट को शक्तिहीन जानकर उनके वैभव और गोधन को पाने के लोभ में त्रिगर्तराज महाबली सुशर्मा ने मत्स्यदेश पर आक्रमण कर महाराज विराट को बंदी बना लिया। किंतु पांडवों ने सुशर्मा को पराजित कर महाराज विराट को छुड़ा लिया।" शिवांश बोला, "इसके पश्चात महाराज विराट ससम्मान पांडवों को विराटनगर लेकर लौटे ही थे कि कौरवों ने उत्तर दिशा से मत्स्यदेश पर आक्रमण कर उनका गोधन छीन लिया। तत्पश्चात अर्जुन ने पराक्रम दिखाते हुए कर्ण, कृपाचार्य, अश्वत्थामा, महारथी भीष्म सहित समस्त कौरव दल को पराजित कर उनसे मत्स्यदेश का गोधन वापस छीन लिया।[31]"

"तो क्या पांडवों का अज्ञातवास भंग हो गया?" आचार्य चिंता से बोले।

"महात्मा भीष्म सहित कई विदुषी मानते हैं कि पांडव अज्ञातवास की अवधि समाप्त होने के पश्चात प्रकट हुए हैं, किंतु दुर्योधन ऐसा नहीं मानता है।"

"यहाँ प्रश्न दुर्योधन की मान्यता का नहीं, काल गणना का है!" आचार्य सधे स्वर में बोले।

"पांडवों का परिचय प्राप्त होने पर महाराज विराट ने अपना राज्य युधिष्ठिर को समर्पित कर अपनी पुत्री का विवाह अर्जुन से करने का प्रस्ताव दिया।" शिवांश बोला, "किंतु अर्जुन ने महाराज का प्रस्ताव यह कहकर अस्वीकार कर दिया कि उन्होंने अज्ञातवास के दौरान उत्तरा को अपनी पुत्री के रूप में देखा है। इसलिए उन्होंने उसका विवाह अपने पुत्र अभिमन्यु से करा दिया।[32]"

"यह तो शुभ समाचार है।"

"विवाह में पधारे राजाओं और श्रीकृष्ण के साथ पांडवों ने अपना राज्य

---

31. महाभारत, विराटपर्व, अध्याय 30-33, 35-67

32. महाभारत, विराटपर्व, अध्याय 71-72

वापस लेने के बारे में चर्चा की। सभी एकमत हुए कि पांडवों को शक्ति संग्रह कर कौरवों से अपना राज्य वापस लेने का प्रयास करना चाहिए।" शिवांश बोला, "सभी शंकित हैं कि पांडवों द्वारा सफलतापूर्वक वनवास एवं अज्ञातवास पूर्ण करने के पश्चात भी कौरव स्वेच्छा से उन्हें उनका राज्य नहीं लौटाएँगे।"

"माधव के इस बारे में क्या विचार थे?"

"उन्होंने सभा में कहा कि कौरवों ने छल से पांडवों के पैतृक राज्य का अपहरण कर उन्हें वर्षों वनवास और अज्ञातवास का अथाह कष्ट दिया है। वीर पांडवों ने वनवास के सभी कष्ट झेलकर और दूसरों की सेवा में संलग्न रहकर अपना अज्ञातवास नियमानुसार पूर्ण किया। अब धर्मानुसार कौरवों को उनका राज्य शांति से लौटाना चाहिए।" शिवांश बोला, "यदि शांति प्रस्ताव की अवहेलना कर धृतराष्ट्र पुत्र पांडवों का राज्य नहीं लौटाते हैं तो पांडव उन्हें मार डालेंगे।[33]"

आचार्य श्रीकृष्ण की सूझबूझ से मंत्रमुग्ध हुए। प्रश्न कौरवों की सहमति का नहीं, कृष्ण की इच्छा का था। वही युद्ध और उसके परिणामों के जनक हैं। कौरवों को भेजी उनकी चुनौती युद्ध की भविष्यवाणी थी। माधव राजनीतिक परिस्थितियों को पांडवों और चित्रगुप्तों के लक्ष्य साधने में सहायक बना रहे थे। इसलिए वह शांति प्रस्ताव की आड़ में परिस्थितियों को इस चतुराई से साध रहे थे कि कौरवों के पास शांति प्रस्ताव को ठुकराने और पांडवों को युद्धोन्मुख होने का विकल्प ही शेष रहे।

"क्या ज्येष्ठ पांडु युधिष्ठिर ने श्रीकृष्ण के मत का विरोध नहीं किया?" आचार्य ने पूछा।

"नहीं! कदाचित पांडवों की सहमति कृष्ण के प्रति उनकी श्रद्धा एवं अनुराग की अभिव्यक्ति थी।" शिवांश बोला, "पांडवों के कार्य सिद्धि हेतु महाराज विराट ने नीतिशास्त्र एवं अर्थशास्त्र के कई विशेषज्ञ पुरोहित हस्तिनापुर भेजे हैं। पांडव अपने सहयोगी राजाओं के पास युद्ध के लिए निमंत्रण भेजने लगे हैं।" शिवांश बोला, "आचार्य! पांडवों द्वारा सैन्य उद्योग की सूचना मिलते ही धृतराष्ट्र पुत्र भी भूमिपाल निमंत्रित करने लगे हैं। चारों ओर से वीरों के आगमन से पृथ्वी काँप

---

33. महाभारत, उद्योगपर्व, अध्याय 1

रही है।"

आचार्य श्रीकृष्ण की मंशा स्पष्ट देख पा रहे थे। संसार के सभी योद्धाओं एवं उनके दिव्यास्त्रों को मानवता और केंद्रों की चुनौती बनने से रोकने के लिए कृष्ण युद्ध टालने के प्रत्यक्ष प्रयासों की आड़ में युद्ध अनिवार्य करने की दिशा में प्रयासरत थे।

"आचार्य! एक अन्य महत्त्वपूर्ण सूचना है।" शिवांश बोला, "अर्जुन और दुर्योधन द्वारा युद्ध में सहयोग की इच्छा प्रकट करने पर देवकीनंदन ने दुर्योधन को अपनी एक अक्षौहिणी सेना प्रदान कर युद्ध में निःशस्त्र रहने और अर्जुन का साराथ्य करना स्वीकारा है।[34]"

"साराथ्य!" आचार्य की आँखों की चमक बढ़ी। श्रीकृष्ण के वर्षों पूर्व कथन की स्मृति उनके मस्तिष्क में प्रकट होकर सहज गूँजी-

'मैं मात्र सारथी हूँ। सारथी मार्ग प्रशस्त करता है, लक्ष्य निर्धारण नहीं। अपने लक्ष्य का निर्धारण आपको स्वयं करना होगा।'

आचार्य का कण-कण ऊर्जित हो श्रीकृष्ण के समक्ष नतमस्तक हो गया। श्रीकृष्ण के कथन भविष्य का निर्माण करते हैं। संसार उनकी इच्छा फलित करने का माध्यम है। महायुद्ध तो कब का पूर्ण हो चुका था, किंतु संसार उसके परिणामों से अवगत नहीं था।

"शिवांश! संपूर्ण नीलकमल वाहिनी प्रशिक्षण के लिए अतिशीघ्र महादेव के आश्रम की ओर प्रस्थान करें।" आचार्य ने गहरे स्वर में आदेश दिया। यज्ञ आरंभ करने के लिए अधिक समय शेष नहीं था।

"आचार्य! ऐसे में विस्तृप वन के साथ चिरपुंज और अनंतपुर नागराज के खुले लक्ष्य बन जाएँगे।" शिवांश प्रस्ताव से तिलमिलाया।

"केंद्र मायावी यंत्रों से सुरक्षित है। दोनों राज्यों में यादव व्यापारियों की उपस्थिति नागों के प्रतिरोध के लिए पर्याप्त है।" आचार्य बोले, "यदि नीलकमल के प्रशिक्षण में विलंब हुआ तो केंद्र द्वार बंद करने में व्यवधान उत्पन्न होगा।"

"आचार्य! कुटिल नाग अवसर प्राप्त होने पर वनक्षेत्र पर अपना अधिकार पुनः स्थापित करने से नहीं चूकेंगे। कदाचित महादेव के भय से वे ऐसा प्रयास

---

34. महाभारत, उद्योगपर्व, अध्याय 7

दस्युओं के माध्यम से करें।" शिवांश चिंता से बोला, "निर्माण कार्य से जुड़े गोप निर्माण कार्य पूर्ण कर शीघ्र वन से प्रस्थान कर जाएँगे। नीलकमल की अनुपस्थिति में यदि क्षेत्रीय परिस्थितियाँ बिगड़ी तो विस्तृत वन और मुख्य केंद्र की सुरक्षा संकट में पड़ सकती है।"

"परिस्थितियाँ अवश्य बिगड़ेगी, किंतु हमारे पक्ष में!" आचार्य मुस्कुराए, "इसलिए आवश्यक है कि नीलकमल अतिशीघ्र प्रशिक्षण प्राप्त कर केंद्रों में तैनात हो।"

शिवांश न सहमत हुआ न संतुष्ट। आचार्य के अटपटे आदेश को उसने अनमने से स्वीकारा।

"मैं गरुड़ महानायक तार्क्षी से तुरंत भेंट करना चाहता हूँ। नागों के विष का उपाय और केंद्र की सुरक्षा हेतु मुझे एक छोटा यज्ञ करना है।" आचार्य भावहीन चेहरे से बोले, "मुझे कुछ ऐसे योग्य व्यक्ति चाहिए जो स्वतंत्र रहकर यदि आवश्यक हो तो समस्त संसार से निशस्त्र भी लड़ सके।"

"क्या नीलकमल अथवा गरुड़ महानायक तार्क्षी की वाहिनियाँ आपके उद्देश्यों के लिए अपर्याप्त हैं?" शिवांश ने दुविधा से पूछा।

"यहाँ प्रश्न योग्यता का नहीं है। जटिल समस्याओं का समाधान कभी-कभी साधारण होता है। इसलिए मुझे ऐसे साधारण व्यक्ति की आवश्यकता है जो नीलकमल जैसा असाधारण हो। जो राजनीति, वाक-चातुर्य, चतुराई के साथ युद्ध कौशल में दक्ष हो। जिसके पास लक्ष्य तक पहुँचने का मार्ग स्वयं बनाने का अद्वितीय सामर्थ्य हो और जो आवश्यकता पड़ने पर निहत्थे समस्त नाग सेना को युद्ध के भ्रम में उलझाए रखने की बुद्धि रखता हो।"

"मैं स्वयं आपकी सेवा में प्रस्तुत हूँ।" शिवांश दृढ़ता से बोला।

"शिवांश! इस अभियान में आपका सहयोग विशेष होगा!" आचार्य के दिमाग में मानो कोई गहरी योजना जीवित हो रही थी, "आप तुरंत महाराज अधिराज, महाराज वीरसेन और श्रीकृष्ण को मेरा एक संदेश पहुँचाएँ और उनका उत्तर लेकर लौटे।"

अध्याय 18

एकांत देख उद्‌भव कृष्ण के निकट आकर उनके कान में फुसफुसाया, "महर्षि के आश्रम से कोई तुम्हारे लिए महत्त्वपूर्ण संदेश लाया है।"

"क्या संदेश है?"

"संदेश तुम्हारे लिए है तो मुझे क्यों बताएगा? वह बस इतना कहकर लौट गया कि तुमसे कहूं कि प्रत्यक्ष गुप्त रहकर ही दृश्य होता है।" उद्‌भव ने स्पष्ट किया, "मुझे तो समझ नहीं आया। तुमसे भेंट करनी थी तो भेंट किए बिना क्यों लौट गया?"

"दाऊ से कहना हम भ्रमण के लिए जा रहे हैं।" सोचते हुए कृष्ण बोले।

"इस समय कहाँ जाने की सूझी?" उद्‌भव ने पूछा।

"चंचल मन कब, क्या इच्छा करे कौन बता पाया है!" कृष्ण हँसे।

उद्‌भव बलराम को सूचना देकर लौटा तो देखा प्रासाद के प्रांगण में खड़े रथ पर कृष्ण अश्वों की लगाम थामें उसकी प्रतीक्षा कर रहे थे।

"यकायक कहाँ जाना है, केशव?" उद्‌भव ने पूछा।

"मेरे साथ गंतव्य की चिंता क्यों करते हो?" कृष्ण सहजता से बोले। फिर उद्‌भव के प्रश्नों की बौछार से बचने के लिए बोले, "आना हो तो तुरंत आओ!"

उद्‌भव के रथारूढ़ होते ही कृष्ण ने रथ दौड़ाया और नगर सीमा से निकालकर उसे कुछ कोस दूर नदी तट पर रोका।

"तनिक जल विहार हो जाए?" कहकर कृष्ण अपने वस्त्राभूषण उतारकर रथ में रखने लगे।

उद्‌भव जब तक अपने वस्त्र उतारता कृष्ण नदी में कूदकर तीव्र गति से तैरते हुए दूसरे तट की तरफ बढ़ने चले। उद्‌भव के नदी में कूदने से पूर्व वह दूसरे तट पर पहुँच चुके थे।

वहाँ तट पर एक चरवाहा अपनी गायें एकत्र कर लौटने की तैयारी कर रहा था।

"कहाँ से पधारे हैं?" कृष्ण ने उसकी गाय पर हाथ फेरते हुए पूछा।

"सभी का धाम एक है।" चरवाहा बोला, "इसमें क्या संशय है?"

"संशय तो उत्पन्न होते रहते हैं।" कृष्ण बोले, "तुम किस संशय में हो?"

"विषधरों की शांति हेतु आयोजित एक छोटे यज्ञ के लिए सर्वश्रेष्ठ अमृत की आवश्यकता है।"

"अमृत यज्ञ पुरोहित के पास उपलब्ध है।" कृष्ण बोले।

"वो उनकी आवश्यकताओं की पूर्ति के लिए पर्याप्त नहीं है।" चरवाहा बोला, "उन्हें सर्वश्रेष्ठ की इच्छा है- महादेव की भाँति शांत, हलाहल विष पचाने और आवश्यकता पड़ने पर तांडव करने में सक्षम।"

कृष्ण ने गंभीर मुख-मुद्रा में तनिक देर विचार किया।

"इनका उचित पालन-पोषण करो।" वह गाय को स्नेह से सहलाते हुए बोले, "द्वारका में पौष्टिक चारे की कमी नहीं है।"

उद्भव के तट पर पहुँचा तो देखा कृष्ण वहाँ नितांत अकेले खड़े थे- विचारों में उलझे, नदी के तट से टकराती लहरों का गुंजन और मंद-मंद बहती शीतल वायु का आनंद लेते हुए।

अध्याय 19

निर्धारित स्थान पर सेनापति शिवांश की प्रतीक्षा करते हुए आचार्य एक साधु को अपनी तरफ आते देख सतर्क हुए। पास आने पर उसे पहचानकर वो आश्चर्यचकित हुए। साधु की वेशभूषा में स्वयं श्रीकृष्ण पधारे थे।

"प्रभु! मैंने शिवांश को आपका उत्तर लाने का निर्देश दिया था।" आचार्य उन्हें प्रणाम कर बोले, "आपने यहाँ आने का कष्ट क्यों किया, माधव?"

"आपने जिस व्यक्ति के लिए अनुरोध किया वो मेरे लिए अति विशेष है। इसलिए मेरा आपसे भेंट करना आवश्यक था।" श्रीकृष्ण बोले।

"क्या मेरा अनुरोध अनुचित था?" आचार्य सकपकाए।

"मैं प्रथम के अनुरोध की नहीं, उनके आदेश के अधीन हूँ।" कृष्ण बोले।

"प्रेम पूर्वक होने वाले कार्य के लिए आदेश देने की क्या आवश्यकता है, प्रभु!" आचार्य विनम्रता से बोले, "आपने तो प्रथम के प्रत्येक आदेश और आचार्य के प्रत्येक आग्रह की सदैव पूर्ति की है।"

"आचार्य! आपके विशेष यज्ञ की आवश्यकता की पूर्ति के लिए मैं अपनी छाया आपको सौंपने आया हूँ।" कृष्ण बोले, "इस यज्ञ की सिद्धि के लिए मैं अपने उस प्रिय व्यक्ति को समर्पित करता हूँ जो हम दोनों की साझा आत्मा है। मेरे उस प्रिय और अति-विशिष्ट व्यक्ति से भेंट करने से पूर्व आपको उसके सत्य से परिचित होना आवश्यक है।"

"आप जिस व्यक्ति का अनुमोदन करें उसकी क्षमता पर कैसा संदेह, माधव?" आचार्य बोले।

"उसके कार्य उस पर संदेह करने का पर्याप्त कारण उत्पन्न करते हैं।" कृष्ण बोले, "आप उसके विषय में संपूर्ण जानकारी प्राप्त करने के पश्चात कोई निर्णय लें।"

"आपको लगता है वे जानकारियाँ मेरा निर्णय परिवर्तित करेंगी ?" आचार्य ने पूछा।

"हर निर्णय परिवर्तन योग्य होता है।" कृष्ण बोले, "मेरे द्वारा अनुमोदित व्यक्ति दुर्योधन का विश्वस्त और मेरा प्रिय गुप्तचर है।"

"अर्थात, आपने दुर्योधन का विश्वस्त गुप्तचर अपने पक्ष में मिला लिया है।" आचार्य प्रसन्नता से बोले, "अवश्य ही उसके अनुमोदन में कोई विशेष कारण होगा।"

"यूँ कहें कि मेरा विश्वस्त गुप्तचर दुर्योधन के पक्ष से जा मिला।" कृष्ण बोले, "दुर्योधन के असंभव एवं दुष्कर कार्यों की पूर्ति के लिए वो उसका अमोघ अस्त्र है।"

"अर्थात दुर्योधन का प्रिय गुप्तचर आपका प्रिय है।" आचार्य चकराए।

"आचार्य! वर्षों पूर्व वह नीलकमल नियुक्त हुआ था। मथुरा में जरासंध के गुप्तचरों की पहचान कर उन्हें चकमा देने से लेकर उनके वध, जरासंध को यादवों की गलत सूचनाएँ पहुँचाकर उसे भ्रमित करने, अपनी गुप्त छापामार वाहिनी से आक्रमणकारी मगध वाहिनियों को क्षति पहुँचाने, मगध में वर्षों निवास करते हुए उसे अस्थिर करने से लेकर मगध सेना का मनोबल तोड़ने और फिर भीम और अर्जुन सहित मुझे सुरक्षित एवं सफलतापूर्वक जरासंध के महल में प्रवेश कराने जैसे अनगिनत दुःसाध्य कार्य उसने कुशलतापूर्वक किए हैं।"

"अद्भुत!" आचार्य बुदबुदाए।

"आचार्य! शाल्व के द्वारका पर आक्रमण के दौरान उसने अपने साथियों के साथ उसके विमान का पीछा कर मुझे उसकी स्थिति के बारे में बताया। उससे प्राप्त जानकारियों से मैंने सफलतापूर्वक शाल्व का विमान नष्ट किया। वनवासी पांडवों के अज्ञातवास को तोड़ने का प्रयास कर रहे कुरु गुप्तचरों के अनेक षड्यंत्र उसने अकेले विफल किए।" कृष्ण बोले, "वर्षों से वह दुर्योधन को चकमा देकर हस्तिनापुर में यादव गुप्तचर ढूँढने की आड़ में द्वारका में कौरव गुप्तचरों की योजनाओं का भंडा फोड़कर उन्हें समाप्त करता रहा। दुर्योधन को भनक भी नहीं कि उसका सबसे प्रिय एवं विश्वस्त गुप्तचर उसकी सभी गतिविधियों की सूचना हमें पहुँचा रहा है।"

"क्या आपकी यह दुधारी तलवार विश्वसनीय है ?" आचार्य ने संशय से

पूछा।

"यह उसे थामने वाले हाथों पर निर्भर करता है।" कृष्ण आश्वस्त भाव से बोले।

"आपके इस अदृश्य और विश्वस्त हाथ से भेंट करने का सौभाग्य मुझे कब प्राप्त होगा?" आचार्य ने पूछा।

"जब आप दोनों इस सत्य से साक्षात्कार करने के लिए तैयार होंगे।" कृष्ण की आँखों में रहस्य दृष्टिगोचर हुआ।

"समय की माँग है कि ऐसा तुरंत हो।" आचार्य बोले।

कृष्ण आचार्य को लिए वन के कच्चे मार्गों से होते हुए वृक्षों और झाड़ियों से घिरे एक गुफा द्वार के सामने आकर रुके।

"मेरा विश्वस्त गुप्तचर मकुल और आप दोनों का सत्य भीतर आपकी प्रतीक्षा में है।" सहज, रहस्यमय मुस्कान लिए कृष्ण ने आचार्य को गुफा के भीतर जाने का संकेत किया।

आचार्य गुफा के सँकरे, पथरीले, आड़े-टेढ़े मार्ग से होकर जलती मशालों से घिरे एक स्थान पर पहुँचे। काला लबादा ओढ़े बलिष्ठ कद-काठी का एक व्यक्ति वहाँ उनकी प्रतीक्षा कर रहा था। काले कपड़े से ढँके उसके चेहरे के खुले हिस्से पर कोई विचित्र लेप लगा था। पुतलियों में मशालों का प्रतिबिंब धधकती ज्वाला की भाँति प्रकट हो रहा था।

"अपना परिचय दो!" आचार्य ने आदेश दिया।

"मेरे अनेक रूप हैं। तुम्हें किससे भेंट करनी है?" मकुल आचार्य को घूरते हुए बोला।

"जो मुझसे भेंट करने के लिए उपस्थित हुआ है।" आचार्य ने उसकी आँखों में झाँका।

"तुम अपनी पत्नी को अकेला छोड़कर यहाँ चले आए, आचार्य रुद्रदेव!" मकुल कुटिल स्वर में बोला, "कहीं तुम्हारी पत्नी और तुम्हारा वो दत्तक पुत्र शोण इस समय मुसीबत में तो नहीं?"

"वो अपनी रक्षा करने में सक्षम हैं।" आचार्य ने हँसकर उसका प्रशन टाला, "तुम अपना परिचय दो!"

"एक अनाथ पर इतना विश्वास!" मकुल ने कटाक्ष मारा।

"मेरे जीवित रहते मेरा पुत्र अनाथ कैसे हुआ?" आचार्य सहजता से बोले।

"मैं वासुदेव के आदेशानुसार तुम्हारा सहयोग करने को बाध्य हूँ, किंतु यदि तुमने मेरे स्वामी दुर्योधन को हानि पहुँचाने का प्रयास किया तो अपनी पत्नी और उस अनाथ शोण को हमेशा के लिए खो दोगे।" उसने चेताया, "क्या तुम्हें अभी भी मेरी सहायता चाहिए?"

"निश्चिंत रहो! मैं दुर्योधन समेत अपनी प्रत्येक बाधा का निवारण करने में सक्षम हूँ।" आचार्य शांत स्वर में बोले, "शोण मेरा पुत्र, मेरी आत्मा है। धर्म की रक्षा के लिए यदि मुझे अपनी आत्मा की बलि देनी पड़े तो मुझे और मेरे पुत्र को वो गति सहर्ष स्वीकार होगी।"

मकुल को कदाचित आचार्य से ऐसे सपाट उत्तर की उम्मीद नहीं थी। वह चुप हो गया।

"मेरे परिवार की चिंता छोड़ो।" आचार्य शांत स्वर में बोले, "तुम अपना परिचय देकर मुझे बताओ कि तुम मेरे लक्ष्य-साधन में कैसे उपयोगी हो सकते हो।"

"आचार्य! मेरे हाथ सैकड़ों निर्दोष के रक्त से सने हैं। मुझ अपवित्र चांडाल के स्पर्श से आपका यज्ञ भंग होगा।" मकुल की आँखों में यकायक विचित्र भोलापन और अपनापन भर आया।

"यहाँ तुम्हारी इच्छा-अनिच्छा का प्रश्न नहीं है। हम परमात्मा के आदेश से यहाँ उपस्थित हुए हैं।" आचार्य शांत स्वर में बोले, "वह किस रूप में, किसे, किस प्रकार अपनी इच्छापूर्ति के लिए उपयोग कर किसकी मुक्ति का मार्ग प्रशस्त करे, कौन समझ पाया है। परमात्मा द्वारा निर्धारित नियति पर प्रश्न उठाने वाले हम कौन होते हैं?"

"आचार्य! मेरे समस्त कर्म वासुदेव के निहित हैं। उनके आदेश से मैं आपके समक्ष अपनी पहचान प्रत्यक्ष करने के लिए बाध्य हूँ।" मकुल बोला, "किंतु क्या आप मेरे पूर्व कृत्यों के लिए मुझे दोषी मानेंगे?"

"वासुदेव को समर्पित कर चुके अपने कर्मों के स्वामी तुम कैसे रहे? तुम उनके दोषी कैसे हुए?"

"आचार्य! मैं जिसके समक्ष प्रकट हुआ हूँ उसे अनेक कष्टों का सामना करना पड़ा है।" मकुल जैसे भीतर से टूट रहा था, "कहीं मुझसे सहयोग लेने के

बाद आपको पछताना न पड़े।"

"सुख-दुख का भाव बुद्धि भ्रम उत्पन्न करता है। मैं परमात्मा के प्रत्येक आदेश, प्रत्येक निर्णय को दिव्य आशीर्वाद मानता हूँ।" आचार्य बोले, "इस अभियान के लिए आवश्यक है कि हमारे मध्य कोई भी बात गुप्त नहीं रहे, तुम्हारी पहचान तो कदापि नहीं। यदि मेरे और मेरे परिवार के विषय में तुम्हारे संशयों का समाधान हो गया हो तो मैं तुम्हें तुम्हारी पहचान प्रकट करने का आदेश देता हूँ, नीलकमल!"

आँखों में असीमित पीड़ा समेटे मकुल ने द्वंद्व से जूझते हुए गहरी साँस ली और एक झटके से अपना चेहरा काले कपड़े के आवरण से मुक्त किया।

अध्याय 20

गुफा में मशालों के प्रकाश के बीच आचार्य और मकुल एक-दूसरे को घूरते हुए स्तब्ध खड़े थे। दोनों के भीतर प्रश्नों की उथल-पुथल मची थी। अनगिनत प्रश्न जो पूछे नहीं जा सकते थे। अनगिनत प्रश्न जिनके उत्तर सँभालने का उनमें साहस नहीं था। अर्थ-अनर्थ, उचित-अनुचित की परिभाषाओं में उलझे सत्य से दोनों भ्रमित थे।

कृष्ण के आगमन ने वहाँ पसरी निस्तब्धता छितराते हुए दोनों को असहज किया।

"क्या मकुल आपकी आवश्यकताओं को खरे उतरते हैं?" कृष्ण ने पूछा।

"माधव! कदाचित आप अनभिज्ञ हैं कि..." आचार्य अटकते हुए बोले।

"...मेरा विश्वसनीय नीलकमल मकुल आपका पुत्र शोण है?" कृष्ण ने आचार्य की बात पूरी की, "यह सत्य वर्षों से प्रथम के समक्ष प्रकट होने की प्रतीक्षा में था।"

"आपकी माया सदैव संशय का उद्‌गम रहती है, प्रभु!" आचार्य व्यथित हुए बोले।

"यह विधि की माया है। विधि ने इस भेंट का कारण उत्पन्न किया और मेरे माध्यम से इस भेंट को पूर्ण किया। मैं कैसे दोषी हुआ, आचार्य?" कृष्ण सहजता से बोले।

"मैं क्या किसी को दोष दूँ, माधव!" आचार्य असहाय से बोले, "मैं न स्वयं को पहचान पाया, न अपने पुत्र शोण को!"

"न यहाँ आचार्य हैं, न उनका पुत्र शोण।" कृष्ण बोले, "आचार्य का पुत्र शोण वर्षों पूर्व यादव विद्यापीठ से निष्कासित होकर व्यापारी बन चुका है। आपके समक्ष यादव सेना के सबसे गुप्त और घातक सैन्य दस्ते नीलकमल की

अति-विशिष्ट गुप्तचर वाहिनी के सेनापति शोण हैं। मैं इन्हें और इनके अधीन नीलकमल वाहिनी आपको सौंपता हूँ।"

आचार्य का आश्चर्य चरम पर था।

"सेनापति शोण की प्रशंसा में जो कहा जाए कम है, आचार्य!" कृष्ण बोले, "इनके अनंत रूप हैं। यह मगध के व्यापारी मणिक हैं जिन्होंने जरासंध का वध हमारे लिए सुलभ बनाया। जरासंध वध के पश्चात यह एक वृद्ध के रूप में मेरे रथ से टकराए और बड़ी चतुराई से हमारे साथ इंद्रप्रस्थ लौटे। यह परिषद की प्रथम भेंट की सूचना दुर्योधन को देने वाले और उसके विश्वस्त गुप्तचरों का वध कर उनके वध का दोष यादव गुप्तचरों पर डालने वाले दुर्योधन के विश्वस्त गुप्तचर मकुल हैं। यह पांडवों को अज्ञातवास के लिए आश्रय और गुप्त पहचान देने और गुप्त रूप से उन्हें सुरक्षा प्रदान करने वाले वनवासी हैं। इन्होंने अपनी चतुराई, वाक-चातुर्य, पराक्रम और छल से ऐसे अनगिनत अभियान पूर्ण किए हैं। आचार्य! आपके आशीर्वाद से सेनापति शोण अपने अभियान से कभी असफल नहीं लौटे हैं।"

"तुम तो दृष्टि-दोष के कारण यादव विद्यापीठ से निष्कासित हुए थे।" आश्चर्यचकित आचार्य शोण से बोले, "तुमने नीलकमल की शपथ कब ली?"

"नीलकमल शोण! मैंने तुम्हें चेताया था कि इस विशेष अभियान के लिए तुम्हें कई प्रश्नों का सामना करना होगा। अपने नए सेनानायक के समक्ष अपना संपूर्ण सत्य प्रकट करो।" कृष्ण आदेशात्मक स्वर में बोले।

"विद्यापीठ से निष्कासित होने से पूर्व!" शोण सिर झुकाए बोला, "मथुरा पर जरासंध के गदा-प्रहार को निष्फल करने के मेरे प्रयासों से प्रसन्न होकर सेनानायक सात्यकि ने मुझे नीलकमल वाहिनी के लिए चुना और मुझे नीलकमल के विशेष प्रशिक्षण के लिए गरुड़-नायक तार्क्षी से भेंट करने के लिए गरुड़ लोक प्रस्थान करने का आदेश दिया। नीलकमल बनने के लिए मुझे विद्यापीठ से बाहर निकलने का कोई मार्ग स्वयं ढूँढना था।"

"और तुमने उसके लिए विद्यापीठ से निष्कासन का मार्ग चुना!" आचार्य आश्चर्य से बोले, "अर्थात तुम में दृष्टि-दोष उत्पन्न होने की कथा असत्य थी?"

शोण ने अपराध-बोध से सिर हिलाकर सहमति जताई।

"इतने वर्षों से मेरे साथ मेरा पुत्र नहीं, नीलकमल शोण रह रहा था। महर्षि

से दिव्य ज्ञान प्राप्त होने के पश्चात भी मुझसे यह सत्य कैसे छुपा रहा?" आचार्य हैरानी से बोले।

"इसका श्रेय सेनापति शोण को जाता है।" कृष्ण मुस्कुराए।

"माधव! आप इस सत्य से सदैव से परिचित थे। आपको ज्ञात था कि यह सत्य एक दिन चित्रगुप्तों के दिव्य यज्ञ की आवश्यकताओं की पूर्ति के लिए प्रत्यक्ष होगा।" आचार्य रुँधे गले से बोले, "आप शोण को इस यज्ञ के लिए तैयार करते रहे।"

"किसे, कैसे भविष्य के लिए तैयार करना है इसका निर्णय विधि करती है।" कृष्ण सहजता से बोले, "व्यक्ति का कर्म उसके भविष्य का निर्माता है। आपका पुत्र आपके कर्मों से संचित होकर आपकी शपथ सिद्ध करने के लिए चित्रगुप्तों के यज्ञ का रक्षक बनकर आपके सामने प्रस्तुत है। उसे स्वीकारें, आचार्य!"

"कैसा कर्म, कौन सा रक्षक, प्रभु? सच यह है कि आचार्य एक पिता का दायित्व पूर्ण करने से चूक गए।" आचार्य की आँखें नम हुईं, "शोण को मुझसे बेहतर पिता प्राप्त होना चाहिए था।"

"वर्षों पूर्व मथुरा से हस्तिनापुर पलायन करते समय आपने एक जीव की रक्षा की। आपके उस उत्तम कर्म ने शोण को इसी जीवन में चित्रगुप्तों के उस दिव्य यज्ञ में सम्मिलित होने का पात्र बनाया जिसमें सम्मिलित होने के लिए देवों सहित स्वयं ब्रह्मा और महादेव भी युगों-युगों की प्रतीक्षा करते हैं।" कृष्ण सहजता से बोले, "आचार्य! इतने वर्षों से संचित किए आपके कर्म आज कल्पवृक्ष बनकर आपकी यज्ञ की रक्षा के लिए साकार प्रस्तुत हैं। आप प्रसन्न मन से उनका आलिंगन करें।"

"प्रभु! इस यज्ञ में संबंधों का स्थान नहीं है। हमारा परस्पर प्रेम इस अभियान के लिए घातक सिद्ध हो सकता है।" आचार्य सोच-विचारकर बोले, "यह यज्ञ अनंतकाल तक चलने वाला एक चिर-स्थायी युद्ध है। इस युद्ध में तीव्र भावना, राजनीति, एवं भाग्य के अतिरिक्त अद्वितीय सूझबूझ एवं कौशल की आवश्यकता होगी, भावनात्मक बंधनों की नहीं। आपने मेरी चिंताओं को बढ़ा दिया है।"

"यदि सेनापति शोण जैसी विशेषताएँ आपको अन्य किसी नीलकमल से प्राप्त हो तो क्या आप उसे स्वीकारेंगे?" कृष्ण ने पूछा।

"प्रभु! मेरी तो यही इच्छा है।"

"अर्थात, आपकी इच्छा विधि की इच्छा से सर्वोपरि हो गई?"

"माधव! मैं कैसे आपको समझाऊँ?" आचार्य रुँधे गले से बोले, "शोण किसी की अमानत है।"

"विधि द्वारा अपने लक्ष्य-संधान के लिए प्रदत्त संसाधन को अस्वीकार करने का आपको अधिकार नहीं है।" कृष्ण शांत स्वर बोले, "जो आपका है उसे यज्ञ में समर्पित करने में कैसी हिचक? जो आपका नहीं है, उसके समर्पण से आप क्यों व्यथित हैं? चित्रगुप्तों के यज्ञ में यदि सेनापति शोण की भागीदारी नहीं होती तो उनके यहाँ उपस्थित होने का कारण उत्पन्न नहीं होता।"

"मैं उसे रोक नहीं रहा हूँ, माधव!" कृष्ण के आक्षेप से आहत आचार्य व्यथित हो बोले, "मैं मात्र इतना चाहता हूँ कि उसके पिता प्रथम के कर्तव्यों का बोझ नहीं उठाए।"

"अपने समस्त संसाधन और शक्तियाँ यज्ञ हेतु समर्पित कर चुके आचार्य कब से प्रथम की बाधा बन गए?" कृष्ण हँसे।

आचार्य निरुत्तर रह गए।

"विधि कब और किसके माध्यम से किसकी सहायता करेगी इसका निर्णय उसे करने दें।" कृष्ण सुमधुर स्वर में बोले, "आचार्य! अतीत वर्तमान का स्थान नहीं ले सकता है, किंतु वो भविष्य का जनक है। आपका अतीत शोण वर्तमान में मकुल के रूप में आपके समक्ष प्रस्तुत है। आपके कर्मों ने इसे सींचा है। आपका मार्गदर्शन इसे पथभ्रष्ट नहीं होने देगा। आपके उद्देश्यों की पूर्ति के लिए वर्तमान में इससे उत्तम कोई पात्र नहीं है। मैं भी नहीं।"

"आपके वार्तालाप में हस्तक्षेप करने के लिए मुझे क्षमा करें, श्रीमान! यदि मेरे पूर्व में किए विश्वासघात के कारण आचार्य मुझे अपने उद्देश्यों के लिए अनुपयुक्त मानते हैं तो यह उचित है।" शोण बुझे स्वर में बोला, "आचार्य! आपका पुत्र विश्वासघाती, छली और अनेक हत्याओं का दोषी है। उसके पापों का आप उसे जो दंड दे, उसे स्वीकार है।"

आचार्य का ध्यान शोण की तरफ पलटा। उसके देखकर उनके भीतर एक विचित्र अव्यक्त अनुभूति फैलने लगी। शोण का परिचित चेहरा धुँधलाने लगा और उसके स्थान पर उन्हें भयभीत करता हुआ एक अज्ञात और अपरिचित चेहरा उभरने लगा। उनका प्रिय शोण समय की सतह पर क्षणिक बुलबुलों की भाँति

उभरती-मिटती स्मृतियों में कहीं खो गया था।

उन स्मृतियों में स्वयं का सत्य ढूँढते हुए आचार्य पुनः यथार्थ में लौटे। कदाचित जैसा वो सोच रहे हैं, शोण भी वैसा ही सोच रहा हो। आखिर वो उनका प्रतिबिंब है। आचार्य को प्रथम के रूप में स्वीकारना उसके लिए भी कठिन होगा। वह भी कई प्रश्नों में उलझा होगा। जो प्रश्न आचार्य शोण से पूछना चाहते हैं क्या वो स्वयं उनका सामना करने के लिए तैयार हैं? क्या शोण और उनका रिश्ता प्रश्नों के परस्पर घात-प्रतिघात का वेग सहने में सक्षम है? शोण और उन्हें इन प्रश्नों में उलझना नहीं था, वरन उन्हें अपने उद्देश्यों की पूर्ति के लिए प्रयोग करना था।

आचार्य को विदा कर उनकी बुद्धि अपना नियंत्रण प्रथम को सौंपकर सन्नद्ध हो गई।

"न तुम उन हत्याओं के दोषी हो, न मेरा पुत्र शोण!" आचार्य बोले, "यहाँ प्रश्न उनका नहीं जिन्हें तुमने मारा, बल्कि उनका है जिनकी तुमने रक्षा की। प्रायश्चित से बोझिल होना एक सैनिक को शोभा नहीं देता। तुमने नीलकमल का धर्म अपने क्षणिक संबंधों से सर्वोपरि मान उसे पूर्ण निष्ठा से निभाया इसके लिए मैं तुम्हारा आभारी हूँ।"

"आचार्य! मैंने आपके साथ छल किया, मुझे क्षमा करें।" शोण हाथ जोड़कर बोला।

"पुत्र! यह तो कार्य का परिणाम निर्धारित करेगा कि कार्य शुभ था, अथवा अशुभ। किंतु परिणामों से चिंतित हुए बिना सात्विक भाव से किया कार्य यज्ञ-तुल्य होता है। तुम्हारे कर्मों ने तुम्हारे माता-पिता को इस सृष्टि की सर्वोत्तम गति प्रदान की है। धर्म और मातृभूमि के प्रति तुम्हारे समर्पण से तुमने अपने समस्त कुल का उद्धार किया।" आचार्य प्रेम पूर्वक बोले, "इस विषय में तुम्हारे मन में अन्यत्र विचार उत्पन्न नहीं होने चाहिए।"

"आचार्य! कदाचित आप ऐसा मुझे मेरे अपराध-बोध से मुक्त करने के लिए कह रहे हैं।" शोण सकुचाते हुए बोला, "मुझ जैसा जानवर आपको संसार में दूसरा नहीं मिलेगा। अपने लक्ष्य प्राप्ति के लिए मैंने संसार के प्रत्येक संबंध भंग किए हैं। मैं वर्षों से अपना सत्य आपसे और माता से गुप्त रखता आया। जरासंध की गुप्तचरी करने के लिए मैंने मणिक बनकर मगध में विवाह रचाया, फिर

अपनी गर्भवती पत्नी का वध किया। अपनी पत्नी और अजन्मे शिशु का शास्त्रवत अंतिम संस्कार करने के स्थान पर मैंने उन्हें घर सहित जला मारा। अब प्रतिवर्ष मैं उनका श्राद्ध करता हूँ। उनसे क्षमा माँगकर उनकी आत्मा की शांति की प्रार्थना करता हूँ। मुझे स्मरण नहीं कि ऐसे कितने जीवों के श्राद्ध का बोझ मेरे कंधों पर है।" शोण रुँधे गले से बोला, "समय बचता है तो स्वयं का श्राद्ध कर लेता हूँ। जानता हूँ कि ये श्राद्ध मुझे नहीं लगेगा। मेरी चिता को अग्नि देने वाला, मेरा श्राद्ध करने वाला मेरा कोई प्रिय नहीं होगा। प्रतिदिन एक युद्ध लड़ता हूँ स्वयं से, अपने अस्तित्व से। प्रतिदिन मरकर अपना श्राद्ध करता हूँ और दूसरे दिन पुनः अपना दायित्व निभाने के लिए एक नया रूप धारण कर लेता हूँ। आचार्य! मुझमें और शव में कोई अंतर नहीं है।"

"मेरा पुत्र मेरे गर्व का कारण था और सदैव रहेगा।" आचार्य कड़े स्वर में बोले, "मुझे विश्वास है कि नीलकमल के त्याग और समर्पण की गाथा मुझे सदैव अचंभित करती रहेगी।"

"तो क्या आप अपने पुत्र को यह दायित्व सौंपेंगे, आचार्य?" कृष्ण ने पूछा।

"मेरे व्यापारी पुत्र को मामले से दूर रखें, माधव!" आचार्य सहजता से बोले, "आपके चयनित नीलकमल के सामर्थ्य पर शंका करने का मेरे पास कोई कारण नहीं है।"

"पुनः विचार कर लें, आचार्य!" शोण भरे गले से बोला।

"पुत्र! धार्मिक कार्य मनुष्य का कर्तव्य है। कर्तव्य-निर्वाह के लिए कैसा विचार करना?" आचार्य निश्चल भाव से बोले, "मानव की यही विडंबना है। हर कोई धर्म की रक्षा करना चाहता है, किंतु उस रक्षा का मूल्य चुकाने से कतराता है। अपने कष्टों का स्रोत और निवारण हम हैं, किंतु अपने कष्टों के निवारण के लिए हम देवों और अवतारों की प्रतीक्षा करते हैं। सर्वशक्तिमान परमात्मा हम सभी में व्याप्त है, यह सत्य जानते हुए भी हम स्वयं अवतार नहीं बनना चाहते हैं। हम चाहते हैं कि कोई और हमारे कष्ट उठाए, कोई और हमारी रक्षा के लिए बलिदान करे, कोई आकर हमें मुक्ति दे। धर्म जैसे आत्मसात करने की नहीं, बल्कि क्रय की वस्तु हो जिसकी रक्षा का दायित्व किसी और का है। जिस धर्म की रक्षा हम नहीं कर सकते हैं, वो हमारा धर्म कैसे हुआ? जिस तलवार को हम थामना नहीं चाहते वो हमारी रक्षा कैसे करेगी?"

"आपने उचित कहा, आचार्य! संसार दिव्यात्माओं के चमत्कार और असंभव कार्यों को स्मरण रखता है, किंतु उनके अद्वितीय और अप्रकट त्याग को नहीं।" कृष्ण सहमत हुए, "जीव भगवान बनने और उनके समान पूजे जाने की इच्छा रखता है, किंतु उनके जैसा त्याग करने से कतराता है। वो भूल जाता है कि धर्म भोग का नहीं, त्याग का परिमाण है। सम्मानित होने की इच्छा से कर्म-निर्वाह करने वाले धार्मिक नहीं, ढोंगी होते हैं।"

"नीलकमल शोण! आप बाहर मेरी प्रतीक्षा करें!" आचार्य ने आदेश दिया।

आचार्य और श्रीकृष्ण के चरण स्पर्श कर शोण सिर झुकाकर चुपचाप तेज कदमों से गुफा से बाहर निकला।

"बिन माँगे आपने मेरे कुल का कल्याण कर दिया। संसार के सभी कोष मेरी झोली में डाल दिए, माधव!" आचार्य विनय भाव से बोले, "एक पिता के रूप में मैं आपके इस सम्मान का जन्म-जन्मांतर तक ऋणी रहूँगा।"

"आचार्य! योद्धा की विजय के लिए सारथी का मित्र होना आवश्यक होता है। जीव को चाहिए कि अपने भटकाव के मार्ग बंद कर अपनी आत्मा को अपना साराथ्य सौंपकर निश्चिंत हो जाए। उसके प्रयास निजी स्वार्थ पूर्ति के लिए नहीं, संसार के कल्याणार्थ हो।" कृष्ण बोले। "मैंने वही किया जो मुझे करना चाहिए। चित्रगुप्तों का यज्ञ मानव-कल्याण की अतुलनीय पराकाष्ठा है। इसके समक्ष अनगिनत दिव्य यज्ञों का पुण्य भी तुच्छ है।"

"माधव! आप इस सृष्टि की प्राणवायु हैं। चित्रगुप्त उस वायु के अदृश्य वेग हैं। मुझे वचन दीजिए कि आप सदैव मेरे निकट रहेंगे।" आचार्य भावुक हो हाथ जोड़कर बोले, "आप मुझे मेरे मार्ग से कभी विचलित नहीं होने देंगे। भविष्य हमारे अप्रकट प्रयासों का जो अर्थ निकाले, मैं मात्र इतना चाहता हूँ कि इस यज्ञ से जुड़ा कोई भी जीव इस सत्य के पुण्य प्रताप से कभी पृथक नहीं हो। वो आपसे कभी बिलग नहीं हो।"

"सत्य तो समय आने पर उचित पात्रों के समक्ष प्रकट अवश्य होगा, आचार्य!" कृष्ण जैसे भविष्यवाणी कर बैठे, "इस सत्य को पुरातन ज्ञान में सर्वोत्तम स्थान प्राप्त होगा। यह सर्वदा प्रकट रहेगा, किंतु इसका गूढ़ महात्म्य सुपात्रों के माध्यम से गुप्त रूप से प्रसारित होगा। समुद्र मंथन से जैसे हलाहल विष के पश्चात अमृत उत्पन्न हुआ था, मैं यह अमृतमय सत्य संसार के समक्ष

प्रकट करूँगा।"

"क्या संसार उस अमृत को पहचान सकेगा?"

"उसके लिए उसे धैर्य से मंथन करना होगा। अमृत पाने की पात्रता सिद्ध करने से पूर्व हलाहल विष पचाने की क्षमता विकसित करनी होगी।" कृष्ण सहजता बोले, "कृष्ण से पूर्व महादेव बनना होगा।"

"और उस अमृत को उत्पन्न करने का कारण?" आचार्य व्याकुल होकर पूछे।

"अर्जुन का अंतर्द्वंद्व और उसका अपने कुल के प्रति मोह मुझे वो ज्ञान उत्पन्न करने का कारण देगा जो कलयुग में संसार का मार्गदर्शक होगा।" कृष्ण सहजता से बोले, "वो ज्ञान महाभारत का हिस्सा होते हुए भी उससे पृथक होगा और जो ब्रह्मण का रहस्य और इस अभियान की पृष्ठभूमि स्थापित करेगा। वो ज्ञान चित्रगुप्तों का यज्ञ प्रकट करते हुए भी उसे युगों-युगों तक गुप्त रखेगा।"

"क्या कोई इस सत्य को समझने में सक्षम होगा?" आचार्य ने पूछा।

"यह तो पात्र की क्षमता और चित्रगुप्तों पर निर्भर करता है कि कौन इस दिव्य रहस्य के योग्य होगा।" कृष्ण बोले, "सुपात्र के लिए इस सृष्टि के सभी रहस्य सदैव प्रत्यक्ष हैं, किंतु इंसान प्रत्यक्ष सत्य को भूलकर अप्रत्यक्ष झूठ की खोज में जुटा रहता है। मैं मात्र माध्यम हूँ इस रहस्य को सभी जीवों के लिए सुरक्षित रखने के लिए।"

"उनके लिए स्वयं को इस महाविनाश का दोषी ठहराना आवश्यक तो नहीं, मधुसूदन!" आचार्य बोले, "कलयुग में मानवीय बुद्धि धर्म के गूढ़ रहस्यों को समझने लायक विकसित नहीं होगी। आपके प्रत्येक निर्णय की विवेचना होगी। कदाचित भविष्य आपको कुरुवंश के विनाश का दोषी माने।"

"सत्य विवेचनाओं की चिंता नहीं करता। मैं वही कहता हूँ जो वेदों में सदैव से उपलब्ध है। धर्म की एक कोंपल की रक्षा करने में सहस्र जन्मों का कष्ट भी तुच्छ है।" कृष्ण बोले, "समय व्यक्त का नाश करता है, अव्यक्त का नहीं। युगों पश्चात जब कोई इस अव्यक्त सत्य तक पहुँचने का प्रयास करेगा तो सनातन धर्म उसे निराश नहीं करेगा। उसके समक्ष कृष्ण और इस यज्ञ का सत्य प्रकट होगा।"

"माधव! आप सत्य की रक्षा के लिए उसे इतना प्रकट करना चाहते हैं कि वह असत्य के कवच में सुरक्षित रहकर निरंतर प्रचारित होता रहे। आपके श्रीमुख

से प्रस्फुटित हुए सत्य पर कौन शंका करेगा?" आचार्य भरे मन से बोले।

"भ्रमित बुद्धि सत्य को असत्य बनाती है। काल एक कुशा से पूरे कुल का अंत करने में सक्षम है, आचार्य!" कृष्ण के चेहरे पर हावी गंभीरता दोहरी हो गई, "मेरे सत्य पर प्रश्न उठेंगे, किंतु मेरे शांति प्रयास शिथिल नहीं होंगे। मैं जानता हूँ कि मेरे प्रयास विफल रहेंगे और महायुद्ध के विनाशकारी परिणामों के लिए भविष्य मुझे दोषी मानेगा।"

"अंतिम सत्य युद्ध नहीं, धर्म है। धर्म युद्ध और जीवन का मूल्य समझाता है।" रुँधे गले और नम आँखों से कृष्ण का चेहरा ताकते हुए आचार्य बोले, "अपना धर्म विस्मृत करने वाले की रक्षा तो किसी युग में संभव नहीं है, प्रभु।"

"आप अपने सत्य के निकट हैं, प्रथम!" कृष्ण मुस्कुराए, "गुप्त रूप से दुर्घटनाग्रस्त केंद्र का जीर्णोद्धार कर उसे सहायक केंद्र में परिवर्तित करने का आपका निर्णय अत्यंत दूरगामी है।"

"आपकी सृष्टि में कुछ अनुपयोगी नहीं है, माधव!" आचार्य गंभीरता से बोले, "इस यज्ञ की सुरक्षा के लिए प्रयुक्त प्रत्येक उपाय का महत्त्व उपयुक्त समय आने पर प्रकट होगा।"

आचार्य और कृष्ण की दृष्टि कुछ क्षण के लिए एकाकार होकर अलग हुई।

"यह हमारी अंतिम भेंट है, आचार्य! मैं सभी का दायित्व लेता हूँ, किंतु अपने दायित्व का एक अंश आपको सौंपकर जाता हूँ। कलयुग के अंधकार में मेरा यह अंश चित्रगुप्तों के सत्य की रक्षा में निष्क्रिय रहेगा।" कृष्ण हाथ जोड़कर बोले, "मेरे अंश की सदैव रक्षा करना, आचार्य! संसार मुझे भूला देगा। स्मरण करेगा भी तो मात्र अपने स्वार्थ के लिए, किंतु आप मुझे सदैव स्मरण रखें। जैसे मैं आपको रखूँगा।"

आचार्य निरुत्तर रह गए। कृष्ण ने इस भेंट को अंतिम घोषित कर जैसे उन्हें निष्प्राण कर दिया था। सोचकर काँप उठे कि उन्हें अब कृष्ण के दर्शन नहीं होंगे। जिनके स्मरण मात्र से बड़े से बड़ा संकट तुच्छ हो जाता है, अब उन माधव के बिना आचार्य को कलयुग के भयावह अंधकार से एकल युद्ध लड़ना होगा। गिरधारी के बिना यह संसार, यह जीवन कितना कुरूप होगा?

"माधव! आप मेरे हृदय में सदैव निवास करें। धड़कनों के माध्यम से ही आपसे संवाद कर लूँगा।" रुँधे गले और भीगी आँखों के साथ आचार्य हाथ

जोड़कर कृष्ण के चरणों में झुक गए। आँखों से टपकती बूँदें माधव के चरणों का स्पर्श करने लगीं।

कृष्ण ने आचार्य को उठाकर सप्रेम अपने गले लगाया। आचार्य फफककर रो पड़े। कृष्ण को अपनी स्मृति में सहेजने वाला भविष्य कभी नहीं जान पाएगा कि वो इस संसार के लिए कौन और क्या थे। अपने रचे कालजयी इतिहास में कृष्ण स्वयं किंवदंती बनने जा रहे थे।

समय थम गया। आचार्य और कृष्ण की धड़कनें एकाकार हो एक वृहद नाद का रूप लेकर अनंत दिशाओं में फैलने लगी।

वो नाद जो चित्रगुप्तों की अकाट्य शपथ का मूक उद्घोष था।

अध्याय 21

श्रीकृष्ण को विदा कर आचार्य बोझिल मन से गुफा से निकले। बाहर शोण उदास मुख-मुद्रा में सिर झुकाए उनकी प्रतीक्षा कर रहा था।

"मेरे लिए क्या आज्ञा है, प्रथम?" उसने बोझिल चेहरे के साथ हाथ जोड़कर पूछा।

"मैं तुम्हारी वाहिनी के विषय में जानने के लिए उत्सुक हूँ, किंतु उसके लिए यह स्थान और काल दोनों अनुपयुक्त हैं। तुम्हारे अभियान के पश्चात हमारे पास असीमित समय होगा कई विषयों पर चर्चा करने के लिए।" आचार्य बोले।

"असीमित समय?" शोण संशय से बोला, "किंतु वासुदेव के अनुसार तो यह कार्य तय समय-सीमा में पूर्ण होना आवश्यक है।"

"उन्होंने उचित कहा!" आचार्य भारी स्वर में बोले।

शोण के चेहरे पर छाई संशयग्रस्त उदासी कम नहीं हुई।

"मैं तो यहाँ आदेश प्राप्त करने के लिए उपस्थित हुआ था, आचार्य!" वह साहस करके बोला, "किंतु अब मैं स्वयं ही प्रश्न-चिह्न बन गया हूँ!"

"ऐसी क्या दुविधा है तुम्हारी?"

"आचार्य! क्या मैंने अपने माता पिता पुनः खो दिए?" शोण ने नम आँखों से पूछा, "अपनी आत्मा के साथ अपना सर्वस्व वासुदेव के चरणों में समर्पित करने के पश्चात मेरे खाली हाथ न आचार्य और शैला माता का कर्ज चुका सकते हैं, न मेरी आत्मा का।"

चट्टान पर बैठकर आचार्य ने शोण को सस्नेह अपने निकट बैठाया।

"पुत्र! शाला में हम आचार्य से सबक सीखकर परीक्षा देते हैं, किंतु जीवन में हम परीक्षा देकर सबक सीखते हैं। अपने धर्म का निष्ठापूर्वक पालन करने वाले को कभी आडंबर अथवा पश्चाताप करने की आवश्यकता नहीं होती है।

जय-पराजय के समीकरणों से परे हुआ वो व्यक्ति सदैव अपराजित रहता है। उसका एकमात्र मित्र धर्म होता है।" आचार्य सुमधुर वाणी में बोले, "अपने भ्रमों और संबंधों का नाश कर तुमने स्वयं को उस शक्ति में परिवर्तित किया जो दूसरों का सहारा बने। इसमें अनुचित क्या है?"

"मेरे हाथों जो दुष्कर्म हुए क्या वे रोके जा सकते थे?" शोण ने पूछा।

"तुम कौन होते हो निर्धारित करने वाले कि जो जैसा हुआ वो किसी और प्रकार से होना चाहिए था?" आचार्य ने पूछा, "जो हुआ वो निश्चित था, जो होगा वो भी निश्चित है। विधि का निर्णय निश्चित है। अनिश्चित तो तुम्हारा अशांत मन है जो तुम्हारा व्यथा का कारण है।"

"व्यथित होना मानव प्रवृत्ति है, आचार्य!" शोण बोला।

"व्यथित होना नहीं, विधि के प्रति समर्पित होकर जीवन जीना मानव प्रवृत्ति है। समर्पित जीव जीवन के मोह और सुख-दुख की उलझन से दूर रहता है। आत्मबोध से बड़ा कौन-सा सुख? जो आत्मा से जुड़ गया, वो इस सृष्टि के प्रत्येक कण से जुड़ गया। वो अकेला कैसे हुआ?" आचार्य बोले, "अपनी आत्मा को विस्मृत करोगे तो भ्रमित होते रहोगे। तुम्हारी आत्मा तुम्हारा एकमात्र सत्य है। उसी की शरण लो, पुत्र!"

"और जो विश्वासघात मैंने आपके और माता के साथ किया उसे भूल जाऊँ?"

"तुमने विश्वासघात नहीं निश्चल मन से अपना कर्तव्य पालन किया।" आचार्य हँसे, "इंसान अपना पूरा जीवन इस भ्रम में व्यतीत करता है कि उसके प्रिय उसके कष्टों में उसका साथ देंगे, किंतु अनश्वर संसार के सभी संबंध व्यापार मात्र हैं। पिता पुत्र का पालन अपना बुढ़ापा सुखमय होने की इच्छा से करता है। हर व्यक्ति स्वयं को शक्तिशाली बनाने और अपने लक्ष्य-प्राप्ति में सहायक होने वाले व्यक्तियों से संबंध जोड़ने की इच्छा रखता है। जीव का एकमात्र अटूट संबंधी उसका कर्म होता है।"

शोण सिर झुकाए चुपचाप सुनता रहा।

"तुम ऐसे अनगिनत जीवों के रक्षक हो जो परमात्मा के माध्यम से तुमसे जुड़े हैं। इस संबंध से पवित्र संसार में कोई संबंध नहीं है। तुम कमजोर पड़ोगे तो वे कमजोर होंगे जिनकी एकमात्र उम्मीद तुम हो।" आचार्य ने स्नेह से शोण

का कंधा सहलाया, "मुझे विधि के निर्णय पर संशय नहीं है। तुम्हें भी नहीं होना चाहिए। कर्तव्य परायणता को पश्चाताप का नहीं, प्रेरणा का स्त्रोत बनाओ। प्रसन्न मन से अपने नए दायित्वों के लिए तत्पर हो जाओ और अपने प्रश्न भविष्य के लिए सुरक्षित रखो।"

कहकर आचार्य उठे और शोण के साथ चुपचाप चलने लगा। कुछ कदम चलते ही आचार्य के प्रश्नों की बाढ़ उनके सब्र का बाँध तोड़कर उफनी।

"तुम्हारे विद्यापीठ से निष्कासन पर तुम्हारे सहपाठी शंकित नहीं हुए?" उन्होंने पूछा, "तुम दुर्योधन के विश्वस्त कैसे बने? तुमने उसके गुप्तचरों को कैसे समाप्त किया?"

"आपने प्रश्नों को भविष्य के लिए सुरक्षित रखने के लिए कहा था।" शोण ने स्मरण कराया।

"कुछ प्रश्नों का समाधान तो यहीं हो सकता है।" आचार्य व्यग्र हो बोले।

"समाधान में बहुत समय लगेगा!" शोण बोला।

"जैसे-जैसे समय प्राप्त हो मुझे बताते रहना। कुछ भी मत छोड़ना!" प्रसन्नता से आचार्य की आँखें छलछला आईं, "उस दिन जब तुम जब दस्युओं से घायल होकर लौटे थे..."

"वो शाल्व के नगराकार विमान की सुरक्षा में तैनात उसके सैनिक थे।" शोण बोला, "मैं उन्हें नहीं मारता तो विमान में सवार दुष्ट शाल्व वासुदेव के हाथों से बच निकलता।"

आचार्य का चेहरा दमक उठा। शोण के पराक्रम के बारे में सोचते हुए मन की प्रसन्नता आँखों से टपकने लगी। अपनी नम आँखों को पोंछते हुए वह उसे निहारने लगे।

शोण यकायक कितना परिपक्व लगने लगा था। शोण से नीलकमल सेनानायक शोण बन गया था। कृष्ण द्वारा बताई उसकी उपलब्धियों के बारे में सोचते हुए आचार्य का सीना गर्व से फूल रहा था। एक समय जिसकी प्राणों की चिंता में वह विसर्पियों के साथ वन में भटक रहे थे, आज वो चित्रगुप्तों के दिव्य यज्ञ को निष्कंटक पूर्ण करने के लिए उनकी उम्मीद बन गया था। उनका जीवन धन्य हुआ ऐसा पुत्र प्राप्त कर।

"आप माता से क्या कहेंगे?" शोण ने डरते-डरते पूछा।

"प्रथम और नीलकमल की बातें यदि उन दोनों के बीच रहें तो उत्तम होगा!" आचार्य ने अप्रत्यक्ष प्रस्ताव दिया।

"मैं सहमत हूँ! वैसे भी इन परिस्थितियों के लिए आप दोषी हैं।" शोण हँसा, "न आप शोण को यादव बल में सम्मिलित होने की आज्ञा देते, न माता को उस सत्य से वंचित रखते और न आज वो सत्य आपकी चिंता का कारण बनता।"

"एक 'यदि' कितने विकल्पों और कारणों का जनक होता है!" आचार्य बोले, "वैसे तुम सुरक्षित तो हो? अपने विश्वस्त गुप्तचर मकुल के यकायक गायब होने से दुर्योधन शंकित होगा।"

"जैसे शोण के निष्कासन की घटना ने उसके नीलकमल बनने का मार्ग प्रशस्त किया वैसे नीलकमल शोण के विशेष अभियान का मार्ग दुर्योधन के विश्वस्त गुप्तचर मकुल की मौत से प्रशस्त होगा।" शोण बोला।

"और मकुल की मौत का कारण?"

"उसे कौरव विराटनगर पर आक्रमण कर उत्पन्न कर चुके हैं।" शोण मुस्कुराया।

आचार्य निश्चिंत हुए। वासुदेव का प्रिय गुप्तचर वाकई कारण उत्पन्न करने में माहिर है।

"हाट से शाक लेने का स्मरण रखना, अन्यथा तुम्हारी माता के कोप से मुझे न व्यापारी शोण बचा पाएगा और न नीलकमल सेनापति।" आचार्य सहज खिलखिलाकर हँसे।

अध्याय 22

कक्ष में कदमों की आहट सुन दुर्योधन सजग हुआ। मकुल के स्थान पर गुप्तचर भैरव को देख उसकी त्योरियाँ चढ़ गईं।

"मैंने मकुल को बुलाया था, तुम्हें नहीं!" दुर्योधन ने उसे घूरा।

"श्रीमान! एक बुरी सूचना है।" भैरव उसे प्रणाम कर बोला, "मत्स्यदेश पर त्रिगर्तराज और कौरवों के आक्रमण के बाद हम गुटों में बँटकर भागे थे। तब से हम इसी भ्रम में थे कि मकुल वहाँ से सुरक्षित लौट आया है।" भैरव बोला, "लेकिन कुछ दिन पूर्व हमें विराटनगर के सीमावर्ती वन में मकुल और उसके साथियों के शव प्राप्त हुए। कदाचित उन्हें वन के जानवरों ने..."

दुर्योधन सन्न रह गया। अपना माथा पकड़कर वह चकराते हुए आसंदी पर गिरा। विराटनगर में पांडवों के जीवित बचने की बुरी सूचना के बाद मकुल की मृत्यु उसके लिए गहरा आघात थी।

"तुम्हारे साथी क्या उनकी मौत का स्वांग देख रहे थे? उन्होंने उन्हें क्यों नहीं बचाया?" दुर्योधन चीखा।

"वे जानवरों द्वारा मारे गए, श्रीमान!" भैरव सहमकर बोला, "उनके क्षत-विक्षत शवों की पहचान उनकी वेशभूषा से हुई।"

"तुम मुझे सिखाओगे कि शवों की पहचान कैसे होती है!" दुर्योधन क्रोध से फुफकारते हुए उठा और पैर पटकते हुए कक्ष में चहलकदमी करने लगा।

इस कठिन समय में उसे अपने विश्वस्त गुप्तचर मकुल का खोना अखर रहा था। पांडवों के प्रकाट्य के बाद उसके पास समस्याओं की लंबी सूची थी जिनके उपाय में मकुल उसका महत्त्वपूर्ण सहयोगी था। अब उसे भिक्षुक पांडवों की योजनाओं को ज्ञात करने और उनकी काट सोचने के लिए नए सिरे से गुप्तचर व्यवस्था स्थापित करनी होगी।

"पांडवों और उनके दूतों पर दृष्टि रखो! मुझे सूचित करते रहो कि वो किस-किस राज्य से सहयोग का आग्रह कर रहे हैं।" दुर्योधन ने गहरी साँस लेकर आदेश दिया।

अध्याय 23

नगर में यादवों के विशेष दूत के आगमन की पूर्व सूचना से महामंत्री विष्णुदत्त की नींद उड़ी थी। अधिक चिंता की बात यह थी कि यह सूचना उन्हें महाराज अधिराज, सेनापति अथवा राज्य गुप्तचरों से नहीं, यादव व्यापारियों पर निगरानी रख रहे अपने गुप्तचरों से प्राप्त हुई थी।

कदाचित विशेष दूत कौरव-पांडव युद्ध में चिरपुंज का सहयोग पाने के लिए द्वारकाधीश का प्रस्ताव लेकर आ रहा होगा। विभिन्न स्तरों पर आरंभ हुई कौरव-पांडवों की शांति वार्ता अपने विकल्प समाप्त कर अंत की ओर बढ़ रही थी। शांति प्रयासों के साथ कौरव-पांडव अपनी-अपनी क्षमता विकसित करने के लिए दूर-सुदूर के राजाओं को अपने पक्ष से लड़ने के लिए निमंत्रण भेज रहे हैं। शांति प्रयासों पर कम और युद्ध की अनिवार्यता पर अधिक बल था। युद्ध की गहराती संभावनाओं ने चिरपुंज जैसे छोटे राज्यों को भी महत्त्वपूर्ण बना दिया था।

यादवों से चिरपुंज की घनिष्ठता इतनी प्रगाढ़ नहीं थी कि द्वारका चिरपुंज से सैन्य सहयोग की अपेक्षा करे। यादव व्यापारियों के अंगरक्षक भी चिरपुंज सैन्य बलों से अधिक शक्तिशाली और उनसे अधिक उन्नत अस्त्र-शस्त्र से लैस हैं। ऐसे सर्व गुण संपन्न, सर्व-शक्तिशाली, समृद्ध यादव सुदूर पूर्व में स्थित चिरपुंज जैसे छोटे राज्य से सहयोग के लिए क्यों लालायित हैं?

कक्ष में टहलते हुए महामंत्री विष्णुदत्त गत वर्षों में महाराज अधिराज द्वारा लिए द्वारका से संबंधित सभी निर्णयों को परखने में जुट गए।

कुछ वर्ष पूर्व चिरपुंज में पधारे ऋषि शांडीव्य द्वारा स्थापित चिरपुंज-द्वारका की मित्रता एक लंबी यात्रा तय कर चुकी थी। सब कुछ वैसा हुआ था जैसा ऋषि ने वादा किया था। द्वारका ने चिरपुंज को नवजीवन प्रदान किया। दोनों राज्यों के बीच नवीन व्यापारिक समीकरण उभरे और चिरपुंज में आने वाले यादव

व्यापारियों और श्रमिकों की संख्या और उनके भ्रमण की गति में अप्रत्याशित वृद्धि हुई।

चिरपुंज की प्राकृतिक सुंदरता से मुग्ध हो कई यादव व्यापारी यहीं बस गए। चिरपुंज के प्रचुर प्राकृतिक संसाधनों में उन्हें व्यापार की नई संभावनाएँ दिखी। जब चिरपुंज में कुशल कारीगरों के अभाव से उन्हें अपना व्यापार थमता लगा तो वे द्वारका और दक्षिण राज्यों से श्रमिकों और कारीगरों को चिरपुंज में लाए। धीरे-धीरे चिरपुंज में पारंपरिक व्यवसायों के अतिरिक्त अनेक नए व्यवसाय फलने-फूलने लगे और स्थानीय लोगों को श्रम के साधन सहज उपलब्ध होने लगे।

विलासी जीवन भोगने के अभ्यस्त यादव व्यापारियों को चिरपुंज में वे सभी साधन अनुपलब्ध थे जो उन्हें द्वारका में सहज उपलब्ध थे। सुख-सुविधाओं के मानकों में चिरपुंज के भव्य भवन उनके लिए द्वारका की धर्मशालाओं के समान थे। राज्य में अपनी इच्छानुसार भव्य और सुख-सुविधा से संपन्न भवनों का निर्माण करने के लिए वे द्वारका और अन्य सुदूर राज्यों के कुशल वास्तुकार, शिल्पकार और श्रमिक चिरपुंज लाने लगे।

देखते ही देखते चिरपुंज में ऊँची-ऊँची अट्टालिकाओं वाले भवनों की संख्या बढ़ने लगी। भवन निर्माण की सामग्री तैयार करने वाले श्रमिकों की माँग बढ़ी तो उनके श्रम का मूल्य भी बढ़ने लगा। फिर तो दूर-सुदूर राज्यों से चिरपुंज में श्रमिकों की बाढ़ आ गई जिससे राज्य में निर्माण कार्यों की गति में कई गुना वृद्धि हुई।

बढ़ती जनसंख्या की आवश्यकताओं की पूर्ति के लिए अन्न-भंडार सीमित पड़ने लगे तो यादवों के सहयोग से राज्य के कृषि संसाधन विकसित किए गये। नवीन गउशालाओं और अन्न भंडारण केंद्रों का निर्माण हुआ। नागरिकों की दैनिक आवश्यकताओं की पूर्ति के लिए हाट और व्यावसायिक केंद्र स्थापित हुए। व्यापारियों की सुविधा के लिए कच्चे मार्गों को सुधार कर उन्हें राजमार्ग से जोड़ा गया। व्यापारियों की यात्रा सुविधाजनक बनाने के लिए अश्वों और रथों की आवश्यकता महसूस होने पर राज्य में नवीन निर्माणशालाएँ स्थापित हुई। बढ़ते व्यापार से राजकोष फलने-फूलने लगा।

राज्य की तीव्र आर्थिक एवं व्यावसायिक प्रगति को स्थायी शांतिपूर्ण वातावरण देने हेतु महाराज अधिराज राज्य की सुरक्षा कमियाँ दूर करने लगे।

राज्य की रक्षा, व्यावसायिक प्रतिष्ठानों की सुरक्षा, नागरिक अनुशासन, एवं न्याय व्यवस्था के सुचारु संचालन हेतु पर्याप्त प्रहरी और सैन्य बल जोड़े गए। सुरक्षा बलों को आवश्यक अस्त्र-शस्त्र देने और उन्हें प्रशिक्षित कर अधिक शक्तिशाली और प्रभावी बनाने के उद्देश्य से महाराज अधिराज ने द्वारका से सैन्य सहयोग का प्रस्ताव रखा जिसे द्वारका ने अपने व्यावसायिक हितों की रक्षा के लिए सहर्ष स्वीकारा। यादव दलपति चिरपुंज में नियमित दौरा करने लगे। पुराने शस्त्रागार के जीर्णोद्धार के साथ नवीन और उन्नत शस्त्रागार स्थापित हुए। राज्य के औषधालयों में प्रशिक्षित चिकित्सकों और वैद्यों की कमी दूर की गई।

यादवों ने चिरपुंज की मृतप्राय गुप्तचर व्यवस्था को पुनर्जीवित कर विभिन्न विभागों का गठन किया। पड़ोसी राज्यों में चिरपुंज के गुप्तचर तैनात किए गए। दस्युओं पर अंकुश लगाने के लिए विशेष दल गठित हुए। परिणामस्वरूप, राज्य पर दस्युओं के संभावित आक्रमण की सूचनाएँ समय रहते राज्य सुरक्षा बलों को प्राप्त होने लगी। दस्युओं की क्षमता, उनके पास कैसे अस्त्र-शस्त्र हैं, वे किस रास्ते से कहाँ और कब जाएँगे, उनका लक्ष्य क्या है, चिरपुंज में उनके संपर्क कौन हैं और उनके ठिकाने कहाँ हैं- गुप्तचरों से प्राप्त जानकारियाँ के आधार पर राज्य के सुरक्षा बल बेहतर रणनीति के साथ शत्रुओं को गंभीर क्षति पहुँचाने लगे।

सीमावर्ती क्षेत्रों की सुरक्षा नए सिरे से सुदृढ़ की गई। जीर्ण-शीर्ण प्रहरी चौकियाँ दुरुस्त की गईं और सामरिक लाभ के मार्गों पर अनेक नई चौकियाँ स्थापित हुई। उन्हें गुप्त रखने के लिए उन्हें जंगली जानवरों के चरम और जंगली पेड़-पौधों के आवरण से ढँका गया। सैन्य बलों को एक स्थान से दूसरे स्थान पर सुगमता से पहुँचाने के लिए चौकियाँ भूमिगत मार्गों से जोड़ी गईं। किसी भी आक्रमण का प्रभावी उत्तर देने के लिए भूमिगत मार्गों और चौकियों में अस्त्र-शस्त्रों का पर्याप्त भंडारण किया गया। चिरपुंज के सैन्य बल यादवों द्वारा प्रदत्त उन्नत अस्त्र-शस्त्रों के प्रयोग में महारत प्राप्त करते हुए छद्म-युद्ध में भी निपुण होने लगे। जिस घने वन की ओट लेकर दस्यु अभी तक सुविधा से उत्पात मचाते थे वही उनका काल बनने लगा।

द्वारका ने चिरपुंज को शेष दुनिया से जुड़ने का मार्ग दिखाया और मात्र कुछ वर्षों की तपस्या से चिरपुंज एक छोटे-कमजोर राज्य का इतिहास छोड़ क्षेत्रीय मानचित्र पर एक शक्तिशाली, समृद्ध, और संपूर्ण राज्य के तौर पर उभरने लगा।

राज्य में श्रमिकों और व्यापारियों का आगमन, राज्य की आर्थिक, राजनीतिक एवं सामरिक प्रगति, बढ़ती जनसंख्या के अनुपात में अन्न भंडारण क्षमता में अभूतपूर्व वृद्धि, दूर-दूरंत राज्यों से औषधियों का आयात, अनुभवी यादव वैद्यों द्वारा राज्य के औषधालयों का नियमित निरीक्षण और इन सभी की सुरक्षा हेतु द्वारका से अस्त्र-शस्त्रों का आयात और राज्य के सुरक्षा-प्रबंधों में सुधार- मात्र कुछ वर्षों में चिरपुंज की अभूतपूर्व प्रगति गर्व का विषय था।

यादवों द्वारा प्रदत्त इस प्रगति, मान, सुख और वैभव की चमक-दमक की आड़ में राज्य पर आने वाले किसी बड़ी विपत्ति को भाँपकर महामंत्री विष्णुदत्त सहमे थे। द्वारका जैसे शक्तिशाली राज्य का एक कमजोर राज्य की प्रगति में गहन योगदान के पीछे क्या कृष्ण की भरतखंड के उत्तर-पूर्व में यादव शक्ति-विस्तार की योजना थी?

कदाचित इस रहस्य की कुंजी आने वाले द्वारका के विशेष संदेशवाहक के पास हो, किंतु वो कौन है और कब आएगा कोई नहीं जानता था।

अध्याय 24

हस्तिनापुर के बोझिल एवं उदास सभागार में वैचारिक अंधकार में लिपटी अनगिनत हताश देह बैठी थी। समय के गर्भ में दबी स्मृतियों को वर्तमान के प्रकाश में साक्षात करते हुए भय, दुख और क्रोध में घुले कुछ स्वर वहाँ गूँज रहे थे।

"पांडव वनवास और अज्ञातवास के नियमों का पालन करते तो इस चर्चा का विषय ही उपस्थित नहीं होता!" दुर्योधन कड़े स्वर में बोला, "अज्ञातवास की अवधि पूर्ण होने से पूर्व हमने उन्हें ढूँढ निकाला। अब नियमानुसार उन्हें पुनः बारह वर्ष का वनवास करना होगा।"

"समय गणना में पारंगत सभी ज्ञानियों का मत है कि पांडव अज्ञातवास पूर्ण करने के पश्चात प्रकट हुए हैं।" भीष्म तेज-तर्रार स्वर में बोले, "हम इस सत्य से आँखें नहीं मूँद सकते हैं।"

"मूँदने की आवश्यकता क्या है?" दुर्योधन बिफरा, "पांडवों के प्रति आपका स्नेह और आसक्ति उनके अवगुण आपसे छिपते हैं, किंतु मेरे प्रत्येक सत्य में आपको दोष दिखता है।"

"तुम्हें अपने अवगुण नहीं दिखते हैं, तो क्या अन्य भी उनके प्रति अपनी आँखें मूँदें रहें?" भीष्म ने उसे डपटा, "हर कोई तुम्हारे माता-पिता की तरह..."

कहते-कहते अपने शब्द रोके भीष्म ने। वर्षों से उनके सीने में दबा सत्य सड़कर मवाद की तरह उनके शब्दों के रूप में फूटने लगा था। वह धृतराष्ट्र पुत्रों के अवगुणों की क्यों और कब तक उपेक्षा करें? जिस भरतवंश की रक्षा के लिए भीष्म जीवन भर सहनशीलता ओढ़े रहे, वो मृत्यु शैया पर था। अब चुप रहकर क्या प्राप्त होगा।

"उचित कहा, पितामह! मेरे माता-पिता अपने धर्म और कर्म की माला

जपते हुए अपनी संतानों के प्रति होते अधर्म पर आँखें मूंदे रहें।" दुर्योधन क्रोध से फुफकारा, "किंतु कुछ पुत्र अपने देव पिताओं द्वारा त्यागे जाने और अपने दत्तक कुल के नाश करने के लिए अभिशप्त होते हैं।"

"दुर्योधन!" भीष्म क्रोधवश अपनी भुजाएँ फैलाते हुए ऐसे उठे, मानो दुर्योधन का मस्तक कुचल देंगे।

"मुझे सत्य स्वीकारने की सलाह देने से पूर्व अपना सत्य स्वीकारें, पितामह!" दुर्योधन आवेश में बोला, "जिस धर्म के आधार पर आप पांडवों को राज्य लौटाने की संस्तुति कर रहे हैं, वो तब कहाँ था जब मेरे पिता से राज का अधिकार छीनकर उनके अनुज पांडु को थमाया गया था? आपकी धर्म विमुखता ने भरतवंश को इस स्थिति में पहुँचाया है।"

भीष्म अवाक रह गए। कितनी निष्ठुरता और निर्लज्जता से दुर्योधन ने अपने दुष्कर्मों का बोझ उनके सिर पर लाद दिया था।

"क्या इसी दिन को देखने के लिए मैं अब तक जीवित था?" अपने टूटे-बिखरे मान को जैसे-तैसे समेटते हुए भीष्म इतना ही कह पाए।

"पितामह! जीवित रहना आपकी विवशता नहीं, इच्छा है।" दुर्योधन क्रोध से अपने नथुने फुलाते हुए बोला, "यदि राज्य पर मेरा अधिकार आपको विचलित करता है तो आप स्वेच्छा से अपनी इच्छा मृत्यु के वरदान का प्रयोग कर इस चिंता से मुक्त हो सकते हैं।"

भीष्म सदैव की भाँति अपने वचनों के बंधन में घुटकर रह गए। असहाय और आहत मन की पीड़ा शब्दों में प्रकट करना कितना दुष्कर होता है इसका अनुभव वे जीवनपर्यंत करते आए थे। आज भी कर रहे थे।

"आप हस्तिनापुर सिंहासन की रक्षा करने और उसके आदेशों की पूर्ति के लिए प्रतिज्ञाबद्ध हैं, पितामह!" दुर्योधन के होंठ कुटिल मुस्कान से थिरके।

"मुझे मेरे वचनों का स्मरण कराने की तुम्हें आवश्यकता नहीं है।" अपमान से सुलगते भीष्म चीत्कार उठे, "हस्तिनापुर सिंहासन के प्रति मेरी निष्ठा मुझे तुम्हें मृत्यु के मुख में भेजने से रोकती है, किंतु तुम अपने साथ अपने समस्त कुल को नर्क में झोंक रहे हो।"

"जैसे आपकी प्रतिज्ञा आपकी स्वेच्छा थी, मैं भी अपनी इच्छापूर्ति के लिए उपयुक्त कारणों का निर्माण करने के लिए स्वतंत्र हूँ।" दुर्योधन ढिठाई से बोला,

"अपने प्रिय पांडवों के हित के लिए आप मुझे मेरी इच्छा को त्यागने के लिए विवश नहीं करें।"

"विवश नहीं कर रहा हूँ, पुत्र! तुम्हें विनाश से बचाने का प्रयास कर रहा हूँ।" भीष्म करुणामय स्वर में बोले, "तुम्हारी चुनौती पांडव नहीं, तुम्हारा अहंकार है। पांडवों को पाँच गाँव देकर इस महासंकट को टालने में तुम्हारी और सभी का शुभ है।"

"और पांडवों को सदैव के लिए हस्तिनापुर पर संकट बनाकर छोड़ दूँ? वे पाखंडी संन्यासी होने का ढोंग करते हुए सदैव राजसुख के लिए लालायित रहते हैं। आज उन्होंने पाँच गाँव माँगें हैं, कल पाँच जनपद माँगेंगे और फिर पुनः हस्तिनापुर पर अपना अधिकार जताएँगे।" दुर्योधन ने भीष्म का तर्क काटा, "वे भिक्षुक जीवनपर्यंत भिक्षुक ही रहेंगे, किंतु हस्तिनापुर दान में देने वाली कोई वस्तु नहीं है। जो पांडवों का कभी नहीं था, उसमें से पाँच गाँव देना तो दूर मैं उन्हें सुई की नोक बराबर भूमि भी नहीं दूँगा।[35] उनसे हस्तिनापुर को सुरक्षित रखने का एकमात्र उपाय युद्ध है।"

"कौन किसका अधिकारी है, इसका निर्णय भी अब तुम लोगे?" भीष्म तेज स्वर में बोले।

"आपके निर्णयों ने हस्तिनापुर को सदैव संकटों में डाला है।" दुर्योधन के शब्द उन्मुक्त थे, "भावुक निर्णय नहीं, तर्कपूर्ण निर्णय चिरस्थायी होते हैं। पांडवों के प्रति आपका स्नेह आपको उचित निर्णय लेने से रोकता है।"

"अपने शब्दों को सीमित रखो, दुर्योधन!" भीष्म की आँखों से जैसे पिघली धातु वेग से दुर्योधन की तरफ बढ़ी।

"अपने अधिकारों के रक्षा के लिए कुछ सीमाओं का उल्लंघन आवश्यक होता है। यदि पिता महाराज समय रहते आपको इस सत्य से परिचय कराते तो आज इस संवाद की आवश्यकता नहीं होती।" दुर्योधन की आँखों में निर्लज्जता फैली थी।

"दुर्योधन! पुराने घावों को कुरेदने और परस्पर दोषारोपण करने से इस महासंकट का उपाय नहीं होगा।" विदुर अधीर हो बोले।

---

35. महाभारत, उद्योगपर्व, अध्याय 72, श्लोक 14-17; अध्याय 127, श्लोक 25

"यह संकट पांडवों की दुर्बुद्धि का परिणाम है जो उनके विनाश के लिए प्रकट हुआ है। इस संकट से उबारने का उपाय सहज है। पांडव राज्य पर अपना हठ छोड़ दे और शांतिपूर्वक अपना जीवन व्यतीत करें।" दुर्योधन चिढ़ते हुए बोला।

दुर्योधन के कुतर्कों से विचलित महर्षि व्यास से अब अधिक देर चुप रहना कठिन हो गया।

"महाराज! मुझे वो चेतावनी दोहराने पर विवश मत कीजिए जो आपके कानों तक पहुँचती है, किंतु बुद्धि तक नहीं।" महर्षि तमतमाए हुए बोले, "जिस सैन्य शक्ति के दम पर आपके पुत्र विजय होने का स्वप्न देख रहे हैं, वो किसी व्यक्ति विशेष की नहीं हस्तिनापुर की है। राज्य संपदा को राज्य की भलाई हेतु प्रयोग करना ही राजधर्म है। उसका व्यक्तिगत दुरुपयोग प्रजा और पालक दोनों के लिए दुर्भाग्यजनक होता है। महाराज! इस युद्ध में पृथ्वी पर ऐसा विध्वंस होगा जिससे संसार सदियों तक पीड़ित रहेगा। इस युद्ध में कोई भी पक्ष विजयी हो, मानव जाति निश्चित पराजित होगी। ग्रहों की विकट स्थिति[36] से उत्पन्न इस विनाश काल को विवेक से निकाल देने में ही सभी का हित है।"

प्रतीत हो रहा था जैसे महर्षि की दृष्टि काल सीमाओं को लाँघते हुए भविष्य की विभिन्न संभावनाओं को साक्षात देख रही थी। अपनी अनंतगामी दृष्टि से उन्होंने ऐसा भविष्य चित्र उकेरा था जिसके श्रवण मात्र से धृतराष्ट्र काँप उठे थे।

"तोड़े-मरोड़े तथ्यों और निराधार आशंकाओं से निर्मित काल्पनिक भविष्य से कैसा भय?" दुर्योधन झुँझलाकर बोला, "महर्षि युद्ध का परिणाम युद्ध आरंभ होने से पूर्व घोषित कर रहे हैं। अपनी कल्पनाओं से वे हमें हतोत्साहित करना चाहते हैं।"

"तुम्हारी भ्रष्ट बुद्धि ने तुम्हारी निर्णय क्षमता निष्क्रिय की है, अन्यथा जिन पांडवों के पराक्रम से देवता काँपते हैं उन्हें तुम इतना कमतर नहीं आँकते।" आचार्य द्रोण रोष से बोले, "पृथ्वी के समस्त योद्धाओं का विनाश करने में सक्षम पांडव अपराजित हैं।"

"तो वे अपनी सेना के साथ युद्धभूमि में क्यों नहीं आते, दूत भेजकर बार-बार

---

36. महाभारत, भीष्मपर्व, अध्याय 3

शांति की भिक्षा क्यों माँगते हैं?" कर्ण ने अहंकार भरा ताना मारा।

"तनिक धैर्य धरो, अंगराज! दुर्योधन के कृत्य देख मुझे विश्वास है कि युद्ध भूमि में पांडवों का सामना करने की तुम्हारी इच्छा शीघ्र पूर्ण होगी, किंतु उस समय तुम गाँडीव की टंकार सुनकर उलटे पैर मत भाग लेना।" भीष्म तेज स्वर में बोले, "विराटनगर में तुम्हारा पराक्रम देख चुका हूँ। काश! तुम्हारे बाण तुम्हारे शब्दों की भाँति तीक्ष्ण होते।"

"कायर पांडवों से मैं क्यों भयभीत होने लगा? उनमें साहस है तो युद्ध भूमि में आकर मेरा सामना करें।" अपमानित कर्ण क्रोध से उफना, "राज्य भोग के लिए बल और मानसिक संकल्प शक्ति आवश्यक होती है, किंतु बुद्धि-दोष से ग्रस्त पांडव मात्र दीनता एवं दासता के पात्र हैं।"

"धर्म की विवेचना करने से पूर्व शब्दों का चयन करना सीखो, अंगराज!" भीष्म उबल पड़े, "अन्यथा चुप रहना सीखो। संस्कार और मान-मर्यादा का कोलाहल उत्पन्न करने से उत्तम यदि तुमने अपना सत्य पहचाना होता तो आज तुम्हारे शब्द इतने अहंकारी नहीं होते।"

"राजन! अभी भी समय है, अपने अधर्मी पुत्रों को साध लो। पांडवों को उनका राज्य ससम्मान लौटाकर वे अपने पापों का प्रायश्चित करें- यही कुरुवंश के कल्याण का एकमात्र उपाय है।" महर्षि व्यास क्रोध से बोले।

धृतराष्ट्र सहम गए। पता नहीं यह महर्षि के शब्दों का असर था, अथवा आने वाले अंधकारमय भविष्य का भय। किंतु अंधकार कम, अथवा अधिक नहीं होता है। अकाट्य, अनंत, शाश्वत सत्य की भाँति वो बस होता है। उस अंधकार में धृतराष्ट्र का अस्तित्व कब का समाप्त हो चुका था।

"महाराज! यहाँ आवेश नहीं, विवेक की आवश्यकता है।" आचार्य द्रोण बोले, "अपने विवेक से निर्णय लें कि आपको शक्तिशाली पांडव को सहायक बनाना है, अथवा उनका युद्धभूमि में सामना करना है।"

धृतराष्ट्र निढाल से सिंहासन पर बैठे रहे। अपने अभिमान और आत्मसम्मान की अंतिम साँसें गिनते हुए। उनका संपूर्ण अस्तित्व सहमा था। न श्वास का एहसास शेष था, न धड़कनों से जुड़ाव। जीवनपर्यंत अपने अस्तित्व के पर्याय रहे अंधकार से नाता तोड़कर सर्वदा अपरिचित प्रकाश के शरणार्थी बनने का उनके पास साहस नहीं था।

वह दुर्योधन के लिए चिंतित थे। पांडव-मोह में यदि महर्षि व्यास, महात्मा विदुर, पितामह भीष्म और द्रोणाचार्य युद्ध-विमुख हुए तो दुर्योधन की क्या नियति होगी? कदाचित वे युद्ध पूर्व दुर्योधन का वध कर दें। युद्ध की स्थिति में कृष्ण और पांडवों के विरुद्ध अंगराज कर्ण के अतिरिक्त दुर्योधन का विश्वस्त सहयोगी कौन था?

महर्षि व्यास महाराज के उत्तर की प्रतीक्षा करते रहे, किंतु महाराज की चुप्पी घोषणा कर रही थी कि पुत्र मोह से ग्रसित उनकी नितांत-निजत्व सोच के समक्ष मानवता का मोल नहीं था।

अध्याय 25

नींद में डूबे आचार्य को शोण ने थपथपाकर जगाया। नींद और आलस्य त्याग आचार्य उठे और उसके साथ कुटिया से बाहर आए।

"आचार्य! कौरव-पांडवों के मध्य सभी शांति प्रयास विफल रहे।" शोण ने बताया, "सत्ता लोभ में अंधे दुर्योधन ने माधव द्वारा प्रस्तुत पांडवों के अंतिम शांति प्रस्ताव को अस्वीकार करने के साथ माधव को बंदी बनाने का षड्यंत्र रच डाला। अगर समय रहते सात्यकि सभा में उपस्थित होकर उसके कृत्यों की कलई नहीं खोलते तो अनर्थ हो जाता।[37]"

"उसी क्षण दुर्योधन के साथ कुरुवंश समूल नाश हो जाता।" आचार्य सहजता से बोले। जैसे दुर्योधन के स्वभाव से भली-भाँति परिचित होने के कारण उन्हें घटना का पूर्वानुमान था, "मुझे आश्चर्य तब होता जब वो श्रीकृष्ण का शांति प्रस्ताव स्वीकारता।"

"आचार्य! दुर्योधन के घिनौने षड्यंत्र और उसकी दुर्नीति से क्रोधित कृतवर्मा ने अपनी सेना के साथ हस्तिनापुर को घेर लिया। इस षड्यंत्र के भंडाफोड़ ने दुर्योधन की मंशा प्रत्यक्ष कर प्रमाणित कर दिया कि कौरव मदांध होने के साथ नीति, राज मर्यादा और नियम सब भूल चुके हैं।"

"कुछ लोगों के आने से प्रसन्नता आती है, किंतु दुर्योधन को देख प्रसन्नता भी मार्ग बदल लेती है। वो लोगों को स्वयं से घृणा करने का कारण देता है। इस सीमा तक निर्लज्जता ओढ़ना उसके लिए सहज है।" आचार्य बुदबुदाए, "क्या महाराज धृतराष्ट्र ने अपने नीच पुत्र से नहीं पूछा कि उसने सर्वशक्तिमान पुरुषोत्तम

---

37. कौरवों की सभा में पांडवों का शांति दूत बनकर पहुँचे श्रीकृष्ण को दुर्योधन ने कैद करने की योजना बनाई। इस योजना की भनक लगने पर सात्यकि ने कृतवर्मा को यादव सेना को कौरव सभा भवन को घेरने का आदेश दिया था। [महाभारत, उद्योगपर्व, अध्याय 130, श्लोक 5, 10-11]

को पकड़ने का दुस्साहस कैसे किया?"

"महाराज उससे प्रश्न पूछने के स्थिति में होते तो यह परिस्थिति ही नहीं उत्पन्न होती।" शोण बोला, "उन्हें देख लग रहा था जैसे कोई चट्टान धूल में बदल गई हो। दुर्योधन के कृत्य पर वो रुआँसे हो पछतावे से सिर झुकाते हुए बोले- हे प्रभु, ऐसी संतान का दान निश्चित ही तुमने किसी दारुण दोष के कारण किया होगा।"

"शोक करने से उत्तम यदि वो माधव के चरण पकड़ लेते तो उनका और उनके पुत्रों के पापों का कुछ प्रायश्चित हो जाता।" आचार्य रोष से बोले।

"आचार्य! दुर्योधन के दुष्कर्मों ने उन्हें शक्तिहीन कर दिया था।" शोण बोला, "इस बीच श्रीकृष्ण दुर्योधन के सामने खड़े होकर बिजली की तरह कौंधते शब्दों में बोले कि मैं उपस्थित हूँ, यदि मुझे पकड़ने से तुम्हें सुमति प्राप्त हो तो मुझे अवश्य बंदी बनाओ।"

आचार्य ने चुप्पी साध ली। मृत्यु महाराज के पुत्र के रुप में उनके निकट खड़ी नि:शब्द अट्टहास कर रही है और महाराज उसे पहचान नहीं पा रहे हैं।

"आचार्य! अमावस्या के दिन युद्ध आरंभ होने की घोषणा कर श्रीकृष्ण ने कौरव सभा से प्रस्थान किया।[38] हस्तिनापुर से विदा होने से पूर्व उन्होंने महात्मा विदुर, देवी कुंती और कर्ण से स्नेहपूर्वक भेंट की।" शोण बोला, "सज्जा-सुरुचि और धन-धान्य से संपन्न हस्तिनापुर ऐसे गहन अंधकार में डूब गई है, जिसे दूर करने में सूर्य का तेज भी अक्षम है। भरतखंड मृत्यु के सन्नाटे से सहमा है। दोनों पक्ष युद्ध विषयक योजनाएँ एवं दायित्व निर्धारण में व्यस्त हैं। प्रजा का नीतिज्ञों से विश्वास उठ चुका है।"

आचार्य ने गहरी साँस ली। संधि की सभी उम्मीदें समाप्त होने के बाद उस विनाश के प्रकाट्य का समय आ गया है जिसे टालने के लिए महर्षि व्यास, पितामह, महात्मा विदुर और श्रीकृष्ण समेत अनेक विद्वानों, ऋषियों और नीति-विशेषज्ञों ने वर्षों अथक प्रयास किए। समय और परिस्थितियाँ घटनाओं को अकल्पनीय रूप से परिवर्तित करती हैं। कुछ वर्ष पूर्व आचार्य और परिषद युद्ध की संभावना से चिंतित थे। आज युद्ध अपरिहार्य होते हुए भी वह निश्चिंत थे।

---

38. कृष्ण बोले- यह मार्ग शीर्ष मास चल रहा है। आज से सातवें दिन अमावस्या के दिन युद्ध आरंभ होगा। [महाभारत, उद्योगपर्व, अध्याय 142, श्लोक 16-18]

परिषद ने आने वाले विनाश को मानवता के अभेद्य रक्षा कवच में परिवर्तित कर दिया था।

सभी केंद्रों के द्वार शीघ्र बंद करने और मुख्य केंद्र के अंतिम सुरक्षा-चक्र सक्रिय करने का यही क्षण था।

"नीलकमल शोण!" आचार्य गहरे स्वर में बोले, "जिस विशेष अभियान के लिए तुम्हें चुना गया था उसका क्षण आ गया है।"

"आदेश दें, श्रीमान!" शोण बोला।

"तुम्हें निश्चित समय-सीमा के भीतर भरतखंड के कुछ चुनिंदा व्यक्तियों को मेरे संदेश के साथ विशेष मुद्रिका सौंपनी है।" आचार्य भारी मन से बोले, "इस अभियान में समय महत्त्वपूर्ण है, इसलिए तय सीमा में संदेशों को लक्ष्य तक पहुँचना अति आवश्यक है। संदेश की कूट भाषा प्राप्तकर्ता ही समझ सकता है। गोपों द्वारा निर्मित गुप्त मार्गों से तुम शीघ्रता से उन व्यक्तियों तक पहुँच सकते हो, किंतु गुप्तचरी और कूटनीति मिश्रित इस यात्रा में पग-पग पर मौत तुम्हारी प्रतीक्षा करेगी।"

"उचित है, श्रीमान!" शोण बोला।

"तुम्हें मात्र प्रथम व्यक्ति और अंतिम व्यक्ति का नाम प्राप्त होगा। अभियान के आगामी चरणों में विषय में तुम्हें आवश्यक जानकारियाँ शीघ्र प्राप्त होगी।" आचार्य गंभीरता से बोले, "हर चरण पर तुम्हें अगले प्राप्तकर्ता के विषय में जानकारियाँ एकत्र कर अपनी रणनीति निर्धारित करनी होगी।"

"अर्थात, उन व्यक्तियों की संख्या एवं उनके स्थान परिवर्तनीय हैं।" शोण ने स्पष्ट करना चाहा।

"क्या यह तुम्हारी चिंता का विषय है?"

"कदापि नहीं!" शोण बोला।

"तुम विस्तृप वनक्षेत्र से परिचित हो?"

"पिछले कुछ मासों में मैं वन का नियमित भ्रमण कर रहा हूँ। मैं उसके सभी सुरक्षा-व्यूह एवं गुप्त मार्गों से परिचित हूँ।" शोण बोला, "मेरे साथी क्षेत्र में तैनात हैं।"

आचार्य ने अपने विचारों को एकत्र किया।

"युद्ध तीन चीजों का अस्थिर मेल होता है- तीव्र भावना, राजनीति, एवं

भाग्य। इस अभियान में तुम्हें अपने कौशल के साथ इन तीनों की आवश्यकता पड़ेगी।" आचार्य ने शोण को समझाया, "यह तुम्हारे शौर्य, धैर्य और चातुर्य की कड़ी परीक्षा है। अभियान पूर्ण कर तुम्हें द्वार बंद होने से पूर्व मुख्य केंद्र में प्रवेश करना है।"

"मैं आपको निराश नहीं करूँगा, श्रीमान!"

आचार्य ने शोण को क्षण भर निहारा।

"अभियान का मुख्य चरण आरंभ करने से पूर्व अपने माता-पिता से अवश्य भेंट करना।" आचार्य भारी स्वर में बोले।

"यह आज्ञा प्रथम की है, अथवा आचार्य की?" शोण ने पूछा।

"जो तुम समझना चाहो।" आचार्य बोले, "स्मरण रहे कि रात्रि अंधकार पर प्रकाश की विजय की पूर्व घोषणा होती है। अंधकार कितना भी घना और कष्टप्रद हो, तुम प्रकाश पर अपनी निष्ठा बनाए रखना। इतिहास उस युद्ध को स्मरण रखेगा जो संसार की आँखों में धूल झोंकने के लिए प्रायोजित होगा और उससे अपरिचित रहेगा जो एक संपूर्ण काल तक धर्म रक्षक बनेगा।"

"मेरे विश्वास का आधार आप हैं, आचार्य!" शोण आचार्य के चरणों में झुका, "आपके रहते इस यज्ञ के प्रति मेरी निष्ठा सदैव अडिग रहेगी।"

आचार्य ने शोण को अपनी बाँहों में भर लिया। दोनों के पास पराजित होने का विकल्प नहीं था।

।। इति स्तंभनपर्वः सम्पूर्णः ।।

पश्चाताप

पांडुलिपि पढ़कर जयंत ने भारी मन से फाइल बंद की। उतरे और रुआँसे चेहरे से उसने फाइल को कुछ देर घूरा और फिर अपना मुँह हाथों में छिपाकर फफक-फफककर रो पड़ा। स्तंभनपर्व से जुड़े उसके सवालों के बारे में बातचीत करने के लिए उसके साथ आज कोई नहीं था।

मृत्युशिर सच कह रहा था। श्रीकृष्ण ने ज्ञान-कोषों को वैसे ही स्थापित किया था जैसे उसने बताया था। यह बात उन्होंने गीता में स्वीकारी है।[39] केंद्रों में रखे ज्ञान कोषों की सुरक्षा के लिए प्रथम ने विश्वकर्मा, महर्षि व्यास और वासुदेव से मंत्रणा कर ऐसे उपाय प्रयुक्त किए थे जो केंद्र के नष्ट हो जाने के पश्चात भी ज्ञान-कोष सुरक्षित रखे। केंद्र की सुरक्षा के लिए महायुद्ध से पूर्व वासुदेव ने अपने अधीन बचे सभी नीलकमल प्रथम को सौंपे थे। मौनपर्व और स्तंभनपर्व पर बना आज्ञा चक्र का चिह्न दर्शा रहा था कि दोनों पांडुलिपियाँ केंद्र के एक ही चक्र में स्थित थी।

डॉ. मजूमदार के सस्ते परफ्यूम की खुशबू और चिढ़ाने की हद तक सवाल पूछने वाले विराट की उसे कमी खल रही थी। हर वो कंधा जिस पर सिर रखकर वो रो सकता था उसे छोड़कर जा चुका था- चुपचाप, एक भूले-बिसरे सपने की तरह, जयंत को आखिरी अलविदा कहने का अवसर दिए बिना।

समय से परे रहने वाला सत्य आज अपनी अंतिम साँसें ले रहा था और उसके रक्षक उसका अंत होते देखने के लिए विवश थे। वक्त को वक्त से पहले कौन समझ पाया है ? लोग समझते हैं कि वो समय के साथ चल रहे हैं, पर समय किसी का साथी नहीं होता है। वो किसी को कुछ भी साथ ले जाने की इजाजत

39. श्रीमद्भगवद्गीता, अध्याय 14, श्लोक 4

नहीं देता है। उसका थमना त्रासदी से कम नहीं होता है।

डॉ. वर्मा को पहचानने में हुई चूक का खामियाजा श्रीमंत परिवार और डॉ. मजूमदार को अपनी जान से चुकाना पड़ा। जिन लोगों पर भरोसा होता है, जिन्हें इंसान अपना रक्षक मानता है, वही उसके भक्षक बनते हैं। तकलीफ मौत नहीं, जीवन देता है। मौत तो तकलीफों का अंत और जीवन का असली रूप दिखाने वाला इकलौता आईना है।

जयंत इतना बदनसीब निकला कि मौत भी उसे धोखा दे गई।

"लौट आओ, डॉ. मजूमदार!" जयंत अपना हाथ स्टीयरिंग पर मारते हुए फफककर चीखा, "जैसे बंकर में सरप्राइज दिया वैसा ही सरप्राइज दे दो! लौट आओ विराट, भाभी, प्लीज!"

जयंत की पुकार सुनने के लिए सिर्फ उसकी धड़कनों पर हावी होता सन्नाटा था।

जयंत फिलहाल किसी गहरे विश्लेषण के लिए तैयार नहीं था। उसके दिमाग पर केंद्र में छूटे श्रीमंत जी और वैन में रखी रोहन की हमशक्ल लाशें हावी थीं। रोने-धोने और सोचने का समय नहीं था। उसका काम अभी अधूरा था। श्रीमंत जी की रक्षा के लिए उसे मृत्युशिर के कहे अनुसार शीघ्र केंद्र लौटना था।

सर्द बर्फ की भाँति हाथ का स्पर्श अपने कंधे पर महसूस कर जयंत पलटा और मृत्युशिर को देख चौंकते हुए झटपट अपने आँसू पोंछें।

"मुमुक्षुओं के हमले के बाद केंद्र में प्रवेश के लिए अंधे-मोड़ वाला द्वार सुरक्षित नहीं है।" मृत्युशिर सर्द आवाज में बोला, "तुम्हें दूसरे मार्ग से केंद्र में प्रवेश करना होगा।"

जयंत को उसका उपाय ठीक लगा। अंधे-मोड़ के पास घात लगाए बैठे डॉ. वेदी की टीम को भनक भी नहीं होगी कि वो केंद्र में कब प्रवेश कर गया।

उसने उतरकर वैन का पिछला दरवाजा खोला।

"और वो ?" मृत्युशिर ने पूछा। उसका संकेत सूर्यकवच की तरफ था।

जयंत ने इनकार में सिर हिलाया।

"हताश मत हो!" मृत्युशिर ने जयंत का कंधा सहलाया, "हम जानते थे ऐसा कुछ होगा। तुम्हें केंद्र में प्रवेश कराने के लिए हमारे पास और उपाय हैं।"

"और इनका ?" जयंत ने बेसुध लेटे डॉ. वर्मा की तरफ इशारा किया।

"क्या चाहते हो ?"

"इनके जिंदा रहते इनसे कुछ सवालों के जवाब!" जयंत बोला।

"तो इन्हें यहीं छोड़ो।" मृत्युशिर बोला, "केंद्र में अपना काम पूरा करने के बाद तुम्हारे पास अपने अधूरे काम पूरे करने के लिए पूरी जिंदगी होगी।"

मृत्युशिर के साथियों ने तुरत-फुरत वैन में रखे रोहन के डेडबॉडी बैग उठाकर वैन से कुछ दूर खड़े ट्रक में रखे।

"इसकी ?" उसने अपने पास रखी पिस्तौल दिखाई।

"जरूरत नहीं पड़ेगी!" मृत्युशिर बोला।

अपनी और डॉ. वर्मा की पिस्तौल के साथ जयंत ने डॉ. वर्मा का मोबाइल फोन और हाथ में बँधा अपना और उनका ट्रैकर निकालकर वैन में फेंका और मृत्युशिर के साथ ट्रक में बैठा।

अंधा-मोड़ जाने के बजाय ट्रक तेज गति से दूसरे रास्ते की तरफ मुड़ गया।

पदार्पण

नगाड़ों की भाँति विजय नाद करती धड़कनों को थामे मृत्युशिर घुटनों के बल सिर झुकाए बैठा था।

"हमारा प्रयोग सफल रहा, हे सर्वशक्तिमान!" मृत्युशिर बोला, "वो और हमारे साथी इस भ्रम में रहे कि केंद्र पर मुमुक्षुओं का आक्रमण हुआ है। हम अपनी सुरक्षा व्यवस्था जाँचने में सफल रहे।"

"किंतु केंद्र पर मुमुक्षुओं ने आक्रमण किया था।" साक्षी बोला, "उन्हें रोकने के लिए मैंने अपनी शक्तियों का प्रयोग किया।"

मृत्युशिर का चेहरा आश्चर्य से भर गया। मुमुक्षुओं ने कब आक्रमण किया और साक्षी ने उन्हें कैसे रोका? केंद्र में मुमुक्षु चिरंजीवियों से कैसे बचे?

"तुम्हारा त्याग मुमुक्षुओं के अंत का आधार बनेगा!" साक्षी ने उसके प्रश्नों पर विराम लगाया।

"किंतु..." कहते हुए मृत्युशिर झिझका, "हमने उसे जाने दिया।"

"उचित किया!" साक्षी निश्चिंत स्वर में बोला, "वो अवश्य लौटेगा। उसे लौटना होगा।"

"आपको विश्वास है?"

"भयमेवास्ति शत्रुः![40]" साक्षी बुदबुदाया, "भय मनुष्य से वो करवाता है जिसे करने की वो सोच भी नहीं सकता है।"

"तो उसे किस की प्रतीक्षा है?" मृत्युशिर ने पूछा।

"वो हम पर अपने विश्वास की परीक्षा ले रहा है। कमजोर मनुष्य स्वयं पर अपने विश्वास को परखने के लिए दूसरों को माध्यम बनाता है।" साक्षी

---

40. सिर्फ भय ही तुम्हारा शत्रु है।

फुसफुसाया, "युद्ध जीतने के लिए युद्ध लड़ना आवश्यक नहीं। तुम्हें युद्ध आरंभ करने में सक्षम होना चाहिए और ऐसे लोग चाहिए जो वो युद्ध जारी रख सकें।"

"अर्थात!"

"मुमुक्षुओं का व्यूह स्वयं मुमुक्षु तोड़ेंगे।" एक संक्षिप्त उत्तर आया, "वे पुनः आक्रमण करेंगे... अवश्य करेंगे। उन्हें करना होगा।" साक्षी भारी आवाज में बोला, "समय आ गया है चिरंजीवियों की अनंत प्रतीक्षा के अंत का, मुमुक्षुओं के प्रतिनिधि द्वारा चित्रगुप्तों के यज्ञ में अंतिम आहुति देने का।"

"क्या संसार उसका सामना कर सकेगा?" मृत्युशिर की खुशी का ठिकाना नहीं था।

"संसार को तैयार होना होगा।" साक्षी की आवाज गूँजी, "संसार हर सच को झूठ की कसौटी पर कसता है। जो झूठ जितना बड़ा और जितनी शक्ति से प्रसारित होता है वो उतना बड़ा सच बन जाता है।"

"तो प्रभु!"

"मुमुक्षुओं का झूठ हमारे सच की आधारशिला है।" साक्षी बोला, "उनका वचन उनका सबसे बड़ा कारागृह है। उनका अंत उसी कारागृह में होगा।"

"और अगर 'वो' सच तक पहुँच गया?"

"इस दुनिया के जीव अनगिनत नियमों में बँधे हैं। झूठ से सच का अंतर तय करने में कई पीढ़ियाँ व्यतीत हो जाती हैं।" साक्षी बोला, "बंधनों को तोड़ने वाला ऊपर उठता जाता है। उसकी निष्ठा सच और झूठ पर निर्भर नहीं होती है।"

साक्षी के उत्तरों में अपने प्रश्नों का समाधान खोजने में उलझा हुआ मृत्युशिर चुप रहा।

"संसार का सबसे घातक व्यक्ति वो नहीं जिसका सर्वस्व छीन गया, वरन वो होता है जिसके पास रक्षा करने हेतु कुछ शेष रहे।" साक्षी की आवाज गूँजी, "तुमने उसका सब कुछ छीन लिया, पर उससे वो नहीं छीन पाए जो उसके जीवित रहने का कारण है।"

"वो क्या प्रभु?"

"उम्मीद!" साक्षी गहरे स्वर में बोला, "उसे अभी भी उम्मीद है कि उसने जो खो दिया वो दोबारा पा सकता है।"

मृत्युशिर ने पराजित भाव से अपना सिर झुका लिया।

"उसे उसकी शक्ति का एहसास होने से पूर्व उससे अपने लक्ष्य साध लो।" साक्षी ने आदेश दिया, "निश्चिंत रहो तुम्हारे लिए शीघ्र मदद पहुँचेगी।"

"कैसी मदद?"

मृत्युशिर उत्तर की प्रतीक्षा करता रहा, किंतु उसे साक्षी का रहस्यमय मौन निगल चुका था।

प्रायश्चित्त

जयंत और मृत्युशिर ट्रक से उतरकर वहाँ उनके इंतजार में खड़े चिरंजीवियों के पास पहुँचे।

"हमें विश्वास था कि तुम रोहन का विश्वास नहीं तोड़ोगे!" मृत्युशिर का साथी बोला।

"श्रीमंत जी..." जयंत भर्राए गले से बोला, "उन्हें बचा लो... जैसे भी हो!"

"हम उनका उपचार कर रहे हैं।" मृत्युशिर का साथी बोला, "जितनी जल्दी हम भीतरी चक्रों को भेद पाएँगे उतनी शीघ्रता से उनका उपचार कर पाएँगे।"

"वो सूर्यकवच..." कहकर जयंत ने अपना सिर हताशा से हिलाया।

मृत्युशिर की आँखें जयंत के उतरे-उदास चेहरे पर कुछ क्षण के लिए स्थिर हुई।

"हमने मुमुक्षुओं का हमला विफल किया। केंद्र हमारे नियंत्रण में है। केंद्र के भीतरी चक्रों में तुम्हें प्रवेश कराने के लिए हमसे जो बन पड़ेगा हम करेंगे।" कहकर मृत्युशिर ने अपने कोट की जेब से एक बड़ी अँगूठी निकाली। उस पर नीलकमल का चिह्न अंकित था।

"प्रभु पहली बार अपनी अधिकार-मुद्रिका किसी को सौंप रहें हैं। ये उनका तुम पर विश्वास दर्शाता है।" मृत्युशिर ने वो अँगूठी जयंत को सौंपी और उसकी बाँह को अपनी दृष्टि से टटोलते हुए धीरे से बोला, "तुम चाहो तो इसे कड़े की तरह अपनी बाजू में पहन सकते हो।"

जयंत ने अँगूठी हाथ में पहनी तो वो सरकाते-सरकाते उसकी बाजू में फिट हुई।

"वो झाड़ियाँ! वो औषधियाँ!" जयंत ने चिंता से पूछा।

"निश्चिंत रहो! पहली दी औषधियाँ तुम पर अभी भी असरदार हैं।" मृत्युशिर

बोला।

जयंत ने गहरी साँस ली। उसका शक सही था। डॉ. वर्मा केंद्र में ऑक्सीजन की कमी का नाटक कर रहे थे।

अच्छा हुआ जो जयंत यहाँ अकेला आया।

"तुम रोहन और श्रीमंत जी की जायदाद और उन्हें चित्रगुप्तों से प्राप्त इस सनातन दायित्व के इकलौते वारिस हो।" मृत्युशिर ने जयंत का कंधा सहलाया, "साक्षी केंद्र में तुम्हारी प्रतीक्षा कर रहें हैं। वही तुम्हारी मंजिल हैं। वही तुम्हारी मदद करेंगे। सदियों से चल रहे इस रक्तपात का अंत करो और हमें मुक्त करो।"

मृत्युशिर के साथी स्ट्रेचर लेकर रोहन की लाशें निकालने के लिए ट्रक की तरफ बढ़े तो जयंत ने उन्हें रोक दिया। ट्रक पर चढ़कर वो बोझिल दिल और भरी आँखों से रोहन की लाशें स्ट्रेचर पर रखने लगा। रोहन का हर पथराया बदन जैसे उससे पूछ रहा था- क्या उसने जो किया ठीक किया? क्या वो जो करने जा रहा है ठीक है?

स्ट्रेचर उठाकर मृत्युशिर के साथी चट्टानी इलाके की तरफ बढ़ने लगे।

जयंत उनके पीछे चुपचाप चलने लगा। उसकी धड़कनें तेज हो रही थी। हाथ-पैर काँप रहे थे। खुद का सामना करना कितना कठिन होता है वो आज समझ रहा था। युद्धभूमि बने दिमाग में उसकी आत्मा अपनी अंतिम साँसें गिनते हुए जाने कितने सवालों से जूझ रही थी। जयंत के खालीपन में गूँजते तर्क-वितर्क उसकी असहाय इच्छाशक्ति खोखली कर रहे थे। कौन ज्यादा भाग्यशाली रहा- जो चला गया, या जो बच गया? क्या केंद्र के भीतर इस दर्दनाक कहानी का अंत होगा?

मृत्युशिर और उसके साथी कुछ वृक्षों के पास रुके।

"केंद्र की माया से सावधान रहना। सोच-समझकर निर्णय लेना। आवश्यक नहीं जो सच हो वो दिखे, अथवा जो दिखे या महसूस हो वो सच हो।" कहकर मृत्युशिर ने जयंत को वृक्षों की तरफ जाने का संकेत किया, "क्या तुम अपना सामना करने के लिए तैयार हो?"

हामी भरते हुए जयंत ने ठंडी साँस छोड़ी। उसकी स्वीकारोक्ति का अब कोई अर्थ नहीं था। ये कहानी जिनकी थी, वे जा चुके थे। जयंत को अकेला अपने डर के साथ छोड़कर। अब उसे अपनी हार-जीत की चिंता नहीं थी। जानता था कि

उसके कुछ करने या न करने से कुछ नहीं बदलने वाला था। वो कर्तव्यपूर्ति की औपचारिकता पूरी कर अपनी आत्मा पर चढ़े श्रीमंत परिवार के प्रति प्रायश्चित के बोझ से मुक्त होना चाहता था।

पीछे से किसी ने उसे पुकारा। जयंत ने भारी मन से पीछे मुड़कर देखा।

दूर-दूर तक वहाँ कोई नहीं था।

अपनी आँखें पोंछते हुए जयंत बोझिल कदमों से वृक्षों की तरफ बढ़ा। उसके पास इस दुनिया से कहने के लिए सिर्फ अलविदा बचा था...

...जिसे सुनने के लिए दुनिया में अब उसका कोई नहीं था।

[कथा जारी रहेगी]